↑ 1931 年夏《美国黑室》出版之际，声名鼎盛时期的赫伯特 · 奥斯本 · 雅德利在洛杉矶留影。

↑沃辛顿（印第安纳州）高中橄榄球队，1905 年。后排左起第 5 个是雅德利，左起第 2 个是他的好友约翰·欧文。

↑沃辛顿一家台球室。就是在这样的场所里屋，雅德利学会了打扑克。

↑新婚的赫伯特·雅德利与新娘黑兹尔·米拉姆回到故乡沃辛顿。嵌图是担任沃辛顿图书管理员的黑兹尔·米拉姆，约摄于20世纪40年代。

↑白宫附近的国务院—战争部—海军部大楼（现在的旧行政办公楼），当时还是国务院电报员和密码员的雅德利在这里第一次接触到密码工作。嵌图是戴维·亚丁·萨蒙，即雅德利在国务院密码室的上级领导。他慧眼识才，非常认可雅德利这位下属在密码学方面的能力；1917年他一路绿灯，支持雅德利调入军队。

↑乔治·费边，伊利诺伊州日内瓦“河岸实验室”的老板，1917年，其麾下的密码专家开始为政府提供服务。

↑利兰·哈里森，任职于国务院，专门处理各类秘密情报，有“人类斯芬克斯”之称。费边和雅德利破译的外国情报都通过他转呈给国务院。

↑约瑟夫·奥斯瓦尔德·莫博涅，通信兵部队少校，为美国密码学发展史早期较有影响力的人物。他是雅德利和威廉·弗里德曼的好友。作为密码学家，他发明了一次一密密码系统，同时他也是画家和大提琴演奏家。

↑威廉·弗里德曼与妻子伊丽莎白。这对年轻夫妇都供职于“河岸实验室”，“他俩的生活只有密码”。

↑“河岸实验室”的恩格尔杜别墅——密码专家的办公室，约摄于1905年。

↑美国陆军战争学院，美国第一个永久性的官方密码机构就设于此。雅德利当初的办公桌置于大楼西侧一个弦月窗下。

↑当时还是少尉的雅德利组建并领导了军队的秘密机构——军情八处。

←拉尔夫·范·德曼上校（坐者），被誉为美国“军事情报之父”。他将雅德利带入军队并设立了密码部门。站在他身后的是1919年巴黎和会美国委员会的成员艾伦·杜勒斯（Allen Dulles）。这名年轻外交官后来成为美国情报界声名赫赫的人物。

↑军情八处部分军官。前排坐者从左向右依次为：戴维·史蒂文斯上尉，英语讲师；约翰·曼利上尉，英语教授；托马斯·诺特上尉，中世纪英语教授；查尔斯·比森上尉，拉丁语教授；查尔斯·门德尔松上尉，拉丁语、希腊语讲师。后排站立者从左向右依次为：罗伯特·马文（Robert B. Marvin）上尉，高中语言学教师；保罗·伍德芬（Paul B. Woodfin）中尉，律师；弗雷德里克·拉昆思上尉，西班牙语教授；威廉·巴洛（William M. Barlow）中尉，高中语言学教师；乔治·比克纳尔中校，建筑学讲师；埃米特·卡佛上尉，化学家；乔尔·哈撒韦（Joel Hathaway）上尉，教师；两位不知名的军官。

→军情八处副处长约翰·曼利上尉，与伊迪丝·里克尔特一起破译了瓦贝斯基的密电。

→密码专家维克多·韦斯科普夫，曾在司法部工作。

↑里夫斯·蔡尔兹中尉和雅德利上尉，均为巴黎和会期间美国军方密码专家。

↑埃德娜·瑞姆赛尔，雅德利未来的情人和妻子，约摄于她在纽约密码局工作初期。

↑露丝·威尔逊，雅德利最早招募的女密码专家之一，20世纪20年代在密码局任职。

↑雅德利的首席助理约翰·米斯与他的妻子玛格丽特·奥康纳，后者曾为雅德利的秘书。

→曼哈顿范德堡大道52号的办公大楼，位于第47街街角。从1923年开始至1929年撤销，雅德利领导的密码局一直在此办公。办公室最早设于229室，后搬至814套房。

↑ 1921 年 11 月 21 日，华盛顿限制军备会议会场。正对着照相机的那张桌子，从左边数第 5 位就是美国国务卿查尔斯·埃文斯·休斯，本次大会的主持人。

↑弗雷德里克·利夫西，将雅德利的工作范围拓展到日本编码领域，并自学日语达到翻译截获情报的水平。

→艾文·科雷尔牧师，华盛顿会议期间曾帮助翻译日语编码电报；后来认为这项工作是不道德的，于是辞职。

↑ 1925 年，雅德利在纽约皇后区杰克逊高地，怀中抱着的男婴是他的儿子杰克。当时，雅德利是密码局的负责人。

↑ 1925 年 1 月，雅德利与黑兹尔在杰克逊高地参加冬季狂欢节，两人正准备乘坐雪橇速滑。

↑杰克逊高地新开发的高档社区，雅德利一家于 20 世纪 20 年代居住于此，他们的公寓位于被称作“城堡”的高楼建筑中。

↑雅德利与来纽约拜访他的乔治斯·潘万的合影。潘万是一战期间最伟大的法国密码专家，对雅德利指导颇多，此时正致力于创建日后大获成功的商业事业。

→供职于美国战争部的威廉·弗里德曼正在研究赫本密码机。他是雅德利的竞争对手，于20世纪20年代开创了密码学的新局面。相较而言，雅德利虽然解决了外国密码问题，但没有培训专业人才，也没有在该领域继续探索或是进行改进。

↑美国国务卿亨利·史汀生，他于1929年关闭了雅德利的密码局，理由是“绅士不会拆阅彼此的信件”。

↑乔治·拜伊，雅德利的好友及著作经纪人。

↑玛丽·斯图亚特·库鲁斯，雅德利《日本外交秘密》一书的代笔人。这本书的书稿被美国司法部没收，后来通过一项国会法案宣布此书非法。

↑卡尔·盖拉伯，芝加哥大学英语教授，曾与雅德利合作写书。

↑雅德利为《美国黑室》一书致辞："本书谨献给曾在军情八处和美国黑室工作过的人士，技术高超、实力强劲的对手们，以及那些仍在秘密外交幕后奋斗的外国密码专家们。"照片中就是部分从幕后走出来的外国密码专家。照片系1925年德国战争部密码处为其创始人埃里希·布申哈根（Erich Buschenhagen）退职留念而摄。前排手扶牌匾而坐者即为埃里希。同排左3是前俄国密码破译员诺瓦帕申尼，他于共产主义革命后叛逃至德国。最右边戴眼镜的是威廉·弗利克（Wilhelm Flicke），《苍穹中的战争秘密》（*War Secrets in the Ether*）一书的作者。

↑雅德利向假装对密电很感兴趣的罗莎琳德·拉塞尔展示其部分内容。拉塞尔是电影《约会》的女主演，舆论界认为这部电影是根据雅德利的畅销书《美国黑室》改编的，其实影片不仅与这本书无关，而且与雅德利的任何一部作品和故事都没有关系。

↑雅德利在中国与他的密码学学生合影。

↑雅德利在中国重庆的居室，摄于夏日。

↑ 1940年，雅德利从中国返回后在洛杉矶接受媒体采访。

↑加拿大“审查机构”密码员伏案工作的场景。这个机构由雅德利创建并领导，拍摄这张照片时，雅德利刚刚离职。

↑雅德利与埃德娜在里诺市，拍摄于 1944 年 8 月 28 日二人结婚后不久。

↑ 1944 年 7 月，雅德利、埃德娜与朋友梅·瑞德和莱顿·福特汉姆在马里兰州贝佛利海滩消夏休闲。

↑ 在马里兰州银泉市，雅德利在朋友罗伯特·梅彼的帮助下搭建房屋。

↑ 雅德利手持雷明顿 M—11 式 16 号霰弹枪。

↑扑克玩家雅德利。

The Reader of Gentlemen' s Mail :
Herbert O. Yardley and the Birth of American Codebreaking

偷阅绅士信件的人

[美]戴维 · 卡恩 (David Kahn) 著 | 宋倩 王鹏 译 | 李力 校译

金城出版社
GOLD WALL PRESS

图书在版编目（CIP）数据

偷阅绅士信件的人 : 美国黑室创始人雅德利传 / (美) 戴维 · 卡恩 (David Kahn) 著 ; 宋倩 , 王鹏译 . —北京 : 金城出版社 , 2018.6

书名原文 : The Reader of Gentlemen's Mail: Herbert O. Yardley and the Birth of American Codebreaking

ISBN 978-7-5155-1673-8

Ⅰ. ①偷… Ⅱ. ①戴… ②宋… ③王… Ⅲ. ①雅德利（1889–1958）—传记 Ⅳ. ① K837.127=533

中国版本图书馆 CIP 数据核字（2018）第 074905 号

偷 阅 绅 士 信 件 的 人
TOUYUE SHENSHI XINJIAN DE REN

作　　者　[美] 戴维 · 卡恩
译　　者　宋　倩　王　鹏
校　　译　李　力
责任编辑　朱策英
文字编辑　李晓凌
开　　本　710毫米 × 1000毫米　1/16
印　　张　22.25
字　　数　358千字
版　　次　2018年11月第1版
印　　次　2018年11月第1次印刷
印　　刷　三河市百盛印装有限公司
书　　号　ISBN　978-7-5155-1673-8
定　　价　69.80元

出版发行　**金城出版社** 北京市朝阳区利泽东二路3号　邮编：100102
发 行 部　(010) 84254364
编 辑 部　(010) 64271423
交流邮箱　gwpbooks@yahoo.com
总 编 室　(010) 64228516
网　　址　http://www.jccb.com.cn
电子邮箱　jinchengchuban@163.com
法律顾问　北京市安理律师事务所　(电话)18911105819

The Reader of Gentlemen’ s Mail :
Herbert O. Yardley and the Birth of American Codebreaking

偷阅绅士信件的人

[美]戴维 · 卡恩(David Kahn) 著 | 宋倩 王鹏 译 | 李力 校译

金城出版社
GOLD WALL PRESS

图书在版编目（CIP）数据

偷阅绅士信件的人 : 美国黑室创始人雅德利传 / (美) 戴维 · 卡恩 (David Kahn) 著 ; 宋倩 , 王鹏译 . —北京 : 金城出版社 , 2018.6

书名原文 : The Reader of Gentlemen's Mail: Herbert O. Yardley and the Birth of American Codebreaking

ISBN 978-7-5155-1673-8

Ⅰ. ①偷… Ⅱ. ①戴… ②宋… ③王… Ⅲ. ①雅德利（1889–1958）—传记 Ⅳ. ① K837.127=533

中国版本图书馆 CIP 数据核字（2018）第 074905 号

偷 阅 绅 士 信 件 的 人

TOUYUE SHENSHI XINJIAN DE REN

作　　者　[美] 戴维 · 卡恩
译　　者　宋　倩　王　鹏
校　　译　李　力
责任编辑　朱策英
文字编辑　李晓凌
开　　本　710毫米 × 1000毫米　1/16
印　　张　22.25
字　　数　358千字
版　　次　2018年11月第1版
印　　次　2018年11月第1次印刷
印　　刷　三河市百盛印装有限公司
书　　号　ISBN 978-7-5155-1673-8
定　　价　69.80元

出版发行　**金城出版社** 北京市朝阳区利泽东二路3号　邮编：100102
发 行 部　(010) 84254364
编 辑 部　(010) 64271423
交流邮箱　gwpbooks@yahoo.com
总 编 室　(010) 64228516
网　　址　http://www.jccb.com.cn
电子邮箱　jinchengchuban@163.com
法律顾问　北京市安理律师事务所　(电话)18911105819

译　序

自从人类学会书写，就开始用密码进行通信了。20世纪以来，信息加密者和解密者之间残酷激烈的攻防战争从未停止，围绕密码的斗争甚至远胜于战争本身。它既是人类智力的对决，又是数学独特魅力的体现。而有关的这一切的内容，便构成了人类文明的一部“秘史”，也成为文艺作品的创作源泉。

被誉为“美国密码破译之父”的赫伯特·雅德利（Herbert O. Yardley），无疑是这一领域最有故事的人。他一手创建了美国最好的情报机构——美国黑室；在华盛顿会议期间帮助美国提前了解到日本的底线；在二战期间帮助中国和加拿大破译日军密码……尤其在中国，他在预警空袭、捕获间谍、培训特工等方面都成绩斐然，但论起名气来，却远不如白求恩、陈纳德、史迪威等外国人。遑论中国，就是在其祖国，他也是一个毁誉参半的人物。虽然他被授予“杰出服务勋章”，并被列入军事情报名人堂（Military Intelligence Hall of Fame），但“从未有人为他写过个人传记”。

有人说，是因为他出版了畅销书《美国黑室》，背叛了祖国，给美国情报界带来耻辱；有人说，是因为他不能适应新技术和新工具，未给密码界带来革新和升级；也有人说，是因为他私生活不检点，酗酒赌博样样俱全。戴维·卡恩博士将在本书中向读者展现一个真实的雅德利。

戴维·卡恩是美国乃至世界密码与谍报研究领域最权威的专家之一。由这样一位作者来为雅德利著传，可以说明雅德利在密码界应有的一席之地。

卡恩博士为本书选定的书名是《偷阅绅士信件的人》，取自美国前国务卿亨利·史汀生的一句名言："绅士不会拆阅彼此的信件。"这句话也正是雅德利人生的分水岭。在书中，卡恩博士并没有利用学术权威来评判雅德利，而是从后者出生开始，向我们展示了他如何从一个懵懂少年成长为一位解密专家，又如何从人生的巅峰跌了下来。雅德利跌宕起伏的一生，就这样在卡恩的笔下，如一帧帧不事渲染的珍贵旧照，清新深刻，自然连缀成一部老电影。顽劣成性的少年，意气风发的挑战者，冥思苦想的译电员，神闲气定的领导人，落魄江湖的失业者，穷困潦倒的失意者，指点江山的畅销书作者，叱咤牌场的老手，和蔼善良的邻家大叔……一个个鲜活熟悉的形象，组成了他平凡却又非凡的一生。

卡恩在书中，不溢美，不饰恶，随着雅德利人生的进程，不着痕迹地融入了历史背景的介绍和情报学发展的历程，以便读者客观了解，堪称董狐之笔。为了撰写本书，他查阅了大量的资料，采访了众多的人物，包括雅德利幼年的玩伴、老师、邻居、领导、同事、合伙人、经纪人，甚至他的竞争者、政敌，从原版书附录中厚厚的注释便可窥一斑。我们也从中挑选了部分最具代表性的注释译成中文，以脚注的形式帮助读者理解。卡恩博士洋洋洒洒写下了20余万字，但对雅德利的评价却不过寥寥数笔，只是针对他取得的成就做了专业而客观的评价，对关涉他的几条流言做了简单的解释，留给读者一个开放的空间。

为了让中国读者认识这位曾在美国密码界叱咤风云、与中国历史亦有部分交集的人物，金城出版社引进出版本书，以飨读者。因译者水平有限，难免存在谬误，敬请读者不吝赐教。

王鹏

2018年5月

目录

前　言

赫伯特·奥斯本·雅德利（Herbert O. Yardley），是一个在美国情报史上形象鲜明并富有争议的人物。他创建了美国最好的情报机构——密码破译部门，并成为这个机构的领军人物；但是，他后来陷入绝望，最终沦为时代的弃儿。然而，从未有人为他写过个人传记。

纵观美国历史，尽管随着战争发展从事密码破译工作的人应时而生，需求结束时他们便不再从事这项工作，但雅德利却是值得大书特书的，因为正是他使这项工作实现了制度化。第一次世界大战期间，雅德利前瞻性地发现，美国需要的信息可以从信号情报中获得，于是创立了美国第一个永久性机构，用以截获外国的信息并破解密码。该机构运行得非常好，这足以证明它的重要性。雅德利为这个国家贡献了最真实可靠的、高水准的、大量的外国信息。然而国务卿后来遣散了他的组织，理由是“绅士不会拆阅彼此的信件”。雅德利在经济大萧条时期失了业，家中还有妻儿需要照顾，为了糊口，他出版了一本回忆录——《美国黑室》（*The American Black Chamber*），在书中雅德利回忆了他的工作和成就。这本书出版后引起了极大的轰动，但这种形同背叛的行径引起了情报界和军事专家的愤怒，他们从此拒绝再同他有任何关联，甚至是在第二次世界大战的危急时刻。这本书使数以千计的人认识到通信情报的价值，雅德利的所做所言为他赢得了地位和声誉。

雅德利当时年仅 30 岁，正是春风得意之时。他个子不高，有些秃顶，但很是招人喜欢；他很聪明能干并且不会放过任何一个推销自己的机会。他总是在寻找大赚一笔的机会，即使在为政府工作期间，他也做着自己的事情。为了他的书，他能出卖自己的灵魂。尽管他在一些有关自己的小事上表现得很坦诚，但在官方报告以及书中他又常夸大自己的成绩。可是不管怎么说，他称得上是一位非常称职的管理者，可以有效地处理下属与领导的关系。他很会讲故事，人们都很喜欢他。他爱喝酒，而且酒量很好。他平时喜欢打猎、钓鱼、参加高尔夫和扑克牌比赛。尽管作为一个密码破译者，他的水平仅仅略高于平常人；作为一个编写密码的人，他也并没有发明出新的编写方法；但他提出了一种解决方案，无须建造数以千吨的军舰，便不仅能为全世界节约数以百万计的成本，还可以缓解国际紧张形势。《美国黑室》所披露的真相以及它引人注目的风格，注定一经问世就会成为情报文献的经典之著。雅德利也成为一时炙手可热的人物。

本书讲述了雅德利曲折的人生轨迹。我尽量结合当时的时代背景来讲述他的故事、分析他背后的动机，并对其重要性加以解释。本书将向大家展示，雅德利的童年生活经历给予了他怎样的想象力和创造力，从而促使他取得日后不俗的成就。本书还讲述了雅德利与芝加哥附近的一个智库争夺美国密码破译工作主导权的故事，以及后来他和美国另一位著名的密码破译专家威廉·弗雷德里克·弗里德曼（William Frederick Friedman）的竞争。此外，书中披露了雅德利酗酒和沉迷女色的私生活，以及他是如何得到情报机构所需要的外国信息的——尽管它们都是各国严防死守的机密。书中详述了他的光辉成就：早在 1921—1922 年华盛顿会议[1]之前就破

[1] 编注：华盛顿会议（Washington Naval Conference），1921—1922 年在美国首都华盛顿举行，与会者包括美国、英国、日本、法国、意大利、荷兰、比利时、葡萄牙、中国等九国。会议实质上是第一次世界大战后巴黎和会的延续，主要讨论限制海军军备，以及太平洋和远东问题。会议确保了美国的优势地位，日本受到一定的抑制，但使中国又回到受几个帝国主义国家共同支配的局面。

译了日本编码。众所周知，日本因《美国黑室》的出版而改变了它的编码（code）和密码（cipher），这点是有资料可以佐证的。这本书极大地帮助了密码分析专家在第二次世界大战爆发之前及战争期间破解日本的编码和密码。有关雅德利叛国和将解密方法卖给日本的谣言也不攻自破。这给了美国，更不用说也给了其他国家一个答案，美国为什么会关闭它的密码破译部门——从本质上讲，是为了处理情报中的道德问题。

随着故事的深入，我们将揭开这种秘密行为的神秘面纱，弄明白那些内行人口中所说的“陆军中尉”的真实含义，并熟悉密码研究的隐语。密码专家有着惊人的能力，可以洞悉隐藏的信息，知道外行人不知道的事情，似乎拥有令人敬畏的黑暗力量，身上散发着拥有神秘的黑色魔力的道士、法师以及巫师的气息。这种悬疑惊悚的氛围正是埃德加·爱伦·坡[1]的小说和诗歌中所常常营造的，他最为精妙的小说之一《金甲虫》正是以破解密电为中心，这一点绝非巧合。神秘永远是情报最吸引人的一点，而以情报为题材的小说始终保持着这种基调。

几乎所有与雅德利有关的文章都来源于他出版的作品。除了零星的记载，以及一些他弟媳好心提供的来自中国的信件，他没留下任何私人信件，在他那些解密技术和行政文件中也丝毫看不出任何能反映他本性的东西。因此，传记作家必须从档案和成堆的手稿中寻找蛛丝马迹，通过与熟悉他的尚在世的人们谈话，在很有可能或者不太有可能的地方捕捉一两条信息。更多的资料则来自他的经纪人乔治·拜伊（George T. Bye）所提供的文件，路易斯·库让（Louis Kruh）开创性的研究成果，《沃辛顿时报》（*Worthington Times*）的过往议题——来自雅德利的故乡印第安纳州沃辛顿

[1] 编注：埃德加·爱伦·坡（Edgar Allan Poe，1809—1849），19世纪美国著名诗人、小说家和文学评论家，以神秘故事和恐怖小说闻名于世。文中提到的《金甲虫》（*The Gold-Bug*）是他的代表作之一，讲述了通过破解密电，寻找海盗宝藏的故事。这本小说在普及密码学方面扮演了重要的角色，据说本书中提到的密码破译专家弗里德曼就是在童年读了《金甲虫》之后才对密码学感兴趣的。

的威尔玛·肖斯·麦克布莱德（Wilma Shouse McBride）帮我仔细审查的从 1890 年到 1950 年每一天的信息，以及戴维·雷诺的调查。

在处理这些资料时，我遵循了一些惯例。雅德利有时会拼错一些单词，而且一些中国地名现在的翻译与雅德利那时的翻译不同。关于这一点，无论是在雅德利时期还是当代的中国，拼写方法都做了保留。必要时，专业术语则采用更现代的、简洁的形式，例如：用“密码分析（cryptanalysis）”代替了之前古老的、含义模糊的“密码术（cryptography）”或“解密法（deciphering）”。但是，我有时也会用“编码（code）”和“密码破译（codebreaking）”来代表密码术和密码分析。

本书得以出版要感谢很多人。除了上文中提到的几位之外，还要感谢：戴维·哈奇（David Hatch）博士，美国国家安全局（National Security Agency，简称 NSA）前密码学史中心（Center for Cryptologic History）主任，邀请我作为 1995 年驻院学者进入该机构。在这个充满秘密的机构，他积极为我争取一切便利条件，使我可以免于安全检查，全身心投入工作，并将与雅德利有关的官方解密文件提供给我参考。威廉·克罗韦尔是该机构副主任，对我也很热情，很关心我，人很大度。杰克·英格拉姆，国家密码博物馆（National Cryptologic Museum）馆长，一直在给予我帮助。国家档案馆（National Archives）的米切尔·约克森、约翰·泰勒、弥尔顿·古斯塔夫逊、劳伦斯·麦克唐纳和蒂莫西·内宁格领导着这个由档案管理员和助手组成的团队，这些人代表机构为我提供了最好的服务。玛丽亚·瓦勒开展了一些重要的研究，苏珊·乔勒姆承担了秘书的部分重要工作。我和乔纳森·勃拉克（Jonathan Bruck）是在纽约公共图书馆，那座无与伦比的大厦里做研究时相识的。一天，他非常大度地致电给我，他在哥伦比亚大学发现了雅德利经纪人的文件。此外，再加上金·哈斯丁的精心编辑，热情的苏珊·莱蒂为本书的出版忙前忙后，经验丰富的乔纳森·布伦特对整个过程的管理。我的儿子奥利弗制作了插图，同麦克和他们的母亲苏珊娜·卡恩（Susanne Kahn），在不同的方面都给予了我帮助。但我觉得最应该感谢的是《橘色战争计划》（*War Plan Orange*）的作者爱德华·米勒［Edward S.（Buddy）Miller］以及他的妻子乔伊斯·米勒（Joyce Trepel Miller）。他们是我在长岛大颈高中的朋友，在我写作期间，他们的热情好客，充满风趣幽默的讨论、质疑、争论、观点以及情感支持给了我很大的帮助。谨将本书献给两位。

戴维·卡恩

于纽约长岛大颈镇

编码和密码入门介绍

编码是一种将信息加密的方式。但是，并非所有的编码都可以称为“编码”。有些是“密码”。这两者之间有区别。**编码**是书籍。它们像是外语词典，只不过不是将英语翻译成法语之类的，而是将英语翻译成编码。第一次世界大战期间使用的编码本中的内容，就如下方所示：

停止	3514
已经停止	3329 或 4017
暴风雨	4211
兵力	1740 或 2329
敌人兵力未知	3961
增强	1679
担架兵	3166

这意味着，在将原始英语信息转化成编码时，“停止”一词用数字 3514 代替，“已经停止”用 3329 或 4017 代替。这些数字将会被发送到接收站。

接收人也有一本同样的书，只不过是按照数字顺序排列的：

1674	顺利
1675	准备就绪
1676	无人巡逻
1679	加强
1681	不
1684	49
1685	问号

数字之间的间隔让敌方的密码专家很难重建编码，这被称作**“两部本”密码**[1]，因为它一部分是编码，另一部分是解码。除了数字之外，也可以用字母来编写编码。相对于**“一部本”密码**（one-part code）来说，这种密码较难破解，因为这种**密码数字**或**密码单词**跟未加密的单词一一对应。

然而编码主要是使用单词，**密码**是使用字母。加密时使用的不是书，而是通过查询列表或进行机械加密，逐个字母将其信息转化成秘密形式。最简单的密码是《圣经》中使用的，将明码信息中每个单词的字母用其他字母来代替：

明码	a	b	c	d	e	f	g	h	i	j	k	l	m
密码	L	B	Q	A	C	S	R	D	T	O	F	V	M
明码	n	o	p	q	r	s	t	u	v	w	x	y	z
密码	H	W	I	J	X	G	K	Y	U	N	Z	E	P

“黎明时进攻”（attack at dawn）会被加密为 LKKLQF LK ALNH。

这种**单一字母替换法**（monoalphabetic）系统的缺点很明显。这种**密文**（ciphertext）反映了**明文**（plaintext）的暗藏字母模式。由于一个密文字母代表了一个明文字母，因此这种加密形式非常容易进行频率分析。该技术是基于这样一个事实，单就某一个语种来说，用 200 多个字母书写几段不同的内容，每个字母在每段话中出现的百分比差不多是一样的。在英

[1] 编注："两部本”密码（two-part code），加密和解密用两本不同的密码本。

语中，最常见的字母 *e* 出现的频率平均在 12.5% 左右。第二常见的字母 *t* 出现的频率保持在 9% 左右，一直到字母 *z*——频率在 0.5% 左右。无论是文本还是军事电报，是在葛底斯堡演说[1] 抑或“生存还是毁灭[2]”中，这些频率都适用。因此，一个密码破译专家面对用这种形式加密的密电时，可以计算出密电中的字母数，进而判断出密电中出现次数最多的字母代表的即为明文中出现次数最多的字母；然后他可以将这种猜测运用到密电中并试图填补缺失的字母。有时这种猜测是错误的，因此密码分析专家必须尝试另一个可能的明文字母。密码分析需要多次反复的试错；不像证明平面几何定理那样直截了当。

从文艺复兴时期开始，西方国家就掌握了字母频率分析的技术，密码学家也开发出一些可以攻克它的方法。有人使用了多个字母表，因此明文中的一个字母可以有几种不同的密文表示方法，这取决于使用的字母表。这样的系统称为**多字母替换法**（polyalphabetic）；最著名的是一位法国外交家在 1586 年发表的，并以其名字命名的**维吉尼亚密码**（Vigenère cipher）。助记符通常称为**关键词**（keyword），详细说明了需要使用哪些字母以及字母的顺序。无论是编码器还是解码器都有这样的关键词。例如，如果关键词是 COMET，以字母 C 开头的字母表会加密成第一个明文字母，以 O 开头的字母表是第二个，依此类推，重复这个关键词直至所有的信息全部加密完成。为了避免关键词因这种有规律的重复带来的缺点，密码学家会使用一长段文字，例如一首诗或一篇小说，作为一种**滚动密钥**（running key）。一些**密码机**（cipher machine）会生成非常长且不连贯的**密钥**，并运用在多字母替换法密码系统中。另外的机器会生成很多不同的密码字母表。要想破译重复密钥的多字母表，首先需要密码分析专家明确所使用的字母表数量，区分每个字母表加密的字母，然后再在这类设置中采用频率

[1] 编注：葛底斯堡演说（Gettysburg Address），美国总统林肯最著名的演说，也是美国历史上被人引用最多之演说。

[2] 编注：“生存还是毁灭（to be or not to be）”，是莎士比亚名著《哈姆雷特》中的经典独白。

分析的方法。其他多字母表的破译过程更为复杂。

尽管需要进行一些数学分析和统计分析，然而加密信息的破译更像是重建一种消亡的语言。无怪乎 19 世纪 90 年代法国杰出的密码分析专家艾蒂安·巴泽里埃斯（Etienne Bazeries）少校被称为密码破译界的商博良[1]。密码破译更多需要的是密码情报而不是密电的破译方法，密码分析专家常常通过电文中一些密码常见的形态和位置，先判断出表示逗号或句号的密码词，大致确定明文的大纲结构；然后再把当时国际上发生的大事（例如一艘战舰在巡航期间从多个不同的港口出发）与被截获的情报联系起来进行猜测、验证，接着再将其他猜测添加进来。就这样，密码系统渐渐构建起来。

编码和密码构成了一个密码学王国，即**替换王国**（substitution kingdom），字母或单词被其他字母或数字所替换。还有一个王国是**移位密码**（transposition cipher）。如果使用了这种加密方法，明文情报的字母将被打乱：ENEMY（敌人）可能变成了 NEEYM。因此，移位密码的密电保留了原始字母，人们认为它可能比需要还原原文的替换系统更脆弱。相较于替换系统，移位密电在传输过程中如果遗漏一个字母，将会更加难以正确地解密。所以与替换系统相比，移位系统使用得并不多。替换系统可以连续操作，移位系统则必须分批运行。

密码学家将替换或移位系统用于编码，就让那些试图破译者的工作量增加了一倍。这些系统隐藏了编码词或编码号。例如，编码词的字母 PEDED 可能被单个或者成对替换成事先约定的其他字母或数字。因此，在一个系统中，PEDED 可能变成 RBIBI；在另一个系统中，PE 可能变成 RL，DE 可能变成 MI，D 变成 X，于是 PEDED 可能变成 RLMIX。这就是**加密编码**（enciphered code）或**超级加密**（superencipherment）。

密码分析是一种非常实际的技术，一点也不抽象。很多系统不能正

[1] 译注：商博良，即让－弗朗索瓦·商博良（Jean-François Champollion，1790—1832），法国著名历史学家、语言学家，是第一位破解古埃及象形文字结构并破译罗塞塔石碑的学者，被誉为“埃及学之父”。

常发挥作用不是因为它们自身的缺陷，而是因为它们很少被使用。指挥官们会不自觉地重复，译电员也会跟着出错。将军们在所发消息的开头会说“致第 14 军团的上校”，外交官们则常常会用“我有幸……”等词汇，译电员在发送消息时按错了键，不得不使用正确的按键重新发送，这样同一篇明文正文内容便有了两个密码版本，密码分析专家工作起来就如同桥牌中的“交叉将吃[1]”。密码中可能有很多不同的密码对等物来代表句号，然而译电员很快记住了一两个并反复使用它们，而不是在密码本中寻找其他的对等物。甚至当编码或密码发生改变时，译电员的习惯仍没有改变，因而经常会出现情报没有被破译出来的情况。

从雅德利那时起，密码学的术语开始变得更为精确。那时，**密码术**（cryptography）这个词的含义有歧义，既可指编制编码和密码，也可指破译编码和密码。现在，密码术指的仅仅是编制。破译是指**密码分析**（cryptanalysis），这个术语在 20 世纪 30 年代才开始广为使用。如今，密码术加上密码分析共同构成了**密码学**（cryptology）。在雅德利时期，**解码**（decoding）和**解密**（deciphering）表示的都是合法的接收人经过授权将密电转化为明文，也用于形容敌军未经授权擅自破译密码。这两个词语的通俗写法常常加剧了这种混乱。但从现代分类学的观点来看，“解密”仅仅指的是合法地将一份密码情报从它的秘密形式转化成明文；“解码”指的则是转化编码情报。破译一份情报的术语是“密码分析”。除了引述内容，我在书中使用了更为清晰的现代术语：有时当这层含义非常直白时，我用“编码（code）”这个词代表所有的密码术，用“密码破译（codebreaking）”指代所有的密码分析。现代术语**加密**（encrypt）指的是“加密（encipher）”或“编码（encode）”，而**解密**（decrypt）指的是还原成明文。

[1] 编注：交叉将吃（crossruff），是指打桥牌时，和同伴同时具有不同副牌花色短套时的一种打法。

雅德利如何写出畅销书

1929 年，因为密码破译被认为是不道德的行径，美国国务卿亨利·刘易斯·史汀生（Henry L. Stimson）撤出了对官方密码破译部门的投资。于是，雅德利在纽约的工作机构被迫关闭。当时美国正处于经济大萧条时期，雅德利没能找到工作，于是他决定利用唯一的资产——政府秘密活动的内幕，通过讲述这些故事来养家糊口。雅德利在给著作经纪人乔治·拜伊的备忘录中提到写作《美国黑室》的初衷。这本书后来成为畅销书，而且还是谍战题材的名著之一。这篇备忘录清楚地反映出雅德利是怎样一个人，当然也包括他的拼写错误。

我是一个密码学家，不是一名作家。朋友们都建议我回纽约后向您咨询，他们告诉我，您可以让任何一个人成为作家，不论他之前是否接受过写作培训。于是我来到纽约，带着身上仅有的一点家当，在海军准将俱乐部酒店（Commodore Club Hotel）住下，然后给您打电话。您那温文尔雅的秘书告诉我您不在并记下了我的电话号码，接下来的一整天我都坐在桌前等您的电话。可是一直没有来电。第二天依然没有，一连几天都是如此。我有些失落，不仅因为我几乎身无分文，而且看起来没有人认识到我有个故事要讲。

就这样大约过了两周，后来我遇见一位在一战期间结识的 FPA［专栏作家富兰克林·皮尔斯·亚当斯（Franklin Pierce Adams)］，请求他推荐一位图书经纪人给我。他问我是否会写作，我告诉他我不会，但或许可以请人代笔。他建议我来见您，我说我这两周一直都在努力，却没有见到您。

我说："拜伊肯定是喝醉了，他总是不在。"

他回答说："没有，他只是偶尔会喝醉。"

"他有什么事吗？"我问道。

"他最近很忙，忙着在外面卖东西。"

"或许他是真的忙，"我回答道，"您能否为我另推荐一位经纪人，拜伊是不会见我了。"

"没有其他的经纪人。"FPA 回答道，"我会给他打电话告诉他你想见他。"

好吧，拜伊，就目前来说，我已经茫然无措，我先去睡觉，反正豁出去了，接下来就是不停地打电话，打电话。最后终于打通了电话，您说让我过去见见您。

我的人生中的确有些苦日子，但第一次向您讲述这些，多少有些难以启齿。我知道自己捉襟见肘的困境，但我仍竭力地用一些光鲜的辞藻去描述我经历过的浪漫、冒险以及政治阴谋，一听到突然响起的电话以及您与那些大人物的聊天，我就会感到窘迫万分。

但我猜想您可能是可怜我。不管怎么说，您让我第二天过来拜访《星期六晚邮报》（*Saturday Evening Post*）的科斯坦先生［即托马斯·伯特伦·科斯坦（Thomas Bertram Costain)，他就是后来《圣杯》（*The Silver Chalice*）这部畅销书的作者，也撰写了其他一些著作］。

我提前半小时到了您那儿，坐在前厅等候，您的秘书在写支票，并将那些川流不息进入您办公室的成功人士介绍给我认识。在我等候的两小时里，大部分时间我都在透过紧闭的房门倾听您和科斯坦先生及富兰克林先生的谈话——富兰克林是美国一名斗牛士，他正在与您商议几篇文章事宜。

最后，苦等无望，我起身拿起帽子和破旧不堪的外套打算回去，这时富兰克林先生突然终止了他的谈话，您邀我进去，跟科斯坦先生说起我的故事。

科斯坦先生有一种威严的、压倒性的气质，而我衣衫褴褛，相形见绌，显得那样的卑微渺小，我几乎张不开嘴。贫穷让我变得很奇怪：虽然仅在几个月前我还处于事业的巅峰时期，现在突然发现自己无法言语，脑海里空无一物，信心尽失。然而，科斯坦先生非常有礼貌，耐心听完了我的讲述，接着便急匆匆离开了您的办公室去赶火车。我紧随其后，有些沮丧，说实话，当时是不抱任何希望了。

我感觉自己与您之间的联系就到此为止了，但是出乎我的意料，第二天您给我打电话，让我坐火车去费城，《星期六晚邮报》希望我能过去谈谈。

我再次见到科斯坦先生，他与众不同的思维和不安于现状的目光激起了我的好奇心。他向我引见了最著名的作家斯托特（Stout）先生。我向他讲述了我的故事，但他似乎对这个故事兴趣不大，而我则惊奇于他的娃娃脸和圆眼睛。他问我是否会写作，我告诉他我不会，我觉得我是唯一一个不会写书的美国人。这让他对我热情起来。

后来，科斯坦先生回来了，他和斯托特先生讨论了这件事情，他告诉我会帮我写 3 篇文章，但斯托特先生现在正忙于写另一个系列，可能几周之后才能帮我写。

这让我有点失望，因为我想尽快开始。我回到纽约和您讨论了一下，您让我自己写，我说我不会写书。为了加快进度，您当时保证会尽快找人将它们写出来。

我等了几天，都没有收到您的音信。最后，我回到旅馆试写，又鼓起勇气让您看了下我随便写的一章内容。按照您说的，您拿回家看了——至少您是这么说的（我怀疑您是否真的看了我写的内容），然后告诉我，我需要的只是一台打字机和一些纸张。

短短几小时，我便准备好这些东西，从旅馆搬到一间阴暗但便宜的房间。我面前摆了一台打字机，身边是 500 页纸。但是，我唯一能做的就是望着天花板发呆。接连几天，我只挤出了几行字，随后又将它们付之一炬。书写这段可能会成为美国最伟大的历程之一的历史，对我来说简直是苦不堪言。我将人生中的所有事情都做得很好，数以千计的信件充分说明了我作为密码破译者的能力，但是我对写作一窍不通！噢，拜伊，似乎我要告诉大家一个非常惊险刺激的故事，可你不知道对我来说这意味着什么——坐在打字机前面，尽管肚子里有一个扣人心弦的故事，但是苦于没有经过培训，不会使用任何技巧、不知道如何讲述……我非常绝望。

最后，我开始整段整段地写，接着是整页整页地写，我不再去考虑用词、句式还有结构。通常是在结束通宵达旦的写作之后，我战战兢兢交给您写好的一个篇章，接着第二天，您告诉我继续这样写。我当时很怀疑，我现在仍然怀疑您是否读了这些书稿，但是您给了我继续写下去的动力。我继续写着这难成体统的文章。

为了把我从这项艰苦卓绝的苦差事中解脱出来，您让我每个星期五下午去参加您组织的“星期四下午文化俱乐部”活动。在那里，我见到了很多著名的作家和记者，跟他们聊天，告诉他们我正在做的事情。他们反驳了我，“或许你有个故事吧，不过我对此深表怀疑”。

是的，没有人否认我有一个故事，但只有我知道我这个故事是美国历史上最激动人心的故事。我害怕，害怕自己不知道如何讲述它。

我未曾向您提及这些，只是回到自己阴暗的房间，继续敲打着那台租来的打字机。

后来，您告诉我出版商鲍伯斯－梅里尔（Bobbs-Merrill）想要见我。我给他们的纽约代表人乔治·夏夫利（George Shively）先生打了电话，简单介绍了我的小说。他认为我的小说值得写，但是想要一份书面的大纲。

是的，在没有大纲的情况下，我就开始写书了。于是我找了两位速记员，连续口述了48小时，让他们记下来。可是结果非常糟，毕竟没有时间从头再来。不管怎么说，夏夫利先生将我的大纲发给了身在印第安纳波利斯的戴维·钱伯斯（David Chambers）先生，并暗示我说他会接受这本书。

这是个好消息，因为当时我的口袋里只剩下几块钱，穷得只能自己做饭吃。正装破旧不堪，只好省着穿，工作的时候也穿着吃饭时穿的衣服。我一次又一次来见您，因为我需要您的鼓励和建议。然而，在您办公室长时间的等待让我泄气，虽然您总是那么彬彬有礼，但我总觉得您言不由衷。除此之外，您每次看起来都像刚从一场聚会中回来一样。我迫切地想将这一切忘掉，而且我也是这么做的。一个没有经过培训的人怎么可能讲述一个故事呢？您真是在挑战不可能。

（1931 年）元旦那天，我喝了杯冰激凌苏打水，通宵工作了一整夜。从最初一天写 1000 字，到后来的 2000 字、3000 字；有时候屋子很冷，我无法入睡，一天最多可以写 7000 字。脑中一团乱麻也好，内心备感羞辱也罢，我——一个曾站在事业顶峰的人——现在正尝试着进入另一个行业，一个无法用曾经的专业知识和言语来表达我自己的领域。我甚至为自己语言的匮乏以及从未进行写作训练而哭泣。我无法得到这些指导，因此只能打字，日复一日，夜以继日。

最终，我于 4 周后向您交出了大约四分之三的草稿，鲍伯斯－梅里尔公司让我去他们的办公室商谈版税的预付和合同的事情。在他们签字之前，他们说我必须在一个月内完成书稿。我已经筋疲力尽，眼睛凹陷，但是急需这笔预付款。因为我向他们保证我绝不会让他们失望。

我来到您的办公室，告诉您这个消息。在跟《星期六晚邮报》电话沟通后，您告诉我，必须在两星期内完成这本书，而不是一个月，因为要在这本书出版之前，给他们足够的时间去刊发其他文章。

我相信您根本没有意识到自己是个奴隶主。我想虽然我之前一直没停下工作，但是现在开始我要四班倒地工作，睡 2 小时、工作 4 小时，然后再睡 2 小时、再工作 4 小时。接着您又告诉我书稿必须在星期一上午 10 点前送到打字员那里。我只好在星期六晚上写了个通宵，星期天晚上写到 10 点才睡觉，之后又定了星期一凌晨 2 点的起床闹铃，千赶万赶终于在您规定的时间内设法写完了书的最后一章。

交稿后，我坐在房间内，浑身颤抖，惴惴不安。打字员将书稿交给您，您在费心阅读之后给我发电报说：“祝贺您写了一本非常伟大的书，比我预期的还要好上10倍。”我终于不用再做这件苦差事了，我忽然觉得，我讲述故事的能力或许没那么糟糕。

不管怎么说，拜伊，这件事对您来说，就像是您从大街上随便找了个人，然后用您无与伦比的才能去鼓励、苛求并哄骗他，让这个人在数周的时间内创作出了一本书。

难怪您在纽约游刃有余呢!

第1章
土生土长的美国男孩

1890 年，美国的人口中心开始向印第安纳州转移。从这里往东 90 英里（约 144.8 公里），距离印第安纳波利斯西南 65 英里（约 104.6 公里）的地方有个乡下小镇——沃辛顿（Worthington）。这是一个农作物集散地，地势平坦，北面依山，小镇周围散布着玉米地、小麦地和燕麦地；依尔河（Eel River）从小镇东面缓缓流过。沃辛顿人口 1448 人，呈棋盘式布局，两条铁路线和一条与之平行的商业街从小镇南部斜穿而过。

罗伯特·柯克布赖德·雅德利（Robert Kirkbride Yardley）是镇上火车站的一位管理员，也是电报收发员，负责印第安纳波利斯—温森斯这条铁路线的交通和通信。他个子不高，体格健壮，衣着讲究，1703 年，他的祖辈托马斯·雅德利从英格兰迁到了宾夕法尼亚州。1886 年，在弗瑞德姆工作的罗伯特被升职，来到了不远处的沃辛顿上任，在这里他遇见了安静谦逊的玛丽·爱玛·奥斯本（Mary Emma Osborn）并和她结婚。全家人住在西联街 127 号的一栋两层木屋里，地处联合街和代顿街的东南角。罗伯特是贵格会教徒，做事喜欢深思熟虑，但待人并不怎么友好。他上班从不早到，可是工作态度很认真，即使遇到顾客不耐烦、大发雷霆，他也会不慌不忙、仔细认真地将工作做完。虽然他加入了好几个兄弟会，但人们都觉得他的性格有点古怪。不过有时他又很友善，有一次，一个农夫的儿子带着一个篮子找到了他，篮子里面装了3只猫头鹰幼崽，出于怜悯他花25美分买了一只，估计是打算送给他3个孩子中的一个作为宠物。

1889年4月13日[1]，这是一个晴朗无风又有些干燥的星期六，也是沃辛顿的商人们几周以来最忙碌的一天。在这一天，罗伯特的第二个孩子赫伯特降生了（大儿子从树上摔下夭折）。无论是长相还是性格，赫伯特都像极了他的父亲——尤其是他做事情也从不提前。到了上学的年纪，赫伯特去了距他家只有一个街区且是镇里唯一的一所学校就读。他每次都是学校铃声响起之后，踩着最后一声铃响才坐到自己的座位上。他有些喜怒无常，但相处起来却是个很有趣的人，如打猎时他会是个打猎的高手，来到河边滩地上他又成了钓鱼能手。几乎没有他不玩的游戏：他会将帽子扔向天空，然后对着帽子射击；冬天，他会去结冰的河面上滑冰，他的一个女性玩伴评价他说，“滑冰时很有节奏感……我从他那里学到了很多滑冰的技巧”。有一天，赫伯特决定烤一个“黑鹂派”，沃辛顿有很多这种山鸟。结果却是非常灾难性的——弄得满屋子都是黑鹂的羽毛。赫伯特和他的小伙伴们都很喜欢学校的看门人，因为他总是给他们讲很多故事。有一年秋天，他们捡了一屋子的柴火放在看门人的地下室里作为对他的回报。

赫伯特并不是只想着玩，他很聪明。好几位老师都夸他注意力集中，善于记住和掌握新的知识。邻镇的一个朋友说，大家都认为赫伯特是“镇上最聪明的男孩”；还有一位朋友夸他“非常出色”，另一位朋友则说他是个“天才”；不过也有人说，“他的想法跟镇上的每一个人都不同”。赫伯特读过很多书，他曾经在一次组词大赛中击败了所有对手。

---

[1] 原注：这是雅德利所有相关文件中登记的日期，但我并没有在格林县或他母亲娘家所在地——邻近的欧文县找到他的出生记录。这种情况并不少见：当时没有规定要求县政府记录出生人口，医生也不太愿意骑车去县政府登记出生情况。据美国1900年人口普查统计数据，印第安纳州格林县第31普查区（沃辛顿镇杰斐逊乡）普查表的第2页第80行，记录了雅德利的出生时间是1889年4月。1890年的普查记录毁于火灾。

1903 年 2 月 9 日，赫伯特 13 岁的时候，他的母亲因心脏病去世。曾经有一段时间，他的身体特别不好，也开始变得叛逆，带着同学们胡闹、搞恶作剧，这种情况变得越来越严重，他不喜欢学校的校长，校长也不喜欢他。但没过多久，赫伯特变得不再那么叛逆，原来他进了离学校两个街区远的基督教长老会，开始学习打扑克牌。

沃辛顿的 7 个酒吧都有扑克牌游戏，酒吧内灯光昏暗，散发着一种神秘的气息，青春期的少年们对此无法抗拒。自从第一次接触这个游戏，赫伯特就为之痴迷，当时就下定决心要学会它。他终日流连于酒吧之间，在家的时候，也会自己玩，还学习了不同的玩法。如果某一家酒吧叫注最多，那么他会和这家酒吧的主人以朋友相待，并虚心向他学习。有一句话他时刻牢记于心："我会计算抽到每张牌的概率，如果抽到的牌不好，我会弃牌。情况似乎不是那么好。但是就扑克而言，又有什么是好的呢？"就这样，怀揣着母亲留给他的 200 美元以及打零工攒下的一点小钱，16 岁的雅德利开始打扑克牌。一间密室绿呢台面的圆桌旁，围放着 7 把椅子(每把椅子旁边有一个痰盂)，桌子上方悬着一个带罩的灯泡。在这里，他亲眼看见了人们卖掉农具、马匹、猪舍和锯木厂；他还曾经见过一个鞋商，输掉了整整 10 车的鞋子；有一位农民甚至为了一场在帐篷外举行的户外演出，押上农场做赌注，却在跟注时因心脏病发作去世，尽管他有 4 个 A（尖儿）注定会获胜。雅德利还知道了别人是怎么出老千的，他学会的不仅是扑克，更是人生。在酒吧的那段时间，他见识了四处游走的商贩、马戏团主、魔术师、演员、传教士、无神论者，以及沃辛顿当地的银行家、商人、农民、牧场主和愚蠢的乡下人。他曾遇到一个女孩，她被一个无赖搞怀孕了，最终却沦为吸毒者，就是因为在做流产手术时那个笨手笨脚的医生为了帮她减轻疼痛，使用了太多的吗啡。

与此同时，赫伯特还参加了一些有意义的活动。学校的高中文学社选举他做律师，无论这个头衔意味着什么，在当时律师这个称号唤醒了他的雄心壮志——成为一名刑事律师。他在四重唱中担任男中音，在《联合车站》中扮演莱缪尔，在《我们的吉姆》中扮演鲍勃，也经常被邀请参加年轻人的聚会，前往拜访镇上和外面的朋友——或许这正是他的父亲所错过的。他和布卢姆菲尔德镇上的一个叫唐·赫罗尔德（Don Herold）的朋友认真地阅读了当时的畅销书《男孩应该知道什么》，后来这位朋友成为辛迪加专栏作家。他组织了一个沙地棒球队，他是球队的捕手，有时也当投手。

赫伯特是个非常优秀的运动员。他是高中橄榄球校队的四分卫，尽管他个子不高，但是速度很快，很善于阻截其他球员，因此后卫防守很安全。1905 年，当他还是二年级学生的时候，沃辛顿赢得了 6 场比赛中的 2 场。第二年，他被选为队长，率领紫白队赢得了 4 场比赛中的 3 场。晋级后的比赛中，球队获得了第二个触地得分，最终以 23 : 5 战胜比克内尔队，赫伯特就是当时的队员之一。当他离校以后，球队获得了南印第安纳州橄榄球比赛的冠军，报纸上是这样评价的 :“本赛季的精彩表现很大程度上应归功于克雷·艾肯和赫伯特·雅德利。”

1906 年 5 月，赫伯特 17 岁那年，搭乘火车去了趟丹佛 ；第二年夏天，他与好友约翰·欧文（John Owen）又一起来到丹佛。他们的钱早在到达目的地之前就已经花光了，所以不得不挨家挨户乞讨食物。如果开门的是个漂亮姑娘，赫伯特就会变得非常害羞，嗫嚅着说不出话来，然后转身离开。除此之外，赫伯特还去酒吧做过服务员。他要求约翰不要将这件事情告诉沃辛顿的任何人。第二年夏天，他在沃辛顿的火车站打杂，帮人提行李，检查马车车夫的货物，给运货车厢贴封条，有时发送电报，每个月可以赚 21.20 美元。他跟父亲学会了电报相关知识——这是他后来去那里工作的主要原因。他说过，学这个“就像我学习说话一样”。作为一名电报员，他不喜欢自己现在的签名，即“HY”这个签名，抱怨说他想要 3 个字母的签名，他的朋友罗斯问赫伯特母亲的娘家姓是什么。“奥斯本”，赫伯特回答道。于是 HOY 这个签名就这样诞生了。

沃辛顿学校有个传统，低年级和高年级会竞争班旗，早在赫伯特还是低年级学生的时候，因为班旗的事情他已名声在外，可是第二年却让他丢脸并蒙受羞辱。1906 年 4 月，当他还是低年级学生时，高年级的绿白色班旗在学校升起，这是对低年级学生的一种嘲弄。课间休息的时候，班旗却不见了。有流言称是赫伯特偷走了旗帜，藏在学校的钟楼上，一整晚都待在那里，等待合适的时机将旗帜扔到弗洛伊德克里福德（Floyd Clifford）。等到第二年，赫伯特成为高年级的学生并做了班长，班里的学生在学校竖起了一面 6 英尺宽、11 英尺长（约 1.83 米 ×3.35 米）的旗子，上面的图案是一个男人牵着一头骡子，两个女人在后面用鞭子猛抽。参与这个恶作剧的 5 个高年级学生称，这样做不是为了羞辱校长或者高年级的老师，而是想嘲弄低年级的学生。但是他们拒绝取下旗帜，最后校长爬上钟楼，亲自撤下班旗。接着这 5 个高年级学生被停课，并被撵回了家。为首的就是赫伯特 · 雅德利。过了几天，其中的 3 个学生道歉后回到了学校——除了赫伯特和约翰 · 欧文。两名老师还为此辞职，抗议校长的行为。学校要求

雅德利就读的沃辛顿中学和高中。

赫伯特和约翰于星期一早上9点前对此行为进行道歉，但他们拒绝了，因此被勒令退学。几个星期后，到4月底时，班上的其他14名同学顺利毕业。赫伯特转去了密歇根的伊顿拉皮兹高中。从那里高中毕业后，他于6月25日回到家中，一个星期后，他又带领沃辛顿棒球队以12∶8的成绩赢得了比赛。

1909年夏天，赫伯特经历了一次大麻烦。7月4日独立纪念日的前几天，他和几个朋友放鞭炮。快到午夜的时候，麦蒂·考克斯女士给镇上的执法官打电话投诉鞭炮引起的烟雾令人窒息，声音震耳欲聋。执法官去了现场。狂欢的人们已经逃走了，所以他躲了起来。这时他听到另外一个地方传来鞭炮声，看见4个年轻人在追逐打闹。在追赶他们的过程中，执法官跌倒，枪走火了，子弹击中赫伯特的大腿。"我很抱歉打中了他，"执法官后来说，"我没有想过要开枪射击任何人。"好在伤势并不严重，11月的时候赫伯特就跑到邻近的林顿去看橄榄球比赛了。

他虽然很淘气，但是人很诚实。沃辛顿和奥顿举行橄榄球比赛时，他被推选为裁判。有一次他旷工被人发现，他的朋友替他打掩护，老板也想让他找个借口，但是他拒绝撒谎，承认自己是有意离开的。他以为自己会被开除，结果却得到了提拔。他的一位朋友说从未听过赫伯特撒谎或骗人。

那些年是美国最辉煌的时刻，美国打败了西班牙，占领了菲律宾，大白舰队（Great White Fleet）完成了环球航行，开凿了巴拿马运河，发明了令人称叹的小轿车和飞机，证明了自己的存在，国家繁荣富强，前途一片光明。在这种大时代背景下，赫伯特成长为一个聪明机智、精力充沛且勇于承担责任的年轻人。

毕业后，凭借着从父亲那里学来的知识和经验，赫伯特成为一名铁路电报员。这份工作主要是接收或传达列车调度员的命令，帮助调度员管理整个地区的火车调动。打个比方说，调度员发出指令，让一列在单线铁道上运行的列车停在某个岔道上，以便为另一辆更为重要的列车让道。电报员通常在车站的飘窗旁工作，就是为了方便观察上下铁道。电报员最基本的要求，除了要熟练掌握摩尔斯电码（Morse code）外，还要有较高的文化程度，这些要求赫伯特都符合。他和她们（有几个女电报员）必须熟练掌握铁路术语，因为经常会使用编码或缩写，例如，“DS”代表的是“调度员”，“73”是“一路顺风”。赫伯特在不同的车站工作过，后来在印第

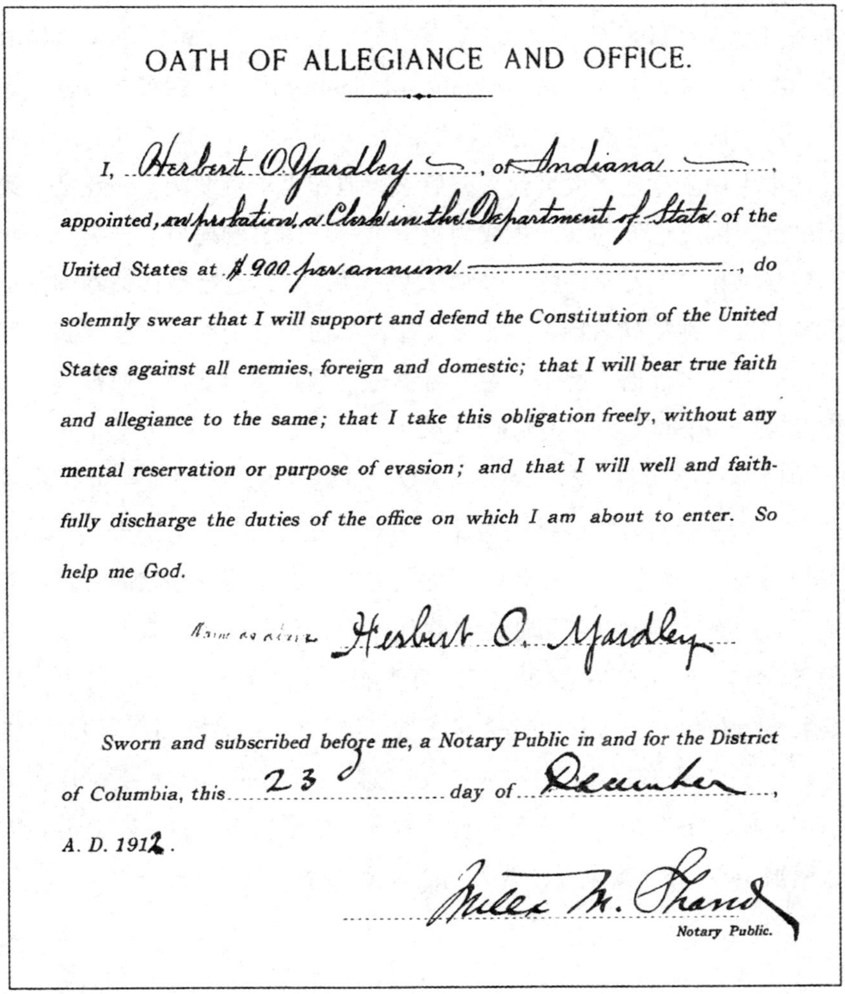
OATH OF ALLEGIANCE AND OFFICE.

I, Herbert O. Yardley, of Indiana, appointed, on probation, a Clerk in the Department of State of the United States at $900 per annum, do solemnly swear that I will support and defend the Constitution of the United States against all enemies, foreign and domestic; that I will bear true faith and allegiance to the same; that I take this obligation freely, without any mental reservation or purpose of evasion; and that I will well and faithfully discharge the duties of the office on which I am about to enter. So help me God.

Herbert O. Yardley

Sworn and subscribed before me, a Notary Public in and for the District of Columbia, this 23 day of December, A. D. 1912.

Miles M. Shand
Notary Public.

赫伯特·雅德利成为政府公职人员的宣誓书。

安纳波利斯上班，因此他可以时不时地回趟家。

1912 年，他参加了美国的公职人员考试，应聘政府的电报员，一共有 3 人被录用，其中赫伯特的分数最高。他被安排在华盛顿工作，并于 12 月 23 日进行了入职宣誓，正式成为国务院的一名办事员。工作期间赫伯特回过几次家，其中一次是向邻家女孩求婚。她叫黑兹尔·米拉姆（Hazel Milam），住在对面的小巷子里，即她家的房子（位于联合街和爱德华街的西南角）和赫伯特家的房子中间。她出生于 1889 年 3 月 4 日，比赫伯特早 5 个星期，身材娇小、身高 5 英尺（约 1.52 米）、安静、朴素。她的父亲亚伯拉罕·林肯·米拉姆（Abraham Lincoln Milam）拥有并经营一家家具店，是个很厉害的渔夫，还是镇里的民间领袖之一。1900 年，米拉姆先生被选举为民主党地区大会代表。后来，他和妻子帮助沃辛顿建立了第一个图书馆，因此他们的女儿也成为镇上第一任图书管理员。作为一个年轻人，黑兹尔和其他女孩一样，经常举办一些派对，也会被邀请参加其他派对。有几次，她和赫伯特一样受人关注，赫伯特被选举为文学社团的律师时，她还发表了讲话。她不是赫伯特第一个感兴趣的女孩，他曾经拜访过住在温森斯一个叫艾伦·彼尔的女孩。

1914 年 4 月 1 日，赫伯特的年薪从 900 美元涨到 1000 美元，黑兹尔的朋友中有许多同龄女孩已经离开了沃辛顿。黑兹尔是个小美人，赫伯特经常热切渴望地注视着黑兹尔以及她父母在对面小巷举办的派对，当然还有她们家的财产。黑兹尔可能也喜欢他，但只是远远地喜欢着，她在沃辛顿很孤独，正如他在华盛顿时一样的孤独。他们于 5 月 12 日订婚，一个星期后，黑兹尔辞去工作，前往华盛顿。她的父亲陪着她到了印第安纳波利斯。这一天是 1914 年 5 月 20 日（星期三），她来到华盛顿，在牧师詹姆斯·哈德森·泰勒的主持下，黑兹尔·米拉姆和赫伯特·雅德利在西北部纽顿街 1464 号结为夫妻，两人当时都是 25 岁。

第 2 章
执着一生的工作

结婚后，夫妻俩回到赫伯特位于华盛顿东北部第 7 街 1009 号的家中，这是一栋砖石结构的 3 层小楼，他在那里租了一间房子。他们当时没有度蜜月，与沃辛顿之间的联系更密切了。9 月，黑兹尔探望了她的父母。第二年 7 月，夫妻俩的弟弟——迪克·雅德利和帕特·米拉姆，分别过来探望了他们。1916 年，黑兹尔做了个明智的决定，果断逃离了华盛顿酷热的天气，回去和她的父母度过了整个夏天。1917 年，她在军需部门车站找到一份打字员的工作，每年 1000 美元的薪水。后来，她和赫伯特搬到位于华盛顿东北部牧人街 542 号的一栋两层小排屋，这是一座既有阁楼又有门廊的房子。

赫伯特在芝加哥大学进修函授课程，专业是英语。显然，他放弃了之前想当律师的梦想，转而喜欢上写作，这可能是受到布思·塔金顿（Booth Tarkington）的影响，塔金顿是美国最受欢迎的作家之一，和赫伯特一样都是印第安纳州人。赫伯特英语课程一和课程三的得分都是 B，英美文学短篇小说课程的得分则是 B－。接着他进修了英语课程四，导师很年轻，名叫卡尔·亨利·盖拉伯（Carl Henry Grabo），可是赫伯特却未能完成学业。那时，他在白宫附近的国务院—战争部—海军部大楼（State-War-Navy Building，现在的旧行政办公楼）上班，这是一栋巴洛克风格的灰色砂石结构的城堡式建筑。106 室是他的办公室，赫伯特比任何人都了解密码室的意义。

> 这是间宽敞高大的屋子，屋顶很高，从这儿望去可以看到白宫南面的平地。平日放下手中的工作，我一抬头便能看见那里正在进行的网球比赛。早些年的时候，西奥多·罗斯福（Theodore Roosevelt）总统和他的“网球内阁”成员每天都会在那里打网球。
>
> 房间内一侧摆有一张长长的橡木桌，桌上放着电报机以及传来时断时续声响的共鸣器和音响设备，文件柜里堆积着最近这段时间的电报文件，这些文件几乎快堵住了屋门。屋子中间随意摆放着两张拼在一起的大桌子，几名译电员正一边翻阅密码本，一边在纸上飞快地书写着，字迹潦草不清，时不时他们会停下来抽口烟。打字员正在打印 15 份电报，打字机的嗒嗒声夹杂着电报机沉闷的嘀嘀声。靠墙设有老式壁柜，柜门关着，里面堆满了关于世界各地的电报，有些是发给领事和大使馆的，有些则是他们发来的。墙角有一个大保险柜，厚重的柜门半开半掩着。
>
> 办公室的工作氛围很友好，我在这里感觉非常舒适。但让我感到困惑的是，这些超负荷工作的人却总是一副悠然自得的神情。每天都有能改变历史的大事从他们手中跨越千山万水被传播出去，可是相比之下，他们却更关心一场棒球比赛的得分。

然而，赫伯特·雅德利喜欢历史。每当夜班工作不忙的时候，部门的几个同事会聚在一起放松一下，他喜欢听他们讲述外交和爱情方面的逸闻趣事。他特别喜欢严肃的威廉·多伊尔（William T. S. Doyle）。多伊尔是国务院拉美分部的负责人，也是美元外交的发起者。雅德利知道了很多他在拉丁美洲的阴谋计划，深深为这些故事着迷。后来，雅德利索性拔掉电缆线，直接在黄色电报接收或绿色电报发送的模式下，随时阅读关于他战功的记录。这其中的任何一部分一旦泄露，对于多伊尔的政治计划来说都是致命的，或者至少也会令他陷入窘迫的境地。雅德利开始问自己，这些秘密是否安全？是否能逃得过间谍的眼睛？美国的密码是否能真正保护好这些情报？他想其他国家可能正在尝试破解这些密码，他不明白的是，为什么美国不能组建自己的专门机构去破译和读取其他国家的情报。

"当我问自己这个问题时，作为一个对未来充满渴求的年轻人，我一直在寻找人生的意义，我知道我找到了答案。"他写道，"我会将自己的一生奉献给密码破译。或许我也可以像外国的密码破译专家那样，揭开世界政要们的秘密。我现在要有条不紊地为自己做准备。"

雅德利看过爱伦·坡的短篇小说《金甲虫》，并且认真翻阅了作者的信件，试图寻找更多与破译密码相关的信息。不过除了爱伦·坡早期的散文《关于密写的只言片语》，他只在其中发现一些自吹自擂的话。雅德利仔细阅读了国会图书馆中有关破译密码的书，可这些书大部分是法语的，虽然他能读懂外文，但他水平实在不高，只能从密码系统的示意图中搜集一些信息。他还阅读了美国陆军手册，这是自 1874 年以来美国出版的第一本关于密码学的书。

该手册揭示出军队在密码方面早已深入多个领域，甚至远比雅德利之前设想的还多。1911 年，在他进入美国国务院的前一年，位于利文沃斯堡（Fort Leavenworth）的美国陆军通信学校召开了一次密码学会议。英国皇家野战炮兵的一名上尉读到一篇名为《军事密码学》的文章，这是一篇学生们写的论文。其中一名学生是陆军中尉约瑟夫·奥斯瓦尔德·莫博涅（Joseph Oswald Mauborgne）。他是个身材高大、帅气、性格开朗的人，曾和阿诺德[1]中尉一起参与世界上第一个地对空的无线电传输工程；他还是一位优秀的艺术家和大提琴演奏家，其演奏常常"直击你的内心深处"。后来，为了打发沉闷的跨太平洋行军之旅，他破译了一位英国野战部队上尉的一条冗长的测试情报——普莱费尔密码（Playfair cipher）。1914 年，美国陆军发表了他的文章，莫博涅成为第一个被人们熟知的密码破译者。另一名学生帕克·希特（Parker Hitt）上尉是利文沃斯的一位辅导员，也有

[1] 译注：阿诺德，即亨利·阿诺德（Henry Harley Arnold，1886—1950），美国五星上将，对美国空军的建设贡献很大，被誉为"美国现代空军之父"。

破译密码的天分。他出生于印第安纳波利斯，身高 6.4 英尺（约 1.95 米），在 1898 年菲律宾宣告独立后破译了阿吉纳尔多领导的反美起义军的密码。后来，他与西南地区的其他陆军军官一起，在约翰·潘兴（John Joseph Pershing）将军武装干涉墨西哥叛乱以及其他边境动乱时，破译了诸多截获的墨西哥情报。希特积累了丰富的实战经验，并且凭借着从欧洲密码学书籍学来的理论和信息以及通信学校所授的密码分析基础知识，成为当时国内经验最丰富的破译者。他将所学汇编成一本书，内容简洁明确，于 1916 年在军队出版，这本 101 页的软面精装书就是《军事密码解决方案手册》（*Manual for the Solution of Military Ciphers*）。当战争部向陆军通信学校询问哪些人可以破译密电时，第一人选就是希特，他“无疑是军队中破译密码最好的人”。另外还提到其他 7 个人，其中包括莫博涅。军队的密码分析活动并不是集中进行的，可是雅德利似乎没有认识到这一点。

希特的书为雅德利提供了指导，因为当时没有别的资料可用。可以说，希特的这本书在破译密码领域有一定价值，但并不适用于编码领域。希特相信，野战部队使用的密码和美国陆军、墨西哥人以及菲律宾人使用的是一样的，然而在第一次世界大战时，西部前线的军队双方甚至用上了战壕编码（trench code）。这些只有几十页的书可以将几千个单词和短语的明文进行加密，与当时所使用的复杂密码系统相比，战壕编码使用起来相对更容易。但这些编码书有一个致命的缺陷：一旦被敌方掌握副本，将会危及所有的情报。为了避免这种情况，只能将编码书缩小，并且频繁更换编码。希特不了解这方面的情况，随着事态的发展，再去分析海军和外国人员使用的上千页编码，已经超出了他的能力范围，也超出了他的职责范围。于是，他在书中省略了与破译编码有关的信息。

这样一来，雅德利不得不自学了。朋友们给他带来驻华盛顿外国使馆的加密信件，他开始了这项无法推托的苦差事——统计字母组合或数字出现的次数。一些国家，特别是拉丁美洲国家，会使用原始编码。雅德利虽然解读了部分信息，但有一些仍无法破译。

“有一天晚上，工作不是很忙，”他回忆道，“我听见纽约电报室给白宫电报操作员发电报（我们使用同一根电缆），是爱德华・豪斯（Edward House）上校发给美国总统的 500 个编码单词。当电报发过去的时候，我做了个备份。这是很好的学习资料，因为总统和他的心腹一定使用了某种复杂的编码。”伍德罗・威尔逊（Woodrow Wilson）总统派遣豪斯上校去欧洲召开和平会议。两小时后，雅德利发现总统和他的心腹仅仅是以相反的顺序对美国国务院密码本中间的几页进行了重新编号，从打印版第 739 页开始手写了数字 113。1915 年 3 月 29 日，密码的内容如下 ：“德国的情形 ：和平是众望所归……问题是怎样挽回当局的颜面。”雅德利为自己能够这么轻易地破译情报感到意外，当然他有编码本，要做的就是确认重新排序。“豪斯上校一定会成为盟国的最佳消息源！”他惊叫道。编码如此简单，上校很可能成为泄密者。

或许正是因为这件事，使雅德利有了去从事一项伟大事业的想法 ：分析美国外交编码。当时有 3 套编码系统。红色编码系统由约翰・哈斯韦尔（John H. Haswell）编写，之所以这么命名是因为装订线是红色的。哈斯韦尔出生于奥尔巴尼，是个律师。索引档案局（Bureau of Indexes and Archives）是一个负责处理通信的机构，作为局长，哈斯韦尔在审查了美国旧编码系统后于 1876 年提议建立一个新系统。这个 1200 页的红色编码系统可以将“总统指示我”加密成编码“PLANT（植物）”或者数字“44384”，译电员可以根据发报电缆的经济性和安全性来选择发送字母或数字。无论数字还是字母都可以伪装。1898 年，在他退休 4 年之后，红色编码系统已经使用了 20 多年，非常有远见的哈斯韦尔提醒美国国务卿，其他国家可能已经复制并尝试破译美国的外交信息，因此急需换一套新的编码。他被委以此任，薪酬是 3000 美元。新开发的蓝色编码有 1500 页，于 1899 年开始使用（就是上文中威尔逊和豪斯重新排序使用的）。但是后来证明，相对于美国外交的全球化进程，这套编码根本不够用。于是该部门在 1910 年又推出了一套 1400 页的绿色编码系统。

雅德利从他的工作中了解了这些编码，所以他研究这些编码的弱点，并推测外国密码专家会如何利用这些弱点。最终，他向他的老板戴维・亚丁·萨蒙（David Aden Salmon）提交了一份长达100页的《美国外交编码解决方案》。萨蒙是索引档案局的新负责人，康涅狄格州西港市人，腿脚有些残疾，是从战争部调到国务院部门的，主要工作是改革哈斯韦尔过时的归档制度。36岁的萨蒙似乎对他的工作并没有把握，可能是因为该机构面临的重重困难击垮了他，当然他也深知自己缺乏密码破译方面的知识。萨蒙研究了雅德利的论文，并慷慨地称之为“编码分析学的巨作”，一个月之后，他引进了一种新的方法来保护编码安全。这种方法是利用密钥按照多种不同的方式，将国务院5位字母编码组拆分，然后将两个字母的组合和单个字母换成其他字母。国务院假设即使该编码本和更换后的表格被敌人知道，当然雅德利也知道，他们还是不知道具体的拆分点在哪里。解决这个问题似乎并不是那么困难。雅德利急切地想要攻克它。“我的手指急切地想要拆分这些编码……我醒来的第一件事就是思考这个问题，睡觉前的最后一件事情也是思考这个问题。”他写道。这种状态在当今密码学题材的作品中被称作“雅德利症”。1916年3月，他成功了。他相信这是

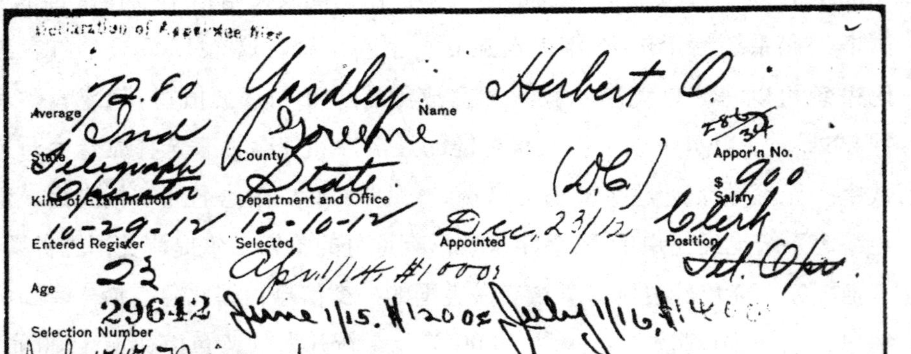
72.80
Average
Yardley Herbert O.
Name
Ind
State
Greene
County
Appor'n No.
Telegraph Operator
Kind of Examination
State (D.C.)
Department and Office
$ 900
Salary
10-29-12
Entered Register
12-10-12
Selected
Dec. 23/12
Appointed
Clerk Tel. Opr.
Position
23
Age
April 1/14. $1000
29642
Selection Number
June 1/15. $1200
July 1/16. $1400
July 17/17, Resigned
FORM 1580
6—1299

雅德利个人档案中的卡片。

自己“第一次成功解决编码加密问题”[1]。美国是这样做的，但欧洲各国可能早就这样做了。

自从客轮“路西塔尼亚”号（Lusitania）被德国击沉后，美国与德国的紧张局势开始升级。由于担心德国的侵略野心，威尔逊总统于 1917 年 4 月 6 日要求国会对德国宣战，得到了国会的批准。这件事情为雅德利创造了影响他一生的机遇。他已洞悉美国编码的漏洞，对其他国家是否也存在漏洞非常好奇。既然美国现在处于战争状态，难道不应该去破译敌军的编码吗？难道他——这个研究过编码的人——不应该设立一个机构专门从事这项工作吗？他将这个想法最先告诉了萨蒙，后者写了一封信称赞雅德利作为一名密码破译专家的能力。雅德利也从他所认识的一些陆军和海军军官那里得到推荐。最终，他被带进拉尔夫・范・德曼（Ralph Van Deman）少校的军营。

[1] 原注：参见 H. O. Yardley, “Theory and Practice of Enciphered Code,” in George C. Marshall Library, Friedman Collection, item 17。在《美国黑室》第 31 页，雅德利说，他在美国宣战几星期之后上交了破译情报，接着提出请求，要求从国务院离职去参军。但依据当时的证据来看，他可能打乱了自己的履历年表，以便编写出一个更好的故事。

第3章

雅德利之前的美国情报史

拉尔夫·范·德曼少校负责的是军事情报管理。可是，无论他还是雅德利都不太清楚军事情报活动的历史背景。

情报活动甚至早在美国独立之前就出现了，乔治·华盛顿（George Washington）将军担任美国大陆军统帅期间收集了英国军事活动的信息。美国宣布独立11周后，他就派出了内森·黑尔[1]——第一批间谍中的一员前往收集英国情报，结果任务失败了。黑尔正准备返回美国营地时被抓获，他说了一句至今广为传颂的名言："我唯一遗憾的是，我只有一次生命献给我的祖国。"这句话让黑尔成为永垂不朽的人物 。随着独立战争的进展，华盛顿被提任为间谍组织的首脑。1779年，他负责管理考伯间谍网，主要在长岛以外的地方开展行动。其中一名间谍的代号是"小考伯"，华盛顿指示让他"留在这里（纽约市），收集一切有用的信息。为了做到

[1] 编注：内森·黑尔（Nathan Hale，1755—1776），美国著名的爱国者和民族英雄，独立战争期间大陆军士兵。他自愿在纽约收集英军情报，但被俘虏并遭处决。临刑前，留下著名的遗言："我唯一遗憾的是，我只有一次生命献给我的祖国。"（I only regret that I have but one life to lose for my country.）美国中央情报局在总部大楼前竖立了内森·黑尔的雕像，他的言论也经常被引用作为情报局的指导原则。

这一点，他要尽量混迹于军官和难民中间，多去咖啡馆以及其他一切公众场所。还必须特别留意英军进出纽约的陆上和水上行动”。此外，提醒他注意安全：只能派遣指定的人去送信，并且信“只能交给总司令”。这个间谍团队对情报进行加密，用隐显墨水书写，将其藏在空心的树干里——后来被称为“情报的秘密放置点”。他们告知华盛顿有多少英军、驻扎在哪里，有哪些战舰停靠在纽约港，有哪些军需品运到了镇上等等。黑尔发现他们的情报“明白易懂，令人满意”。尽管华盛顿废寝忘食地收集间谍信息，但这些情报并没能直接帮助他赢得任何一场战斗。情报似乎帮他看清了目前的大致形势——虽不像胜利那样大快人心，但却很有用，或者说至少可以避免一场可能发生的溃败。

华盛顿最有价值的消息就来自通信情报。美国第一位密码分析专家詹姆斯·洛弗尔（James Lovell）毕业于哈佛大学，是一位教师，也是大陆会议的成员，曾破译了英国的一个派遣命令，获悉皇家海军舰队打算救出被困在约克镇的查尔斯·康沃利斯（Charles Cornwallis）勋爵。美军随后将此情报通知了法国，后者出动海军，使英国舰队望而却步，营救康沃利斯的希望成了泡影，他只得率英军投降。这是美国独立战争所取得的决定性胜利。

虽然情报非常有用，华盛顿将军本人也热衷于睿智地收集和充分利用这些情报，但新美军仍没有在其组织机构中成立一个永久性的机构来收集和分析情报。当时没有任何一个陆军或海军部队这么做。尽管指挥官们一直在寻找情报，但情报经常因送达太晚而失去价值，极少有情报能被人们相信，几乎没有情报可以帮助人们获得胜利。军队不太相信这些情报。作家爱德华·克里西（Edward Creasy）所著《15 场世界经典战役：从马拉松之战到滑铁卢战役》（*Fifteen Decisive Battles of the World: From Marathon to Waterloo*）一书中，只有一场战役与提前预知敌军情况有关，即公元前 207 年发生在意大利的梅陶罗河战役：罗马人抓获了迦太基人的信使，赶在哈斯德鲁巴的哥哥汉尼拔增援部队抵达之前，集中兵力击败了哈斯德鲁巴；其余 14 场战役凭借的完全是军队的实力、智慧以及意志力。卡尔·冯·克劳塞维茨（Carl Von Clausewitz）的《战争论》（*Vom Kriege*）中，只有3段内容提到情报，并且字里行间充满了鄙夷和轻蔑，这充分说明历史上对情报的不重视。

美国内战时，这种情形依然没有得到改变。和几千年以来的做法一样，敌军的信息大都来自步行或骑马的侦察兵以及一些大规模的骑兵侦察队；再通过审讯战俘和讯问平民百姓来补充相关细节，这些信息有时很准确。新颖独特的气球侦察、信号拦截和间谍活动则很少能带来有价值的信息。1861年第一次布尔渊战役（First Bull Run）期间，南方邦联军之所以取得胜利，其实是因为其间谍罗斯·格里诺（Rose Greenhow）知道了联邦军向马纳萨斯推进的计划。北军的间谍伊丽莎白·范·卢（Elizabeth Van Lew）也时不时地会将可靠的情报传递给联邦军。艾伦·平克顿（Allan Pinkerton）是一家侦探事务所的负责人，他建立了一个秘密机构，专为波掩马可地区的北方联邦军队提供秘密服务。他从事反间谍活动很在行，逮捕了格里诺，但却不擅长间谍活动。平克顿派去邦联军队的间谍所刺探到的信息让他高估了叛军的兵力，以致乔治·布林顿·麦克莱伦（George Brinton McClellan）将军迟迟按兵不动。1861年，北方联邦军将系有绳子的热气球升到高空，通过热气球观察敌军的位置和行军动向。最为典型的一次是，空中侦察帮助查尔斯·斯通（Charles Stone）将军获悉叛军军队正在穿过波掩马可地区，而该叛军队伍是由4个密西西比步兵团和1个弗吉尼亚炮兵连组成。南方军队中没有热气球。南北双方经常截获、解读对方的情报，大多数传送的信息都是未加密的；也有些加密信息，南方政府的多字母替换编码经常会被北方联邦政府的密码员破译，然而北方政府使用的是移位密码，叛军却很难破解。总而言之，无论是对北方联邦政府还是南方邦联政府，情报在美国内战的战役中做出的贡献并不大。

随着战争的结束，军队逐渐忘记了情报。因为每个军队、每个部门的情报机构都不同，对于战后的军队来说，没有哪一种类型的情报机构能够证明其重要性。更为重要的是，战争不用借助情报便可胜利；战后也不会再有明显的情报侦察目标。因此，军队不再设立任何情报机构，美国又回到征服印第安人的时代。

军事技术以令人眼花缭乱的速度飞速发展。后膛枪取代了前装式枪，膛线炮取代了滑膛炮，炸弹取代了炮弹，装甲舰取代了木船，蒸汽机在海上取代了风力、在陆上取代了马力，螺旋桨取代了桨轮，铁路运输取代了公路运输，机枪使军队火力大增，电报更易于操作，铁路保障了国家调动和派遣大批兵力、以更加精准的时间投放至战场……此时比以往更需要情报来跟上时代的发展。情报第一次有了极具价值的目标：战争计划。获悉这些情报，军队指挥官能比从前更加了解敌军的动向以及可能发起的进攻，从而制订更为长远的作战计划，也比以前有更多的时间来组织防御。

正如科技视域的不断拓展一样，美国政治和经济视野也变得宽广。1850 年，加利福尼亚成为美国的一个大州；1854 年，日本开放贸易；1858 年，中国开埠通商；1867 年，美国购买了阿拉斯加；1869 年，跨洲铁路修建完成……美国越来越关注太平洋，关注整个世界。与此同时，欧洲各国急于在非洲和亚洲，甚至萨摩亚建立殖民地。1874 年，美国的出口总额超过了进口总额。

这些科技进步促使美国陆军和海军设立了情报机构，但随后一种相反的趋势使之偏离了这种走向：从地理位置上来说，美国周围有海洋这层天然屏障的保护；从政治上来说，有门罗主义[1]的保护——美国不需要情报。而且，搜集信息是可恶的间谍和军国主义行为，是不诚实的和不民主的——美国不想要情报。保守派的官员反对这一概念，因为以前从没有这

[1] 编注：门罗主义（Monroe Doctrine）是一项关于美洲大陆控制权的美国外交政策，因由美国第五任总统詹姆斯·门罗（James Monroe，1817—1825 年在任）于 1823 年发表，因此得名。“门罗主义”的主要理念是：美洲是美洲人的美洲。欧洲国家如果进一步对北美和南美的土地进行殖民、对其政权进行干预，美国将视其为侵略行为并介入。对于欧洲各国之间，以及各国与其美洲殖民地之间的战事，美国保持中立；若相关战事发生在美洲，美国将视其为敌意行为。

样做过，另一个原因则是新涌现的专家会和他们竞争提拔的机会。他们拒绝情报。

然而，科技带来的压力及美国在世界范围内的行动，迫使军队最终意识到美国需要更多更好的信息。美国海军部长于 1882 年 3 月 23 日成立了情报办公室（Office of Intelligence）。3 年后，据说是在战争部长的建议下任命了一名军官和办公人员去搜集与外国军队有关的信息，因为美国陆军副官长准将德拉蒙（R. C. Drum）无法获得他所需要的外国信息。于是，1889 年 4 月 12 日，部长正式授权成立军事情报部（Military Information Division），隶属副官长办公室。第二年，国会拨款 1500 美元用于“支付在国外从事搜集和整理军事情报人员的费用”。美国终于在部队正式设立了情报部门，美国军队第一次拥有了永久性的情报机构。

在 3 年时间里，美国军事情报部逐渐发展壮大，最终经过重组分为 4 个分支，形成如此规模的一个原因是，该机构的大部分工作是处理美国的军事调动计划和命令。然而，没有间谍去收集其他国家的秘密情报，也没有美国公司或政府部门截获电报，更不用说去破译任何加密电报了。美国没有战事，无须骑兵或步兵侦察兵为战场的指挥官和情报机构传递信息。除了地图，唯一获得的外国情报可能都是来自最近派遣到欧洲主要国家首都的陆军和海军武官。

尽管军事情报部有自身的组织局限性：它不受军队总司令的领导，而是隶属于战争部长麾下主要负责后勤、财政和行政事务的一个分局。有一段时间，该部门在一位优秀领导的带领下得到了快速发展，他还是美国军队中第一个意识到情报重要性的人，即陆军上校阿瑟·洛克伍德·瓦格纳（Arthur Lockwood Wagner）。他非常优秀，推动了美国步兵和骑兵学校变革为美国陆军指挥与参谋学院的进程，还于 1893 年在美国出版了第一本有关军事情报的著作《安全与情报机构》（*The Service of Security and Information*）。随着与西班牙的关系日趋紧张，他请求派遣一位下属前往古巴“观察并报告军事形势”。美西战争爆发后，他安排安德鲁·罗文（Andrew W. Rowan）中尉完成了著名的“加西亚任务”——侦察并带回了古巴起义军的地图以及其他情报。瓦格纳设法加入了骑兵部队，一直在圣地亚哥（古巴）战斗，直至战争结束后他才回到参谋学院，之后负责管理美国陆军战争学院。他于 1905 年去世。但是，他的为人及他对军事情报传教士般的热忱，极大地激励了他的一位下属——拉尔夫·范·德曼中尉。

1897 年 6 月，范·德曼第一次走进位于国务院—战争部—海军部大楼的军事情报部。该部门设在主楼层，有 3 间办公室。范·德曼的个子很高，身形瘦削，一双大耳朵成为他的重要特征。他在美国内战结束的那一年出生于俄亥俄州。1888 年，他从哈佛大学毕业后，又在法学院学习了一年，1891 年成为一名步兵。军队准许他在俄亥俄州的迈阿密大学读取医学学位。美西战争期间，他负责管理白宫的战争地图。瓦格纳对情报进行了福音式的传教，这让他意识到情报的重要性；当时军队派他去菲律宾镇压阿吉纳尔多叛乱，他负责将叛乱者档案局转变成军事情报部。他没有像大多数情报军官那样不情不愿，而是兴致盎然地接受了这份工作，并积极高效地投身其中。范·德曼及时发现了一起袭击马尼拉的阴谋，将其挫败。

与此同时，美国国会和媒体正在披露美国军队在美西战争期间缺乏计划性，以及由此导致的本就匮乏的军粮变质腐臭，在古巴一次 7 月作战中配发的是内战时的冬季军装，军队使用的是黑火药而不是无烟火药，拙劣的船舰，药品监管工作的严重缺乏等等。国家为之愤怒，新上任的美国战争部长伊莱休·鲁特（Elihu Root）也要求重建一个良好的体系。英国作家斯潘塞·威尔金森（Spenser Wilkinson）在《军队的大脑》（*The Brain of an Army*）一书中，埃默里·厄普顿（Emory Upton）将军在《亚洲和欧洲的军队》（*The Armies of Asia and Europe*）中，都提到设立总参谋部的想法。在普鲁士军队于 1864 年、1866 年、1870—1871 年分别迅速而高效地战胜丹麦、奥地利和法国之后，他们已经充分证明了总参谋部的高效性。设立总参谋部引起了美国大众对军国主义思想的担心，也遭到军官们和总司令的反对，但对进步思想和科学管理新理念的呼声还是让鲁特说服国会相信总参谋部存在的合理性。1903 年 2 月 14 日，总统西奥多·罗斯福批准了设立总参谋部的提案。

那么情报部门应该设在哪里呢？英国将情报部门设立在军队行动部。普鲁士将情报部分为两个战争规划单位：东部和西部。当有军事调动时，东、西两部是独立的情报单位；战争结束后在和平时期二者合并为一。然而，法国将情报部划分到总参谋部的第二分部。美国军队设立自己的总参谋部后借鉴了法国的编制，将情报部设为总参谋部的第二分部，即后来所称的 G-2。但在 1908 年，情报部又并入第三分部，不再是一个独立的分支机构。范·德曼在军队正常轮值期间，曾担任好几个情报岗位的职务，1915 年 7 月进入第三分部任职。1916 年，当欧洲国家陷入第一次世界大战的泥沼时，美国国会裁减了华盛顿的政府职员，结果情报部只剩下范·德曼这一个有情报经验的官员。然而，无论是他还是在国外的美国侦察员都没有意识到，在这场冲突中情报活动发生了多么巨大的变化。

情报飞速发展，不仅是情报的数量，还体现在其价值上，这主要得益于信息的一种新形式。这种增长与间谍无关，虽然长久以来间谍是主要的信息来源，但这些信息传递缓慢、信息量太少，且带有主观性；那些来自未受过培训的侦察员的信息常常是错误的；有时特工汇报的情报无误，但却是设计好的圈套。利用堑壕战会俘获很多战俘，但他们只能提供自己属于哪个部队及使用过的武器等信息。同样，被截获的文件资料只是传达的军令和一些技术细节。空中侦察是在热气球或飞机上目测观察或安置摄像设备，这的确起到了些许作用，1917 年之后，无论是协约国还是同盟国都不敢再在白天调遣军队。

虽然照片能很好地说明一切，但人们发现无线电情报是最有价值的。电报是一种快速、简单和经济实惠的交流方式，具有很高的军事优势；但电报的缺点是，敌军无须花费多大周折，便能快速、容易地截获这些信息。从电报中得到的情报可信度很高：敌方的每一个信息都包含在里面。（军队司令很少发布虚假信息来迷惑敌军，因为这些虚假信息很容易被自己人误认为是真的。）通常情况下，电报不是零星的信息，而是大量连续的信息；有时截获的密码中还包括军事计划和命令。因此，通信情报，尤其是其密码分析分支，第一次令疑虑满腹的将军们对其有了信心。尽管当时美国情报界还没有人完全了解它，但它已经帮助德国击败沙俄、推动了俄国共产革命的进程，并在 1918 年帮助法国——这个战争时期最强大的密码分析国家——有效地阻止了德国对西方战场的猛烈进攻。它还提供了当时最大的军事政变情报，披露了德国外交部长阿瑟·齐默尔曼（Arthur Zimmermann）向墨西哥发送的电报，意图怂恿墨西哥加入同盟国阵营对美国宣战，并且德国保证将帮助墨西哥夺回美国的 3 个州。这一政治阴谋的曝光，促使美国加入战争、加入世界力量的较量。因此，通信情报让情报成为战争中重要的工具，人们摒弃了对情报的不信任，海军上将、陆军将军以及政治家开始接受甚至极力推崇它。这就是雅德利想要带给美国的。但当时美国人还不知道甚至不认可这一点，军队的《野战勤务教范》（*Field Service Regulations*）在述及情报形式时也从未提到通信情报，雅德利要面对的是一场与无知和懒惰的较量。

1917 年 4 月 11 日，美国对德宣战 5 天后，陆军战争学院的负责人向总参谋部提议设立一个军事情报机构。他原先设想的是：情报部门应该跟他现在的部门分开。然而参谋长认为应由陆军战争学院负责监管军事情报部门。5 月 3 日，战争部长批准了这个提议，范·德曼，华盛顿唯一有情报专业知识背景的人成为该情报部门的负责人，就是他后来起用了雅德利。

范·德曼的办公室设在陆军战争学院大楼。这栋漂亮的大楼坐落在河岸阅兵场的尽头、安那卡斯提亚河（Anacostia River）汇入波拖马可河之处，由麦金—米德—怀特建筑公司建造，半圆形拱门优雅庄重，雕梁画栋，华丽独具。雅德利乘电车到达那里，心中升腾起彻底改变美国情报现状的激情。

初次见到范·德曼时，雅德利觉得他就是没留胡子的林肯。他看上去很疲惫，但当雅德利大致勾勒出在华盛顿设立密码破译机构，破译外交情报以及西方战场前线敌方军事情报的必要性时，他立刻来了兴致。范·德曼知道，“无论是国务院还是战争部都没有真正的密码专家”，然而如果军队能在华盛顿设立独立的密码破译部门似乎可以为他带来转机。关于设立情报部门的备忘录上只提到一点："分析敌军的密码和编码"，此外还顺便附了一张名单，并没有提及设立一个单独的部门。由于希特、莫博涅，以及军队另一位重要的密码分析专家弗兰克·穆尔曼（Frank Moorman）在其他地方还有军务，因此范·德曼委托芝加哥附近一家私人调查机构的办公人员为政府破译密码。雅德利的信念增强了这项使命的说服力。虽然他年轻、缺少经验，但他使范·德曼确信总参谋部需要自己的密码破译部门。

范·德曼开始着手运作这件事情。他安排雅德利离开国务院，让他为自己效命。6 月 29 日，雅德利成为美国国民军的一名通信兵中尉，编号 O–159744。该组织招收应征入伍者和志愿者。7 月 5 日，他开始服役；7 月 11 日，他接到命令并前往陆军战争学院分部报到。不久之后，他设立了军情八处（Military Intelligence, Section 8，简称 MI–8），他是部门主管，同时也是该部门唯一的成员。就这样，美国第一个官方情报部门成立了——没有礼炮齐鸣，没有锣鼓喧天，也没有列兵迎接。虽然悄无声息，但这却是美国情报史上最重要的里程碑之一。

雅德利的情报办公室只有几英尺见方，在陆军战争学院大楼西侧的一个面朝北的狭窄阳台上。从这里望去，可以看见图书馆的屋顶。阳光从半圆形弦月窗照进屋中，这里几乎摆不下一张可供雅德利和一两个同事办公的桌子；这里也没有墙壁或隔间，人在室内行走，地面会发出刺耳的摩擦声。这里就是美国密码学的摇篮，一手创建它的就是美国密码之父——赫伯特·雅德利。

雅德利时年 28 岁，身高 5 英尺 5 英寸（约 1.65 米），体重 125 磅（约 56.7 公斤）。他的脑袋圆圆的，脖子很短，鼻子虽小但很直挺，淡棕色的头发略显稀疏，额头很高。他走路的时候常常是小步快走，说话的时候总是试图掌控整个谈话节奏。他很会讲故事，人很聪明。上学时管理过班级，担任过学校橄榄球队队长，参加过学校的话剧演出，还创建了沙滩棒球比赛，曾带着同学们搞恶作剧，很受同学们欢迎。他从这些经历中获得了自信并积累了组织和管理经验。他之前破译过一些编码，并坚信可以破译更多形式的密码。他志向远大，野心勃勃。现在摆在他面前有一个机会：借助密码破译，他可以不再当一个下属，而是成为一个老板。他当然可以把握住这次机会，抓住这次机遇。

但是他没有员工，没有组织，也没有影响力。在美国，除了芝加哥，其他地方的智库还从未考虑破译密码。

第 4 章
劲　敌

乔治·费边（George Fabyan）总是穿着骑马装或游艇服，尽管他从未骑过马、划过船。他虽然高中肄业，但总是机械性地模仿文化人的方式说话。50 多岁的他身材高大强壮，前额很高，鼻子直挺，留着范·戴克式胡子[1]，为人有些飞扬跋扈，说话时总是很大声，近乎吼叫，笑的时候狂笑不止。他爱说脏话，对身边的人总是颐指气使，喜欢干涉别人生活。他的家境比较优越。

费边从父亲手上继承了棉纺生意成为巨富。在 20 世纪初的时候，他买了一块地并称之为“河岸（Riverbank）”。这块地横跨伊利诺伊州日内瓦的福克斯河（Fox River），往西南 25 英里（约 40.2 公里）便是芝加哥。他聘请弗兰克·劳埃德·赖特[2]重新打造这里，修建了网球场、眺望台、下

---

[1]　编注：范·戴克式胡子，得名于比利时画家安东尼·范·戴克爵士（Sir Anthony van Dyck，1599—1641）。他是英国国王查理一世的首席宫廷画家，为国王和众多贵族绘制过画像。他所绘画像轻松高贵的风格，影响了英国肖像画将近 150 年。画像中的人物大多蓄着干净整齐的胡须，这种胡须后被称为范·戴克式胡子。

[2]　编注：弗兰克·劳埃德·赖特（Frank Lloyd Wright，1867—1959），美国建筑师，工艺美术运动美国派的主要代表人物，在世界上享有盛誉，被誉为四大现代建筑大师之一。

沉式池塘、日式花园，以及一个动物园，动物园里建有一个大鸟笼，饲养了猴子、10英尺（约3米）长的蛇和鳄鱼；他还购置了一个风车、重新修建了灯塔；此外这里还能耕种，需要100个员工来打理。费边花钱去学习和研究声学、遗传学，试图论证“弗朗西斯·培根是莎士比亚戏剧的真正作者”这一传言，为此他组建了一个由8到10位女士组成的团队，主要是调查莎士比亚剧本文字中可能包含的“培根密码”，从而证明培根的原作者身份。这些女人每天晚上都要参加正式的晚宴，平时可以打网球或在凉爽的泉水池中游泳，但是薪水很少，并且由费边统一管理。他买了很多17世纪和18世纪有关密码破译的书。1917年3月15日，随着美国加入一战的可能性越来越大，费边宴请了伊利诺伊州的高级官员，向他们提供与情报有关的书籍和他掌握的密码破译信息，这些都是他自掏腰包请人去收集整理的。他亲自拜访范·德曼并一起讨论军事密码学问题。而那时雅德利还没有联系范·德曼。

弗兰克·劳埃德·赖特为费边改造的“河岸”别墅。

美国陆军中尉约瑟夫·莫博涅是陆军通信学校的负责人，同时也是陆军三大密码专家之一，美国参战后几周，他来到了“河岸”。令人印象深刻的是，莫博涅敦促美国政府“立即将费边上校[1]破译截获情报的优势加以利用”。范·德曼当时还不知道雅德利是谁，也不知道他的任何计划，就立刻照做了。在范·德曼的邀请下，司法部、海军部门、邮政审查以及其他部门纷纷参与其中，更为重要的是，国务院也加入了。和范·德曼一起处理这些情报的是利兰·哈里森（Leland Harrison）。哈里森是一名职业外交官，喜欢打马球，但是个有些“胆小如鼠”和异常沉默安静的人。

很快，截获的情报开始寄往“河岸”，紧急的时候则会发电报。“河岸”的恩格尔杜别墅一楼有 4 名男职员和 3 名女职员，但之前的培根哲学研究工作所积累的经验并不能帮助他们进行密码分析，他们只能边做边学。在费边具有异国情调的小型动物园内发出刺耳尖叫声和嘶吼声的环境下，他们经常成功地破译出信息。例如 6 月 22 日，费边发给范·德曼一些已破译的墨西哥密码，他说道：“一群人仅花了一点时间便在凌晨时分完成破译，成功的时候大家都很高兴。这真是块硬骨头！而且他们想知道‘我是否认为有人会比他们还快’‘他们的工作结果是否有帮助’，他们会像孩子一样问好多问题。”一个月后，费边自吹自擂：“很幸运为您的朋友哈里森工作，他正在寻找那些他认为是重要情报的破译方法，因为他非常着急，每一次我们都能够按时回复邮件。”费边提到 7 月 28 日的前一天收到 17 条待破译的信息，当天早上就破译了其中 4 条。绝大多数工作都是破译德国和墨西哥之间的信件，因此费边请了 1 名德国和 2 名西班牙翻译。而那时，雅德利才刚刚着手组建他的新机构，并忙着招贤纳士。

“河岸”密码分析专家包括威廉·弗雷德里克·弗里德曼。他毕业于康奈尔大学农学专业，1915 年 9 月费边聘请他来改良农场农作物的基因。但后来发现他非常善于摄影，这些培根哲学的信徒们请他去拍摄并冲扩莎士比亚《第一对开本》[2]中的字母图片，因为这本书在证明培根密码（一种

---

[1] 编注：1901 年，伊利诺伊州州长理查兹·伊茨任命乔治·费边为他的卫士，并授予其上校的荣誉称号。

[2] 编注：《第一对开本》（*First Folio*），出版于 1623 年，是第一部莎士比亚剧本合集的通称。合集名为《威廉·莎士比亚先生的喜剧、历史剧和悲剧》（*Mr. William*

隐藏信息的理论）方面发挥了重大作用。还有一位密码分析专家叫伊丽莎白·史密斯（Elizebeth Smith）。她于 1916 年来到“河岸”，帮着解读这些所谓的信息。“河岸”的条件有限，年轻人在夏天很少有事可做，伊丽莎白和弗里德曼经常聚在一起讨论，并越来越质疑培根理论。伊丽莎白不喜欢费边，不喜欢他粗鲁和骄纵蛮横的处事方式，但她很欣赏弗里德曼，认为他帅气、温柔、善解人意、有礼貌，衣着讲究、注重举止、思想深邃。1917 年 5 月 21 日，他们结婚了，当时他 25 岁，她 23 岁。弗里德曼越来越痴迷于密码学，对于一个遗传学专家来说这并不意外，正如书中所写的那样，“我们所使用的电报的信息传送方式，与有生命的有机体（例如人类）理论上的信息传送方式，并没有原则性的绝对界线”。伊丽莎白“不只是一个贤内助”，尽管她对密码学的兴趣远不及弗里德曼强烈，也没有像他那样有什么出彩的成就。他们的一位同事说，似乎“他俩的生活只有密码”。弗里德曼放弃了研究遗传学，成为密码部门的领头人，在 9—10 个月的时间里，该部门从最初的 7 个人增长到后来的 25—35 个人。

“河岸”办公楼内设有一口水井，弗里德曼在二楼工作，负责撰写技术文件。费边将这些文件用铜版纸印刷，配以白色厚重的封面出版，被称作“河岸出版物”，这些书籍后来成为具有重大意义的密码学文献。弗里德曼也破译密电，他的一项工作成就曾使协约国免于遭受重大的编码损失，也令雅德利颇感难堪。英国计划引进一种密码装置来创造新型战地密码。该系统是由英国科学家查尔斯·惠斯通（Charles Wheatstone）爵士在 19 世纪 60 年代发明的（令人称奇的是，他发明了新装置要替代的战地密码——普莱费尔密码），但一位战时陆军密码分析专家圣文森特·普利特（J. St. Vincent Plett）通过使用两个同心圆对它进行了改良：外层用于未加密文件，是由打乱顺序的 26 个字母组成的圆周，再加一个空格用作字间间隔；内层是加密的文件，是将 26 个字母按照不同的组合顺序排列，用齿轮来控制每个字母表的指示器。这样就变成了不规律的、有多个字母替

Shakespeare's Comedies, Histories, & Tragedies），以对开本形式印刷，共包括莎士比亚 36 部作品。

换的密码系统。英国当然已经检测过这套设备，法国同样如此。雅德利的军情八处也测试过。没有人能够破译用此装置加密的密码。1918 年 4 月，美国也开始考虑引进普利特装置。人们认为该装置是无懈可击的，当然还有一种观点认为，一旦德国人得到并使用这种装置的话，协约国恐怕将无法再读取他们的密码。

该装置被移交到“河岸”接受最终的检查。5 份用该装置加密的密电样本送到了弗里德曼的面前。他确定这两个混合字母表中的一个是通过使用关键词 CIPHER 重组在一起的。他认为第二个字母表也应该跟这个单词有关联，但是无法弄明白，于是向正在旁边房间里分析其他信息的伊丽莎白寻求帮助。她后来回忆说：

> 我靠在椅背上，闭上眼睛，让大脑一片空白，至少是尽可能地放空自己。这时他来找我帮忙，并提出“当他的问题出现在我脑海时，我的回答不要有片刻的思考和迟疑，应脱口而出第一个想到的词”。我按照他的要求开始做。他说“密码”（cipher）这个词，我立刻想到“机器”。过了一会，比尔说我很幸运地猜对了。华盛顿的官员违背了一个基本原则，那就是，当选择关键词时，不要选择一个与这个项目有关联的词语……比尔从未想到去试试这个词，因为他那严谨的思维告诉他这是个装置，不是机器。那 5 份测试密电最终在收到电文 3 小时后就都被破译出来并发回了华盛顿。

雅德利感到很难堪，不得不赶紧给英国发电报：“普利特装置加密的情报已被破译，和发明者考虑的破译方法不同，敌军当前，我们认为现在使用这个系统很危险。”

1917 年秋天，雅德利在陆军战争学院为年轻的军事情报官员讲课。有 4 位年轻人在听了他振奋人心的演讲后，表示愿意加入美国远征军（American Expeditionary Forces，简称 AEF）一起从事密码学工作。考虑

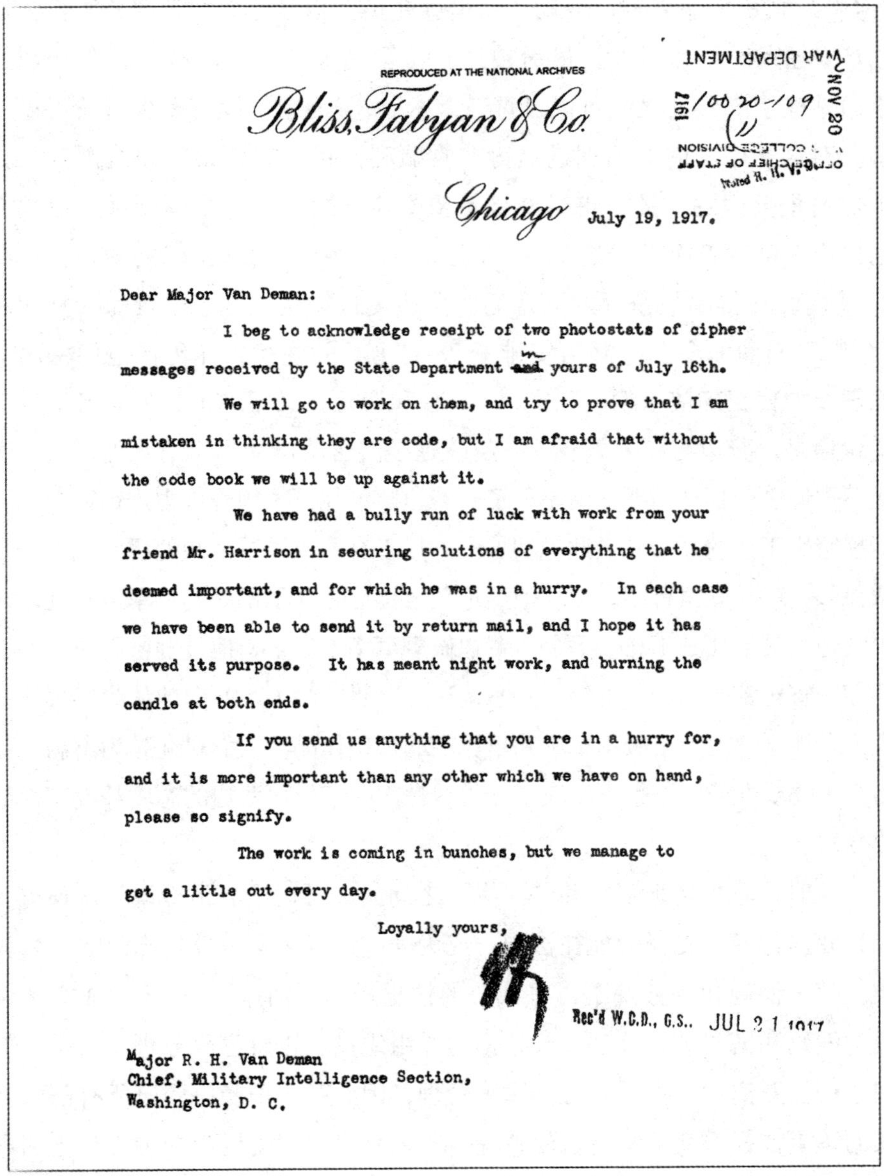

Bliss, Fabyan & Co.

Chicago July 19, 1917.

Dear Major Van Deman:

I beg to acknowledge receipt of two photostats of cipher messages received by the State Department ~~and~~ in yours of July 16th.

We will go to work on them, and try to prove that I am mistaken in thinking they are code, but I am afraid that without the code book we will be up against it.

We have had a bully run of luck with work from your friend Mr. Harrison in securing solutions of everything that he deemed important, and for which he was in a hurry. In each case we have been able to send it by return mail, and I hope it has served its purpose. It has meant night work, and burning the candle at both ends.

If you send us anything that you are in a hurry for, and it is more important than any other which we have on hand, please so signify.

The work is coming in bunches, but we manage to get a little out every day.

Loyally yours,

Rec'd W.C.D., G.S.. JUL 21 1917

Major R. H. Van Deman
Chief, Military Intelligence Section,
Washington, D. C.

费边写给范·德曼的一封信，表示“河岸实验室”有能力破译发给他们的所有截获情报。

到雅德利吸引人的演讲方式，发生这种事一点都不意外。1917 年 11 月，“河岸”同意为他们进行培训。弗里德曼负责指导他们的大部分工作，这 4 个年轻人做得非常好，最后被送到法国。等到年底的时候，雅德利的部门站住了脚跟，已经可以自行破译密码，“河岸”没有多少事情可以做了。对这 4 名少尉的培训进展得非常顺利，费边或许察觉到他渐渐失去了对情报部门的掌控，也或许是希望能够继续自己的爱国创举，他大方地提出为陆军每个部门的 2—3 名士兵传授一些编码和密码的知识，为期 2—3 周。在得到战争部的同意后，费边便自掏腰包，于 2 月和 3 月初在“河岸”南面的奥罗拉酒店安排了 78 名士兵的住宿，并传授他们密码学原理及如何正确使用编码和密码。3 月和 4 月，又招纳了另外 6 名士兵。

但是，费边与范·德曼越来越疏远了。自从设立了军情八处，范·德曼不再像之前那样需要“河岸”了。费边除了找范·德曼极力推销他向军队传授密码工作的经验并借此邀功外——尽管有些成果军情八处已经先他一步取得——就是固执行事，比如他逼迫范·德曼将弗里德曼调离军情八处，改由其他人员接任其工作。另外，费边做事草率不慎重。他鼓励密码协会的成员们去宣传密码书籍、推销“熟悉编码和密码”的人，并向他认为感兴趣的人强行摊派“河岸出版物”中弗里德曼的那些作品。人们对此颇为不满，随后范·德曼办公室不得不发表了一份致歉声明，然而费边的态度却没有丝毫改变。

这时，军事情报部门和“河岸”之间的关系已经非常冷淡。1918 年 5 月，弗里德曼接受任命前往法国，成为美国远征军密码分析部门的一名成员。范·德曼和国务院不再将截获的情报送往“河岸”。雅德利成立了自己的编码和密码破译分部，开始招聘并组织员工进行密码分析。由于该部门办公位置离军队很近并且归军队管理，因此范·德曼将政府所有部门截获的军事情报都交给军情八处破译。雅德利将美国密码学的中心从芝加哥转到了华盛顿。

第 5 章

密码专家、速记和隐显墨水

当雅德利的部门开始运作时，他准备破译外国密码，但是摆在他面前的还有 4 个难题。第一，这项工作“河岸”正在做。第二，据英国方面称，战争部的编码不安全（可能是因为他们自己已经破译或窃取了编码），因此雅德利得到命令，放下手头一切事情，专心修复战争部的密码系统。他授命阿尔特斯·普林斯（Altus E. Prince）负责这项工作。普林斯曾经在国务院工作，有编码方面的工作经验。他很快就组建了一个 10 人工作小组，开始高效地对编码和密码进行汇编，雅德利每天抽出 1 小时来审查一下工作进度就行了。第三，虽然通信加密和解密是副官长办公室的工作，然而军事情报部门坚称出于安全考虑会自行处理信件，将这项工作丢给了新成立的密码分析部门。雅德利态度积极、干劲十足，和他的几个助手顿时忙得不可开交。他部门里有一个办事员詹姆斯·麦肯纳（James E. McKenna），之前是私人密码室的职员，现在被委派负责处理这些通信信件。每条专线被分割成一个个的电缆点，聘请的电报员和译电员在这间办公室里几乎每天 24 小时不间断地快速处理多达 100 条信息，此外还要为远在法国的美国军队提供快速服务。

雅德利的第四个问题是最难解决的：缺少密码分析专家。尽管 1917

年 5 月 18 日颁布的《义务兵役法》（Selective Service Act）允许总参谋部扩大征兵范围，准予分支机构的办事人员征用必要的平民，但雅德利和其他招聘者面临着同样的挑战：不光是要找人，还要找到合适的人。“从陆军战争学院档案中发现的这些信件来看，”他说道，“几乎每个美国人都曾涉猎过密码分析领域。”或许有些人已经编制出一些“无法破译的”密码，正想着贡献或出售给政府，但他们对密码分析一无所知。然而有时候，当对这个领域略知一二的人出现时，雅德利也不是总能留住他们。奥托·荷尔斯泰因（Otto Holstein）上尉在密码学领域颇有造诣，雅德利在给他的信中写道，“我们张开双臂，欢迎您的到来”，结果却被告知：荷尔斯泰因的指挥官说他“将会”一直待在炮兵部队。明尼苏达州的奥斯瓦德·詹森（Oswald Jensen）申请加入密码分析专家队伍，但是雅德利拒绝了他，因为他不是土生土长的美国人。就这样，招人的进度慢了下来，人员这个问题从未得到彻底解决。

但是，雅德利也的确发现了一些特别优秀的人员。他雇用的第一个人约翰·曼利（John M. Manly）就非常优秀。曼利是芝加哥大学英语系的主任，52 岁，个头不高，很安静，看上去非常严肃。他十几岁的时候就痴迷于密码学，收集了 19 世纪法国的一些密码书，这些算是当时最权威的书籍了。大概在 1915 年，曼利受乔治·费边邀请去破译培根密码，以验证“莎士比亚剧本的真实作者其实是培根”这一说法，这同时也使他萌生了为军队服务的想法，1917 年 3 月他拜访了范·德曼。学校的事情使他脱不开身，一直到美国宣战后的 11 月 3 日，曼利被任命为上尉。雅德利称他“有着少见的创新性思维的天赋——在密码学界被称作‘密码大脑’，他命中注定会成为最优秀和最聪明的密码专家”。他随后成为雅德利的首席助理。

曼利通过自己在学术界的关系为情报部招聘员工。他推荐了自己在芝加哥大学的女同事伊迪丝·里克尔特（Edith Rickert），他们曾一起研究作家乔叟。里克尔特 46 岁，聪明又能干，颇有贵族气质。查尔斯·比森（Charles H. Beeson），47 岁，芝加哥大学拉丁语副教授，因曾发现中世纪拉丁语手稿中的错误，所以曼利也把他请到华盛顿。令人称奇的是，比森在慕尼黑大学的学术论文是研究教会圣师塞维亚的圣依西多禄（St. Isidore of Seville）的《词源》（*Etymologiae*），这是中世纪少有的几部述及密码学的著作。比森可能已经发现自己和雅德利的渊源：他们都是印第安纳州人，他 20 岁出头时曾为依尔河流域的鱼类编制分类目录，而该河就流经沃辛顿。另一位是研究中世纪英语的专家托马斯·诺特（Thomas A. Knott），曾在曼利手下从事研究工作。埃德加·斯特蒂文特（Edgar H. Sturtevant）是研究赫梯的专家，还在芝加哥大学取得了博士学位。并非所有的学者都来自这所大学。据说耶鲁大学的教授，蓄着胡子的弗雷德里克·比利斯·拉昆思（Frederick Bliss Luquiens），对“西班牙语的研究似乎是他内心的所有渴求”。但是密码破译似乎满足了他这一梦想，事实也证明，他做得非常好。

查尔斯·贾斯特罗·门德尔松（Charles Jastrow Mendelsohn），是个戴着眼镜的斯文人，出生在一个知识分子家庭。父亲是北卡罗来纳州威尔明顿市的一位犹太拉比；母亲是著名语言学家莫里斯·贾斯特罗（Morris Jastrow）的远亲。莫里斯是宾夕法尼亚大学闪族语系教授和学校图书馆的馆长，据说他的哥哥是美国第一个被授予心理学博士的人。尽管门德尔松已经获得宾夕法尼亚大学古典学博士学位，并在纽约城市学院教授这门学科，但他对数学也同样精通，大学一年级时就在学校获过奖。他一直都对密码学感兴趣，在服兵役期间从审查机构调到军情八处。他后来写了一些有关密码学史的学术文章，并将该领域最好的古书汇编为一部合集。

雅德利手下另一位优秀的密码分析专家是维克多·韦斯科普夫（Victor Weiskopf）。他个子不高，健壮结实，平头，戴一副夹鼻眼镜。韦斯科普夫 16 岁时从德国巴伐利亚州移民美国，之前还去过墨西哥。在那里，他卖过邮票，曾经挨个村地播放电影，在墨西哥革命期间失去了一个宝贵的铅矿；有一次要不是狙击手的子弹因电车的高架线挡了一下而打偏，他就中枪了，他最后成为司法部在西南的办事人员。他破译了很多墨西哥密码，战争爆发后，开始为军情八处工作。

雅德利还选中毕业于巴尔的摩学院的约翰·米斯（John C. Meeth），据他自己说高中时曾是贝比·鲁斯[1]的同学。米斯在福德姆法学院上学却未毕业，他在那里学习时成绩相当不错，甚至会有同学来购买他的课堂笔记。他个子不高，留着牙刷式的胡子，为人诙谐幽默，很招人喜欢，不过有点固执己见。无论何时他都很有魅力，很会讲故事，他的笑容很迷人，工作效率很高，以至于战后雅德利还一直留用他。

战争后期，当时还是耶鲁大学毕业生的美国诗人斯蒂芬·文森特·贝尼特（Stephen Vincent Benét）从国务院密码室调到军情八处工作。但是他的视力不好，不适合这项工作，只在那里待了几周。

海军当时没有设立单独的密码分析部门，向军情八处详细介绍了军队中唯一对密码分析感兴趣的人——约曼·巴特（Yeoman H. E. Burt）。他虽然是海军预备役军人，但声称已经取得了一些密码分析成就；同时他承认自己从未进行过"彻底和全面的研究与分析"，因此有必要确认自己是否可以破译德国海军密码。然而他似乎从未成功过。

这时，军情八处的办公场所已从当初陆军战争学院的阳台搬到一座殖民地时期的建筑楼，位于西北部 M 街和第 15 街交会处的一间刚竣工的公寓。在那里短暂停留后，又搬到西北部 F 街 1800 号一座办公楼的顶层，一直到战争结束。

雅德利面临着一个迫在眉睫的问题：军情八处的新手们尚未掌握密码分析的技能。范·德曼把他叫到自己的办公室，手里攥着司法部发来的几页纸向他挥舞着。

"这是什么，雅德利？是密码吗？"

"我看像是速记文字。"他回答道。

"我已经让我的秘书看过了。她说这不是格雷格，也不是皮特曼[2]。"

[1] 编注：贝比·鲁斯（Babe Ruth，1895—1948），美国著名的职业棒球运动员，1936 年入选棒球名人堂，是美国体育界的传奇人物。

[2] 编注：格雷格（Gregg）和皮特曼（Pitman）都是英语速记法，分别以其发明者

范·德曼还介绍说，这份情报来自美国关押的一名德国囚犯。雅德利坐车前往国会图书馆，查阅后得知德语使用最广泛的是加贝尔斯贝格（Gabelsberger）速记法。他随后找到一位专家，得到了翻译件。从信中得知这名战俘打算用隐显墨水和妻子联络，然后挖掘地下通道逃出战俘营。这只是如雪花般堆积的速记信件和文件中的一份，其中还包括一些用意第绪语和阿拉伯语写的文件，以及看上去像是速记的文件。这些文件陆续送达军情八处，它的破译技能也随着工作报告传遍了审查机构和其他情报部门。雅德利不得不单设了一个部门来进行研究。

雅德利还发现了富兰克林·威廉·艾伦（Franklin W. Allen）。他是哈尔斯和艾伦公司的合伙人，这是一家著名的法律调查事务所，总部设在曼哈顿，在华盛顿和其他城市均设有分部。艾伦不仅没有收费，甚至还垫付了开支、提供了办公场所。他总是满怀热情地投入工作。他把分别收藏在几个公共和私立图书馆的外国速记法书籍名单列了出来，还搜集整理出不同速记法的文本，既包括广泛使用的加贝尔斯贝格和斯陶兹－施睿（Stolze-Schrey）德语速记法以及马蒂（Martí）西班牙语速记法，也包括匈牙利、土耳其和南斯拉夫语版本。最后还为 54 种速记法编制了辨识图表。如果用这些方法仍解读不出，艾伦会把这些机密信件影印后送给他认为可能会辨别出来的速记专家。如果这也不行，大家就会把它当作密码电文来进行分析，将这些文件转录在未知的系统里。艾伦负责组织并管理这个分部。该部门有 6 名员工，但并不是一直有这么多人，其中 3 个人负责德语文件、2 个人负责西班牙语文件。艾伦同时还为雅德利找到了 6 位密码专家，拉昆思就是其中一员。审查机构、司法部及其他机构给这个部门发来很多文件，每份文件在誊写、翻译后会交给军情八处。大多数文件内容没有太大价值，对那些有疑问的信件，军情八处会展开进一步分析，并不会指责他们。

在军情八处刚筹备的时候，范·德曼就已经开始关注如何发现德国间谍使用的隐显墨水，尽管他可能也有为美国特工调制类似墨水的想法。

约翰·罗伯特·格雷格（John Robert Gregg）和艾萨克·皮特曼（Isaac Pitman）两人的名字命名。

在这方面最先崭露头角的是美国第一位诺贝尔化学奖得主，哈佛大学的西奥多·W. 理查兹（Theodore W. Richards）。理查兹和埃米特·K. 卡佛（Emmett K. Carver）一起在坎布里奇伏尔柯特·吉布斯实验室研究隐显墨水。卡佛 24 岁，来自爱荷华州，在理查兹的指导下刚取得了化学博士学位。相比去识别那些未知墨水，他们似乎更热衷于发明新的隐显墨水。1917 年 9 月 10 日，卡佛兴奋地发来报告称，经过一周的努力，“我们已经研发出两种新的隐形书写方法，常规的实验是发现不了的”。一种是使用 1∶500 的血溶液，在含有锌粉和氢氧化钠的酒精溶液中溶解部分碱性玫瑰精（一种指示剂）；然后特工会用一块光滑的金片蘸着这种溶液书写。使用这种墨水书写出来的信件需要放在汞蒸气中才能显现文字。“这种书写方法很明显的一个缺点是，”卡佛说道，“需要放置在汞蒸气中显现，这是发明隐显墨水的一种最普遍的方法，或许德国人也在使用这种方法。”后来他们考虑用一些可以与化学物质起反应的孢子，卡佛设计了一种使用蛋白原酶作为隐显墨水的方法，显影剂是牛奶，蛋白原酶遇牛奶后会凝结。政府机构送来一些可疑物品，让理查兹和卡佛检测其中是否含有隐显墨水。这两个人运气欠佳。理查兹在 1917 年 11 月的一份报告中称，国务院利兰·哈里森发来的一份文件“仍在检测；这里面含有的微量物质表明它可能是催化剂，也可能是微生物——但是截止到目前，我们尚未发现任何一种物质。或许它什么都不是”。理查兹从范·德曼发来的一份文件中发现“第 50 号样品正在接受所有的常规检测和特殊检测，例如汞蒸气、镭验电器、碱性玫瑰精等，但仍然没有任何结果”。

1917 年 11 月，军情八处在曼哈顿华盛顿街 541 号邮政审查办公室设立实验室，坎布里奇的卡佛负责管理这个实验室。1918 年 7 月，军情八处在华盛顿西北部 F 街 1330 号军事情报总部设立了第二个实验室，由阿洛伊修斯·J. 麦克格拉尔（Aloysius J. McGrail）负责。麦克格拉尔 27 岁，毕业于哈佛大学，又在美国天主教大学获得化学博士学位。英国化学品审查机构主管斯坦利·W. 柯林斯（Stanley W. Collins）专门前往华盛顿，用了两个月来指导美国的隐显墨水研究，特别是那些已被他们检测出来的德国特工使用的墨水。他解释道，协约国的化学家已经发现一些可以显示隐显墨水的常规试剂。将疑似用隐显墨水写就的信件放进密封匣内，吹进碘蒸气，碘蒸气可深入墨水干扰的纸张纤维内部，从而显现出书写的内容，无论什么墨水都适用。这样就没必要再去寻找每种墨水的特定试剂了。

纽约办公室花了一周的时间检查纽约审查机构送来的 2000 封可疑信件，以及华盛顿办公室收到的来自西雅图、旧金山、圣安东尼奥、新奥尔良和基韦斯特的信件。因为数量过于庞大，碘蒸气实验行不通。纽约的 4 名实验室女助理将那些可能使用隐显墨水的信件用化学物质进行了标记，结果发现只有 50 封使用了隐显墨水。

隐显墨水信件的筛查工作意外导致一名敌方女特工落网，雅德利曾称之为“美国历史上最勇敢和最危险的间谍”。玛丽亚·德·维多利卡夫人(Madame Maria de Victorica)，本名玛丽亚·冯·克雷奇曼男爵夫人，是一名普鲁士骑兵军官的女儿。她的祖母是珍妮·冯·巴本海姆和热罗姆·波拿巴的私生女；波拿巴是拿破仑的弟弟，被封为威斯特伐利亚国王。玛丽亚在德国驻防区长大，25 岁去南美拜访亲戚时结婚。她的丈夫死后，她成为一名成功的期刊作家；后来她被送往智利和俄罗斯，并在俄罗斯待了 7 个月。1913 年，她嫁给一个阿根廷人：曼努埃尔·古斯塔夫·维多利卡(Manuel Gustave Victorica)，也有资料称作若泽·曼努埃尔·维多利卡。祖国爆发战争时她正在保加利亚，后返回家乡，开始为政府翻译文件。1916 年，在海军情报部门的帮助下，德国外交机构将她送到美国。当时她 38 岁，人既聪明又漂亮，很有涵养，一头金色长发，但是身材臃肿且对吗啡上瘾。

她的长官命令她写一些亲德的文章，积极参加对协约国的食品和军需品禁运活动，鼓动天主教徒中的反战主义者（她已皈依天主教）及支持反英的极端爱尔兰民族主义者。那时她负责管理一个组织，任务是在英国和其他协约国商船上安置炸弹。美国参战后，该组织又阴谋破坏美国的军工厂。当时 37 岁的副长官赫尔曼·韦塞尔斯（Herman Wessels）是汉堡—美洲航运公司的一名官员。他提议将炸药藏在玩具积木中运送过来。维多利卡打算将它们偷偷藏在天主教教堂祭坛里，但是最后并未执行。韦塞尔斯曾经去过新泽西州霍帕康湖附近的一家酒店，可能是为了监视附近的3个军工厂，但是这3个工厂并没有遭到蓄意破坏。的确，间谍们的大部分精力似乎不是用在炸毁船只或工厂上，而是用在计划、组织、筹钱、搬家和沟通等事情上。

隐显墨水可以隐藏很多重要的消息。对于敌方特工来说，这种墨水看起来像水一样，常常浸在长袜和丝棉混纺的围巾中，因而方便运输又不会引起任何怀疑。很多信件的封面都会写上醒目且无足轻重的内容，但另一面常会留白，用于书写机密信息。有一次就在一本《圣经》中发现用隐显墨水书写的情报。但间谍们也会遇到很多问题，例如有时因为没有收到显影剂，所以无法读出情报的内容；有时藏得过于贴近皮肤，反而使情报呈现出来。维多利卡就曾试图研发可以保存两三个月的墨水，结果失败了。

军情八处收到的这些信件，有些是从德国通信员那里得到的军事情报，有些则是从英国和法国的情报部门、美国邮政局长及被逮捕的疑犯那里得来的。这些信都交给卡佛研究。他只能解读出最近两三个月的信件，因为墨水会随着时间的消逝而变得无法识别。尽管他做了很多尝试，但都失败了，仍未能发现马德里的一封信件中的秘密。不过随着他从一封4页打印信件中的2张空白纸上发现了字母组合“Maud”，卡佛成功了。这封信里面记录了6个中立国家的隐蔽地址，还指示收信人摧毁码头、军工厂以及汞矿。关于这条消息，情报部门称“这是战争爆发以来我们拥有的最重要的情报”。这个情报提醒战争工业委员会采取措施保护全国范围内的汞矿。

此类破译的情报帮助美国将一些阴谋者送上法庭，但并不是所有人都被定了罪。维多利卡于1918年4月27日在长岛长滩的纳绍酒店被捕。一开始，她只是很随意地向审讯员透露一些信息，例如招出韦塞尔斯曾使用过的一些化名——这导致韦塞尔斯被抓。然而她也撒了很多谎。后来审讯员威胁她说出实话，否则就不再给她吗啡；之前她每周去纽约两三次就是为了买吗啡。接着她就全部招供了，美国顺藤摸瓜除掉了这个间谍团伙。这时该让她戒掉毒瘾了，一位医生说“她的身上有多处针眼已经生疮化脓”。维多利卡最后没有在法庭接受审判，1920 年她死于肺炎。但军事情报部门称，这是美国参战以来发现的“最重要的”间谍团伙，雅德利领导的情报机构在这件事上发挥了很大作用。

军情八处不得不经常挑战密封信件的不可侵犯性——正如英国人做的那样，也由此促进了伪造封口蜡的研发，因为在开封时很容易破坏封口蜡。一次，在打开了一封写给墨西哥高官的来信后，军情八处发现仿制的邮戳效果太差而不能使用。幸运的是，麦克格拉尔发现这个邮戳使用了一枚墨西哥老式的 1 分钱硬币。军情八处找到同样的硬币，用它重新密封了那封信。

但该机构主要的工作——雅德利最喜欢做的事情是：破译外国的密码系统。

第 6 章
管理者

在创建并管理美国第一个通信情报机构的头几个月里，雅德利很快树立了自信，做事也变得越发果断。例如，1917 年 9 月，一个发明者对密码机的一处改进提出专利申请，然而这一问题早就被帕克·希特解决了，雅德利命令说，“那个发明者提出的方法就不该受理”，并且“我们不应再将这些文件退还给他”。雅德利赢得了下属们的忠诚和信任。范·德曼认为，在所有情报人员中，雅德利以及他的工作是最“杰出的”。以前一起共事的一位同事后来回忆说：“雅德利拥有不同寻常的组织能力和管理能力。不管怎么说，我们应该记住他是白手起家的。他的密码分析能力是卓越的，在管理方面也很有远见，这是军情八处成功的关键。据我所知，那时候再没有人能成立这样一个机构或者做得像他这样完美。”

雅德利尤为注重维护他的员工。当威廉·弗里德曼所著的技术书籍在“河岸”出版并传到军情八处之后，雅德利非常愤怒地捍卫了自己的优先权，弗里德曼的第一本小册子是《从二级字母表系列的单个字母中重建主字母表的方法》（*A Method of Reconstructing the Primary Alphabet from a Single One of the Series of Secondary Alphabets*）。但是，约翰·曼利早在处理墨西哥密码时就已经重新还原了这种单字母密码系统。根据雅德利提供的信息，范·德曼通报乔治·费边：军情八处已经得到这个结果，而且“比弗里德曼更早、更快”。他抨击道，尽管“近些年人们认为这个课题非常重要，因而有了这本专著的出版……但我们认为这种发现其实无甚大用”。1917 年 12 月 1 日，军情八处收到 6 条测试信息，它们所使用的维吉尼亚滚动密钥密码系统在当时来说还是无法攻克的，然而军情八处只花 5 天时间就将它们破译出来了。一个月后，弗里德曼完成了他的第二本册子《滚动密钥密码的解决方案》（*Methods for the Solution of Running-Key Ciphers*）的序言，雅德利称之为“蓄意的剽窃”。早在 1918 年 4 月，军情八处就破译了巴泽里埃斯圆柱密码(Bazeries cylinder)，一两个月之后，弗里德曼才在“河岸”的出版物中描述了这个解决方案。当弗里德曼总结说破译加密密码的概率“太小了，不值得考虑”的时候，军情八处在提交的当天就解决了这样一个问题。范·德曼指出，虽然弗里德曼是密码学界的明星，但不算奇才。在认清弗里德曼的“卓越成绩”之后，范·德曼告诉费边，他高估了弗里德曼研究的价值，“迄今为止，在已经记录在案和尚未解决的问题方面，他们还没有任何重要的贡献”。对这些方案发明权的争夺引发了雅德利和弗里德曼一生的竞争；刚开始还都是些微不足道的事，双方戴着“友好”的面具，到后来就变成刻薄的讥讽，至少弗里德曼是这样做的。

军情八处如今接管了“河岸”的密码破译工作，之前送往伊利诺伊州的情报，现在都传到华盛顿来解决。这些情报有的是国务院送来的，有的是陆军或海军无线电站截获的，还有的是审查机构查获的。因为一直都未能破译截获的德国情报，海军放弃了存在时间并不长的密码分析工作，将其悉数转交给军情八处。一些密电随之被破解，然而直到 1918 年 8 月，军情八处才拥有足够多的密码分析专家，方能大展拳脚。

雅德利选择智利作为军情八处的第一个目标。他之所以做出这样一个出人意料的决定，或许是因为截获德国情报的数量还不够多，也或许是出于智利与德国还维系着紧密关系的考虑——很多德国人在智利定居，德国重新调整了智利的教育和军事结构，甚至包括如何踢正步。和其他拉美国家不同，智利没有对德国宣战，也没有断绝跟德国的外交关系。雅德利任命弗雷德里克·拉昆思负责攻克智利的密码系统。拉昆思和密码分析专家们得到来自国务院、战时航运委员会以及其他机构所提供信息的帮助，而智利的习惯——在密电中掺杂着未加密的内容和密码，在一定程度上也帮助了他们。

初看智利似乎运用了3套不同的密码，分别用A、D、G标示，后来他们发现这3套密码其实是同一个"一部本"密码的3种不同加密形式。尽管密码分析专家们先处理的是其他信息，但最后还是读取了800多页智利密电。第一份密电是1918年1月28日从圣地亚哥发往华盛顿使馆的信件，要求使馆"明确潜艇中队何时可以离开"。这其中提到有5艘潜艇正在（美国）康涅狄格州新伦敦市建造，3月启航，6月抵达智利的阿里卡港口。

雅德利随时监视着其他国家密码系统被攻击的情况。只有一个国家，如果它的密码被破解的话将会对美国造成威胁，那就是战时一直保持中立的阿根廷。其他国家有的已经对德国宣战，例如巴西、尼加拉瓜和古巴，或者与德国断绝了外交关系，例如秘鲁。哥斯达黎加已对德国宣战，但它的编码被盗了。军情八处从未尝试破译截获的厄瓜多尔和萨尔瓦多的情报，可能是因为人手不够。有时候，情报部门也无法破译出一些密码。比如，有一次密码是5位数字的挪威语编码，戴维·H. 史蒂文斯（David H. Stevens）上尉记得他在1918年看见过这种密码的翻译本。美国驻比利时救济委员会（U. S. Commission for Relief in Belgium）于当年8月28日发布一则声明，称美国一艘前往比利时的、满载食品的轮船"盖斯康尼尔"号（Gasconier）在挪威海域被一艘U型潜艇击沉；随后该潜艇向救生艇开火并造成6名船员死亡、多名人员受伤。挪威于9月5日向美国提出抗议，称该艘轮船实际上是在挪威海域以外因碰触水雷而沉没。史蒂文斯有挪威语的备忘录，本来是英文译本，后来重新翻译成挪威语，以便与奥斯陆的初始电缆相匹配。审查员最后未能成功定位被推测的初始电缆1320的位置。由于没有找到匹配电缆，军情八处只得放弃了破解挪威语密码——不管怎样，它都算不上是当务之急。

雅德利把墨西哥确定为第二个重要目标。美国政府想知道这个仍处于革命动乱时期的邻居的情报，而且革命党人憎恨帝国主义外国佬：他们操控了墨西哥的经济，轰炸了韦拉克鲁斯，为了抓住庞丘·维拉（Pancho Villa）不惜入侵墨西哥。维克多·韦斯科普夫来华盛顿之前一直在边境地区破译墨西哥密码；另一位密码分析专家克劳斯·博格尔（Claus Bogel）领导了这项破译工作。

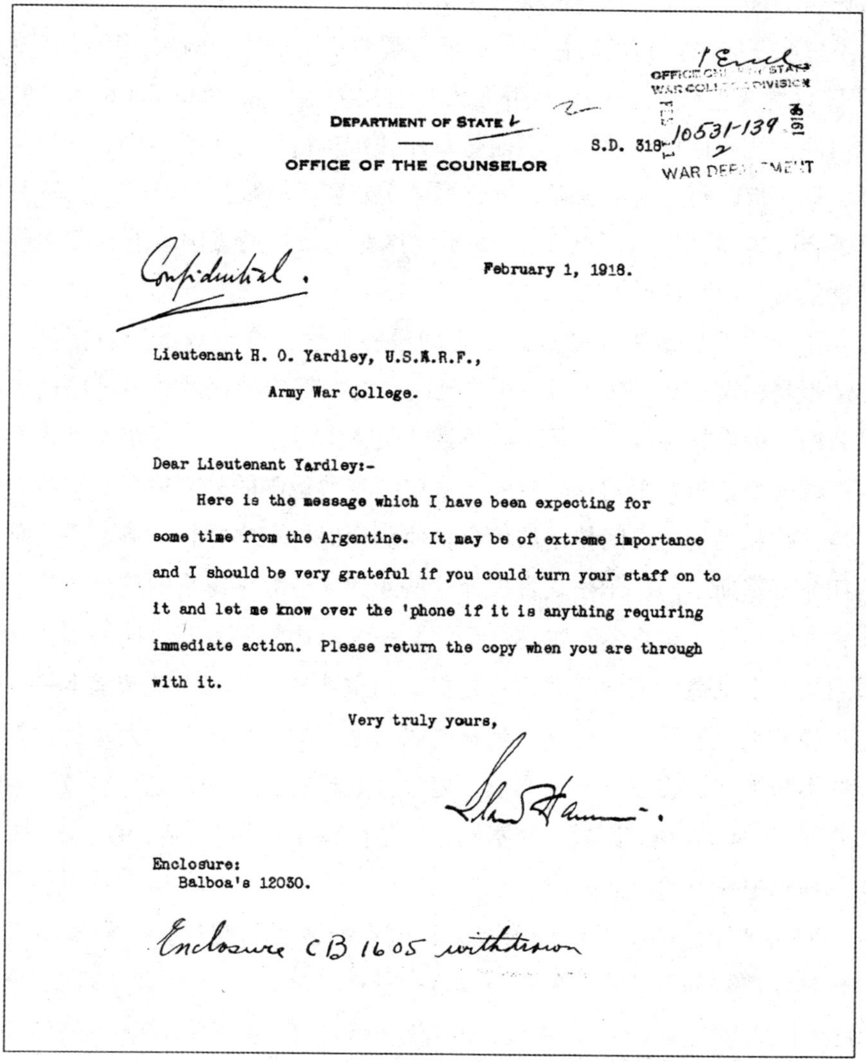

DEPARTMENT OF STATE

OFFICE OF THE COUNSELOR

S.D. 318

10531-139
2

Confidential.

February 1, 1918.

Lieutenant H. O. Yardley, U.S.M.R.F.,
Army War College.

Dear Lieutenant Yardley:-

Here is the message which I have been expecting for some time from the Argentine. It may be of extreme importance and I should be very grateful if you could turn your staff on to it and let me know over the 'phone if it is anything requiring immediate action. Please return the copy when you are through with it.

Very truly yours,

Enclosure:
Balboa's 12030.

Enclosure CB 1605 withdrawn

国务院的利兰·哈里森发给雅德利的需要破解的情报。

事实证明，墨西哥的密码系统还不成熟。驻纽约总领事使用的是单一字母替换法，这是最简单的一种密码，报纸上常把它用于密码猜谜游戏。大使本人使用的3套系统中有一套就是单一字母替换法。墨西哥移民局、邮政和电报局虽然采用了多字母替换法，但却反复使用几个简短的关键词——ACTIVO、ROJINA，以及纯数字的密码字母表。因为密码员经常保留一部分明文信息，这就为加密的部分提供了线索，军情八处破译起来不费吹灰之力，到最后甚至一天能破解两三封信件。例如，1917年9月30日军情八处破译了贝努斯蒂亚诺·卡兰萨（Venustiano Carranza）的一封信件，他声称自己领导了墨西哥革命并希望得到德国的帮助。1918年2月7日，雅德利交给哈里森9份被军情八处破译的截获情报，2月25日转交了20份，3月4日又转交了19份。这些情报帮助美国政府对其南疆邻居发生的一切洞若观火。

德国当然仍是主要劲敌。雅德利没有处理西方战场的军事情报，那些情报是由美国远征军G.2 A.6的无线电情报部门处理的。该部门由弗兰克·穆尔曼少校领导，他是军队早期3位密码专家之一。军情八处主要从美国缅因州霍尔顿镇的一个政府无线电站获取德国的外交信息。这些大多数是柏林和马德里之间传送的信息，西班牙保持中立并且支持德国。雅德利任命查尔斯·门德尔松负责破译这些4到5位数字组合的信息，韦斯科普夫和伊迪丝·里克尔特也在这个团队中。门德尔松及其团队的工作，在很大程度上受益于英国为军情八处提供的重建的部分13040密码本——齐默尔曼的电报密码，也有其他电报密码。他们的工作还有一大优势，就是那些不知不觉被临时安排到军情八处处理数据资料的一大批打字员。军情八处最终破译了6套德国外交密码，这是门德尔松和他的同事从一个未知的源编码中获取的，他们称之为XX。

成功破译出的2份情报挫败了德国在墨西哥的阴谋。一份情报是德国柏林远郊外瑙恩的一个发报员发送给墨西哥的，在1918年1月23日至2月2日期间至少发送了64次，内容是商讨如何为墨西哥提供军事武器、机器设备，以及制造武器和飞机所需的技术人员。这个计划落空了。第二

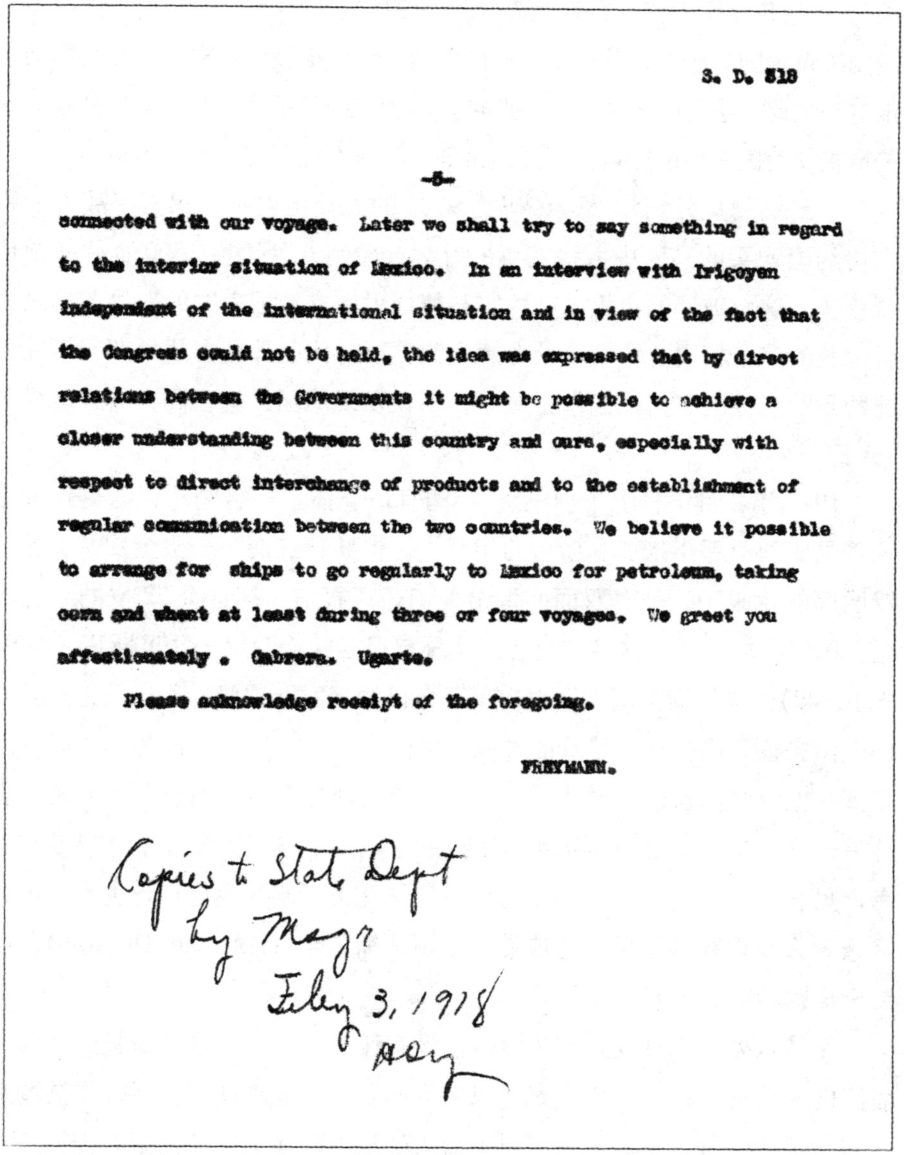

S. D. 518

-5-

connected with our voyage. Later we shall try to say something in regard to the interior situation of Mexico. In an interview with Irigoyen independent of the international situation and in view of the fact that the Congress could not be held, the idea was expressed that by direct relations between the Governments it might be possible to achieve a closer understanding between this country and ours, especially with respect to direct interchange of products and to the establishment of regular communication between the two countries. We believe it possible to arrange for ships to go regularly to Mexico for petroleum, taking corn and wheat at least during three or four voyages. We greet you affectionately. Cabrera. Ugarte.

Please acknowledge receipt of the foregoing.

FREYMANN.

Copies to State Dept
by Major
Feby 3, 1918
HOY

雅德利将破译的内容发给哈里森。

份情报也同样来自瑙恩，2 月的时候被截获，授权驻墨西哥的德国大使向墨西哥政府提供 1000 万比塞塔作为“墨西哥在战争中保持中立的”“初期款项”。但这位德国大使一直敦促德国向墨西哥提供此金额 20 倍的贷款，以便遏制来自美国的压力，甚至都没有向墨西哥政府提及这项提议，最终德国并没有将如此大手笔的金额交给墨西哥。尽管美国只是静观其变，但截获的这些情报使美国对德国在自己邻国内策划的阴谋诡计了如指掌。

一封马德里发给柏林、编码为 9700 的无线电电报，揭露了敌人准备在协约国购买的马匹中散播病毒的计划。军情八处读取 1500 页的战前信息核实了这份破译的情报，其内容与德国大使交给国务卿的一份备忘录中所记载的完全相同。军情八处尤感欣慰，因为比起那些在战争期间研究德国密码的其他国家，他们做得更好，不仅发现德国外交密码，而且破译了它们。

1918 年 2 月 1 日上午 10 点，美国官员逮捕了一名刚从墨西哥跨境进入美国亚利桑那州诺加利斯市的年轻人。他肤色红润，一头金发，长着一双明亮的蓝眼睛。一个双面间谍给他们通风报信，称这个 22 岁的年轻人是德国的破坏分子。这名被捕者却坚称自己名叫巴勃罗·瓦贝斯基（Pablo Waberski），是俄裔美国人，他出示了自己的俄罗斯护照，称自己正打算回旧金山去征兵局报到。尽管面对高强度的审讯以及双面间谍和一位同事的指证，他仍坚持自己的说法。但是，人们发现他夹克衫左边上半截袖子上缝着一张小字条，上面是 424 个字母的密电。字条上既没有地址也没有签名，只有一个日期：1918 年 1 月 15 日。“瓦贝斯基”说他自己也不知道这字条怎么出现在袖子里。他被带到山姆休斯敦堡（Fort Sam Houston），这封密信则转交给军情八处。

军情八处于 2 月收到这条情报，没有任何暗示说明这条情报的来源或者它的重要性。几个密码专家，包括雅德利都没能破译它，后来便被搁在一边放了两个月。之后上级询问军情八处是否破译了这条情报并告知其重要性。4 月底，曼利着手破译它。

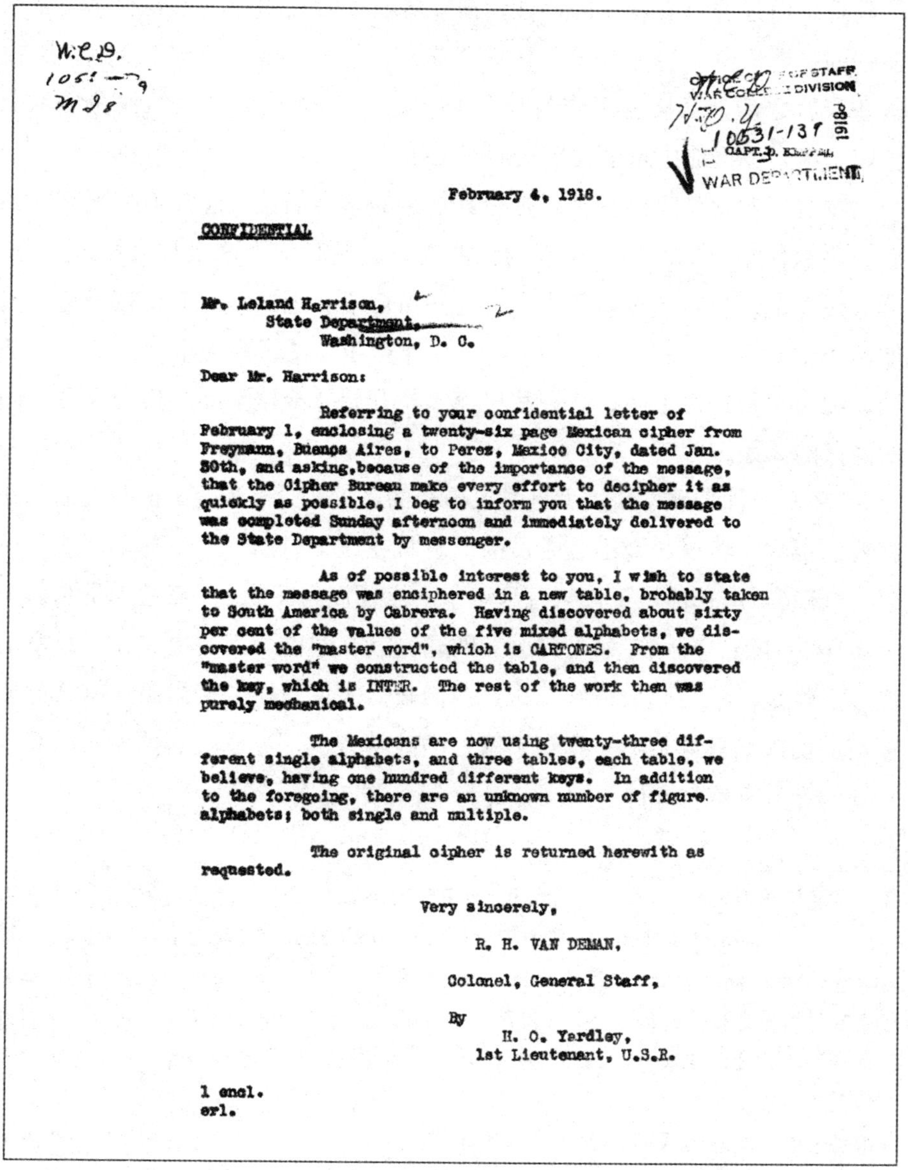

February 4, 1918.

CONFIDENTIAL

Mr. Leland Harrison,
State Department,
Washington, D. C.

Dear Mr. Harrison:

Referring to your confidential letter of February 1, enclosing a twenty-six page Mexican cipher from Freymann, Buenos Aires, to Perez, Mexico City, dated Jan. 30th, and asking, because of the importance of the message, that the Cipher Bureau make every effort to decipher it as quickly as possible, I beg to inform you that the message was completed Sunday afternoon and immediately delivered to the State Department by messenger.

As of possible interest to you, I wish to state that the message was enciphered in a new table, brobably taken to South America by Cabrera. Having discovered about sixty per cent of the values of the five mixed alphabets, we discovered the "master word", which is CARTONES. From the "master word" we constructed the table, and then discovered the key, which is INTER. The rest of the work then was purely mechanical.

The Mexicans are now using twenty-three different single alphabets, and three tables, each table, we believe, having one hundred different keys. In addition to the foregoing, there are an unknown number of figure alphabets; both single and multiple.

The original cipher is returned herewith as requested.

Very sincerely,

R. H. VAN DEMAN,

Colonel, General Staff,

By

H. O. Yardley,
1st Lieutenant, U.S.R.

1 encl.
erl.

雅德利和范・德曼关于破译文件的附函。

曼利是个非常优秀的密码分析专家。一位评论员说这一切不是碰运气的瞎猜，而是通过有规律的推理，需要潜心于眼前的问题。曼利忍受着华盛顿的高温天气，打着绑腿，穿着高领的衣服一直工作到下午 5 点，脱掉这些衣服之后，又接着工作到晚上 10 点。一些人认为，虽然他在学术上已硕果累累，但他更乐于在情报部门工作。

事实证明，瓦贝斯基密码是极其复杂的；人们甚至想知道德国官员到底是怎么使用它的。根据出现的频率次数，曼利认为这是一个移位密码，可能是德语。他开始重新组合，将一些与德语相近的字母组合在一起，例如德语中 c 后面常跟字母 h 或 k，通过计算和尝试组合 4 个字母的德国单词。在一个星期六中午，曼利和里克尔特开始寻找这些随意排列组合后面所隐藏的体系。

"还有一件特殊事情大大推进了破译的进度 [1]，因为范·德曼上校通知雅德利上尉，参谋长及国会委员会成员将在这个星期天上午到军情八处视察。"曼利写道。但是工作"直到下午 6 点还没有完成。6 点通常是结束一天工作的时候。两位专家看到胜利的曙光就在眼前，因此决定在办公室附近吃点晚饭，然后回去继续工作。我们长话短说，在专家们深夜离开办公室前一切都准备好了——找到了密信的破解方法，完成了其破译，以及所收到的无数密信打印件、解决方案和译稿都准备好了"。

---

[1] 原注：参见 George C. Marshall Library, Friedman Collection, 811.1（曼利关于瓦贝斯基的报告）；"Historical Background" 2:86–88; U.S. Federal Records Center, Records of the Mixed Claims Commission, Volume 321, Exhibit 321（洛塔尔·维思柯军事法庭审判副本）。非常感谢哈里斯博士和萨德勒博士向我提及了这份副本。战争结束后，伍德罗·威尔逊将维思柯的刑期改为无期徒刑。1923 年，利文沃斯堡发生锅炉爆炸，他因在火灾中拯救狱友的英勇行为而被释放，遣返回国。抵达德国后他再次回到了海上。1932 年，维思柯加入纳粹党，党籍编号 1168089。第二次世界大战爆发后，他加入了德国海军，以商人的身份在汉堡活动。1952—1953 年，他成为汉堡议会的一名议员。维思柯于 1962 年 1 月 6 日去世。参见 Berlin Document Center; Frei-und Hansestadt Hamburg, Senat, Staatsarchiv, Handschriftensammlung, Bürgerschaftsmitglieder 1859–1959, No. 601。感谢莱因哈德·德里斯博士提醒我注意汉堡方面的文件资料。

那条情报开头的部分内容是“送信人是……一个德国秘密特工”。这条情报帮助美国确定抓获的这个人是一名真正的间谍，而且是一个比较重要的间谍，军情八处提供了不容置疑和致命性的证据。“可以想象出范·德曼上校在等待上级视察时，那种胜利的喜悦之情，”曼利写道，“不仅因为他要介绍的是一个井然有序的、运作流畅的机构，他还可以列举编码和密码部门的最新研究成果，在参谋长和来访的其他委员会成员看来，这能很好地说明该机构的价值。”

破译密信的这两名专家于 8 月被派往圣安东尼奥，瓦贝斯基将被押往山姆休斯敦堡，在那里一个仓促建成的木屋二楼空荡荡的房间内接受军事法庭的审判。两人登上从华盛顿出发的火车，在炎热中开始了漫长的旅途。曼利之前从未出席过这样的法庭，“这种场合无法不让人感到激动，他觉得被传唤到一个无比重要和庄严的活动之中。全世界最高等的特殊法庭之一将决定一个年轻人的生死。而只有美国总统才会审查判决”。曼利证实那条秘密信息翻译成英语的意思是：

致墨西哥共和国的皇家使节。

高度机密。

送信人是帝国的臣民，会以俄罗斯人身份出现，使用巴勃罗·瓦贝斯基这个名字。他是德国特工。请在必要时给予他保护和帮助，并提供 1000 比索墨西哥金币，将他的密电送至本大使馆作为外交电报。

冯·埃卡尔德

海因里希·冯·埃卡尔德（Heinrich J. F. von Eckardt）是德国驻墨西哥大使。

没有比这更值得谴责的了。早在曼利破译密信之前，法院就已宣判瓦贝斯基有罪，并判处死刑——这是战时唯一一次如此判罚外国特工。后来证实他真名叫洛塔尔·维思柯（Lothar Witzke），原是德国皇家海军的一名水手。他服役的轻型巡洋舰——“德累斯顿”号（Dresden）被英国人逼入困境，后在智利海域沉没，他被扣押在智利的瓦尔帕莱索市。[1] 但维思柯在假释期间逃到旧金山。他希望在那儿继续为祖国效力，便找到负责德国在美国西海岸的间谍活动的旧金山领事。接着他被安排去东部，维思柯和他所在情报部的上级于 1916 年 7 月 30 日凌晨 2 点炸毁了位于纽约港的军需库黑汤姆（Black Tom），这是有史以来最严重的破坏活动之一。维思柯负责传送德国驻美国领事馆之间的机密情报，并获得了掩盖身份，例如他拿到加利福尼亚州的驾照。美国的宣战促使他前往墨西哥，计划放火烧掉坦皮科的大型油井；计划失败后，他又打算通过发动起义和煽动黑人士兵叛乱吸引部队调兵前往西南地区，从而阻止他们增援法国。在他从墨西哥回到美国打算制造更多破坏时，被出卖并被捕了。瓦贝斯基密码的破译是军情八处最光辉的成就，雅德利也认为这是部门最伟大的成就。

总的来说，雅德利参与了第一次世界大战中情报界和密码界的变革。因为无线电成本低廉、操作方便，这场数百万人参与的战争催生了数量庞大的情报。如德国克服了英国切断其海外电缆所造成的困境。但是，敌军可以和自己一样轻易地听到无线电通信，所以这些情报不得不加密；敌军自然也会想方设法地去破译这些情报。不过很多情报是用复杂的现代系统加密的，解密时需要大量的辅助信息和其他情报，例如信息发送时的背景环境。通信的数量越多就意味着情报数量越多。由于密码学发展过快，几乎是一夜之间，长达 400 年、占主导地位的密码分析模式——密室分析，已经不再适用。密室分析是个人在密闭的室内努力攻克一份密电的方式。这种转变使密码分析从作坊式的计件工作变为大批量生产，并且扩大了首席密码专家的职能。他不再比其他人位高权重，而是和他的同事们一起破译密码，有时将截获的情报分发给他们破译。现在雅德利可以完全管理并

[1] 原注：“德累斯顿”号巡洋舰上还有一名成员在拘留期间逃跑，他就是威廉·卡纳里斯（Wilhelm Canaris）海军上将，在第二次世界大战期间成为德国军事情报机构阿勃韦尔（Abwehr）负责人。

使用他们。那些参战国机要密码机构的首脑们——英国的阿尔弗雷德·尤因爵士（Sir Alfred Ewing），法国的弗朗索瓦·卡地亚（François Cartier）上校，德国的路德维格·沃特（Ludwig Voit）上尉，奥地利的安德烈亚斯·费格尔（Andreas Figl）少校，都很少亲自破译密码，只是花时间从军队和政府的其他机构打听需要的信息，然后安排手下去找到这些情报，帮助他们收集材料，再将破译结果交给那些用得着的人。首席密码专家则需要更多的员工，通过招募并指导他们来扩大并加快截获情报的数量，他还要确保情报安全、开发新的密码系统并处理和上级的关系。雅德利在做同样的事情。和他的那些同行一样，他不得不成为一名管理者。但他管理得很好，1918 年 2 月 25 日他被晋升为上尉。

7 月，美国远征军司令约翰·约瑟夫·潘兴将军命令雅德利拜访法国和英国密码局，曼利接管了军情八处。在他主持工作期间，军情八处的职员在 1918 年 11 月达到 151 人，包括 18 名办公人员、24 名普通密码员和 109 名打字兼速记员；此时该部门规模最大。

雅德利于 8 月 29 日到达伦敦。他第一天晚上住在丽思酒店，花了 12 先令 6 便士，后来出于谨慎搬到位于科玛拉路 70 号的一家旅馆，每天只需 3 先令。但是，他把住宿节省的钱都用在消遣娱乐上。9 月 3 日，他带着 4 名英国官员去丽思酒店吃饭，目的是“获取军事情报”，那顿饭花费了 78 先令 6 便士。几天后，出于“礼尚往来”，他在沙威饭店宴请了其他人，花费 71 先令 6 便士；之后这种狂欢继续进行并达到顶峰：他又和 5 名英国官员在丽思酒店吃饭，花费了 114 先令 6 便士。这样做是否有成效？令人质疑。后来，雅德利自己也说道，他“没有得到任何情报”。但他不可能事先知道，而且这样做还很有乐趣。后来他破译出一份英国人的战地密码，证明了自己的能力，随后被准许进入设在伦敦科克街 5 号的英国战争办公室密码分析局。他将在那里学习英国的专业破译技巧并搜集报告，他把这称之为“完成我的学业”。

但雅德利没那么幸运，他没有成为英国海军部的朋友。海军部的情报机构“40 号房间”（Room 40）不仅破译了美国和德国的海军密码，还破译了他们的外交密码。这些丰功伟绩帮助海军情报负责人雷金纳德·霍尔（Reginald Hall）海军上校建立了很大的影响力。他巧妙地策划了齐默尔曼电报的破译和曝光，促使美国加入战争，雅德利评价他是“仅次于（英国首相）戴维·劳埃德·乔治（David Lloyd George）的实权派”，的确有几分道理。但是霍尔不喜欢雅德利，他认为雅德利是海军部“极其厌恶的人”，因为雅德利总是说个不停。他不但一直推托雅德利的拜访请求，而且坚决不允许他进入“40 号房间”。雅德利不得不放弃，转而去法国拜访英国远征军的密码分析分部。在那里，他见到了 O. T. 希钦斯（O. T. Hitchings）上尉。希钦斯以前是名音乐教师，后来成为密码专家，他的长官夸赞他“能抵得上英国的 4 个师”，这句话也高度肯定了密码分析的意义。范·德曼由于过度热衷于反情报秘密行动，反而侵害了美国公民的权利，此时已被“发配”到法国接管美国远征军的情报部门。他觉得雅德利在伦敦已经没什么可学的了，于是派他去了巴黎。

在法国的经历和伦敦如出一辙。雅德利在巴黎左岸见到了弗朗索瓦·卡地亚上校——法国战争部密码分析局的负责人。密码分析局位于巴黎左岸圣多米尼克街，卡地亚批准雅德利进入该局，与密码专家们一起处理德国战场编码和密码。在那里，他和乔治斯·潘万（Georges Jean Painvin）上尉成为朋友。潘万是一战时最伟大的密码专家，他告诉雅德利自己破译了当时最难的 ADFGVX 密码系统，这么命名是因为密电中只出现了这几个字母。但是和霍尔一样，卡地亚极力阻挠雅德利在自己的机构学习德国外交密码或军事密码的破译方法。他觉得雅德利不够慎重，尤其在“40 号房间”的一位工作人员告诉他霍尔曾警告大家要提防雅德利之后，这种感觉更为强烈。这位美国人夸大了自己以及自己工作的重要性，更让大西洋彼岸的同盟国感到恼火。因为需要兜售他的计划，雅德利变得更加开放，何况历史经验告诉他吹嘘不会带来什么不好的后果。尽管法国人在战略上的确与穆尔曼和雅德利有所合作，但是他们不会传授美国人如何破译外交编码——那些他们自己正在使用以及为他们带来重要情报的破译方法。

雅德利曾迫切要求霍尔将一份西班牙密码交给美国，但霍尔一直等雅德利到达巴黎之后，才通过美国大使馆联络员爱德华·贝尔（Edward Bell）将密码给了美国人。霍尔很信任贝尔，交给他雅德利需要的两本红色合订册子和一份德国海军密码，并说他“本不该将这些（指这套密码书籍）送给任何一个活着的人”，这句话实际上是在指责雅德利。雅德利于 12 月初到伦敦后取回了这些书，然后通过国务院的渠道送到华盛顿。那时美国已经签订了休战协议，开始准备和平会议。次年 1 月，雅德利成为美国和平谈判委员会军事情报负责人的顾问，他任命了两位助理：弗雷德里克·利夫西（Frederick Livesey）中尉，哈佛大学毕业生，为美国远征军破译密码已经一年多；J. 里夫斯·蔡尔兹（J. Rives Childs）中尉，一位来自弗吉尼亚州贵族家庭的圆脸年轻人，最初在“河岸”做得并不如意，后来为 G.2 A.6 破译密码和超级加密密电。他们在协和广场对面的巴黎皇家街街角的一栋大楼里工作。德国人引进了一些新的替换和移位密码，可能是为和平会议代表准备的，但美国人没能破译出来。为了挽回尊严，雅德利他们在报告中辩称法国和英国也没有破译出。为了安慰上级，他们提供了几页新闻报道，全是德国无线电新闻机构每天两次播报的内容。当全社会都在关注会议之时，他们以此来使自己的良心得到宽慰。

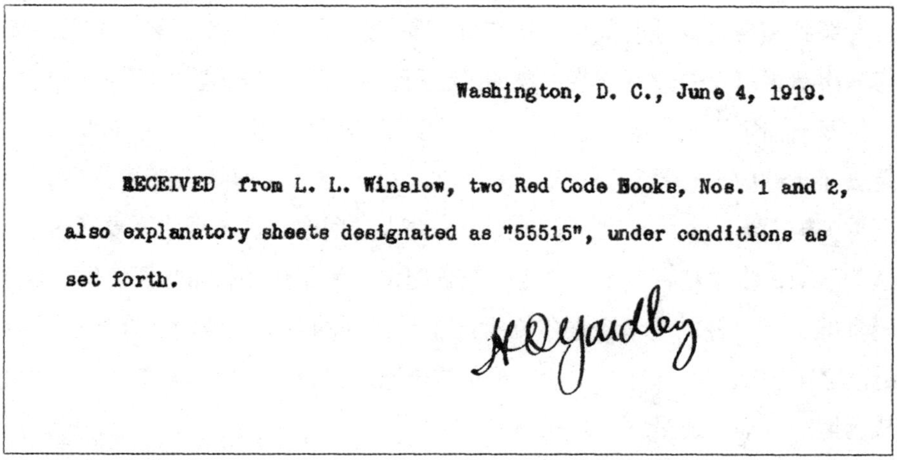
Washington, D. C., June 4, 1919.

RECEIVED from L. L. Winslow, two Red Code Books, Nos. 1 and 2, also explanatory sheets designated as "55515", under conditions as set forth.

H O Yardley

雅德利给拉尼尔·温斯洛（L. Lanier Winslow）开具的收据，证明收到两本密码册——大概是指英国海军情报负责人雷金纳德·霍尔海军上校交给美国使馆秘书爱德华·贝尔的西班牙密码。

因为在巴黎很自由又无事可做，雅德利只是早上来办公室待上一两小时，蔡尔兹则在下午待上一小会儿，虽然如此，蔡尔兹后来还是写出了一份 200 页的德国军事密码研究报告。他们安排“自告奋勇”的利夫西每天下午 4 点到午夜 12 点值班。巴黎人在结束 4 年战乱之后，开始在全城狂欢起来，完全无视政府为悼念死者而要求不得跳舞和举办私人派对等娱乐活动的禁令。雅德利和蔡尔兹去过很多这种舞会。为了有更多的钱花，他们搬出克里雍大饭店，这里是美国委员会的总部，也是巴黎这座优雅城市中最高雅的酒店。他们起先是搬去和一些法国家庭同住，之后去凯旋门附近的瓦格拉姆大道领取生活津贴，并在那里吃饭。一天吃过午饭后，他们拦出租车时看见两位漂亮的法国女孩也正跑向同一辆出租车。于是两人便邀请她们去市中心，女孩笑着答应了。其中一个女孩介绍说她叫杰奎琳(Jacqueline)，是个舞蹈演员。她身材苗条，活泼可爱，留着一头乌黑长发。她和雅德利一见钟情，很快变得如胶似漆。

这迫使他们需要另找一个地方居住，按蔡尔兹的话来说，是一个“我们可以自由交朋友的地方”。他们很快找到古斯塔夫泽德大街 18 号的一处公寓，这里宽敞且装饰考究，是巴黎帕西区的一栋 5 层公寓楼，他们和另外两位同事一起搬了进去。在那里，他们每半个月举办一次派对，从下午 5 点一直持续到凌晨。其他时间他们则去参加聚会，很多聚会杰奎琳似乎也知晓。有一次新年前夜的聚会令蔡尔兹难以忘记，那次是在玛姆香槟酒庄，他们在一位罗斯福家族成员的家中用完餐后收到了邀请。该酒庄邀请了 600 人，结果去了 1500 个衣着漂亮的人，食物被疯抢一空，人们喝得酩酊大醉，300 瓶香槟被喝光，最后出动了救护车将一些人送回家。后来因为需要暂时避开这些活动，雅德利和蔡尔兹决定去布鲁塞尔。为了让旅行更名正言顺，雅德利批准了蔡尔兹的申请，蔡尔兹批准了雅德利的申请。他们住在皇宫酒店，继续之前在巴黎时那样的生活。可是看着窗外满目疮痍的战后景象和肃穆的战场遗址，他们还是感到有些扫兴。

这样的聚会生活没能再持续下去。他们什么都没有破译出，看起来以后也破译不出任何内容。雅德利在密码术方面的建议似乎也不再重要了。

雅德利接到命令让他从意大利返回美国，在那里他或许能向意大利或者英国和法国的咨询小组学到些东西。他从巴黎里昂火车站坐车离开，却将公文包落在车站工作人员的柜台上。一位惴惴不安的美国上校给蔡尔兹打电话称他发现了这个公文包，如果不是为了确认失主是谁，他是不会打开的，因为公文包里有很多高度机密的文件。蔡尔兹拿到了它并立刻寄给雅德利，以便能在 1919 年 3 月 31 日前送至他手中，因为这位军情八处的负责人将在那天从热那亚坐船启程回国。而当时国内恰好有大事要发生。

第7章

纽约的清晨

军情八处在其存在的18个月里，总共破译了10735份外国密电以及8个国家的50套密码（虽然雅德利声称破译了墨西哥541个密码系统，但显然他故意夸大了这个数字，因为他将单一字母替换式密码和多字母替换式密码视为独立系统而单独计数）。该部门最辉煌的成果是曾将一个德国间谍送上断头台，但正如雅德利说的那样："所有这些工作最重要的价值在于向美国政府提供了大量的、源源不断的情报，让我们得以了解邻国的态度、目的和计划。"他最后总结道，不仅美国，其他国家都意识到信号情报的重要性。那些已经意识到密码分析在战争时期重要性的国家，同样也想在和平时期发挥密码分析的这种价值。英国、德国和意大利等国在战前没有密码分析机构，都在战后组建了。美国也是如此。

尽管雅德利可能一开始就想到在和平时期也应该破译外国密码，并成立一个独立的中心机构来开展工作，但其他人在他之前就提过这个想法。早在1917年11月16日，国务院的利兰·哈里森就已在负责处理大多数的机密情报，他在写给范·德曼的信中曾经提道，"最理想的是我们应该建立一个像'河岸实验室'那样的机构"。这不是一句空话：国务卿罗伯特·兰辛（Robert Lansing）"曾向我许诺，可以为我提供建立这个机构所需的任何资金”，并且“让选定的这些员工在战后继续工作似乎更为理想”。与此同时，乔治·费边建议应在华盛顿成立一个中央性的密码分析局，隶属于军事情报部门。司法部调查局局长 A. 布鲁斯·比拉斯基（A. Bruce Bielaski）也同意范·德曼的观点 ：“至少在战争时期，您的办公室是最适合拥有这个机构的地方。”从 1918 年 2 月开始，海军就将一些需要破译的情报发给陆军 ；一年后，海军解散了失败的密码破译部门，同意在军事情报部门成立一个密码分析中心。情报部门的新负责人马尔伯勒·丘吉尔（Marlborough Churchill）准将从法国发来电报称 ：“我认为，在和平时期成立军情八处是非常有必要的，我相信该部门必须要有雅德利和约翰·曼利这两个人，而且让雅德利来负责。”范·德曼早先总结道，中央密码局“应该处理政府所有部门的密码信息”，并且“应作为永久机构保留，甚至在战后”。直到 1919 年 1 月底，哈里森和丘吉尔才同意设立这样一个机构，并且尝试性地确定该机构定员为 30 名密码专家。

国务院的拉尼尔·温斯洛曾经和哈里森一起从事情报工作，他开始规划这个机构的职位安排。在写给当时还在巴黎的哈里森的信中，他敏锐地预见了电报公司截获密电时可能会出现的情况以及其他问题 ：

> 就目前而言，很难拿到资料，这是因为海军电报审查机构已经被废除，任何资料只能从电报公司获得，没有伯利森 [邮政总局局长阿尔伯特·西德尼·伯利森 (Albert Sidney Burleson)] 的命令他们不敢轻举妄动，很大程度是因为如果人们将信件的内容泄露给其他人，就算作触犯了法律（总统已在国会的一项提案中取得对无线电通信的控制权）。
>
> 直到几天前，我们能否继续工作的问题得到完美的解决和正视，但显然不能按照以前的方式继续工作了。这主要是基于这样一个现实 ：总参谋部认为这样的一支专家团队不可能永远留在战争部。就是说，一位普通军官将不得不管理军情八处，但是按照常理来说，一大群平民百姓在一个不了解情报工作之人的带领下

工作似乎是不可行的。作为一个可有可无的傀儡领袖，他不会干得好或想着为自己立功，任何真正想要做这项工作的人只会把它搞砸。关于这一点还有很多其他后果，我正在和关心此事的各方人士进行讨论。我认为人们已经发现了一种解决方法，或许可以在另一座城市解决整件事情。有必要考虑这样一个事实：（依据1920财政年度国务院拨款法案的规定）钱就不会用在哥伦比亚特区了；另一个事实是这种人才在华盛顿非常有限，或许在其他地方更容易找到和留住这些人。我打算近几天和丘吉尔将军再开一次会，希望最终解决这件事情。我已经尽了自己最大的努力，并且已经就此事与参谋长和威尔伯·凯尔（Wilbur J. Carr，国务院首席事务官）进行合作。实际上，这件事情已交给我，我并没有推托。不用担心，总有一种完美解决办法的。

在温斯洛致信哈里森的时候，已于4月从欧洲回来的雅德利应该是在与丘吉尔商讨后，忙于起草自己的备忘录——“军情八处的计划”。他列举了已经破译出的几个外国密码系统，并结合一些案例研究证明情报工作的价值。他呼吁成立一个密码破译部门，这种愿望比任何人都坚定：“如果能准确获悉外国给其驻华盛顿代表下达的哪些指令是有价值的……即使在和平时期，美国政府也应和战争时期一样保留这种拥有足够数量的密码破译专家的机构，以便及时地破译发往国外的密码和情报、破译新的密码、开发新的方法，以及培训充足的后备人员。”雅德利讨好地分析道，军情八处的成功很大程度上是因为它从自身服务的军队和国务院那里得到了一些推论性的信息。“因此，在和军事情报部的负责人及相关国务院人员商讨后，他建议这两个部门继续合作，由国务院此前已通过的财政审批提供资金，像从前一样归军事情报部负责人进行行政管理。”雅德利还提供了细节材料以帮助做出组织和财政决策。该部门应该包括一些普通百姓，他写道，因为密码分析专家需要的是一些懂外国语言的人，然而很难在军队里找到这些人；如果发现一些这样的平民，应该吸纳到军队中来。

着眼于自己的未来，他评论道："这份工作对于那些教育水平较高的人来说很难有吸引力，更为重要的一点是，很难用相对较少的薪水留住他们。"他预计每年的开支是 10 万美元，分为以下部分：房租、电费和采暖费是 3900 美元；买参考书 100 美元；负责人的薪水 6000 美元；10 名密码分析专家薪水每人 3000 美元，15 名密码分析员每人 2000 美元，25 名工作人员每人 1200 美元。建议人员规模大约是军情八处的三分之二；那时军情八处已经缩减至 77 人，约为停战期间规模的一半。至于资金，国务院拨款 4 万美元，军事情报部门的秘密基金支援 6 万美元，大约是国家预算的 0.25%，和平时期军队开支的 0.01%。

雅德利提交了一份 7 页的草案给丘吉尔，后者在上面署上自己的名字，并于 5 月 16 日转交给总参谋部，同时附上一份备忘录，声明代理国务卿同意此项计划，并要求相关机构组建该部门，每年从军事情报基金中拨款 6 万美元。

国务卿罗伯特 · 兰辛正在参加凡尔赛和平会议，所以第二天代理国务卿弗兰克 · L. 波尔克（Frank L. Polk）用棕色铅笔在备忘录上写下"同意"并签名。两天后，参谋长佩顿 · 康韦 · 马奇（Peyton Conway March）将军在文件上签署"同意：遵照战争部长的指令"。或许可以将这份文件视为机构成立的审批文件，官方将其称之为密码局，但是它却因"美国黑室"的称号广为人知。成立了美国第一个官方密码破译部门的雅德利，成为该机构在和平时期的永久领导人。

这个部门的构想已经完成，但是尚未变成现实。钱从哪里来？谁来招聘员工？部门怎么设置？应该在哪里设立？这些问题都需要雅德利解决。

军队从军事情报部额外申请了 6 万美元，用于该部门的建设。国务院可能调整了资金，提供了大约 4 万美元。

正如温斯洛说的那样，雅德利不能将部门设立在哥伦比亚特区：因为根据 1916 年拨款法案的规定，禁止政府职员在该区域消费预算外的资金。华盛顿没有郊区。雅德利不得不将部门设立在纽约市，巴尔的摩、费城和

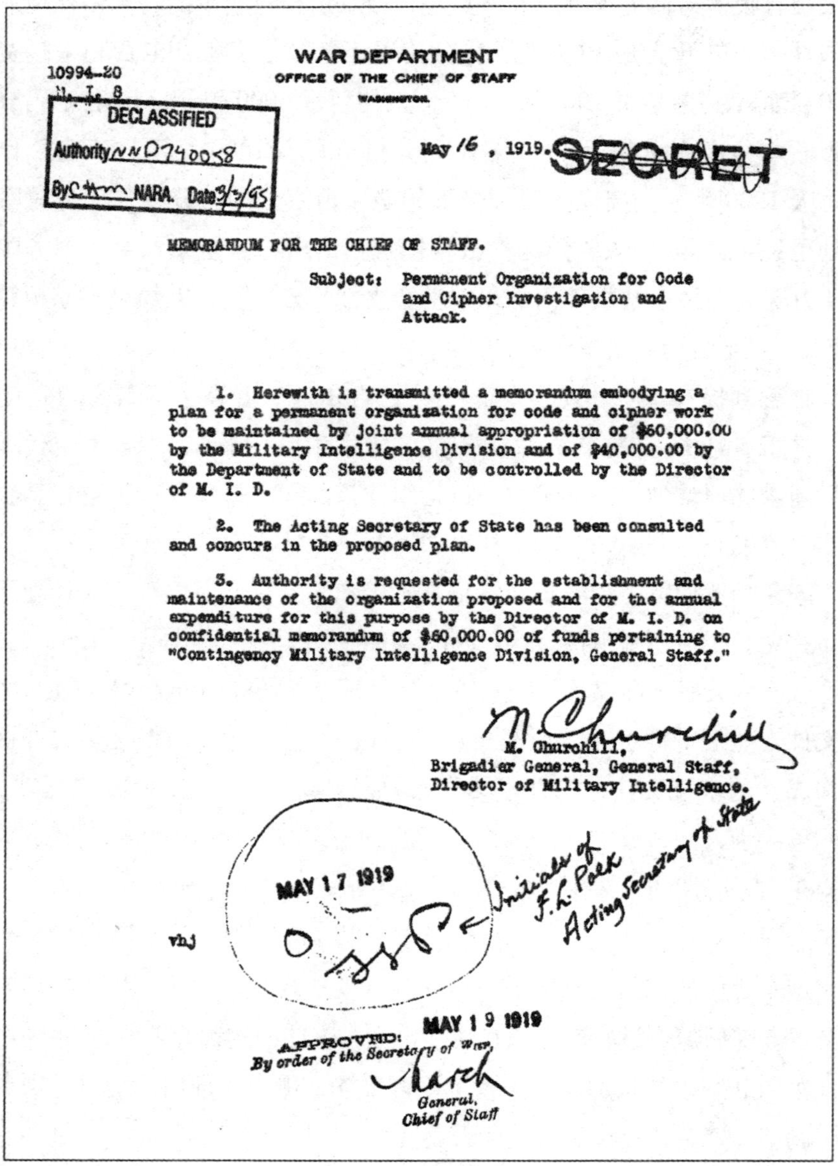

WAR DEPARTMENT
OFFICE OF THE CHIEF OF STAFF
WASHINGTON.

10994-20
M. I. 8

DECLASSIFIED
Authority NND740058
By C\#m NARA. Date 3/3/95

May 16, 1919. SECRET

MEMORANDUM FOR THE CHIEF OF STAFF.

Subject: Permanent Organization for Code and Cipher Investigation and Attack.

1. Herewith is transmitted a memorandum embodying a plan for a permanent organization for code and cipher work to be maintained by joint annual appropriation of $60,000.00 by the Military Intelligence Division and of $40,000.00 by the Department of State and to be controlled by the Director of M. I. D.

2. The Acting Secretary of State has been consulted and concurs in the proposed plan.

3. Authority is requested for the establishment and maintenance of the organization proposed and for the annual expenditure for this purpose by the Director of M. I. D. on confidential memorandum of $60,000.00 of funds pertaining to "Contingency Military Intelligence Division, General Staff."

M. Churchill
M. Churchill,
Brigadier General, General Staff,
Director of Military Intelligence.

MAY 17 1919

vhj

Initials of F. L. Polk Acting Secretary of State

MAY 19 1919

APPROVED:
By order of the Secretary of War,
March
General,
Chief of Staff

密码局，即“美国黑室”的审批文件。

里士满尽管离得更近，但是不能与之相媲美；而且在港口或通信中心设立密码部门更容易隐藏身份。雅德利不介意这么做，何况相对来说，监管也比较宽松。他还可以在这里寻求一些商业密码的商机。1919 年 7 月 8 日，雅德利奉命前往纽约工作；几周后，黑兹尔也辞去了每年 1400 美元的打字员工作。

雅德利向丘吉尔建议政府在东 36 街 17 号租赁一栋房子，但情况发生了变化。法院书记官富兰克林·艾伦是雅德利战时的好友，当时负责军情八处的速记工作。他在东 38 街 3 号有一栋 3 层的房子，离第五大道只有几英尺远。他愿意按照东 36 街那栋房子的价格出租给雅德利。雅德利没有通知丘吉尔，直接就换成了艾伦的房子。出于安全考虑，雅德利签字确认承租。就这样，这栋楼就从住房变成了办事处。每年的租金是 5500 美元。黑兹尔和雅德利住在 3 楼，每年的租金是 900 美元。邮寄地址是纽约中央车站 354 号邮箱。电话号码是范德堡 7539，但借助军队专用的通信线路，该办事处可直接跟华盛顿联系。他命令打电话的人使用军队线路，直接说找纽约的雅德利少校，这样要不了 3 分钟便可接通电话，如果使用商业线路的话则需要半小时。

等到 8 月底的时候，已有的 20 多个员工能在这个铺着木地板的新地方正常上班，尽管在二楼工作的人，视线有时会被高级百货商店邦威特·特勒（Bonwit Teller）的女试衣间所吸引。

雅德利最初的预想是招聘 50 个人，但最后只招到一半，包括 9 位从军情八处来的专家。查尔斯·门德尔松之前是负责破译德国外交密码的，8 月 1 日被遣散之后回到纽约教希腊语和拉丁语，但是每天要为雅德利工作几小时。按照年薪 3000 美元的标准，每月向他支付时薪。弗雷德里克·利夫西之前一直在 G.2 A.6 工作，后来和雅德利一起去了巴黎，他也被招纳进来，年薪也是 3000 美元。克劳斯·博格尔从事墨西哥的密码破译工作已有一年，负责管理雅德利口中的法国部，年薪是 2000 美元。维克多·韦斯科普夫也来到纽约，仍然在司法部任职。雅德利还聘用了 16 名打字员和文员。职业介绍所推荐了一位来自新泽西州的 16 岁女孩埃德娜·瑞姆赛尔（Edna

Ramsaier），既可爱又腼腆，她见门口有人站岗，紧张得站在门外不敢进来，直到来自斯卡斯代尔镇的女密码专家露丝·威尔逊（Ruth Willson）陪她一同进来。雅德利对女人很了解，于是聘用了埃德娜。她非常聪明，工作努力用功，不仅是个文职人员，还协助密码破译工作。但是，她的年薪是 1100 美元，和其他文员一样。雅德利为自己要钱时却从不怯懦，薪水从 6000 美元到 1 万美元，比首席助理国务卿还多。

这个团队开始着手工作，并于 1920 年 6 月 4 日在纽约提交了第一份报告。雅德利在东 38 街住了不到一年，房屋就被转卖了。1920 年 5 月，他找到一栋 4 层的城区住宅楼，这样他和家人就可以免费住在顶楼。每年的租金是 1000 美元，但雅德利指出他有这笔钱——尽管截止到 7 月 1 日财政年度结束时，他将花完国务院所拨的 4 万美元款项，只有军队的 11700 美元可供支配，他依旧随心所欲。1920 年 7 月 1 日，密码局、雅德利和他的妻子搬进了东 37 街 141 号、只有 12 英尺（约 3.66 米）宽的灰色砖石结构的房子里。

为了掩护他们的活动，雅德利为自己和员工都注册了商业地址，还创立了一个编制并出版商业密码的公司来赚钱。这家密码编制公司于 1920 年 5 月 3 日在纽约成立，注册资金是 500 美元。雅德利持有 49% 股份，门德尔松持有 49% 股份，他们的律师持有 2% 股份。这 3 个人都是公司董事。公司的营业执照上只写明主要的办公场所在曼哈顿，地址是这 3 个人的地址。公司接到的第一笔业务是为制革行业委员会（Tanners' Council）编写一套编码，为品种繁多的皮革编写数百个编码词（达卡宰杀的编码是 uwtez 或 78210）。1921 年，他们的公司出版了《通用商业编码》（*Universal Trade Code*）一书，"赫伯特·奥斯本·雅德利和查尔斯·门德尔松审校"。书中有人们使用到的 75000 个编码词，其中包括打印体的单词、短语、一览表和表格，以及 25000 个手写的私人编码。这些编码词运用了当时最先进的两套理论，在其他商业编码中很少采用，可以发现并纠正那些错乱的部分：(1) 每个编码词都与其他编码词完全不同，不是只有一个字母不同，而是至少有两个字母不同（如果 AAAAA 是一个编码，AAAAB 就不可能是编码，

AAABB 则可能是）；(2）只有相邻字母不同的编码词不存在（如果 FIEND 是一个编码，FEIND 不可能是)。据说这本书销量很不错。

STEER HIDES [continued]

96234	zciho	65% steers
96235	zciip	70% steers
96236	zcikr	75% steers
96237	zcils	80% steers
96238	zcimt	85% steers
96239	zcioi	90% steers
96240	zcipj	95% steers
96241	zcirl	5% steers 95% cows
96242	zcism	10% steers 90% cows
96243	zcita	15% steers 85% cows
96244	zciub	20% steers 80% cows
96245	zcivc	25% steers 75% cows
96246	zciwd	30% steers 70% cows
96247	zcixe	35% steers 65% cows
96248	zciyf	40% steers 60% cows
96249	zcizg	45% steers 55% cows
96250	zcoao	50% steers 50% cows
96251	zcodr	55% steers 45% cows
96252	zcoes	60% steers 40% cows
96253	zcoft	65% steers 35% cows
96254	zcogu	70% steers 30% cows
96255	zcohv	75% steers 25% cows
96256	zcoiw	80% steers 20% cows
96257	zcojx	85% steers 15% cows
96258	zcoky	90% steers 10% cows
96259	zcolz	—% steers —% cows
96260	zcomn	African
96261	zconc	agrupacion
96262	zcood	agrupacion abasto
96263	zcope	agrupacion steers and cows
96264	zcorg	air dried
96265	zcosh	air dried firsts
96266	zcoti	air dried firsts heavy
96267	zcouj	air dried firsts light
96268	zcovk	air dried firsts medium
96269	zcowl	air dried heavy
96270	zcoya	air dried light
96271	zcozb	air dried medium
96272	zcuaj	air dried seconds
96273	zcubk	air dried seconds heavy
96274	zcucl	air dried seconds light
96275	zcuea	air dried seconds medium
96276	zcugc	all weights
96277	zcuhd	Allahabad
96278	zcuie	Allahabad air dried
96279	zcujf	Anglo South American
96280	zcumi	Anglo South American frigorificos
96281	zcunv	Anglo South American wet salted
96282	zcuow	Antofogasta
96283	zcupx	Antofogasta salted
96284	zcuqy	Antofogasta salted steers and cows
96285	zcurz	Antofogasta steers and cows
96286	zcusn	Argentine
96287	zcuto	Argentine and Uruguay
96288	zcuup	Argentine and Uruguay saladeros
96289	zcuwr	Argentine campos
96290	zcuyt	Argentine campos steers and cows
96291	zcuzu	Argentine city
96292	zcyaf	Argentine city mataderos
96293	zcydi	Argentine city special
96294	zcyej	Argentine city special mataderos
96295	zcyia	Argentine freezer

STEER HIDES [continued]

96296	zcyme	Argentine frigorificos
96297	zcyos	Argentine frozen
96298	zcyqu	Argentine mataderos
96299	zcyuy	Argentine mataderos and campos
96300	zcyxo	Argentine ordinary
96301	zcyyp	Argentine ordinary campos
96302	zdaae	Argentine ordinary mataderos
96303	zdabf	Argentine ordinary mataderos and campos
96304	zdadh	Argentine ordinary steers and cows
96305	zdaei	Argentine river saladeros
96306	zdafj	Argentine saladeros
96307	zdagk	Argentine special
96308	zdahl	Argentine special mataderos
96309	zdaim	Arica
96310	zdaja	Arica salted
96311	zdalc	Arica salted steers and cows
96312	zdamd	arsenicated
96313	zdaor	Artigas
96314	zdaps	Artigas frigorificos
96315	zdaru	Assam
96316	zdasv	Asuncion
96317	zdatw	Asuncion campos
96318	zdaux	Asuncion campos steers & cows
96319	zdavy	Asuncion city mataderos
96320	zdawz	Asuncion city mataderos steers & cows
96321	zdaxn	Asuncion frigorificos
96322	zdayo	Asuncion salted
96323	zdazp	Asuncion salted campos
96324	zdeaz	Asuncion salted campos steers & cows
96325	zdebn	Asuncion salted city mataderos
96326	zdeco	Asuncion salted city mataderos steers & cows
96327	zdeeq	Austrian
96328	zdefr	badly damaged
96329	zdegs	Bage
96330	zdeht	Bage campos
96331	zdeiu	Bage campos steers and cows
96332	zdejv	Bage city mataderos
96333	zdekw	Bage city mataderos steers and cows
96334	zdelx	Bage salted city mataderos
96335	zdemy	Bage salted city mataderos steers & cows
96336	zdena	Bage steers and cows
96337	zdeob	Bahia Blanca
96338	zdepc	Bahia Blanca salted
96339	zdere	Bahia Blanca salted campos
96340	zdesf	Bahia Blanca salted campos steers & cows
96341	zdeuh	Bahia Blanca salted steers and cows
96342	zdevi	Bareilly
96343	zdewj	Bareilly air dried
96344	zdexk	Bavarian
96345	zdeyl	Benares
96346	zdezm	Bhopal
96347	zdiav	Bhopal air dried
96348	zdibw	big
96349	zdicx	Bogra
96350	zdidy	Bohemian
96351	zdiez	Bombay
96352	zdifn	branded
96353	zdigo	branded No. 1
96354	zdihp	branded No. 2
96355	zdiiq	branded packer
96356	zdijr	branded packer No. 2
96357	zdiks	Brazil

172

《通用商业编码》中有关制革行业委员会部分的章节内容，此书为雅德利和门德尔松编纂并出售，以赚取私利。

最后，雅德利于1919年9月30日光荣退役后，虽然没有工作，却大赚了一笔。他一直保持着平民身份，直到1921年5月28日才接受任命成为军事情报后备队少校。

接着，雅德利便忙着准备前期工作：寻找那些需要破译的电报。这的确是个挑战。国会决议废除所谓的《伯利森法》，授予总统管理电报部门的权力，但更早之前的一部法律却禁止披露这些信息。1910年通过的《曼－埃尔金斯法》（Mann-Elkins Act）规定，州际商务委员会（Interstate Commerce Commission，简称ICC）有权管辖电报、电话和电缆通信公司，这些公司被定义为"一般运营商"公司，"从事信息传递活动，从美国的各大州、领地或各大区发往国外"，或者"从国外发往美国的任一地方"。该法案禁止"这些一般运营商的任何办公人员、代理或雇员……故意透露……与（顾客）递交的物品，或投递给跨州一般运营商的物品有关的所有信息，一旦（他人）利用这些信息，会损害或不利于托运人的利益"。此外，"如果个人或企业征询或故意接收这些信息，都将被视为违法行为"。但该部法律确实允许"将这些信息透露给美国政府官员或特工，充分行使其职权"，而这项规定要么被人们遗忘，要么被认为不适用于情报部门或者有安全风险，因为雅德利从未提及过。

那么雅德利怎样才能拿到这些原始资料呢？没有它们，他的部门就无法工作。电报公司深知法律的限制条款，他们也知道资料一旦泄露就会违背长久以来为顾客保守秘密的承诺。"50年来，我国和欧洲一直保持着电报业务的往来，"1921年西联国际汇款公司（Western Union）董事长纽科姆·卡尔顿（Newcomb Carlton）对国会说，"甚至在战乱时期，也没有发生因电报内容泄露而对美国贸易和商业产生不利影响的事件，这是已经证明了的事实。"雅德利却直截了当地拿到了他需要的电报。雅德利——或许是以他国务院官员的身份——出现在电报公司高层领导们的面前，很直接地向他们表明他想得到的东西。他们的反应各不相同。

有人欣然同意了他的要求。全美电报公司（All-America Cable

Company）的 W. E. 罗斯福说 ：“政府可以拥有想要的一切。”相比之下，直到 1920 年 6 月 30 日，邮政电报公司（Postal Cable Company）的负责人才允许他们接触电报，而且还是用一种非常隐蔽的方式，由他的律师发给军事情报部负责人的妻子。西联电报公司（Western Union Telegraph Company）副董事长向其华盛顿总监 H. F. 塔夫下达指示，同意军事情报部复印这些信息。因为塔夫不想让身穿制服的人每天进出办公室而引人注意，每天早上平民身份的办事员罗伯特 · 邓肯从塔夫那里领取信件。邓肯将信件交给军事情报部的另一位平民员工海伦 · 内维尔（Helen J. Neville），后者在电报室工作，负责将这些信件抄录下来，再由邓肯于当天将原件交回塔夫。内维尔每天晚上将这些抄录的信件以挂号信的方式寄给雅德利。于是问题出现了。军事情报部至少还有一个员工也在寻找这些电报，或许这让电报公司的负责人开始质疑该机构的效率和保密性。当军事情报部想要一些电报去败坏赫斯特公司（Hearst）一个记者的名声时，雅德利拒绝了。“能让这些公司觉得在并非强加的情况下为我们提供电报已经非常不易，”他写道并警告说，“如果我们再去调查那些抨击美国政府官员的人，哪里还有我们的立足之地？”

就在雅德利安排好抄录工作几天后，他得知了“一个非常震惊”的情报，军事情报部的行政助理给他写信说，内维尔将她为雅德利工作的事情告诉给她的几个熟人。行政助理命令不能再聘用她，并告诉内维尔此项工作已被取消。第二天雅德利便对此做出回应，回信中没有任何官腔、客套话，展现出他高效的执行能力。他在信中解释道，早在 1917 年秋天就录用了内维尔，当时他还在组建军情八处。她“实际上在管理通信办公室”，并且“她的工作能力是有口皆碑的，谨慎、高效，而且还有与众不同的执行能力”。作为一名密码工作人员，在伦敦游学后，她回到纽约，来到雅德利的办公室与一些朋友聊天。“上周二下午，我间接了解到，她不知道自己可以干什么，我看到有这样一个机会，能把我认为既谨慎工作又高效率的员工留在军情八处，就口述了这封信，接着就成了现在这种情况。”他的助理约翰 · 米斯记录下这封口头聘用书，雅德利发现是米斯告诉内维尔她将会从事什么的。“米斯先生一直非常谨慎，在这件事情上犯了错误，这可以理解，因为在内维尔去伦敦之前，所有人都同意他对内维尔的看法，米斯觉得她内心足以明白这份工作的性质。”雅德利继续写道：

> 就错误地推荐内维尔小姐这件事，我觉得我应该承担部分责任，因为我几乎从未跟她谈过话，想当然地认为她会和去伦敦前一样小心谨慎，可以胜任这项工作……我相信她向别人提及她的工作，只是为了让她的朋友们觉得她很重要，这趟欧洲之旅让她忘乎所以，以至于丧失了所有的判断力。我非常同意您的决定，不再聘用她。如果我是您的话，我会召她回华盛顿并且告诉她……她违背誓言将信息透露给其他人，如果她管不住自己的嘴巴，那么我们将采取行动惩罚她……如果您决定参考我的建议——我相信您可能觉得我前面写的话仅能作为参考——请通知我，以便我将内维尔小姐这件事作为反面教材，提醒办公室其他人员以后工作一定要更加谨慎。

最后可能是内维尔被辞退了。尽管有时候会出现这样的小差错，但是电报复制系统一直运作良好。

因为遣散了很多军情八处的成员，雅德利甚至在去纽约之前就不得不放弃很多卓有成效的密码破译活动。他不得不放弃对秘鲁的研究，秘鲁当时正在参加凡尔赛和平会议，并且由于大量被截获情报突然涌入，该国的密码系统被视为不堪一击；此外，还不得不放弃哥斯达黎加，因为该国面临受美国扶持的尼加拉瓜的颠覆活动。

事实上，美国仍处在战争时期，华盛顿的密码破译专家们已经还原了一份德国密码中的1000个单词。他们是在一个从未公布身份、可能是俄国密码分析局前成员的帮助下完成的，该成员于1919年4月在荷兰将德国编码信息高价卖给美国。对盗贼来说，没有什么道义可言。这份资料

SECRET

4131-549

3 East 38th Street,
New York, Sept 22, 1919.

MEMORANDUM FOR BRIGADIER GENERAL M. CHURCHILL:

1. Some time in June I informed you that M. I. 8 had broken the German diplomatic code used between Berlin and Madrid.

2. We have now broken three of the codes, having identified approximately one thousand words in each. Hundreds of messages are partly deciphered but it is only now and then that we find a message that we can decipher completely. I am enclosing two such messages.

3. Work is progressing rapidly and it should not be very long before we are able to decipher all of the messages.

4. As you probably know we receive our material from the intercepting station at Houlton, Maine.

H. O. YARDLEY,
Major, U. S. A.

2 encl.

jcm

SECRET

雅德利汇报 3 份德国外交编码破译方法的报告。

被送到华盛顿，影印后标记上“不需要”的字样，随后被退回。不管怎么说，军情八处已经还原了其中的一份编码。密码局在纽约继续工作，最终还原了 13 份德国编码，雅德利称这些编码“错综复杂”，已经做到“读取编码的速度和德国人一样快”。丘吉尔将军称赞了该部门“卓越的工作”。雅德利在一份报告中声称他的机构已经破解出 20 份德国编码。这个数字显然被夸大了。其中一份编码是英国交给军情八处的，剩下的仅有五六个基本码，其他的都是根据这些派生出来的，或者是使用了不同的判别式。但是在密码局迁往纽约后不久，总统于 1921 年 7 月 2 日签署通过了一项国会决议，宣告结束战争状态；因为目前没有截获的情报，密码局放弃了德国编码的分析工作。

丘吉尔也肯定了密码局成功破译西班牙密码的工作。密码局继续破译智利的密码，当时国务院寄来一份超级加密的智利文件，很明显是英国人从一封密封的外交信件中节选出来的。但是与其他国家相比，密码局破译出更多的墨西哥密码。眼看着墨西哥国内动荡不安，卡兰萨总统遭到叛军暗杀，以及墨西哥政府推行石油国有化，美国政府忧心忡忡。密码分析专家急于展示他们的能力和效率，以便依靠墨西哥脆弱的密码系统继续生存。有一条情报，从截获到破译只用了 6 天时间，该情报透露，墨西哥正在考虑反对《凡尔赛条约》（Versailles Treaty）中已经拟定的一项条款，即：允许奉行门罗主义的美国干涉拉美国家事务。两天后，墨西哥驻华盛顿大使反复申明，墨西哥不承认有这种打算。尽管这几乎没有让美国官员大吃一惊，但的确消除了他们的担忧。他们获得了及时和准确的信息。这就是雅德利密码局最重要的贡献。

当雅德利在纽约待了快一年时，他开始为未来打算。“未来的计划是，我们与各类电报公司之间的信任逐步增强之后，”他在 1920 年 5 月 4 日写道，“呼吁设立一个部门，可以阅读以下重要政府的情报。”他列举了 5 个。第 5 个，相对来说最不重要的国家是共产主义苏俄。因为担心俄国会派遣一些强大的红色苏维埃分子到美国，美国及其他国家已经对西伯利亚发动进攻，并发动帕尔默大搜捕（Palmer Raids）来驱逐共产主义分子、消灭国内共产主义思想；俄罗斯远在千里之外，实力不足以攻击美国，因此不需要高度重视它的外交和军事情报系统。第 4 个是德国。尽管它战败了，也有些共产主义分子在战后叛乱，但美国军队仍在那里屹立不倒，对普鲁士侵略的担忧也在渐渐减少。第 3 个是墨西哥，始终是心头之患。第 2 个是英国，美英关系从之前的紧张变得越来越敌对，这是事出有因的，美国会组建一支比皇家海军更庞大的舰队，偷走英国的一些市场。最重要的一个目标是日本。日本屡次侵犯中国，破坏了美国的门户开放政策。在美国的日本移民激化了种族歧视问题，日益强大的日本海军威胁到美国在西太平洋的地位，其商业范围的不断扩大也威胁到美国在远东市场的主导地位。雅德利将密码局的视线投向了这个光芒四射的朝阳帝国。

第 8 章
雅德利的成功

雅德利当时 31 岁，个子不高，身形瘦长结实，尽管很少或从不锻炼，身体也很硬朗，并且能够承受压力。他额头较宽，鼻子直挺。一个老熟人说他是“典型的面无表情……面容僵硬”，但他精力充沛，雄心勃勃，是个追求高效率的领导人，处事公正，也不优柔寡断。如果不得不做一些事情，他会保证自己的手下能完成任务。他认为自己已经破译了“足够多的密码，足以唤起政府的危机感，即使在和平年代，也应开展这项工作”。他和上级的关系处理得很好。他有远见，对工作非常感兴趣，近乎痴迷。就是这个人，在美国乃至世界展望和平与繁荣的时候，运作着美国的密码破译机构。

但是，国家的军事领导者不得不为战争做准备。自从美国占领了菲律宾，他们就已经预见到美国与日本的冲突。日本战胜俄国之后，其扩张的欲望继续膨胀。日本试图在中国发号施令，也侵略过中国，并准备实施一项重要的海军扩张计划。第一次世界大战后期，日本的一系列军事活动更是加重了美国的忧虑：日本打算争取到国际联盟的同意，将之前属于德国的岛屿归为己有，那些岛屿地处太平洋中心，是美国—菲律宾海洋航线的补给点；日本拒绝中国收回孔子故里山东半岛的要求，而美国觉得日本应该归还；越来越多的日本人移民到美国，这激怒了很多美国人。难怪雅德利军事情报部的上司要求他尽一切努力“去揭开日本的秘密”。

战争期间雅德利在国外的时候，军情八处有几次试图破译日本编码，但都失败了：或许是因为人员不足、截获的情报数量不多、能力有限；或许是美国对此不感兴趣，因为日本是协约国的同盟；也或许是因为，正如日本人愿意相信的那样，对于外国人而言，他们的语言很难理解，更别说进行密码分析了。但是雅德利相信，任何编码或者密码都能够被破译。他对自己的新工作热情万丈，向老板保证：“一年内要么拿出破译方法，要么就辞职。”

当时他不知道德国和英国的密码分析专家也在破译日本编码，很快，他就后悔自己太乐观。他逐渐意识到，日语是“所有语言中最难学的”。但他勇敢巧妙地解决了问题。他发现大部分日文可以用 73 个音节或假名（kana）来表示。在电报中，会用 1 个、2 个或 3 个拉丁字母来表示，例如：*n*、*go*、*ru*、*ba* 和 *tsu*。雅德利有 25 封未加密的日文电报，其中一封以 *beisikan nankinjuken kaiketu* 开头的电报大约包含 1 万个假名。他命令手下统计这些假名。另外，他还有很多加密的编码电文。他希望可以将出现频率最高的假名明文，与编码电文中出现频率最高的编码组一一对应，从而破解编码。然而如果不知道编码组的长度，他就无从下手。因为所有的电文都由 10 个字母为一组的编码组组成，因而不可能用 3 位字母编码。如果用 2 位字母编码，一般来说在每份电文的最后，每 5 个编码组中只有 1 个编码组是 10 个字母，然而每则情报的末尾都应是完整的 10 位字母组。那么，以 2 位字母编码的假设就令人生疑。并且，很多商业和外交编码使用的都是 5 位字母编码。因此在开展所有工作之前，要确定编码组的长度是 2 个字母还是 5 个字母。雅德利注意到编码组 EN 常常出现在一则情报最后一个 10 位字母组合中。或许它表达的意思是“结束”。这可能是在暗示编码的长度是 2 个字母，EN 后面的字母是为了补充空白而毫无价值。

当雅德利仍在苦苦思考这些问题时，弗雷德里克·利夫西帮他解开了谜团。利夫西是 G.2 A.6 的密码分析专家，是雅德利在巴黎的同事，后来雅德利邀请他作为第一助理来到纽约——或许是因为有晋升的机会。利夫西不光会讲西班牙语和法语，还能阅读德语、俄语、意大利语和葡萄牙语，“展现出特殊的天赋，即使其中的密文内容已被打乱，仍能够洞悉这些外语信息背后真正的意思”。利夫西注意到，编码组 BA IL LY 经常出现在情报中，仅出现在奇数位的起始位置。这说明该编码组的单位是 2 个。他还自掏腰包在第五大道的一家书店花 75 美分买了一本日英字典。字典中的日文是用拉丁字母编写的。通过查阅字典，他发现日语中“结束”这个单词是 *owari*（对应日文おわり），并与密码结尾时的一些编码组进行比较。假名 *ri*（对应日文り）在日语中很常见，因为经常用在动词末尾，雅德利和利夫西“继续在这些文件中寻找出现在 *ri* 之前的、出现频率较高的符号，但是只发现了 3 个（*o*、*wa*、*ri*，对应日文お、わ和り），用这 3 个符号显然不能构成编码的基础”，也就无法去发现更多单词。密码分析专家的工作陷入了困境。

雅德利开始思考一种有时被称为实践密码分析的方法。他去日本驻曼哈顿领事馆看了看是否可以偷取编码[1]，尽管认为计划可行，但他却从未这么做过。他拟订了一项计划——虽然他不知道，但与德雷福斯事件[2]中法国密码专家确认意大利编码的破译方法如出一辙。美国政府官员要求日本当局提供一些他们不得不交付给东京的信息，并在其中一份日文电报中写入一个人名，一个即便被加密但雅德利感觉自己也能够辨识出的人名。他

[1] 原注：据《美国黑室》第 264 页记载，4 年后，美国海军偷偷潜入这个领事馆，拍摄了一份日本海军编码。参见 Timothy J. Nenninger, "From the Archives: Japanese Codebook Find," *Cryptologia* 17 (July 1993): 283–284。

[2] 编注：德雷福斯事件（Dreyfus Affair），是指 1894 年法国犹太籍军官阿尔弗雷德·德雷福斯被诬陷向德国提供军事情报、犯有叛国罪的事件。此案后来虽真相大白，但法国军方和政府却坚持不愿承认错误。军方的包庇和司法的明显不公，令知识界大为愤怒，法国杰出的作家、理论家左拉（Emile Zola，1840—1902）撰写了著名的致总统公开信《我控诉》（*J'accuse ...!*），将事件始末做了如实、令人信服的披露。1906 年，法国最高法院和政府终于为德雷福斯恢复军籍和名誉。法国在破译一份能证明德雷福斯被诬陷的情报时，故意向意大利泄露了一条精心准备的信息，并借此破译了意大利密码系统。

可以用这个人名去破译编码。应他的请求，军事情报部向日本询问是否有一个叫乌拉斯洛·菲洛费（Vladislaus Filofei）或者温塞斯劳斯·菲洛菲（Wenceslaus Filofi）的人，也提到戈尔京斯基（Gortinski）这个名字。在等待回复期间，雅德利继续工作。

为了保持自己的斗志，雅德利重新阅读了商博良解密埃及象形文字的故事，他注意到，罗塞塔石碑发现后 23 年才被破译，“这项工作花费了这么长时间，我现在这么快就垂头丧气岂不是很傻？”他扪心自问。尽管一些人对他的努力报以嘲笑，但上级领导和约翰·曼利都写信鼓励他，回到学术界的曼利在信中说：“你的方法很好，结论也可能是对的。我多么希望能和你并肩作战。”他的妻子黑兹尔则给予他情感上的支持。不管晚上他工作到多晚，她总是在东 38 街公寓的顶楼等他，准备好饭菜，从不问东问西，而是倾听他不太乐观的预测，鼓励他，并一遍遍地提醒他早点休息。

“这鬼东西可能根本就不是日语。我相信这不是 2 位字母的编码。你觉得呢？”

“我认为你最好上床休息。”

“只怕我是破译不出这个密码了。你是不是也这么想？”

“当然不是，你肯定能破译。”

“为什么说‘当然’？整件事情现在毫无头绪。”

“每次你这么说的时候，都是快成功了。你不认为现在应该多休息会儿吗？”

雅德利睡觉前会喝很多黑咖啡，这显然不会让他安然入睡。入睡两小时后他会突然惊醒，带着脑海闪过的一个非常好的想法，急奔下楼冲到办公室，打开保险柜，验证他的猜想，最后发现又是一个错误的研究方向。这样的情况持续了好几个月。

现在他“已经研究这些密码好长时间，每份电报，每一行甚至每个编码单词都不可磨灭地印在我的脑海中。我可以睁着眼躺在床上，在黑暗中进行我的研究，尝试—错误，尝试—错误，一遍又一遍”。利夫西也是这样做的，尽管还有俄罗斯密码系统的工作在分散他的精力。雅德利推测，出现在一些信息末尾的AS、FY、OK代表的意思分别是*o*、*wa*、*ri*（即お、わ和り），是“句号”的意思。这两人试探性地将那些对等数重新置于密码中，但因为数量太少而无法证实正确与否或进行进一步的对照。由于他们需要寻找新的单词，利夫西建议试试*beikoku*（对应日文べいこく，意思是“美国”）和*eikoku*（对应日文えいこく，意思是“英国”）。然而似乎这些都没起多大作用。雅德利渴望尽快识别出密文，一直坚持着猜词。因为当时新闻中报道最多的就是北爱尔兰动乱，利夫西建议尝试下日语音译的单词“爱尔兰”（Ireland）——*Airurando*（对应日文アイルランド），他觉得有意思的一点是其中没有字母l。如果这个单词后面跟着*dokuritsu*，就应该是“独立”的意思，那么不加密的话应该是“*do do*”。利夫西建议对所有2位字母组成的编码组进行测试。他还注意到，这两个单词中出现的3个假名可以按照不同的顺序出现在*Do i tsu*这个单词中，他告诉雅德利这是“德语”假名方式。日复一日，雅德利努力寻找这种模式，最后：

> 一天晚上，我突然在半夜醒来，因为我那天休息得比较早。在黑暗中，我确信一组由2位字母组成的编码词一定跟*Airurando*（爱尔兰）对应。接着，其他单词在我眼前快速闪过：*dokuritsu*（独立）、*Doitsu*（德国）和*owari*（结束）。终于有了重大发现！我的心脏几乎停止跳动，呆立在那里一动也不敢动。我是在做梦吗？我醒了吗？我疯了吗？破译了吗？结束了，花了几个月终于结束了！

雅德利踉踉跄跄地走下楼梯冲向办公室，打开保险柜，开始验证他的猜想。文本中重复出现的内容和所提供的明文内容非常一致。“做到了不可能完成的事情，”他写道，“我感觉整个人都松懈下来，非常疲惫。”他又走上楼去，这时黑兹尔已经醒来，听到他说他做到了。“我知道你一定会成功的。”她回答道。他告诉她“换身衣服”，一块出去喝酒。那时是

1919 年 12 月 13 日（星期六）凌晨 1 点。

当利夫西早晨来上班时，雅德利把他叫进办公室，宣布自己已经破译了那个编码。这两人花了一早上的时间将对应的单词置入加密电报中，但是文本中破译的单词间隔太远，不足以确认这些新识别内容的正确性。当错过了午餐时间的利夫西正要去吃饭时，他发现了明文的假名组合 *kuan*。他懂日语，知道加前缀 *jooya* 可以变成 *jooyakuan*，即“条约草案”。过了一会，他推断 *jooin* 是“参议院”的意思。这些内容加上之前的猜测证明了前期所有的工作，也确定了前一天晚上雅德利鉴别的内容。等到晚上，他们已经发现编码组建规律，因而又识别出七八个单词。他们终于第一次破译了日本编码。利夫西“感觉自己好像是个世界冠军”。僵局打破了，也为以后的破译铺好了路。

12 月 15 日（星期一）早上，雅德利向军事情报部部长丘吉尔将军汇报了自己的成果。他描述自己是如何做到这一点的，却压根没提利夫西，并说道：“可能是因为我对这套编码非常感兴趣，过高地估计了它的价值，但是我不由得感觉到，如果您将这个情报交给执行委员会，将不会再有对军事情报部的争议。”他还说道，“如果这封信显得热情过度的话，我确信您会忽略它的语调。除了文员的帮助外，我的工作实际上全凭一己之力，这是我做过的第一件让我真正感到自豪的事情。”

雅德利将这套编码命名为 Ja——J 代表日本，a 代表这是第一个破译出来的编码。大概是在利夫西和露丝 · 威尔逊的帮助之下，雅德利开始扩展破解的词语。威尔逊当时 31 岁，毕业于雪城大学，在几所学校教罗曼语，曾在军情八处工作过。不管雅德利和他的团队最终破译了多少，他还是需要一名翻译。找到这样的一个人不容易。日语很难，况且这个国家还有排外情绪。实际上早在他破译之前就一直在寻找了，发出了 500 多封信件。终于他发现了一个可以为自己所用的、有能力的翻译：圣公会的一名牧师艾文 · H. 科雷尔（Irvin H. Correll），据说他是在日本做基督教传教士时间最长的人。科雷尔和他的妻子在 1873 年结婚，婚后不久就去了日本并一直待在那里，他的日语很好甚至可以写书。科雷尔谙熟人间世故，提出了年薪 5000 美元的要求。最终他签订了 3 个月的合同，4000 美元的报酬。这些问题解决之后，雅德利于 1920 年 2 月 28 日写信给丘吉尔，信中提到“怀着万分喜悦和骄傲之情”，“这是政府破译的第一批日本情报的翻译件”。两天后，欢欣鼓舞的丘吉尔夸奖雅德利和他的助手们，说这是“美国编码和密码历史上最卓越的成就”。丘吉尔向参谋长佩顿·康韦·马奇将军展示了破译成果，后者给雅德利和他的员工发出了官方贺信以及他个人的问候。雅德利回复说他相信这份工作“在重要性上，最终会超越军情八处之前做的任何工作”。它的确做到了。他已经牢牢地把握住美国密码破译的未来。

破译出 Ja 之后，利夫西发现了另一套编码 Jb。Jb 只是对 Ja 重新排序，排成 8 个字母序列，他只用几天便破译出来。很明显，按照 Ja 密码系统加密的文件通常都是简单的编码，仅用于安全级别较低的通信，之后就被弃用。到 2 月底时，密码局已经破译出 3 套编码。3 月 1 日，雅德利给丘吉尔送交了一份翻译件，是 2 月 16 日日本驻伦敦大使向华盛顿使馆和东京方面发送的一封急件，表达了日本对提议的凡尔赛和约中有关山东半岛修正案的看法以及其他一些事宜；同时还转寄了一份较短的情报，是一项关于价值 700 万美元的贷款。

科雷尔翻译了这些和后续的许多情报，但他最终总结道：这项工作是不道德的。他在受聘 6 个月后辞职了。而利夫西那时已经做到令人难以置信的一点：他掌握了日语的书写。此后的翻译工作并未减少。

破译工作也没有耽误。等到 1920 年 5 月，至少已经破译了其他两套编码——Jc 和 Je。Jc 是 2 位字母的编码；而对于 Je，密码专家研究了两个月也没能取得任何成效，最后他们猜测这可能是英语编码（用于传送文件无须翻译），于是他们在两三周时间便破译了它。（Jd 是一套海军编码，当时还没有破译出来。）

日本的密码系统变得越来越庞大，这意味着需要还原更多的编码词。破译的第一套编码包括 200 到 250 个编码组，73 个假名以及一些普通的词语，但是 Jg 包含 1000 个编码组[1]，经证实这其中很多还是 3 位字母的编码组，曾一度令密码译员拍马难追。最初设想 Jh 应包含 10 万个编码组，而 Ji、Jj 和 Jl 是 3 万到 5 万个。这些数字后来被减半，但是与雅德利团队之前处理过的其他编码相比，数字依然很庞大。在 1921 年 6 月 3 日给军事情报部的备忘录中，他详细介绍了密码局是如何通过借鉴他分析 Ji 编码的方法从而破译出大量编码的：

> 我们拥有的所有有关 Ji 的资料包括 25000 个 5 位字母编码词。一开始便将这些词打印出来，目的是为了检索方便，大概有 800 页。按照字母顺序将带有 2 个前缀和 2 个后缀的编码词打印在卡片上，这项工作需要 25000 张卡片，将这些卡片上的数据打印出来用了大约 1100 张纸。接下来，为了试着发现基于 5 位字母编码词的系统，我们将每个编码词出现的次数按照字母顺序记录下来，如果可行的话，就能让我们准确了解编码长度。这需要大约 200 列编码词。
>
> 当然，所有这些工作都要先期完成。目前我们已经发现了月份和日期，从 1 到 50 的数字，罗马字母从 A 到 Z，以及日语中常用的一些词语……
>
> 一般来说，日本拼写的英语单词是根据日语语音拼写而成，但是有时也会直接采用英语的拼写方式。后来，他们被要求在每份信件中都使用 5 位字母编码词。通过仔细检查，我们发现了一种奇怪的重复现象，例如，p-r-o-t-o-c-o-l（注意字母“o”的重复）。通过这个发现可以识别出整个罗马字母表。

[1] 原注：经证明，在大约 700 个 3 位字母编码组中，有一多半是基于 2 位字母编码组；后来又发现这些 3 位字母编码组都是以 V（如 VAB、VAC……VUZ 等）、W、X、Y 或 Z 开头的。一旦发现这个规律，密码译员可以毫不费力地将它们区分开来。参见 CAHA 00013:10025-6; “Historical Background,” 3:100。CAHA 是指 Designation for microfilm of Yardley files at National Security Agency。

Page 1 JP September 6, 1921.

abab-
abak-
abam-
abaz-
abec-23 nichi
abeg-16 nichi
abeh-17 nichi
abes-
abet-
abev-
abew-aida
abex-31 nichi
abid-
abij-
abin-
abob-
abof-
abok- aku
abor-
abow-
aboy-21 nichi
abul-ai
abup-ai

ac-juu
ad-ru
af-e
ag-fu
ah-koku
aj-nikansuru

ak-z
akab-6 getsu
akak-7 getsu
akam-12 nichi
akaz-9 getsu
akec-12 getsu
akeg-
akeh-2 gatsu
akes-5 nichi
aket-
akev-3 nichi
akew-10 nichi
akex-8 nichi
akid-7 nichi
akij-4 nichi
akin-2 nichi
akob-9 nichi
akof-
akok-13 nichi
akor-15 nichi
akow-
akoy-10 gatsu
akul-
akup-9 nichi

al-shakkan

am-F
amab-
amak-
amam-tei
amaz-tadachini
amec-taki
ameg-
ameh-taido
ames-taru
amet-taka
amev-tan
amew-
amex-
amid-tashi
amij-tari
amin-tame
amob-tashika
amof-tatsu
amok-teikoku
amor-
amow-taku
amoy-tadashi
amul-teikoku seifu
amup-tada i

an-
ap-oyobi
ar-soo
as-
at-I
av-bi
aw-pa
ax-mu
ay-te

az-V
azab-aru
azak-arita
azam-
azaz-aruiwa
azec-Bai
azeg-ari
azeh-
azes-beki
azet-baai
azev-
azew-betsuden
azex-beshi
azid-beku
azij-bei
azin-
azob-ben
azof-
azok-
azor-botsu
azow-
azoy-atsu
azul-boo
azup-betsu

ba-ooden
be-joo
bi-n
bo-5
bu-ra
by-itashitashi

ca-de
ce-ri
ci-
co-na
cu-3
cy-se

da-ninaratte
de-denpoo
di-seifu
do-ka
du-narabini
dy-4

eb-S
ecab-
ecak-
ecam-
ecaz-
ecec-hakari
eceg-guu
eceh-
eces-hatsu
ecet-haka
ecev-hanahada
ecew-hiki
ecex-hen
ecid-hei
ecij-hatashite
ecin-han
ecob-
ecof-
ecok-hin
ecor-hoka
ecow-haku
ecoy-hai
ecul-Hitsu
ecup-

ed-ki
ef-ya
eg-x
egab-
egak-
egam-
egaz-
egec-
egeg-
egeh-
eges-
eget-
egev-
egew-
egex-
egid-
egij-
egin-
egob-
egof-
egok-
egor-
egow-
egoy-
egul-
egup-
eh-y
ehab-
ehak-
eham-
ehaz-
ehec-period
eheg-
eheh-
ehes-"(open)
ehet-
ehev-((open)
ehew-
ehex-
ehid-"(close)
ehij-)(close)
ehin-
ehob-
ehof-
ehok-
ehor-
ehow-
ehoy-
ehul-
ehup-

ej-gai
ek-yu
el-"(open)
em-shuu
en-o
ep-ju
er-N
esab-mochiron
esak-mokka
esam-
esaz-moku
esec-
eseg-mitsu
eseh-mizukara
eses-mooshishingi
eset-moo
esev-
esew-
esex-moshi
esid-
esij-motome
esin-
esob-
esof-nai
esok-naki
esor-nan
esow-mooshiire
esoy-mon
esul-naku
esup-mochizuki

et-T
etab-futsu
etak-fun
etam-gokuhi
etaz-fuu
etec-gaimu
eteg-
eteh-fuku
etes-gatsu
etet-reikoo
etev-gen
etew-
etex-geki
etid-gawa
etij-gataki
etin-gaku
etob-
etof-
etok-
etor-gun
etow-gaikoku
etoy-gagtoki
etul-gotoki
etup-gen

ev-P
evab-
evak-
evam-
evaz-
evec-katsu
eveg-kanarazu
eveh-
eves-
evet-
evev-
evew-
evex-
evid-
evij-kettei
evin-ketsu
evob-
evof-kin
evok-
evor-kono
evow-kei
evoy-kata
evul-kon
evup-

ew-H
ewab-
ewak-shigataki
ewam-
ewaz-shitagatta
ewec-shikarubeki
eweg-
eweh-shidai
ewes-shikyuu
ewet-serareta
ewev-
ewew-
ewex-shita
ewid-shin
ewij-shiki
ewin-
ewob-shina
ewof-shitsu
ewok-
ewor-
ewow-
ewoy-
ewul-shoku
ewup-

ex-K
exab-ran
exak-raku
exam-roo
exaz-rare
exec-rei
exeg-
exeh-rai
exes-
exet-
exev-
exew-
exex-rin
exid-riku
exij-retsu
exin-ren
exob-
exof-ron
exok-
exor-rui
exow-
exoy-raru
exul-
exup-ritsu

ey-jin
ez-taishi

密码局重组的部分日本 Jp 外交编码。

Ji 是海军武官使用的编码，和 Jj 一样，因为数量惊人而从未被破译。当密码局最终弄清楚其外交编码 Jh 只有密码分析专家之前设想的一半数量，并且还有一份英语词汇表后，密码局职员开始有了进展；很快，加密内容便被一一解决。

夏天的时候，日本外务省引进了一种更为复杂的外交编码形式。1921 年 7 月 18 日，雅德利的密码局破译了该系统的第一份情报，日本称之为 YA，密码局为其编号 Jp。随后，破译工作紧锣密鼓地开始了。但是，这套编码很难破译。即使夜以继日地工作，直到 8 月 8 日（星期天），也没有发现其中的秘密。但是在 3 天后，星期三，雅德利发现 Jp 是“24 个不同的小编码而不是通常的单个编码”[1]。他说得不是特别清楚，因为这个编码是单一实体，而他可能在用一种夸张或模糊的方式来描述这种现象。但 Jp 中有一些 2 位字母编码词是特殊组合——例如 DO 代表的是 *ka*——从未在其他编码词中出现；还有一些 2 位字母编码词则既可以单独成对，也可以作为 4 位字母编码词的一部分。尽管 2 位字母编码词 EW 和 AK 分别代表 *h* 及 *z*，但 EWAK 作为一个 4 位字母编码词代表的是 *shigataki*。在密码分析专家检查密电时，这些 2 位字母编码词的双重用途迷惑了他们，解读起来更为困难。当然，对于解密人员来说，它也有两种含义。当时很多西方密码专家禁止在较长的组合中引入独立组合以避免这种混乱。但是，日本密码专家为了保证安全宁愿采用这种模棱两可的密码。他们的密码人员不是在密文中区分 2 位和 4 位字母组成的编码词，而是在明文中区分。换句话说，尽管 EW、AK 和 EWAK 都是密文的组成元素，这 4 个字母 EWAK 只有在日文中才有意义，然而组合起来的 EW 和 AK 会变成无任何意义的 *hz*。所以，这种所谓的双重含义对日本解密人员而言可能不会带来困扰，但却足以让美国密码分析专家困惑不解。然而没过多久，通过对截

[1] 原注：雅德利所指的 24 个不同的小编码是我的猜测，参见 CAHA 00013:1040–1042。在《美国黑室》第 290 页，雅德利介绍说，破译 Jp 系统的困难在于“3 位字母的编码词混杂在信息之中”，实际上他弄混了 Jp 和 Jg 系统（参见 CAHA 00013:1025–1026）。Jp 系统中没有 3 位字母的编码词。

获的15份情报进行分析，密码局重组了700多个元素，一些是由两部分组成的加密编码；进展如此之快，以至于在8月23日取得突破不到两周后，密码局就有了破译Jp系统的第一个翻译件。

或许日本使用Jp的原因只是编码的例行更换，但也或许是为了在即将召开的国际会议上确保自己的通信安全。

第9章 胜利的果实

这场为结束一切战争的战争让全世界更加憎恨战争。但在日本、英国和美国，战舰的建造项目仍然继续着，耗资巨大。受战后经济萧条的影响，财政预算缩减，越来越多的人想要停止这些军事项目。这场战争也改变了世界权力格局。因此，英国开始重新考虑1902年签订的《英日同盟条约》[1]，放弃同盟的情绪日益强烈。英日两国原本是互相扶持、共同抵抗俄国的，因为俄国威胁到他们在印度和西太平洋的利益；后来双方又共同对抗德国。但现在这两个威胁都不存在，英国开始担心日本国内日益膨胀的自信心，因为这已经威胁到它在亚洲的政治和经济地位。英国越来越感觉到自身的很多利益和美国类似，尽管两国是贸易和海军宿敌。

1921年3月，英国海军部长提议了一种顾全面子的办法，既可以减少海军开支又可以彻底摆脱《英日同盟条约》：召开一次国际会议解决武器和太平洋问题。美国非常赞成。日本却不乐意终止条约，它已经将自己视为世界大国之一，也是唯一的非白种人大国。日本刚刚骄傲地宣布自己建

[1] 编注：《英日同盟条约》(Anglo-Japanese Pact)，签订于1902年，当时英国为了加强在远东的地位，试图假借日本之手遏制俄国在远东的扩张；而此时日本为了达到侵占朝鲜和中国东北的目的，也急于寻求反俄的同盟者。

成世界最强战列舰之一的“陆奥”号（Mutsu）战列舰，其建造资金中有一部分来自小学生的捐款。但是日本却没办法拒绝这次会议。英国还邀请其他 6 个国家参加会议，分别是法国、意大利、中国、比利时、荷兰和葡萄牙。会议定在 11 月召开。

英国想在伦敦召开这次会议。缺乏远见的美国大使一开始支持这个想法，后来又提议在古巴哈瓦那召开。英国外交大臣后来提议将美国缅因州的巴尔港定为会场，既没有提议东京，也没有提到过巴黎和罗马等城市。最后，这些国家一致决定在华盛顿召开此次会议。这是美国第一次举办世界级会议。做这个决定主要是出于政治考虑，没有人会想到会议地点将给主办国带来情报优势[1]。1815 年的维也纳会议，就曾帮助奥地利从叛变者那里获得了大量的信息、窃取的文件和拦截的情报。最近在凡尔赛召开的会议或许使法国也同样受益。当然，来访国也会雇用间谍，但相对来说，主办国更容易开展间谍活动，因为只有美国能够阅读各国全权代表的指示和报告。雅德利把这一优势发挥到极限。

1921 年 11 月 12 日（星期六），大风，非常寒冷。这天上午 10 点 30 分，随着美国总统沃伦·盖玛利尔·哈定（Warren Gamaliel Harding）提出限制海军军备问题，华盛顿会议拉开了帷幕。在与白宫南草坪遥遥相望、被廊柱环绕的大陆纪念厅[2]，他面对台下的各国代表发表了演说。而在前一天，这些代表们倾听了他向全世界呼吁放弃战争，目睹他庄严地安葬了战争中阵亡的美国无名士兵。接着仪态威严、蓄有胡须的美国国务卿查尔斯·埃文斯·休斯（Charles Evans Hughes）上台讲话。他曾经是一位州长，也是前总

[1] 原注：英国的密码破译机构——政府编码和密码学校（Government Code and Cypher School），在会议期间获得的情报确实没有美国多，情报的重要性相对也不大。

[2] 原注：大陆纪念厅（Continental Memorial Hall），位于 B 和 D 街之间的第 17 街，这里是美国革命女儿会（Daughters of the American Revolution）的总部。（编注：该建筑于 1910 年完工，与美国革命女儿会行政楼和宪法大厅比肩而立，是三座建筑中最古老的一座，因 1921 年在此召开海军会议而被列为美国国家历史名胜。）

统候选人。台下的代表们正期待着传统的客套致辞，他却令他们大吃一惊。他主张各国政府不仅在 10 年内停止制造主力舰，而且还要拆毁 66 艘军舰。一位英国记者评论说，国务卿休斯先生弄沉的军舰吨位要比全世界海军将领几个世纪以来击沉的还多。休斯先从自己的国家说起。他开门见山地说，美国准备拆毁 30 艘军舰。接着他规划了其他国家的海军力量。当他建议取消英国皇家海军的骄傲——4 艘“胡德”号超级战列巡洋舰时，英国海军上将戴维 · 贝蒂（David Beatty）——日德兰海战的胜利者兼第一海务大臣——看起来“有些吃惊，并为此深感不安”。这位海军上将的“脸色变来变去，如坐针毡”。与之相反的是，日本代表面无表情，看不出任何情绪，甚至当休斯提议缩减日本的海军规模并拆除“陆奥”号战列舰时，日本代表也一直“直直地盯着前方”。当国务卿休斯先生结束演讲后，代表们爆发出雷鸣般的掌声，他的提议获得了这些国家的热烈支持。

按照休斯的规划，海军规模大小应根据国家的综合实力确定。美国总吨位为 50 万吨，英国为 50 万吨，日本为 30 万吨——总吨位之比为 10∶10∶6。美英这两个大国很快就双方平等的吨位数达成一致，但是日本不愿意，它想要争取到 35 万吨位。这样和美国之比就变成了 10∶7。这些数据不仅是由民族自豪感决定，还要根据实际的技术水平，虽然在讨论时从未提及这些。他们依据的主要是海战经验，以及英国著名理论家弗雷德里克 · 兰彻斯特的方程 [1]。

海军战略规划人员假设舰队从基地出发，每行驶 1000 海里效率下降 10%。效率下降是由磨损、坏损、船舶污底及敌军攻击造成的。他们预计美国舰队从珍珠港前往菲律宾与日本帝国海军交战，菲律宾距珍珠港 5000 海里，距日本 1500 海里。如果美国派出 10 艘战舰，到达目的地之后的战

---

[1] 编注：兰彻斯特方程（Lanchester's Equation），全称为兰彻斯特战斗动态方程，是英国工程师弗雷德里克 · 兰彻斯特（Frederick Lanchester，1868—1946）首先创立的作战模拟理论，因此得名。它采用数学演绎战术原则，将数学与军事战术学结合起来，用于分析、描述交战双方兵力变化的数量关系及毁伤过程。第二次世界大战后得到广泛应用。

斗力只相当于 5 艘战舰；如果日本派出 6 艘战舰，途中会消耗掉 15% 的战斗力，到达目的地之后其战斗力也大致相当于 5 艘战舰，则两国战舰的战斗力大致相同。但是，如果日本派出 7 艘战舰，到达目的地之后战斗力相当于 6 艘战舰，这就超出了美国。兰彻斯特方程进一步加强了这种优势。兰彻斯特假设战舰火力全开，射击的准确度是 10%，每次开火可摧毁一个敌军枪炮。以此类推，他总结道，两国的海军实力不是战舰数量的比例，而是战舰数量平方的比例。这意味着根据日本的计划，两国的军事实力不是 6∶5，而是（大约）35∶25。换句话说，日本不是占有 20% 的优势，而是 44% 的优势。因此美国不支持 10∶7 的比例，日本却一再坚持。[1] 这成为本次会议中双方唇枪舌剑的焦点。

雅德利希望能为美国谈判人员提供其他国家谈判态度或意图等相关情报。在日本编码破译上，他的开局不错，但在另外两个主要国家的密码系统方面进展得却不顺利。尽管英国已经放弃之前坚持的“两强标准[2]”，即皇家海军的规模会比任何两支其他舰队总和还大，但也绝不会接受海军处于劣势地位。然而美国已经提出“海军实力无可比拟”的要求，提前了解英国的意图将有助于美国的外交决策。可是英国始终保持着对通信安全的警惕性，尽管密码局破译了很多密码，但都是些琐碎的情报——例如有人

---

[1] 原注：感谢爱德华·米勒在《橘色战争计划》一书第 32 页表述的这种观点。兰彻斯特方程，有时被称为 N^2 法则，运用的是枪炮数量的平方，我将其简化为舰船数量的平方。兰彻斯特的文章转载于 James R. Newman, ed., *The World of Mathematics* (New York: Simon and Schuster, 1956), 4:2138–2157。David C. Evans and Mark R. Peattie, *Kaigun: Strategy, Tactics, and Technology in the Imperial Japanese Navy, 1887—1941* (Annapolis: U.S. Naval Institute Press, 1997)，第 143 页讲述了日本如何在 1907—1909 年将海军比例推演为 10:7。

[2] 编注：两强标准（Two-power Standard），是英国海军在鼎盛时期执行的标准政策。作为一个岛国，海军是英国国防的基石。1889 年英国政府通过《海军防御法案》，正式确立海军“两强标准”，即英国海军的战力应达到不弱于其他两个最强海军国家的海军战力之和的规模。

提议代表们参加费城交响乐团音乐会——并没有发现任何重要的信息。对于法国，这个拥有世界第三大海军的国家，情况也是如此。对法国密码系统的研究和对英国的研究一样，开始得比较晚，也没有任何背景资料，因为无论是军情八处还是它的后继者们都没有进行过研究。而且法国在破译方面有着几十年的成功经验，拥有当时世界上最好的密码系统之一。即便如此，密码局的克劳斯·博格尔还是做了一些试探性的破译（例如 1272 代表“专家”），并发现了法国在会议中使用的 4 个“两部本”密码，之前从未获得这样的进展。

但在日本这个主要目标方面，雅德利成功了。早在会议召开之前，密码局就已经破译出两套主编码——Jo 和 Jp。截获的电报一批接一批地送到位于第 37 街的密码局，有时是几封，有时则是十几封。送抵时距离发电报已经差不多有 6 天，之所以会耽误是因为送信人要将这些电报从华盛顿送来。一开始，打字员只是简单地将电报内容抄录在法律文件大小的纸上 [1]，然后交给弗雷德里克·利夫西和露丝·威尔逊进行密码分析。很快，两名打字员——其中一个是埃德娜·瑞姆赛尔，结婚后随夫姓哈肯伯格——逐渐变得非常熟练，也开始了解日本密码系统，他们可以将电报分成 2 位和 4 位编码词，随后进行破译，几乎和他们打字的速度一样快。利夫西和威尔逊则负责恢复未知的字母组、翻译成日语明文，再将这些内容交给打字员校正，最后交给雅德利。有时在会议召开期间，员工们会 24 小时连续工作，每 12 小时换一次班，工作到半夜一点也不稀奇。有一次，感恩节前夕，埃德娜告诉雅德利假日期间她没法上班，雅德利反驳道，“我还不能打高尔夫呢”。于是她就意识到星期四感恩节那天她不得不来加班。

大多数截获的情报会在收到当天便被破译和翻译出来，有些则需要花费一整天的工夫，但很少有需要更长时间的。最初，已破译情报传到华盛顿后，由 44 岁的国务院官员威廉·李·赫尔利（William Lee Hurley）每

---

[1] 编注：原文是 legal-sized sheets。Legal size 是北美常用的一种纸型，尺寸是 8.5 英寸 ×14 英寸，即 216 厘米 × 356 厘米，常用于书写法律文书。其他常用纸型还有 Letter size（216 厘米 × 279 厘米）、Ledger size（432 厘米 × 279 厘米）等。

周成批递送。他之前当过新闻记者，一战时为国家军事机关派驻伦敦的武官服务；人们后来评价他“作为一名文员，是公正不阿的；在秘密工作方面则是非常优秀的”。会议开始后，由会务服务员负责每天将已破译的电报卸下。其中有一名叫作特雷西·莱恩（Tracy Lay）的外事服务官员，是从国外被召回的。电报被破译和翻译后第二天就被送到华盛顿，数量非常惊人。很多电报，例如会议报告或媒体的反应，有满满当当的五六页，有时甚至更多。出于安全考虑，这些文件没有做任何标记，比如“供国务院参阅”或“供军事情报部参阅”。大多数会被送到 FE——国务院远东司（State's Far Eastern Division），因为该部门与这些谈判联系密切。更有意思的是，几乎没有（或者非常少）电报送到休斯那里。他一直忙于召开美国与各国代表的会议、主持委员会、和下属们谈话、研究形势文件，以及主持每天的新闻发布会，几乎没有时间阅读大量文件。

会议早期的一段小插曲让那些持怀疑态度的官员开始相信密码破译的真实性。11 月 18 日，休斯接受报社记者的采访，但条件是不能透露信息的来源。几天后，密码破译专家向国务院提交了日本关于此次会议的报告，官员们看到的这些信息确实是正确、清晰、流利的英语翻译版本。随后，越来越多的情报被截获。当美国官员看到东京方面想知道美国政府是否会反对代表们在禁酒时期带着酒去参加会议的情报时，不禁哑然失笑。他们还观察到，日本审计员关注的并不仅仅局限于西方国家，有一份发往东京的情报开头是这么写的，“本来够一栋楼一年的租赁费用却只用了几个月，一般来说，免不了要受到会计们的批评”。当看到日本电汇了 3 万美元用于会议召开期间的秘密活动经费时，他们不再有偷阅他人信件的道德谴责感了。尽管远东司的负责人认为截获的情报“非常难读懂”并且“几乎没有任何真正价值”，但他还是承认这么做的确有助于“让远东司的成员们随时知道日本的感受”。

然而，密码分析并不是美国谈判人员唯一的信息来源。新闻报道尽管没那么权威，但非常准确，有时也很迅速，特别是有关 10∶6 还是 10∶7 的重大议题。因此《纽约时报》在 11 月 25 日和 26 日报道称，日本坚决要求维持 10∶7 的比例。然而 11 月 28 日（星期一），在裕仁天皇（Hirohito）出任摄政王 3 天后，他希望展现出自己温和的作风，日本方面态度改变的情报随之登载在报纸的头版，大字标题写着："东京准备就军备比例做出让步"。报道中称："显而易见，日本海军上将加藤（加藤友三郎男爵、海军大臣、日本代表团团长）今天收到东京的明确指示……该报告被广泛传播，日本未能使其规划标准得到认可，可能有意接受 5–5–3 的安排。"[1]

密码局落后一步了。第二天，它破译出日本 4 天前的 Jp 密码，暗示日本不会屈服。东京方面提醒加藤："他自己曾经说过'10∶7 是美国海军和我国海军军备力量比例的极限'，我们知道，你会努力争取这个比例，并保证没有任何变动。"

事态的变化超过了雅德利的破译速度。密码局正在转寄这份已时隔几日的情报时，《纽约时报》在头版刊登了一则针对华盛顿会议的评论，认为日本会在几天后默许 10∶6 的比例，而不是几小时之后；第二天是 11 月 30 日（星期三），报纸上刊登大字标题"已渡过海军军备计划的危机：有望在 12 月 5 日召开的会议上达成协议"。

这条未经证实的最新情报与之前真实但过时的证据相冲突，这种矛盾的信息可能令美国谈判人员感到非常困扰。12 月 2 日（星期五），休斯、加藤和英国首席代表亚瑟·贝尔福（Arthur Balfour）一起讨论了海军总吨位比例的问题。加藤重复了前一天告诉贝尔福的话：如果美日能达成如下协议——美国不在关岛和菲律宾加强防御工事，日本不在其托管岛屿加强防御工事，则会有助于日本接受 10∶6 的吨位比例。这是日本官方第一次暗示日本帝国可能妥协；但会议结束时，加藤却说还需要征求进一步的指示。

就在这一天，当加藤正在给东京方面发电报时，密码局收到一封电报。上面写的日期是 11 月 28 日，共有 64 组 10 位字母编码，开头写着："Koshi，华盛顿，紧急 0073 vrxpm dozoorupuh uteletamme fuinofridy."电

[1] 原注：引自《纽约时报》，1921 年 11 月 25 日，3:3–4；1921 年 11 月 26 日，1:5–6；1921 年 11 月 28 日，1:7。不要将加藤友三郎和加藤宽治（Kanji Kato）搞混了，后者也是一名海军上将，但他是 10∶7 这一比例的坚定支持者。

No. 784

Reference No. J-6507

From: Tokio, December 10, 1921.
To: Washington, Conference No.155

Type: JO Diplomatic Code.

Received December 14, 1921.
Translated December 14, 1921.

Forwarded to London as No. 646.

Very Confidential. Urgent.

Referring to your cablegrams Nos. 142 and 143 (Note. Neither received), in consideration of the close relation which the question of the ratio of the Japanese and American navies has to the question of Pacific defenses and to the question of the quadruple agreement, and in view of the extreme importance of all three questions, the Japanese Government has given it exhaustive consideration on the basis of your cablegrams.

We have claimed that the ratio of strength of 10 to 7 was absolutely necessary to guarantee the safety of the national defense of Japan, but the United States has persisted to the utmost in support of the HUGHES proposal, and Great Britain also has supported it. It is therefore felt that there is practically no prospect of carrying through this contention. Now therefore in the interests of the general situation and in a spirit of harmony, there is nothing to do but accept the ratio proposed by the United States.

密码局破译截获的日本外交密电的首页，阐明日本同意美国提议的10∶6的海军战舰总吨位比例，但却在12月12日日本同意此项提案之后才破译出来。

报以 3 倍行距誊写在法律文件纸上。文件右上角用铅笔写着密码局编制的序列号 J6204，还有人在上面标记“JP”的字样。一位办事员在行间打印出明文。明文开始部分是 ：“ka too zen ken he ‘gokuhi’ kiden kai i 7 4”，当天晚上便被翻译出来。结果表明东京方面的态度已经缓和。[1]

外交部长告诉加藤 ：“我们和你的观点一致。”

> 有必要避免与英国和美国产生任何冲突，特别是不要与美国在海军军备限制的问题上起冲突，尽力维护我们的折中主张、争取按我们的既定政策执行。如果确实有必要，你可以努力达成第 2 套 10 : 6.5 的提案。如果你已尽了最大的努力，但迫于形势所需以及为了保证总方针的权益，不得不回过头去使用你的第 3 套提案时，尽力明确表明 ：我们同意与美国舰队保持平衡，但美国要保证削减其在太平洋地区的防御水平，以限制其在该地区的集权和操控，或至少维持现状。尽最大可能地避免第 4 套方案。

密码破译专家们谨慎地指出“6.5 是从一个乱码中重建的”。他们并没有说明第 3 套和第 4 套方案指的是什么。

尽管缺少部分内容，但这封破译的电报在星期六或星期一送到华盛顿后，将会坚定美国代表们的信心 ：日本可能会放弃 10 : 7，接受 10 : 6 的比例。

[1] 原注 ：关于 11 月 28 日电报的信息，来自《美国黑室》第 312 页对页的图片。因为破译后的明文比密电内容略少，我怀疑电文是用红字打印出来的。《美国黑室》第 312 页介绍道，电文是在 11 月 28 日破译的，这使得密码局的工作效率看起来更高些，因为这意味着在 12 月 2 日休斯、加藤和贝尔福开会的当天，休斯已经拿到了这封破译电报，对加藤会在 10 : 7 的比例上让步，以便对达成在太平洋防御上的协议这一立场了然于胸。实际上，根据 CAHA00015:3935 可知，该信息于 12 月 2 日才被破译，可能在第二天才被送到休斯手中。我在文中也是这样描述的。

雅德利相信这是“从（密码局）大门送出的最重要、意义最为深远的一份电报”。关于这一点，他的看法是对的。但他没有看当时的新闻报道和谈判进展，继续补充说，“这是日本人要求 10:7 的比例以来第一次示弱的表现”，接下来的话就有些夸大其词，“毫无疑问，这份电报可以判定日本和美国舰队各自的实力”。他下面的总结是对的：

“这表明如果美国强有力地向日本施压，日本会放弃提案 1，接着是提案 2；如果能维持太平洋现有的防御水平，日本甚至会接受 10:6 的海军比例。

“美国政府掌握了这个信息，如果愿意利用它，美国就不会错过这次机会。美国需要做的就是算准时机。这就像在打梭哈扑克牌一样，”他结束的时候用了一个隐喻，以赌徒之心类比，“当你看到对方扣着的牌之后，这就不再是一个非常难玩的游戏了。”多疑的美国国务院远东司的负责人也同意这一点。其中一封截获的情报提供了帮助，它“明确地指出日本最终会在海军比例上妥协”。鉴于此，他说道，这“坚定了休斯先生的态度”。打定主意后，休斯让时间来对抗日本——截获的情报会为他的决策提供支持。在其中的一条情报中，加藤抱怨道：“他们给我们施压，坚称如果我们不接受美国的计划……那么整个计划都会土崩瓦解……真的很难坚持我们的提议。”此外他还警告说，一些报社写的文章指责日本拒不接受美国的提议，这意味着“妨碍了会议的顺利进行”。他补充道，“就海军军备问题，甚至一些驻美国的英国记者在报道我国的态度时也丝毫没有同情心。”东京方面似乎有所动摇。在 12 月 10 日（星期六）破译的一封信件中，外交部承认，现在“很多我们自己的国民……似乎也希望通过做出一些让步，尽快达成协议”。《纽约时报》并没有报道这些内容。

最后日本做出了让步。与美国维系良好的关系比战舰更重要，它已经得到了大于一半的比例——而它之前的结论是连这都得不到。12 月 12 日（星期一）傍晚，在国务院举行的会议上，加藤同意了 10:6 的比例，交换条件是他之前提议的一份多少可以挽回日本颜面的协议：双方均不得在太平洋地区加强防卫。密码破译专家提供的情报帮助休斯保持强硬立场，并赢得了这一天的胜利。[1]

密码局员工不分昼夜地工作了好几周，破译了成千上万份截获的情报。圣诞节期间，政府给他们发了奖金：其他政府工作人员很少有这种待遇，但对于密码分析专家来说，这并不是史无前例的——那些专制统治者们的“黑室”已经得到额外的资金去从事破译活动。美国陆军可以支付这笔费用，因为密码局的资金是没有记录的。奖金比一周的薪水稍微多一点，15 个人都收到了从 37 美元到 184 美元不等的奖金，剩下的金额都归雅德利。有了他们的陪伴，雅德利说道：“就个人而言，这说明在会议召开期间，我们长时间的艰苦工作获得了领导们的认可。”无论是努力工作的打字员，还是密码分析人员和翻译人员，都有种难以言说的满足感，因为他们帮助自己的政府取得了重大的外交胜利、节省了数以千万的资金，世界将会变得更加和平。

[1] 原注：12 月 10 日编号 J6507 的电报，指示加藤“接受美国提议的比例”。这封电报是 12 月 14 日破译的（CAHA 00015:4409，引自《美国黑室》第 317 页），而加藤在 12 月 12 日便已同意了 10:6 的比例，因此它对谈判没有起到任何作用。“加藤同意”相关信息引自 *FRUS,* 1921, 1:90–91。*FRUS* 是指 U.S. Department of State, *Foreign Relations of the United States: Diplomatic Papers*。

第 10 章

忙碌的乡下人

华盛顿会议带来的喜悦并没有维持太久，随之而来的是精力透支后的精疲力竭。雅德利患上了轻微的肺结核，前往亚利桑那州疗养。员工们因工作过度也常常会做噩梦。有一名员工梦到自己追着一只斗牛犬到处跑，最后在卧室的家具下面抓到了它，结果她发现狗的身上写着一个词："编码"。还有两个人辞职了。然而，他们工作中这些消极的因素被两件积极正面的事情冲淡了。

其中一个好消息来自国务卿查尔斯·休斯先生。雅德利在裁军会议召开期间的工作帮了他很大的忙，为了表示感谢，休斯支持为军事情报部拨款。"军事情报部每天同国务院的联系……使它的机构职能得到最大限度的发挥，它提供的情报对国务院来说也有很大的价值。"他写道。

几个月后，军事情报部的负责人推荐授予雅德利"杰出服务勋章"。这是战争部非战斗人员的最高荣誉，仅授予战事期间的行动，嘉奖原因不是他在这次会议期间取得的成果，而是他在战争期间的工作，因为无论在任何时候，都不得不对他在会议召开期间的工作保密。这位领导人说，雅德利发现并"探寻一个实际上充满神秘和不确定的未知领域，且发展了这门科学；借助这门科学，他能够破译最为机密的情报并获得对战争部非常重要的信息”。这个评价准确地概括了雅德利对国家做出的最主要贡献。参谋长约翰·约瑟夫·潘兴将军说道，“我深知赫伯特·雅德利少校的卓越战功”，他之所以会被授予勋章是因为“在世界大战期间，他作为军事情报部通信科负责人，对陆军总参谋部做出了特别值得称赞的、杰出的贡献”。这段话并没有提及雅德利的密码分析成就，但当身材高大、性格随和的战争部长约翰·威克斯（John Weeks）在雅德利的衣服翻领别上勋章时，他朝这位密码分析专家使了个眼色。“那个眼色，”雅德利承认，“让我非常高兴。”

1922 年 12 月 30 日授予雅德利的杰出服务勋章。

然而，这些喝彩声并没有帮助密码局免于资金削减的厄运，国会制定了 1924 年的财政预算，并于 1923 年 7 月 1 日开始生效，密码局比其上级机构削减的资金还多。处在和平时期的国会急于减少开支，将与战争相关的事情都抛在后面。国会对美国的军事实力格外有信心，何况美国还受两大“护城河”守护，很有安全感，因此将国务院的预算减少了 5%，战争部的预算减少了 10%，从而相应地，将军事情报部的预算也削减了 10%。密码局的预算却削减了 30%，从之前的 5 万美元下降到 3.5 万美元。当时的军队可能还没意识到密码局在开创光明未来方面发挥了怎样的作用，仍坚信间谍活动是不道德的、非美国式的且没有必要的，看不起密码破译，因此决定节省这一笔原本就不多的开支。

削减开支的一个后果是，需要裁掉密码局一半以上的员工。员工名单上的 16 人中走了 10 个——不是辞职就是被辞退。弗雷德里克·利夫西也在其中，他不满意自己拿到的薪水，于是成为国务院的一名经济学家。雅德利不得不辞退了塞丽娜·拉宁（Serena B. Laning），她是“一个非常聪明的女孩”，还懂日语。克劳斯·博格尔去到海军的编码信号科，在那里待了几年，被同事们称为“和蔼可亲的大乖乖”，接着又去了国会图书馆资料室工作。首席办事员约翰·米斯去了纽约爱迪生联合电气公司工作。他们的离开没有让生活变苦，给他们发的奖金相当于 4 个月的薪水，有人还发了 6 个月薪水的奖金。1923 年秋天，又有一个办事员被解聘了，没过多久，另一个也被解聘了。

最后只剩下 6 人，成为密码局存在期间最后的员工。除雅德利之外，还有 3 名密码分析师。维克多·韦斯科普夫的行政关系隶属司法部，靠兼职经营邮票生意来增加自己的收入，专门收集美国和邦联时期的旧信封。聪明的露丝·威尔逊（Ruth Willson）于 1925 年和会计霍华德·威尔逊（Howard L. Wilson）结婚，这样她名字中的两个“l”就变成了一个，也导致日后人们总是拼错她的名字。她每天从斯卡斯代尔富有的韦斯切斯特郊区赶来上班。查尔斯·门德尔松在纽约城市学院及其附属高中教授拉丁语和希腊语，汤森德·哈里斯（Townsend Harris）继续做兼职。雅德利的秘书玛格丽特·奥康纳（Marguerite O'Connor）是个气质优雅的、身高 5 英尺 11 英寸（约 1.8 米）的金发美女，后来嫁给约翰·米斯。还有两个女打字员，爱丽斯·迪伦（Alice Dillon）和埃德娜，后者在当时已无可救药地爱上了雅德利。

尽管已经裁员，预算压力仍然存在。出于这个原因，也或许是因为第 37 街富人区的一桩失窃案——当时处在禁酒时期，尽管只被偷走 3 瓶酒，但这件事显然让雅德利很担心安全问题。1923 年 10 月 24 日他将办公室搬到 229 室的小隔间；后来又搬到 814 套房——这间套房位于纽约中央车站附近范德堡大道 52 号的一座 20 层办公楼中，就在第 47 街街角。密码分析专家在套房里屋秘密工作，前面则对外办公，以密码编制公司的名义作掩护，出版雅德利和门德尔松编写的《通用商业编码》。该公司在曼哈顿电话簿中留的号码是 MURray Hill 9912。尽管部门运作资金少了，但雅德利还是很潇洒地为自己加薪，薪水多了 600 美元，增加到 7500 美元，和副国务卿的待遇一样。此外，因为他不得不单独租公寓居住，不能再免费地住在富人区小楼的顶层，他还申领了 8 个月共 150 美元的住房补贴。他和黑兹尔离开曼哈顿，跨过东河搬到当时的市郊——纽约市皇后行政区。

这个规模锐减的机构继续着更为低调的模式。比财政问题更为严峻的是越来越难得到截获的情报。在其他国家，这并不算什么事。在英国[1]，议会于 1920 年通过一项法案，要求“任何持有或管理任何形式的电报电缆或无线电的个人”，应向持有授权证明的政府官员提供任何所需的电报。该法案通过后，每天都有几麻袋有关政府信息的电报被送到密码破译专家那里。在德国[2]，行政长官授予密码破译人员合法的权利去复制那些进出柏林的外国邮件。在法国[3]，邮局、电报局和电话局源源不断地将信息送给各

---

[1] 原注：参见 10 and 11 Geo. 5 (23 December 1920), 495; Ferris, “Whitehall’s Black Chamber,” 63–64, 69; Denniston, “The Government Code and Cypher School,” 64–66。情报破译的结果刊登于 PRO HW/12 [PRO 是指英国伦敦的公共档案馆 (Public Record Office)]。英国人在这件事情上 (参见 *FRUS*, 1920, 1:142) 对美国撒了谎，但美国电报官员对此有所怀疑（参见 U.S. Congress, Senate, Committee on Interstate Commerce, *Cable-Landing Licenses*, 63d Congress, 3d Session, 129–131, 182–187, 196–197, 317–318; U.S. Congress, House of Representatives, Committee on Interstate and Foreign Commerce, *Cable-Landing Licenses*, 67th Congress, 1st Session, 53–55）。

[2] 原注：Paschke, “Das Chiffrier-und Fermeldewesen,” 22; Schauffler, “Erinnerungen eines Kryptologen,” 9; Weimar Constitution, Article 117.

[3] 原注：The French *Bulletin des lois* (1850): 685–687, “Loi sur la correspondence télégraphique privée,” no. 2567 (3 July, 18 and 29 November 1850), states, in §3, 指出“出于维护公共秩序和良好道德的利益考虑，电报负责人可能拒绝发送电报”。我很感谢安德烈·卡提欧（André Cattieuw）上校在这个问题上提供的帮助。马塞尔·吉威尔格（Marcel Givierge）在“Au

类密码破译机构。然而在美国，随着战时精神的消失，美国运营商也变得越来越不情愿合作，出于爱国主义情怀送给雅德利的电报也越来越少。泄密这种行为不仅会招来官司，更糟的是：会影响生意。最终，所有的运营商都不再向密码局提供便利。雅德利的机构面临着生死存亡的考验。没有上层领导出面来解决他们的问题，他告诫自己，国家的安全需要他破译的情报，而且他对自己工作的安全性深信不疑。于是他贿赂了邮政电报公司（Postal Telegraph）、麦凯无线电电报公司（Mackay Radio）、全美电报公司和西联国际汇款公司的职员，定期给这些人"发薪水"，支付给他们现金；他们则提供给雅德利他需要的电报，供其生存下去。

他从这些电报中得到了多少情报？屈指可数。国际关系已经稳定，德国已被打败并被裁军，共产主义已被限制在俄罗斯的边界地区，美国唯一担心的是拉美的邻居们。因此，密码局破译了墨西哥的密码，因为它已经或即将成为美国头号担心的国家；密码局读取尼加拉瓜的情报，因为美国有军队驻扎在那里；密码局也读取秘鲁的情报，因为它和智利有边境纠纷，美国正在对塔克纳和阿里卡的纠纷进行仲裁；中国的密码系统已被读取，或许是有叛徒将此泄露出来，因为美国与中国的关系已不再是麻烦。

1922 年 3 月，华盛顿会议后期，雅德利报告称"我们已经暂时放弃破译法国密码"，因为密码局"接到命令要将注意力集中到破译日本密码上"。但 1923 年 2 月 3 日会议结束时，对法国密码的破译工作重新启动了，他承认，他破译的密码已经取得"一些小成绩"。一个月之后，他乐观地说道："我们仅仅辨识出 15 或 20 个单词，然而正如你知道的，一旦识别出几个单词，剩下的会很快被破译出来。"可这并没有发生。太阳王（路易十四）辖区的伟大密码专家安托万·罗西尼奥尔（Antoine

---

service du chiffre" 第 21 页表明，这条法律正被用来使截获的密码信息合法化。然而，伯纳德·沃斯夫（Bernard Warusfel）在 *Contre-espionnage et protection du secret: Histoire, droit et organisation de la sécurité nationale en France* (n.p.: La Vauzelle, 2000) 第 18 页表明，"似乎从未有过一部公法"授权批准他们从事密码分析工作。

Rossignol）一直守护着法国密码学的秘密。1927 年 3 月中旬，密码局在一份外交密码中获得了几份英国情报。直到一年后，雅德利才提交破译结果，其中也包括非英国文件的文本。“东京市，”其中一篇文章写道，“已经授权日本工业银行有限公司代为签署（此处内容有缺失）贷款协议。”其他内容也同样振奋人心。然而，1927 年在日内瓦举行的英日美三国会议，将华盛顿会议达成的共识扩展到巡洋舰、驱逐舰和潜艇方面，英国破译了很多与谈判有关的情报，雅德利得到的只是法国对英国外交部长的演讲以及对会议展望的新闻报道。这些成果和会议取得的成果一样脆弱，全都失败了。

但在另外一个重要的领域，密码局继续着它的成功：日本的密码系统。日本已经从中国山东和西伯利亚撤军，这样它与美国之间就少了两个争端，虽然华盛顿协议营造了一种友好的氛围，但日本仍是美国密码破译人员的重点关注对象；不考虑其海军方面的计划——和英国不一样——单单是日本的国家政策就可能将美国卷入战争。

甚至早在华盛顿会议召开之前，雅德利就写过一篇备忘录，即密码局已经开始攻克新的日本陆军密码，这一密码：

> 事实上组合之间没有重复的序列，例如小编码中必须存在的序列。最后在为每一个长消息编写组合索引时，发现所有组合使用的次数相同，同一个顺序中实际上没有重复的两个或多个组合。换言之，这个消息为应对攻击提供了一个平面，好似台球桌一样光滑和完美。
>
> 在收集了大量情报之后，密码局开始进行仔细的分析，通过比较情报之间的相同点和不同点发现了名为 JN、JQ 和 JR 的 3 套编码。我们选取 JR 进行仔细研究，最终发现 JR（JN 和 JQ 同样也是）包括 11 个不同的编码词汇，我们分别将其命名为 JR1、JR2……操作系统依次给情报编号，这些编号在传输时并不加密。

在对情报编码时，操作员增加序列号的位数，在相应的子编码中对情报的第一部分进行加密，例如电报52是以JR7编码开始的。经过10个、20个、40个或者任意数量的单词，他会插入一个编码指标——一组不同于其他任何编码组的组合，接着转向JR8编码等。因此，这一连串情报的开头不会使用相同的编码，一个情报可能会有11个编码，所以任何编码组都可能在一个情报中出现11次，也就会有11种不同的含义。

发现这个规律之后，我们经过6个月的努力才最终有所发现，在寻找编码指标方面也进行了仔细的搜索。当它们被初步发现之后，就可以分解子编码JR1、JR2等中的元素；将这些子编码作为编码问题，再与原有的JF、JK等相比较……最终找到突破口。

这项成果于1922年5月完成，但事实证明这几乎是毫无价值的。Jn情报不需要翻译，Jq情报是普通情报，只有少数截获的Jr情报呈交到华盛顿决策者手中。

1924年，埃德娜·哈肯伯格（此时她随夫姓）每天都阅读《纽约时报》，她怀疑日本人通过《纽约时报》向东京方面传送新闻报道，加密成英文编码，可能是Jw。她对密码分析非常了解，那个年代几乎没有人接受过这种训练。她将《纽约时报》中可疑的新闻报道与密码电文相比较，发现引文中有很多对应之处，而且都是以"上引号"开头，以"下引号"结尾。然而，当她尝试利用《基督教科学箴言报》（*Christian Science Monitor*）扩充自己的编码词汇量时，同样的方法没有奏效，因为日本人很明显坚持使用《纽约时报》。她做得很好，9月时她已经破译了编码。接着她每两个月更新一次它的新版本——Jwa、Jwb等等。她认为这是一项"不可思议的工作"，从中"你可以感觉到自己的大脑正在扩充"。不仅是她的大脑，她的钱袋也是如此。因为这项破译工作，雅德利给她涨了200美元的薪水（年薪达到1400美元）。

从 1923 年 2 月开始，随着日本军队情报破译量的减少，她的成功渐渐被淡化。原因之一是缺乏资金，再加上同时失去了利夫西和塞丽娜·拉宁，也有可能是截获情报数量变少，还有可能是波兰一位著名的密码专家对日本军事密码做了改进。

简·柯瓦勒斯基（Jan Kowalewski）[1] 上尉高大魁梧，长相俊朗，非常有幽默感，学习领悟能力很强。在 1919—1920 年波兰新政府为了独立与苏俄作战时，他创建了密码分析。1918 年日本出兵西伯利亚时截获了很多共产主义的密码电文，日本武官提供了一些给波兰，这对他帮助很大。柯瓦勒斯基和他十几人的团队破译了俄国的无线电报，其中 1920 年 6 月 24 日的一封电报提到了斯大林（Joseph Stalin），第二天便被柯瓦勒斯基破译，这条信息最终帮助波兰击退了苏方红军。战争结束后，因他众多女友中的一个不满意他们的恋情，选择了自杀；柯瓦勒斯基坚信为了捍卫名誉他也必须自杀，于是朝自己开了枪，但只是造成身体左侧的瘫痪。一位长官看见他时，他的胳膊用绷带吊着，左边大衣的袖口空荡荡的，正等着和情报部门的负责人谈话，前者认为最好能给他分配一些不费体力的工作。这两位高级官员知道他们国家与日本的良好关系——因为俄国是他们共同的敌人，也深知日本人对密码学的兴趣，再加上联想到日本武官，他们就有了

[1] 原注：参见 Waclaw Jedrzejewicz interview; *Polski Slownik Biograficzny*, trans.Christopher Kasparek; Hanyok, "Before Enigma," Mieczyslaw Sciezynski, *Radjotelegrafja: Jako Zrodlo Wiadowmosci o Nieprozyjacielu* [Radiotelegraphy as a Source of Intelligence on the Enemy] (Przemysl: Headquarters of Corps X, 1928), 16–25, trans. Christopher Kasparek。密码破译似乎既不是无所不知，也并非具有决定性，但波兰指挥官约瑟夫·毕苏斯基（Joseph Pilsudski）元帅还是抱怨说，在这样一个关键时刻，他后悔没有"看一眼（俄罗斯敌军）的秘密计划"[Viscount d'Abernon, *The Eighteenth Decisive Battle of the World: Warsaw, 1920* (London: Hodder and Stoughton, 1931), 133]。斯大林的电报保存在纽约毕苏斯基研究所。关于"柯瓦勒斯基的指导工作"，参见 Takahashi, "A Case Study: Japanese Intelligence Estimates of China and the Chinese, 1931–1945," 204; Chapman, "The Polish Labyrinth and the Soviet Maze," 68; *ABC*（即雅德利所著《美国黑室》），280–282。雅德利说，这个系统是在华盛顿会议召开之前由波兰密码专家创立，但柯瓦勒斯基是在会议结束近一年后才去日本的。

把柯瓦勒斯基安排到日本当指导员的想法。回到东京后，这位日本专员说服他的长官，让他相信了密码学的价值。柯瓦勒斯基遂于1923年1月抵达日本，在那里待了几个月，向4名日军军官传授密码破译的知识，特别是红军的密码系统。他还向他们提出了密码学建议。因为日本军事系统的突然改进，雅德利的密码局失去了其中一个最重要的切入点。

这个点就是情报的开头部分。军事（和外交）通信的起草者们，毫无疑问地相信安全是密码员的首要工作，通常他们情报的开头会使用这样的词组："回复你的电报123"或者"致25师师长"。这种固定格式可以帮助密码分析专家了解一封密码电文开头前几个编码词可能的含义，从而为破译提供切入点。柯瓦勒斯基对此了如指掌，他让日本密码员将一份明文情报根据长度拆分成2个、3个或4个部分，然后对它们进行标记、重新整合，接着再进行加密。这种方法解决了开头部分的薄弱点，也的确延缓了纽约密码专家的分析工作。但是，他们最终发现了这种方法，找到了标记指标，接着又恢复了破译。当其他编码也开始使用这种方法时，密码分析专家很快意识到这一点，寻找并发现了标记指标，接着破译了编码。然而，再也没能超过之前的破译数量。

密码局的密码破译结果主要上交给国务院，再以"公告"的形式（隐去情报来源）发布这些情报，战争部则很少对这些情报感兴趣。开头部分是这样的短语："据可靠情报，我们得知"，接着是情报的正文内容，通常是以一种间接的叙述方式。雅德利将它们发送给他在国务院的联络员，后者再将这些情报转发给他认为可能需要的人。早在1920年，威廉·李·赫尔利就是他的联系人，在华盛顿会议召开之前传递过情报。1924年5月，亚瑟·比利斯·莱恩（Arthur Bliss Lane）接替了赫尔利，他偶尔也会去纽约的密码局；后来亚历山大·柯克（Alexander Kirk）又接替了莱恩。

雅德利搬到皇后区之后，变成了乡下人。在那个以新潮女郎、查尔斯顿舞、《了不起的盖茨比》为特色的时代，他将家安置在一个叫杰克逊高地

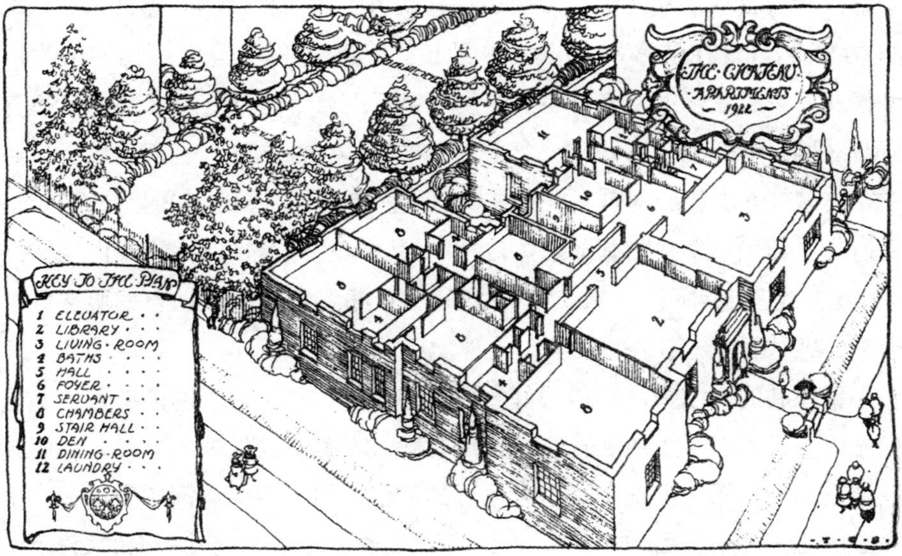

赫伯特·雅德利、黑兹尔和杰克·雅德利在20世纪20年代居住的高档花园式公寓“城堡”的设计图。

的新社区，从纽约中央车站搭乘新建成的地铁，20 分钟就可到达。它是由皇后区公司开发的，原来这里是一片农地。该公司的销售办公室在曼哈顿东 42 街 50 号，离雅德利的办公室约 200 码（约 183 米），主要销售对象是从小镇迁到纽约、年收入在 3000 到 7000 美元的人们。雅德利就属于这一类人。广告中提醒说，杰克逊高地是一个受限社区（restricted community），这意味着不会有黑人和犹太人居住，这种上流社会的反犹太主义雅德利也认同。一位历史学家称这里所有的居民都有“发音简单的姓氏”。开发商吹嘘说这是美国第一个花园式公寓，建筑用地不是遵照法律规定的占据社区近四分之三面积，他们仅用了三分之一到二分之一；建筑物后面的草坪和灌木丛为剩下的部分增添了绿色。这里的住户不用支付租金而是作为房屋的主人支付按揭贷款，这可能是世界上第一个住房合作社。该公司建造的公寓很昂贵，但非常精致，并提供了很多附属设施：有一条公交专线可直达第五大道高档商店，住户可以在 9 洞高尔夫球场和网球场打球，还可以加入各种俱乐部、参与各项活动，包括参加冬季狂欢节。起初雅德利和黑兹尔搬到第28街95号（现在是第85街37−18号）林登苑的一间公寓。到了1927年，雅德利2岁的儿子杰克需要一个单独的房间，于是他们迁往第24街195号（现在是第81街34−06号）一个更为新式和高档的楼群——“城堡”。广告中宣称这栋6层楼的建筑，墙壁是“铜红色砖，紫色屋顶，覆以金色板瓦，营造出塔和山墙辉映如画的总体效果”；其中5层楼的每层都有两套包括5个、6个或7个房间的公寓，楼内安装了一部纽约首批自动自助服务的电梯；公寓对面就是高尔夫球场。

雅德利的高尔夫球打得很好，他说自己的球技来自不断的练习。他是个完美主义者。至少他在打高尔夫球时脾气暴躁，当发挥不顺时，会扔掉球杆并大声咒骂。那是个高尔夫风行的年代，男人们穿着高尔夫球裤，努力像鲍比·琼斯[1]那样打球。1924年，雅德利住在杰克逊高地的第一年，就证明了自己是一个不可被忽视的高尔夫球手，在联赛中赢得了第二回合。第二年，他赢得当地的春季联赛以及被称为“杰克逊高地州长杯”的比赛，成为俱乐部冠军。春季联赛的冠军本来应该和秋季业余比赛的冠军打比赛，但雅德利在这两场赛事中都获得了冠军。他评价杰克逊高地的球场“是长岛最好的球场，有赖于其最大程度的精确性。一个真正的挥杆入洞，需要将球放置在绿色草坪上并打进洞。每一个洞都需要设计精妙”，俱乐部负责人则回应说最好的选手都是最热情的。雅德利赢得了长岛寒流高尔夫俱乐部的冠军，他是那里的会员；1926年8月，他在离长岛更远的地方桑德比奇以72杆的成绩打破了场地纪录，成为第一个初次参赛比分仅次于78分的选手。

雅德利和黑兹尔参加了社区组织的很多活动。在一次冬季狂欢节时，她坐在他的身上乘着雪橇从一个木板上快速滑下。他们在那里交了很多朋

[1] 编注：鲍比·琼斯（Bobby Jones，1902—1971），美国著名的高尔夫球运动员，也是高尔夫运动史上最具影响力的人物之一。他9岁就获得了地区冠军，从1923年开始进入职业生涯的巅峰时期，在7年内夺得13座大满贯奖杯。他还是美国名人赛（Masters Tournament）的创始人之一。

友，特别是考科尔夫妇。克莱姆·考科尔（Clem Koukol）是一家电话公司的工程师；他的妻子比阿特丽斯·考科尔（Beatrice Koukol）苗条迷人，不仅是女子网球队的队长，也是打得最好的，从未输过一场团队赛。她和雅德利很亲密，曾与他在凌晨时分一起去地下酒吧，可能有婚外情。

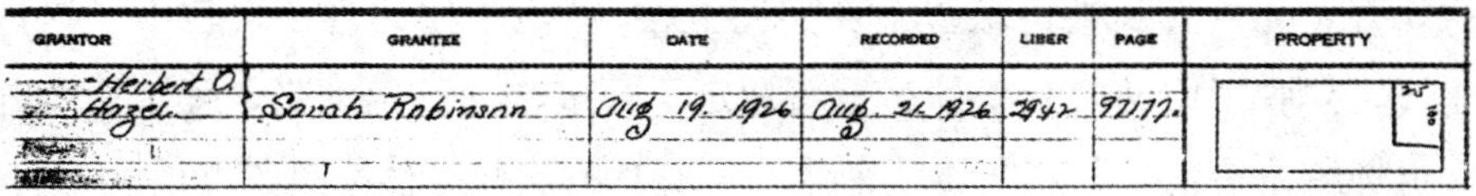

GRANTOR	GRANTEE	DATE	RECORDED	LIBER	PAGE	PROPERTY
Herbert O. Hazel	Sarah Robinson	Aug 19 1926	Aug 21 1926	2942	97177.	

房地产目录图表的部分内容，显示了雅德利和黑兹尔卖给莎拉·罗宾逊位于皇后区的一块土地的位置。

像很多美国社区一样，20 世纪 20 年代的皇后区开始蓬勃发展。每天平均有 150 多人搬到这里，10 年间这里的人口翻了一番。投机商购买农田，用于开发房地产项目。尽管这里房地产的价格没有像迈阿密那样暴涨，但雅德利注意到，价格还是在一路上升，先是拔地而起的公寓楼以及一排排的房屋，紧随其后的是商业建筑和学校。“20 英尺（约 6.1 米）的建筑楼群 [1] 从 100 美元涨到了 5000 美元，商业街门面房从 10 美元涨到了 2000 美元。”他说道。他称之为淘金热，也有意参与其中。作为密码局的老板，他的应酬少了，他可以并只需每天在办公室待上 1 小时 [2]。他大部分时间都花在成为一名房地产经纪人，或者科迪房地产、兰德尔房地产、威利斯房地产和麦凯房地产的合伙人或联合成员。雅德利通过这些公司整合

[1] 原注：参见 HOYOPF（是指 National Archives and Records Administration, National Personnel Records Center, Official Personnel Folder, Herbert O. Yardley）, 1 December 1948。关于他从事房地产工作的进一步证明，来自威利斯房地产公司纳特·威利斯的一封来信，信中说：“我永远无法理解，为什么你总是急匆匆地赶去华盛顿。”参见 B-M（是指 Indiana Historical Society, Bobbs-Merrill file on Yardley）, 24 July 1931。

[2] 原注：参见 Harvard University, Houghton Library, Castle diary, citing Friedman, 23 December 1931。利夫西在《美国黑室》第 273 页注释中也说道，破译完日本密码以后，雅德利“开始享受生活，并将他的注意力转到私人财富上”。

土地，为用于私人住宅、公寓楼以及商店的融资做安排，通过买卖土地获利并收取中介费。雅德利和他的合作伙伴在皇后区周围的阿斯托里亚和伍德赛德建造了公寓楼以及独户式住房的楼群。他进行土地投机，有时候相当成功。他买进和卖出“一些位于杰克逊高地第 82 街的两层联排住宅（这里很快成为主要的商业街），它们的价格很快从 1 万美元涨到最高时期的 5 万美元，直到被拆除盖上新的商业楼”。他和他的合作人包下了这些地权，摆脱了旧的限制条件，重新划定了很多小的三角地带，评估租金并出租场所，特别是给那些连锁企业——所有的这些当然都是收费的。

他用自己的账户投资地产。1925 年 10 月 15 日房产热潮涌动之时，他从弗雷威尔房地产手中买下罗斯福大道前面的一块地，弗雷威尔是从两位原住户手中直接购买的。雅德利又从弗雷威尔手中得到一个为期两年的抵押贷款，共 26250 美元。第二年，他和黑兹尔将同一块地的部分资产卖给了莱尔·阿尔弗森。1925 年和 1927 年间，雅德利自己或者和黑兹尔一起在同一块地上又做了其他 4 笔买卖。1927 年和 1928 年间，他在伍德赛德相邻的一些地块上进行了一系列的交易，共买卖了 7 次。8 月和 9 月的时候，他在皇后区的其他地方买了两块地皮，而到 11 月时又全都处理了。1928 年 12 月，他从同事查尔斯·门德尔松那里买了两块土地，次年便将其中一块卖给了之前的另一位同事——芝加哥的约翰·曼利。其他类似的交易还有很多。

除了地产的收益以及他 7500 美元的薪水之外，雅德利每年当编码顾问可以赚得 5000 美元；他还从自己和门德尔松出版的商业编码中获利。但是，他对外界活动的热衷损害了密码局的利益。20 世纪 20 年代后期，密码学的所有成果就是每隔几天的公告，都是一些外交情报，大多数是日语。这些情报经常迟缓。例如 1929 年 2 月 26 日的一则 JCC 编码情报直到 11 月 2 日才被破译。那时确实很难得到截获的电报，国际舞台一切平静。然而，威廉·弗里德曼已经着手尝试截获日本无线电情报以便进行密码分析；海军上尉劳伦斯·萨福德（Laurance F. Safford）于 1924 年在编码信号科成立了一个无线电情报部门，同样专注于日本通信。这是密码破译的黄金年代。正如当时德国一名密码分析专家说的那样："等到 1918 年战争结束时，世界上没有一个密码系统是牢不可破的……对当时使用的编码和密码进行破译，只是时间的问题。这一方面取决于材料的数量和加密元素的范围，另一方面取决于可用的密码破译人员数量。"与雅德利每个月交出的寥寥可数的破译情报相比，英国政府编码和密码学校以及德国的密码处每月能上交几十份甚至几百份情报[1]。全世界正开始从可破译的编码向不可破译的密码机阶段过渡，瑞典、德国和美国的发明家们正在提供这样的系统，德国海军和美国海军引进了它们。雅德利并不感兴趣。他从未用密码分析法破译它们或者考虑用于军事或外交用途。而且，尽管他知道国务院密码的弱点、批判该系统为"16 世纪的编码"，尽管他曾经建议将美国电话和电报公司的弗纳姆－莫博涅（Vernam-Mauborgne）不可破译联机密码机作为解决办法，他可能也知道它采用的仍是依靠纸和笔的破译形式，但他从未与国务院的官僚机构抗争过，去争取改进美国的密码系统——虽然这是一项公认的几乎毫无希望的任务。美国的密码学停滞不前，雅德利未能积极地引导它。

他的竞争对手威廉·弗里德曼与他形成了鲜明的对比。弗里德曼当时是部队里的平民雇员，在一个只有一名办事员的机构工作。他们的动机有本质上的不同：雅德利追求的是金钱；弗里德曼追求的是知识。弗里德曼不是出于利己主义，而是出于对知识的渴求。"当提及密码学，"他说起自己在"河岸"第一次接触密码学的时候，"身体内的某些东西找到了一个出口。"他喜欢这个领域不是因为它的报酬，而是因为它本身。他改变了它。当他还在"河岸"时就写出了有重大研究意义的《重合指数及其在密码学中的应用》（*The Index of Coincidence and Its Applications in Cryptography*），给予密码学新的数据武器。弗里德曼使用它们重建了转轮密码机的设置，这是当时最为先进的密码系统 [德国恩尼格玛（Enigma）、

---

[1] 原注：参见 Ferris, "Whitehall's Black Chamber," and Chapman, "No Final Solution: A Survey of the Cryptanalytical Capabilities of German Military Intelligence Agencies, 1926–35"。这两项都是一流的研究。

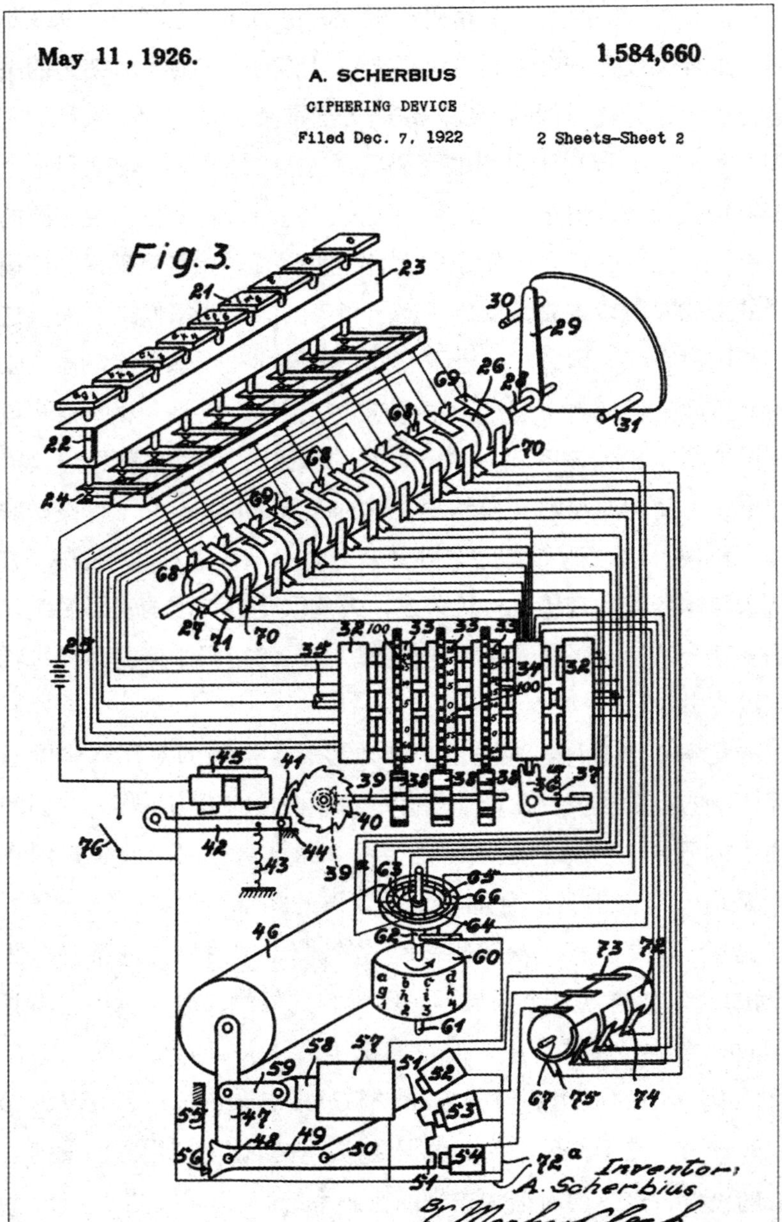

恩尼格玛密码机专利图局部，这是雅德利在20世纪20年代忽视的现代密码系统之一。

英国 TYPEX 和美国 SIGABA 密码机的形式，成为第二次世界大战高水平密码学的主要形式]。就这样，他把美国推向了密码学的前沿。1923 年，他编写的教科书《密码分析元素》（*Elements of Cryptanalysis*）对密码学领域进行了梳理，比以往更具逻辑性，并整理出一些清晰的术语，且已成为通用术语。他一直向前看，积极寻求完善。

相比之下，雅德利想要维持现状——留住他的权力。他从一开始就在政界活动。战争爆发后，他看到国家所需，就毛遂自荐填补了这项需要；他得到了这份工作，财富和权力亦随之而来。此后他继续走在这条路上。他从未大公无私过，也从不找机会改进密码破译技能。第一次世界大战以来，德国已经安排了数学家进行密码破译；波兰也颇有先见之明地雇用了数学家；当弗里德曼后来有机会时也做得很好。雅德利从未看向那个方向。美国人口普查局以及部队的陆军军医办公室正在使用霍尔瑞斯（Hollerith）制表机 [1] 来处理大量的数据；富有远见的海军通信负责人斯坦福·卡德维尔·胡珀（Stanford Caldwell Hooper）上校已开始思考密码破译机器 [2]。这些设备一定会缩减密码局的大部分文员工作，也有可能会破译一些员工无法攻克的密码。雅德利从未考虑过它们。这些改进最后可能会带来晋升和加薪，但寻找和引进它们会让他从外面那些赚钱的工作中分心。所以他从未追求过它们。然而，弗里德曼成为未来的潮流，雅德利和他的机构却走向没落。

[1] 原注：参见 Geoffrey D. Austrian, *Herman Hollerith: Forgotten Giant of Information Processing* (New York: Columbia University Press, 1982), 51。德国可能在 20 世纪 20 年代就已经有了这些（参见 Schauffler, "Erinnerungen eines Kryptologen," 11）。Charles J. Bashe 等人所著 *IBM's Early Computers* (Cambridge, MIT Press, 1986), 则提供了技术细节。

[2] 原注：参见 Burke, *Information and Secrecy*, 382。海军密码分析专家于 1931 年开始使用这种机器，弗里德曼则从 1934 年开始使用，因此在他们对这类机器梦寐以求的时候，雅德利却无动于衷。

第 11 章
梦想破灭

1928 年 7 月，通信兵部队的欧文·奥尔布赖特（Owen S. Albright）少校在接管军事情报部通信部门后不久，便立即调查它的运作情况，其中包括监督雅德利的机构。奥尔布赖特总结道，密码局没有做军队需要的事情——它提供的资料对国务院有用，但对战争部却没用。更为重要的是，它不是在为战争培养人才——这是军队的主要宗旨。“3 个专家一天天变老，没有岗位调换的安排，也没有补充新鲜的血液。”他写道。不过，即使军队确实不需要该部门，奥尔布赖特也没有建议废除该机构，可能是因为他不想冒犯国务院的工作。然而经过观察，他发现军队的密码分析职能被分成了 3 部分——军事情报部门负责破译截获的密码，通信兵部队负责编制编码和密码，陆军副官长负责打印、存储和发布密码系统。奥尔布赖特建议把它们收编在通信兵部队里。另一名也同意这个观点的军官指出，“从技术层面来说，敌军编码和密码的破译方法与我军使用的编码和密码的编制方法非常相似”。但还有一位军官评价说，一个密码分析办公室的运作“不是《国防法》中所设想的总参谋部的常规职能，如果可行的话，应由现有的服务部门来执行这种业务职能”。陆军副官长反对这种不可控的提案，但为了支持自己的立场，他辩解道，他的机构长期以来一直在做这项工作，而且做得非常到位——没有人相信这一点。鉴于他可能会损失该领域的一部分权威，负责情报工作的参谋长助理也没有同意这项提案。通信兵部队则喜欢这个权力膨胀和声望提高的机会。战争规划和培训部门的一位上校支持奥尔布赖特的想法，虽然他来自一个无利害关系的机构。1929 年 4 月 4 日，一份备忘录中记录了要求战争部长下令将机构重新调整成战时模式的建议。

雅德利知道这些提案。威廉·弗里德曼在 4 月 23 日写给他的信中称，"事情进展得非常慢，在这里任何关于业务组织的事情都没做成"。这并没有让雅德利特别担心。密码局从部队的一个分支搬到另一个分支或许是件麻烦事，但也不算太麻烦——官僚体制的机构经常换来换去；况且提案初稿要求只有发生战争才能采取行动，或许很多年以后才能影响到他。从 5 月 6 日（星期一）早上 9 点 30 分开始，雅德利参加了弗里德曼组织的为期两周的密码分析课程，上课地点是华盛顿宪法大道临时弹药大楼的 2469 室。5 月 10 日（星期五），军队颁布《美国陆军条例 105−5 第一条修改意见》，赋予通信兵司令在"战争时期""破译截获的敌军编码和密码情报"的职责。雅德利继续参加弗里德曼组织的课程。一周以后课程结束，他夸赞了弗里德曼，说这样的课程应该每年都举行一次，并主动提议编写一部 2000 到 5000 页的密码学"圣经"，列出历史上重要的编码和密码，并详细介绍不同的密码体系。

美国和英国之间展开了海军军备竞赛，原因之一是双方在西太平洋上发生了经济冲突，到 1929 年时矛盾已经激化。美国想要拥有一支"世界第一的海军"；英国则要捍卫自己的帝国地位，一直在追求"两强标准"——英国的舰队实力必须超过排在其后的两个海军强国实力之和。尽管密码局并未给美国外交官在 1927 年的日内瓦海军会议中提供很多情报，但那次会议未能达成协议，雅德利希望能于 1929 年年底或 1930 年年初在伦敦举行的新一轮谈判中为他们提供更多的情报。为了做到最好，他觉得需要定时得到一些情报，要和国外密码专家得到的一样多。为了达到这一目的，他不得不甩掉一些阻止他获得情报的束缚。他想到之前和他去过法国的里夫斯·蔡尔兹。蔡尔兹后来在美国救济管理局工作，这个机构是一战后由赫伯特·胡佛（Herbert Hoover）组建的，他对胡佛深谙国际事务之道十分敬佩。因此，雅德利决定直接向胡佛总统递交一份计划，希望能“充分利用这项技能”——他的密码分析技术。他和约翰·曼利商议后，曼利同意了。

“我的计划非常大胆。”他说道，“除非我有把握成功，否则我不会有所行动……我在惴惴不安中等待我们新总统的第一次演讲。”胡佛将于4月22日在纽约美联社编辑们举办的午宴上进行就职以来的第一次演讲。

> 报纸上报道说将通过电台广播总统的演讲，我离开办公室，打算找个有收音机的地方。因为没有能收听总统演讲的俱乐部可去，我随便找了一间地下酒吧，让酒保打开收音机。听了半小时都是音乐节目，我有些不耐烦了，这时突然宣布总统准备演讲。当他开始说话时，我的心跳得更快了，因为我有种预感，这次讲话将决定“黑室”的命运。他的声音低沉，非常严肃，我认真地聆听着每个字。
>
> 他提到那些人“从良心层面来说，愚笨且没有遵守法律规定的公德心”，这让我感到不安（尽管胡佛指的是禁酒运动），因为美国政府已经要求我做一些事情，这些事一旦被人知晓，我就会被送进监狱。
>
> 他接着说道：“每位公民都有责任约束自己的行为，权衡自己这么做的影响，保证自己的行为对社会带来积极的推动力，都应尊重法律，以法律为准绳。”我预感到了“黑室”的厄运。
>
> 不管这是一种政治演讲，还是表达了我们总统的真实想法——无论是哪一种，官方都不会再支持“黑室”的活动，因为我们的存在已经违背了联邦法律。
>
> 我现在不敢递交我的备忘录了。我非常沮丧地回到办公室，内心消沉抑郁。

第二天，我设法摆脱了我的这些消极情绪。毕竟，“黑室”在 1921—1922 年的海军会议上做得非常成功。我们可以再次取得这种成功。或许凭借技术我们能保住现在的一席之地，尽管必须违背法律的规定。

雅德利等待着一个展示这种技能的机会。

1929 年 3 月 28 日，也就是一个月前，胡佛政府的国务卿在国务院的一个外厅宣誓就职，由面前“一群报社记者和摄影师指挥着我们应该怎样站，怎样看镜头以及怎样出场”。国务卿亨利·刘易斯·史汀生，曾是纽约一名律师，此刻他身着灰色西服，在花白胡须和头发的衬托下，显得非常适合这个新岗位。他曾任美国战争部长和菲律宾总督，并于 1910 年代表共和党竞选纽约州州长。尽管有些人觉得他“算不上一个伟大的人物”，但他为人正直有原则——比华盛顿的很多官员强很多。一位记者评论他“对道德问题一丝不苟”；另一位记者说“他从未因受到一丁点儿诱惑就去做任何华而不实或滑头的事情”；还有记者预言说，“史汀生掌权期间，国务院不会耍什么花招”。

史汀生任职期间，正值现任总统察觉这个世界“对和平的期许比过去半个世纪以来的任何时候都强烈”。这个世界厌倦了战斗。参议院刚刚批准了《凯洛格－白里安公约》[1]，拒绝战争。英国海军部认为世界如此平静是因为各国的海军军备规模小，能够维持海洋安全。“洛迦诺精神[2]”的一些协议已经保护了欧洲的边境，并要求对争端进行裁决，欧洲大陆和风煦

[1] 编注：《凯洛格－白里安公约》(Kellogg-Briand Pact)，亦称《巴黎非战公约》，是 1928 年 8 月 27 日在巴黎签署的一项国际公约。该公约由法国外交部长白里安和美国国务卿凯洛格于 1927 年发起，呼吁各国放弃以战争作为国家政策的手段，以及以和平方式解决国际争端或冲突。凯洛格本人因此倡议而获得 1929 年诺贝尔和平奖。

[2] 编注：洛迦诺精神，是指 1925 年在瑞士洛迦诺举行的会议精神。英国、法国、德国、意大利、比利时、捷克斯洛伐克、波兰等 7 国在会议上通过《洛迦诺公约》(Locarno Treaties)，确认了一战中欧洲协约国与中欧及东欧新兴国家在战后的领土界线，一定程度上暂时缓解了欧洲安全问题。

煦。希特勒（Hitler）是边缘政治家，但不管怎么说，德国已经同意了《凯洛格－白里安公约》。墨索里尼（Benito Mussolini）正在与西班牙、匈牙利和阿尔巴尼亚签订公约。俄国正忙于解决国内问题。只有日本继续表现得野心勃勃。

这些时候，只有一个人可以将美国政府“监视”的命运攥在手里。史汀生从海军裁军会议开始了他的国务卿生涯，雅德利则正想从这次会议中截获一些情报。在向他介绍密码局的事务之前，国务院的官员很明智地允许史汀生逐渐熟悉他的新工作，包括它的现实和欺骗。雅德利可能认识史汀生，因为美国参加一战后，他们曾共同在一个小型军事情报单位工作了3个月。当然他也不是傻瓜，当6月[1]密码局破译出他认为的“一系列重要密码情报”后，他觉得时机已经成熟，是时候“让新国务卿了解下我们的技能”了。和前国务卿们在一起时，他不会感觉到焦虑不安；但和史汀生在一起时，他确实感到了不安。他猜对了。当他告诉史汀生密码局及其工作时，史汀生勃然大怒。

密码破译活动在一定程度上颠覆了史汀生之前秉承的原则。作为曾经的战争部长、政治家、律师以及人类中的一员，史汀生不得不纠缠于谎言、欺骗以及搪塞之词。人们不认为他天真，但他却总结说：“我从漫长的生活中得出最重要的经验是，想让一个人相信你，唯一的办法就是你去相信他；让他变得不可靠的最有效方法是，不相信他并向他展示你的不可靠。”这种原则他也运用在外交政策上。“身处这个多国并存的世界，做一个头脑简单的诚实人而不是制造出一堆夏洛克·福尔摩斯（Sherlock Holmes），将会使我们做得更好。”

这种规则坚定了史汀生的信念，按照外交原则的形式，荣誉比密

[1] 原注：这个时间是我估计的。史汀生自己说是在两年后“1929年夏天”（史汀生日记，1931年6月1日）。具体日期无法确定，因为史汀生在任职后的一年半时间里，一直忙于处理每日备忘条目。史汀生日记（第10页）：“成为国务卿以来发生的大事备忘录。1920年8月28日口述。”弗里德曼提出的5月初这一日期（引自路易斯·库让著《史汀生》，第68页）似乎有些早，雅德利与弗里德曼是在5月底才开始频繁通信的。

码破译带来的任何好处都要重要。他和老朋友约瑟夫·科顿（Joseph P. Cotton）讨论了这件事情，史汀生选他做副国务卿，密码局在其管辖权限内。科顿是他的律师同行，聪明有能力，向他解释道，密码分析专家一直在阅读外国大使们的密电。他俩都认为这是“非常不道德的”。如果是战争部和海军部门阅读外国密码情报，史汀生可能就不会这么反对了。“如果我们不得不这么做[1]，由我们的军队和海军部门而不是由国务院来做这件事情的话，就算不上是一个太离谱的错误……这些信息会让他（国务卿）不得不履行战争部长的职责，这些不应该交到他的手中。”史汀生解释道，“大使是东道国的客人，他被授予外交特权”——例如按照国际法的规定，大使可以免于被捕——包括“不受间谍活动的干扰，能与他的国家绝对自由地交流”。至于外交官，他继续说道，“是唯一应该按照绅士礼仪来处理国际事务的官员……当接待把自己视为兄弟的人时，国务卿不应扮演间谍的角色”。[2] 他将这种观点总结为一句简练精辟的短句：“绅士不会拆阅彼此的信件。”

---

[1] 原注：这句话引自库让著《史汀生》，第 81、79 页。当史汀生说军事密码破译的成果“必须只能为国务院的人员所用”（第 81 页）时，显得有些自相矛盾。他在第二次世界大战中曾任战争部长，当时国家会利用破译结果，可能导致了这种情况。

[2] 原注：以上引文均出自库让著《史汀生》，第 70、81 页。史汀生认为，外交豁免赋予了大使们免于窃听的权利。参见 A. Miruss, *Das Europäische Gesandschaftrecht* (Leipzig: Engelmann, 1847)，1:169–170; Linda S. Frey and Marsha L. Frey, *The History of Diplomatic Immunity* (Columbus: Ohio State University Press, 1999)，247, 315。1930 年，国际联盟委员会裁定，根据《1875 年圣彼得堡电报公约》和《1927 年华盛顿无线电报公约》——这两个公约都要求运营商保守信息的秘密，任何政府都没有权利阅读联盟委员会关于通缉鸦片走私的电报；国际联盟第 11 期《公报》（1930 年 11 月）第 1547—1552 页简要介绍了这两项禁令的法律史。尽管国际法之父格劳秀斯（Hugo Grotius）在他的著作中没有提到外交官的豁免权及其信件的不可侵犯权，但《1961 年维也纳外交关系公约》将一些存在已久的规则编入，形成条文，其第 27 条第 2 款规定：“使馆之来往公文不得侵犯。”[United Nations, *Treaty Series,* 500 (1965), 95–221.] 当然，几个世纪以来，诸多国家一直在复制、破译外国信息，只是偶尔提出抗议而已。

史汀生告诉胡佛，他打算停止密码破译活动[1]。胡佛回答说，国务卿的职责就是管理各部门。在向军事情报部通知了他的决定后，史汀生决定国务院不再为密码局拨款[2]。

这注定了密码局的悲剧。当时该部门一年的费用开支大约在23000美元[3]，国务院的拨款比战争部的拨款稍微多一些。史汀生想要立即终止拨

---

[1] 原注：参见 Herbert Hoover Presidential Library, Papers of Herbert Hoover, Post-Presidential Individuals Series, Truman Smith, 7 August 1954。雅德利在一篇他交给《星期六晚邮报》，未发表也没有标题的文章中写道，他已“知道”自己之前“冤枉了史汀生”，因为实际上是胡佛而不是史汀生下令关闭了密码局[参见 NA(National Archives), RG(Record Group) 457, HOYC(Herbert O. Yardley Collection), Box 3, 雅德利未发表文件底稿]。纽约州州长托马斯·杜威于1944年说，史汀生曾告诉他，史汀生是遵照总统胡佛的命令才关闭了雅德利的部门的[参见“From the Archives: Statement for Record of Participation of Brig. Gen. Carter W. Clarke, GSC, in the Transmittal of Letters from Gen. George C. Marshall to Gov. Thomas E. Dewery the Latter Part of September 1944,” *Cryptologia* 7 (April 1983): 119–128 at 127–128; this is SRH(Special Research History)-043]。但胡佛说这是他自己的决定，杜威和雅德利是间接得来的消息。我认为胡佛的说法更为准确，因此本书内容也基于此。我相信杜威应该是记错了，而雅德利只是在重复他的话。

[2] 原注：参见 Stimson diary, 1 June 1931; NA, RG 457, SRH-038, 140。RG165, Entry 65, 10039-299, 3，1931年3月24日的一份军队备忘录记述道，“史汀生于1929年3月上任后不久，就曾非正式地通知军事情报部，他认为雅德利先生所领导机构的做法是不道德的，而且1929年9月之后，国务院将停止为此项目继续拨款。”一些历史学家认为，关闭雅德利密码局的动机来自军队。路易斯·库让在其《雅德利传奇》（“Tales of Yardley”）的第335、336、338页，多次引用了这种观点；法拉格在《破坏的封印》（*The Broken Seal*）第63页，也持有同样的观点。档案记录表明，他们的观点是错误的。军队对于密码局关闭没有产生任何影响。

[3] 原注：参见 CAHA00011:2963。弗里德曼签署的一份未写明日期的备忘录记录了1929年10月的薪酬，为19630美元。NA, RG 457, SRH-038, 120，一封来自奥尔布赖特少校的信件证实了这一点，并且补充说，租金是每个月250美元，即每年3000美元。因此，薪水和房租共计22630美元。办公用品、水电杂费等再预计为780美元（1929年7月17日，手头小额现金15美元），每年23000美元的开销是合理的。奥尔布赖特说，当外界资金，即国务院的拨款停止后，通信部门每月为军事情报部拨款833.33美元，“相当于每年10000美元”。其余13000美元大概来自国务院。

款。但是，军方指出密码局的员工没有一个人有退休金或享受国家公职人员的福利待遇，因为他们的工作是秘密的，与商业世界没有任何联系，要想找到其他工作需要花费些时间；另外，突然丢了工作可能会迫使一些员工出卖机密信息。史汀生意识到这一点并做出了妥协。密码破译活动立即停止，但 10 月 31 日之前仍支付员工薪水并继续租赁办公室。

最近这几年只有 6 个人在员工名册上：雅德利每年 7500 美元；密码分析专家露丝 · 威尔逊每年 3750 美元；维克多 · 韦斯科普夫也是一名密码分析专家，每年 3660 美元；3 名办事员兼秘书中，玛格丽特 · 奥康纳每年 1800 美元，埃德娜每年 1600 美元，爱丽斯 · 迪伦每年 1320 美元。查尔斯 · 门德尔松时不时地来这里工作。弗里德曼是通信兵部队信号情报部负责人，也是唯一的一位员工，主要工作是培训而不是破译。他为威尔逊和韦斯科普夫介绍了几份华盛顿的工作，但两人都婉拒了他的好意：威尔逊的丈夫和女儿都在纽约郊区；韦斯科普夫则在曼哈顿有生意要做。3 名办事员因为没有政府工作人员身份，无法调去别的部门工作。雅德利从战争部辞职，并收到一封极度恭维的回信，信中称“非常遗憾地接受”他的辞职申请，回忆了他获得的杰出服务勋章——这一“非凡的、令无数人梦寐以求的荣耀”，并对他“长久以来忠诚的服务”以及他“优秀的记录”表示感谢。他仍保留了 G−2 通信部的陆军预备役军官的身份。

于是这个小组解散了，10 年来他们一直在这间小办公室破译密码，被秘密紧紧地联系在一起。美国第一次推行和平时期密码破译活动的尝试终止了，没有颂词，也没有熄灯号。在华盛顿，雅德利悲伤地与一同工作过的国务院官员们握手告别；在纽约，雅德利脸上挂着悲恸的笑容，一一拥抱他的员工，洒泪挥别。

7 月，弗里德曼和通信兵部队的军官召开了一次会议，讨论如何安置雅德利的问题。一名中校冷血地建议道，雅德利“应被给予一份明确的提议，他在这儿的薪水将大大低于现在的标准，他可以带着任何他想带的人员，所有开销应控制在现有的资金范围内，也就是 1 万美元。这个提议很有可能无法接受，在这种情况下，这个部门可以大胆地向前看，从基层重

117

June 1, 1931 - page 3

unethical thing for this Government to do to be reading the messages coming to our ambassadorial guests from other countries. So then and there, in 1929, I discontinued these payments and that put an end to the continuing of this group of experts who subsequently disbanded. Yardley now in his book tells about this and also tells the fact that I put an end to the practice. The newspaper men are very keen to find out about it. The reasons why I cannot tell about it must be manifest to anybody. I do not know how far my predecessors knew of the facts which were brought to my attention in 1929 and on the basis of which I stopped the contributions; but if I should tell that story, it would seem to make a reflection upon both Mr. Kellogg and Mr. Hughes.

In the afternoon I stayed at home trying to get over my lumbago which I am very tired of. During the afternoon Eleanor James came in and later her husband and Blanton Winship came in and we had tea together and a very nice reunion.

Then in the evening Mabel and I dined at the Klots's, where Mr. Bundy, the new Assistant Secretary, and his wife were visiting. We had a very pleasant dinner and we both enjoyed the Bundys very much. Mrs. Bundy is particularly attractive.

国务卿亨利·刘易斯·史汀生的某页日记，解释了他为什么停止为密码破译部门提供资金。

新规划，跟过去不再有任何牵连”。事实上，部队建议的是 3750 美元，是雅德利之前工资的一半，远远少于弗里德曼的 5600 美元——尽管弗里德曼的经验不多，担负的责任也不大。或许雅德利感觉受到了羞辱，又或许在找到更赚钱的工作前，他坚信自己的房地产和商业编码事业能够给他创造足够多的财富，因而拒绝了这项提议。

1929 年 10 月，弗里德曼前往纽约担任首席信号官一职。秋天焚烧落叶产生的蓝色烟雾使空气中弥漫着一种刺鼻的气味，此时他正在收拾密码局的档案，至少这些都是雅德利没有带走的。他将这些档案带到华盛顿，将它们统一归档到信号情报部的文件里。这个机构于 10 月 31 日（星期四）正式关闭。两天前的那个黑色星期二，证券市场已经崩盘，经济大萧条开始了。

密码局存在期间，花费了国务院 230404 美元，战争部 98808.49 美元。这 30 多万美元还不到 1919—1929 年间国务院和战争部总预算的万分之一。这整整 10 年密码破译的成本在美国人均不到半美分。[1] 美国得到了什么呢？这 10 年来发生的一系列国际大事中，密码局没有提供过任何有价值的信息，包括：1922 年，德国和俄国这两个被遗弃的国家签订了《拉巴洛条约》；1923 年，法国和比利时以德国不履行赔款义务为借口占领了德国鲁尔区，因为德国未能支付战争赔款，导致协约国无法偿还所欠美国的战争债务；中国举行的排外游行事件导致 1927 年美国和英国炮轰南京[2]；1927 年英国和俄国外交关系破裂，一度造成战争恐慌。在很多情况下，美国的外交官

[1] 原注：参见 U.S. Department of Commerce, Bureau of Foreign and Domestic Commerce, *Statistical Abstract of the United States, 1930*, table 189, “Expenditures of the Government”。我把 1921—1929 年的国务院支出四舍五入，大约为 1.145 亿美元，战争部门的支出达到了 33 亿美元（设定 1921 年与 1922 年相同，以冲抵一战时的溢值），合计约为 34 亿美元。我将人口设定为 1.1 亿。

[2] 编注：指 1927 年 3 月 24 日，英美军舰借口保护侨民和领事馆，向南京城进行猛烈炮击的事件。炮击造成中国军民 2000 多人死伤，又被称作“三二四惨案”。这一事件是北伐战争时期帝国主义干涉中国革命的罪行之一。

没有提前得到提醒。美国是否本可以在这些事件中有所行动已不再是重点：但情报总是受欢迎的。即使拉美国家的编码系统非常脆弱，各国也离得比较近，密码局仍未能提供有关洪都拉斯和尼加拉瓜革命的细节，导致美国不得不出兵的局面。密码局倒是提供了一些墨西哥 1919 年和 1920 年动乱的细节，提供了智利和秘鲁关于塔克纳—阿里卡争端的信息，美国从中调解并成功解决了问题。它似乎并没有提供很多可以帮助美国解决重大外交政策问题的信息，例如关税、移民、国外债务、与英国的海军竞赛，以及与苏联的建交。但它的确帮助美国迫使日本不再为所欲为地建造战舰，因此缓解了紧张形势，这为美国以及华盛顿的其他签约国节省了数以百万美元，原本用来建造战舰的资金有望用以提高这些国家人民的福利待遇。这是雅德利密码局最主要的贡献。仅从这一点来说，它花费的钱就值得。

然而史汀生废除了它，尽管据他所说是依据外交协议，他没有说“外交官不会拆阅彼此的信件”，而是说“绅士不会拆阅彼此的信件”。实际上，他这种观点太宽泛。拆阅他人信件便是偷盗、便是错误的行径，指的不仅仅是外交官，而是所有人。绅士们是人类道德责任的典范。史汀生这样的评论不是基于律法而是根据戒律：你不应偷盗。正如马丁·路德（Martin Luther）得知他的几封信被人拆开后所说：“小偷就是小偷，不管他是偷钱包还是偷书信。”

但其他国家正在潇洒地破译着外交官的信件，他们享受着豁免权，他们是绅士，他们信教，也像史汀生一样尊崇十戒。1921 年，英国外交大臣凯德尔斯顿的柯曾伯爵（Earl Curzon of Kedleston）毫无顾忌地“从自己部门秘密获得的信息中”获利，法国、德国、意大利以及苏联的外交部长们阅读被截获的情报时也没有一丝的道德愧疚，为什么只有美国要禁止密码破译呢？

因为它藐视了这个国家独有的宗教信条：清教主义。美国声称拥有一套比其他国家都要伟大的道德准则，因此相信美国有救赎这个世界的使命，这样做是遵从上帝的意愿。这种正直公义，或者自我正直，将战争变成了十字军东征，并命令美国总统不可以有情妇，同时这也解释了为什么美国人不可以拆阅其他人的信件——即便外国人都这样做。1792 年，国会颁布法令禁止邮局的代理商非法拆阅交给他们的信件。美国没有人插手干涉，他们不会选择欺骗，他们不会当间谍。伍德罗·威尔逊总统曾说，美国有“一种道德义务”去实现“世界的解放和救赎”，同时认为“美国人……谴责间谍行为”。1921 年的《武官指南》中写道：“武官不得采取任何可能会对其认可的政府造成不利或遭到谴责的行动，无论是直接的还是通过代理商。”1928 年，军事情报负责人告诉陆军战争学院的军官说美国没有间谍，专员是“在外国政府官员知晓并同意的前提下”收集国外的信息。当费城的《公众纪录报》（*Public Ledger*）后来听说“这里的顾客传递得到的情报并将之解密”时，公开指责这种行为是“可恨的”。《波士顿邮报》（*Boston Post*）称之为“美国参与的非常下作的交易……当然正直的美国交易者绝不会允许这个国家利用这种不公正的优势”。参议员海勒姆·约翰逊（Hiram Johnson）后来也听说了密码破译活动，敏锐地指出美国可能是“世界上唯一一个不做这种饱受谴责事情的大国”，他赞扬了史汀生关闭该机构的做法：“可以这么说，这是令美国政府引以为荣的，同时也令 1929 年上任的国务卿引以为荣，当发现我国存在这种做法时，他马上终止了这种行为。”正如雅德利的成功诠释了美国最具特色的一个品格——乐观主义一样，他的陨落又展现了另一点——清教主义。国家的道德观念要求纯正，他们拒绝撒谎。这就是为什么弗朗西斯·斯科特·菲茨杰拉德（Francis Scott Fitzgerald）称美国为“人类梦想最高点”的原因之一，为什么亚伯拉罕·林肯（Abraham Lincoln）称美国是“地球最后最美好的希望”。这种道德观念帮助美国成为世界上很多国家的榜样。

当然，道德是受环境约束的。在战争期间，破译敌军密码及杀死敌军士兵的行为都是合乎情理的。在二战期间，这个关闭密码局的人却拥护密码破译活动。但在 20 世纪 20 年代，没有任何事情威胁到美国，因而密码局的存在是有悖于道德的。亨利·史汀生说过，关闭密码局是他做过的最棒的一件事情，这可能也是美国历史上的大事之一。

第 12 章

畅销书

雅德利不得不养活妻子和 4 岁的儿子。1929 年，无论是他的房产还是密码破译事业都毫无进账；1930 年，他开始赔本。因为从来都不存钱，他有很少或几乎没有积蓄可以度日。不再有密码破译的工作，他的才能“沉寂在心里，一无是处”。1929 年 10 月，他搬出了位于杰克逊高地的高档公寓，不得不重新回到沃辛顿，因为在这里他可以住在以前的老房子里。雅德利的老父亲尚健在，但他富有的岳父岳母却刚刚过世，给黑兹尔和他留下一笔钱，雅德利很快将这些钱挥霍一空。1930 年 4 月，他申请去海军担任密码分析指导员一职，遭到了拒绝。他那时有时无的编码生意不能赚很多钱。随着经济萧条日益加深，他的房地产生意也失败了。

“我卖掉了一处我名下的公寓和一家房地产公司中我所持有的八分之一股权，几乎卖掉了拥有的一切，一无所有。尽管我名下还有 3 处房产，也确实憎恨放弃，但我实在养不起房子了。与其失去抵押的赎回权，还不如出价将其转售给债权人。”在给约翰·曼利的信中他绝望地写道，“我根本不确定我应该做什么。”1930 年秋天，在曼利的建议下，美国西北大学的科学犯罪侦查实验室任命他为助理调研员，请他讲授有关“编码情报的解码”知识。这份临时讲师的工作，依旧无法带来更多的收入。此时的雅德利一贫如洗，绝望透顶，只能求助于他最有市场价值的资产：关于秘密的知识[1]。

自从密码局关闭之后，他就有了写一本书的念头，并非法保留了一些文件。一直以来，他对文学就很感兴趣。作为国家的一名密码分析人员，他在芝加哥大学上了英语专业的函授课程。1924 年，他曾打算写某种宗教故事，但却没有付诸实践。他并不是唯一有兴趣写美国密码破译的人。1927 年，曼利要求军事情报部门提供一些文件，因为他打算为《科利尔》（*Collier's*）杂志写六七篇文章。“我相信我会为部门做出一点贡献，帮助公众了解设立军事情报部的必要性。”他会在出版前上交这几篇文章以供审阅。但战争部回复说，当下的政策规定，“不得公开使用保密文件，不可能同意你的请求”。

尽管雅德利野心勃勃，但除了备忘录和信件，他从未写过任何东西，也不认识出版界的任何人，总觉得“我是一个密码破译者，不是一个作家”。不过他需要钱。1930 年春天，显然是在著名专栏作家富兰克林·皮尔斯·亚当斯的建议下，他向维京出版社（Viking Press）提议写一部关于他一战前后参加的一些活动的故事。亚当斯一战期间曾经在军事情报部门工作，大家称他 FPA。出版商在与负责情报工作的参谋长助理斯坦利·汉普顿·福特（Stanley Hampton Ford）上校商量后，决定拒绝这个提议，因为这样一本书不利于国家利益。

灰心沮丧的雅德利连着好几个月无事可做。后来他打听到纽约有个图书经纪人叫乔治·拜伊，他的朋友告诉他，这个人“可以让任何一个人成为作家，不论他之前是否接受过写作培训”。拜伊比雅德利年长

---

[1] 原注：雅德利声称，“某大国从他们的秘密特工那里听说美国放弃了密码破译，促使他们有了这样一个想法：让我帮他们成立一个这样的机构，并向机构员工传授密码学的相关知识。”他说他曾接到邀请，报酬是他在美国 7500 美元年薪的两倍，还另外负责他和家人的生活开销。“虽然我毫不犹豫地揭露了美国黑室的秘密，但我并不认为我能接受这份工作，因为我的知识会被用来与我的祖国为敌。”（B-M, 6 June 1931.）我本人并不相信这个说法。可能会有一些人在某种程度上与他接触过，但鉴于雅德利当时已经破产，而且几年之后，他确实为其他两个国家从事过密码分析的工作，因此我认为，如果真有这样一份邀请，他不会考虑到这将有损于美国，他会接受的。

两岁，是纽约最有影响力的文学经纪人之一，据说拥有查尔斯·奥古斯都·林德伯格[1]、纽约州州长富兰克林·德拉诺·罗斯福（Franklin D. Roosevelt）、约翰·约瑟夫·潘兴将军和 FPA 等客户。在雅德利一遍又一遍地给他打电话之后，拜伊邀请他去办公室见面。第二天雅德利见到了《星期六晚邮报》的编辑托马斯·伯特伦·科斯坦先生，他后来跟雅德利签了一份合同，要求雅德利写 3 篇有关军情八处和密码局工作的文章。几天后，拜伊将这个想法告诉了总部设在印第安纳波利斯的鲍伯斯－梅里尔公司。公司编辑戴维·劳伦斯·钱伯斯说道，与印第安纳州的作者“保持联系是我的职责”，建议拜伊去跟纽约的编辑乔治·夏夫利谈一下。雅德利遂于 1930 年 12 月 20 日拜访了夏夫利。那天下午，夏夫利兴奋地向钱伯斯写道：

“拜伊似乎发掘了一本畅销书。今天早上他让一个叫雅德利的家伙过来，这人在一战期间和战后的一段时间是情报部门一个秘密分局的负责人……这个故事棒极了，如果真是如此，肯定是世界各大报纸的头版新闻。”尽管他也承认“从某种意义上来说，整件事情是不合法的”。夏夫利还暗示说：“雅德利尽自己最大的努力，满足了我对写作大纲近乎严苛的要求，他要求我们尽快给他一个答复，他现在过得捉襟见肘。看起来他似乎已考虑周全，因为如果我们认为某些事情会对这本书有影响的话，他愿意放弃为《星期六晚邮报》写的 3 篇文章。”读完大纲之后，夏夫利说道，这“比他之前设想的各种可能性更让人印象深刻”。圣诞节第二天，他将这封信寄出，虽然他告诉钱伯斯知道后者正在“为（销售）大会的各种事情忙得不可开交”。夏夫利还警告说，“有可能采取一些必要的策略……我

[1] 编注：查尔斯·奥古斯都·林德伯格（Charles Augustus Lindbergh，1902—1974），美国著名的飞行员、作家、探险家、社会活动家。1927 年 5 月，他独自驾驶“圣路易斯精神”号（Spirit of St. Louis）飞机从纽约起飞，经过 33.5 小时抵达法国巴黎。他的飞行创造了多项世界纪录：第一次实现了从纽约到巴黎的直达飞行，也是有史以来最长时间的连续飞行，他还成为世界上第一个单独驾机飞越大西洋的人，是美国当时的英雄人物。

们所有人可能会被指控犯有叛国罪，在黎明时被枪杀。”雅德利回到纽约，见了拜伊，后者让他自己写这本书。

雅德利租了一个二楼的房间，也叫 14 号公寓，位于第六大道附近的格林威治村琼斯街 21 号后面。雅德利开始着手写作，正如他告诉曼利的那样：

> 我在打字机前面一坐就是几天，不抱任何希望。一点点地敲打着打字机，渐渐地，在拜伊的鼓励下，我变得自信起来。鲍伯斯－梅里尔公司提前支付给我 1000 美元作为大纲的费用。有种力量召唤着我让我加快写书的速度。我开始轮班工作，工作几小时，休息几小时，偶尔出门也只是去买些鸡蛋、面包、咖啡和番茄罐头。天啊，我竟然写出来了。有时只写出 1000 字，但更多的时候是一天 1 万字。慢慢地，各章节的轮廓变得清晰，我拿给拜伊审阅；他看后会提出修改建议。不管怎么说，我写完了这本书，并在 7 个星期内将零散的各部分整合为一体。

2 月 11 日，拜伊给雅德利发来电报，语气中透着欣慰、骄傲和希望：“祝贺你写出如此伟大的书，比我最乐观的预想还要好上 10 倍。”雅德利受宠若惊。“我无法用言语表达您那友善和善解人意的电报是多么深深地打动了我，”他回答道，“书写美国历史上这段小篇章注定是个费时的苦差事，然而现在这些苦闷一扫而空。我尝试用自己拙劣的文笔书写一段历史，虽不是什么轰动性的大事件，却是人类历史上的成就。您的消息让我感觉到我不是在做徒劳的努力。”

然而距离出版还要等上难熬的几个月。

雅德利于 1931 年 1 月 31 日提交辞呈，辞去军事情报后备队少校一职。他解释说，“我不赞同军事情报部的政策，因此不希望以后我的名字出现在这个部门”。真正的原因是担心受到军事法庭的审判。这封辞职信并没有被很快受理。威廉·弗里德曼听说这件事情后开始有所怀疑，当雅德利问他要一些有关一战的资料时，这种怀疑越发强烈，弗里德曼“无法拒绝，因为这些资料看上去都是无足轻重的”。于是弗里德曼向军事情报部上报了这件事。1929 年曾提议将雅德利的部门并入通信兵部队的欧文·奥尔布赖特中校与雅德利取得了联系。当这位密码分析专家承认他正在考虑写一本书时，奥尔布赖特警告说，泄露和平时期参与的一些事情会造成国际间的不愉快，并且更为直接地指出，雅德利是一名预备役军官，直接面临的风险是，如果泄露国家机密可能会被起诉。雅德利含糊不清地答应说会小心，但既没有承诺他不会泄露任何机密，也没有说会在出版前将他的作品交至战争部审阅。

与此同时，军队的军法署署长也被询问是否可以阻止雅德利出版任何东西。军法署办公室认为无法采取行动，不管奥尔布赖特怎么威胁，预备役军官没有服现役，仍被视为平民。该部门的副主任说道，“该办公室尚不清楚有哪部法律可以让这名预备役军官因泄密受到起诉或惩罚”，雅德利辞不辞职都改变不了这一点，他写道。司法部可能会禁止作品出版，但他怀疑这能否奏效。《1917 年间谍法》的确规定：“无论是谁，通过合法或非法手段获得……任何与国家防御有关的……文件，蓄意将之交予没有资格获得此文件的人……应处以不高于 1 万美元罚款，或判处 2 年以下有期徒刑，或两者并罚。”但是不管怎样，这属于事后处罚，且并没有针对陆军军官。因为第一修正案的原因，这条早就下达的禁令似乎无法发挥作用。

奥尔布赖特的上级——负责情报工作的参谋长助理斯坦利·福特已经说服维京出版社不要出版雅德利的书，奥尔布赖特又向他建议，请求国务院和已成为美国首席大法官的查尔斯·埃文斯·休斯关注此事。福特可能和国务院的亚瑟·比利斯·莱恩谈过此事，后者曾是密码局的联络员。这位首席信号官未能从雅德利那里得到与密码局丢失记录相关的任何信息。军队也全面地讨论了这件事情，但最后发现什么也做不了。雅德利的辞职申请于 1931 年 4 月 1 日得到批准。

收到稿件后，拜伊和鲍伯斯－梅里尔公司都聘请了律师。拜伊的团队很焦虑。虽然还没有见到稿件，但他们害怕，“不同的个人……可能会因诽谤罪提起民事诉讼……按照纽约的法律，这本书可能会因诽谤罪而触犯刑法，出版商也可能会因不法行为被判有罪”，因为他们出版了未经授权就被带走或复制的文件。他们展开了争论，认为“总检察长向联邦法院申请，说服联邦法院颁布一项禁止出版和发行本书的强制令稍微有些难度”。最后他们总结说：“一些极具权力的利益方尽最大可能发挥法律效力去禁止这本书的出版，这种假设是合乎情理的，正如前面暗示的那样，我们相信这种努力很可能会取得成功。”

鲍伯斯－梅里尔公司的律师也烦躁不安，他反驳道：“出版这部作品本身应该不会承担刑事责任。我感觉这并没有触犯法律中有关叛国罪、煽动性诽谤或间谍活动的规定。雅德利可能会因不光彩的行为和违背入职宣誓的誓言而获刑，但我看不出有哪一点可以让鲍伯斯－梅里尔公司承担刑事法律责任。”他还指出，“这些信息……是政府采用不恰当的方法获得的”，并且雅德利的部门是“战争部或国务院的左膀右臂，和日常机构的设立不同，它被视为政府的一个部门或分局……因此，由于获取信息方法的特殊性，并且不是从政府的常规机构获得的，我相信出版社出版这份书稿不会承担任何责任。”

鲍伯斯－梅里尔公司最终同意接受这本书，并于 2 月 23 日向雅德利预付了 500 美元，不是雅德利之前向曼利吹嘘的 1000 美元，也不是大纲的费用，而是收到书稿的费用。拜伊从中扣除了 50 美元的佣金和 75 美元的律师费，他自己已经支付了另一半的律师费用。雅德利最后拿到 375 美元。2 月 22 日（星期天），雅德利离开纽约回到沃辛顿，走之前还不忘给拜伊发电报，“很抱歉，我不能进一步了解您的优秀品格了。FPA 告诉我您是纽约最好的文学图书经纪人。现在我深刻体会到这一点。”

印第安纳波利斯那边开始对这本书进行编辑。文字编辑柯西（Kersey）小姐非常认真负责。例如她在统计一封密码电文的字母时，发现该记录跟雅德利的书稿不一致，于是对此提出了疑问。鲍伯斯－梅里尔公司则在继续担心可能面临的法律纠纷。雅德利为他的书进行了辩解：这本书“证明美国已经放弃了这种犯罪的做法。我怀疑是否会受到来自现任政府人员的抗议，因为他们已经洗手不干了，与我的机构不再有任何瓜葛。我能够预见到这本书出版后会迫使我国政府使用其他国家无法破译的编码和密码。对我来说，这一点比读取外国政府的情报更为重要。”他写道，从中道出这样一个虽不那么轰动、极少提起但却非常有道理的事实：一个人保守自己的秘密比去破译他人的秘密更为重要。他继续写道，“我们不会收到来自日本政府的抗议……没有国家曾对这种事情抗议过。”

不过为了减少出版商的担忧，雅德利还是在他的稿件上做了一些修改。其中一篇讲述的是一位军事情报部门官员的逸闻，他安排一位年轻的交际花去偷取编码机密，人们可能会猜出他是谁，因此雅德利将他的名字由“Pimp 上尉”改为“Lothario 上尉”；最终在书中出现的名字是“布朗上尉”。出版商聘请了更多的律师。在跟律师多次开会后，雅德利删掉了书中涉及休斯的所有内容，以及一些私人信件和 Pimp 上尉手下一位姑娘可能为了编码出卖自己贞洁的暗示。他删掉了一处涉及全美电报公司的内容，并将一些人名改用头衔代替。于是利兰·哈里森成了“我在国务院的通信员”，副国务卿约瑟夫·克拉克·格鲁（Joseph Clark Grew）变成了“一位重要的国务院官员，和国务卿一起直接处理与我局有关事宜”。他删去了一个笑话：“无论这个麻烦是什么，它肯定很严重，因为这是我第一次听说副国务卿一大早 9 点就到了自己的办公室。”他将“破坏联邦法律”改为“使用令人为难的方法”。在印第安纳波利斯待了一周，他写了 30 页的修订内容，接着又写了 20 页。他还删去了第一章的导言。

“这极大地破坏了这本书的结构，”他在给曼利的信中写道，“但出版商仍然认为我们还有一些问题。我不是很确定。我昨天弄完了长条校样。对我来说，这本书似乎已经脱离了生活。我相信原稿的内容还有些激情。而我们会看到这一点的。”他却对拜伊撒了谎，将情况说得很乐观：“这个故事并未受到任何破坏。事实上，我有了更多的时间对书进行修修补补。钱伯斯和我非常满意律师们的回答。其中一位律师一直熬到凌晨 2 点来完

THE CURTIS PUBLISHING COMPANY
INDEPENDENCE SQUARE
PHILADELPHIA

February 17, 1931

George T. Bye, Inc.
535 Fifth Avenue
New York City

We inclose herewith our check

Twenty-two hundred and fifty dollars *in payment for*

Three articles at $750.00 each
by Herbert O. Yardley $2250.00

IMPORTANT

This check is offered and accepted with the understanding that The Curtis Publishing Company buys all rights in and of all stories and special articles appearing in its publications and with the further understanding that every number of these publications in which any portion thereof shall appear shall be copyrighted at its expense. After publication in a Curtis periodical is completed it agrees to reassign to the author on demand all rights, except American (including Canadian) serial rights.

MOTION-PICTURE RIGHTS

Please note that our purchase of American serial rights covers new story versions based on motion-picture scenarios of short stories and novels that have appeared in Curtis publications, and that we do not permit the use of such versions in any periodical or newspaper. When selling motion-picture rights of stories that have appeared in a Curtis publication, you should notify the producer to this effect, so that there may be no misunderstanding on his part and no infringement of our rights.

THE CURTIS PUBLISHING COMPANY

《星期六晚邮报》支付给雅德利 3 篇文章稿费的凭证。

善这个故事。”的确，公司的董事会正在“激动地颤抖着”。雅德利跟钱伯斯在书的定价上互不相让。钱伯斯最初许诺将书的价格定在 3 美元左右，但后来试图将价格提高至 5 美元；雅德利在印第安纳波利斯“歇斯底里，大吵大闹”，钱伯斯最后只好将书的价格降到 3.5 美元。3 月 23 日，钱伯斯给拜伊写信，告诉他出版商正打算明确这本书的类型，等到 5 月 3 日的时候已经出版了，确实非常快。

进展如此迅速的原因之一是，作为当时最受欢迎且拥有 280 万读者的杂志——《星期六晚邮报》已经在出版前购买了 3 篇图书节选文章，大约占整本书内容的三分之一，计划在开春的时候连载发行。斯托特是《星期六晚邮报》的首席作家，对它们做了小幅修改。第一篇文章首先在 4 月 4 日那一期刊登，标题是“隐显墨水”，字体是《星期六晚邮报》独特的阴影字体，还有一行大大的作者署名；第一页是陆军战争学院的照片，这里是军情八处的第一个家，还有雅德利头像的椭圆形小插图；文章还配发了一封复制的间谍信，明文字里行间隐藏着用研发的隐显墨水写就的另一封信；后面的跨页还有更多的照片，接着文章跳到那一期的最后。文字和书中的一样，其中有一段关于国务院密码室的描述。两周之后（继第一篇文章之后）刊登了《编码》，再现了部分破译的英国密码；3 周后刊登了《密码》。

这些文章很快吸引了一些粉丝的来信。范·德曼，他的老上司写道：“我确实非常喜欢你的两篇文章，祝贺你用这种方式写出了它们。我听到这里的很多人都在谈论它们。”一位朋友说：“杰克逊高地的所有人都在追着看你在《星期六晚邮报》中写的文章。”之前在军情八处的两位同事，芝加哥大学普通教育委员会副主席戴维·史蒂文斯以及在密码局长期工作过的密码分析专家露丝·威尔逊，都称赞了雅德利。

其他人对此则褒贬不一。查尔斯·门德尔松给雅德利写信说，这些文章清晰明了，非常“引人入胜”，但披露了太多的秘密资料。曼利也写道，“我支持这些文章并且认为它们写得非常好”，但他一直觉得“如果你说出了自己一直在窃读外国官方情报的真相，可能会招致更为严厉的批评。在我看来，似乎你的文章将卖不出去，除非你真的说出了那个事实”。他还对弗里德曼说，“我自己不会透露我们在任何时候读取或尝试读取友国信息的事情，也曾要求他不要这样做。”然而，弗里德曼一方面承认“你的书写得很好”，“我妻子说你写出了一种惊悚的风格”，另一方面又很惊讶于看到披露了那么多重要的信息，特别是复制的那份英国密码，这摆明了美国正在破译英国的信息。

弗里德曼征求第一次世界大战期间的同事们的意见。海外密码破译机构 G.2 A.6 的负责人弗兰克·穆尔曼少校回答道 ：“我开始阅读雅德利的文章，但发现文章的主旨似乎只是在吹嘘作者的重要性，一点都不尊重事实，我没有读完。令我吃惊的是，怎么有那么多人可以如此言之凿凿地写书说‘我是如何赢得战争的’，遗憾的是，我发现雅德利和这些人一样。”帕克·希特上校是美国早期密码学界的巨擘之一，他宣称“我从未在任何一本著名的杂志上看到任何系列的文章像雅德利所写的这样，完全歪曲事实，充满了毫无道理的批评和讽刺。一份著名的国内周刊允许他在读者面前摆出一副卓尔不群的战争英雄形象，可怜的朋友啊，为了做到这一点，他不得不撒谎”。

这并没有让雅德利或他的编辑失望。科斯坦很高兴 ：“对我们来说，这些文章完全出乎我们的意料。雅德利的文风自然，清新有趣。”这些文章可能对美国西北大学的科学犯罪侦查实验室邀请这位新助理调研员来学校讲课起到了推进的作用，他 5 月初曾在这里上过课。雅德利说他没有意识到“芝加哥报纸和芝加哥警察局非常关注这个组织”，结果是“我失去了一个可以出名的真正机会”，因为没有安排报社记者来聆听我的演讲。

5 月，书已装订成册。雅德利给他的朋友们寄了一些。著名的专栏作家海伍德·布龙（Heywood Broun）提前拿到了一本，很明显是听到了雅德利的一些苦恼遭遇，写道 ：“您没能依自己所想去写书，这非常糟糕。但即使这本书有删减，我觉得它仍是一本令人印象深刻的读物。”

这本书共 375 页，卷首插图是雅德利的照片，还包括 11 张中间色调的插页及文本中的一些插图。书的封面是黑色的，封面和书脊上印着红色的作者名和书名。黑色的护封上印有一个红色六角形和一些黑体字。书的定价是 3.5 美元。除了展现出对色彩的敏锐鉴赏力，雅德利还为他的书起了名：《美国黑室》。这个名称源自 18 世纪的一个神秘机构，专门负责为专制制度下的大臣和君王拆阅信件并破译密码。

他在书的开篇介绍了国务院密码室的工作、离开该部门的细节以及军情八处的人员。从范·德曼叫他去办公室并交给他一份连秘书都看不懂的速记信函那一刻起，雅德利的工作就开始了。雅德利在国会图书馆发现那封信是用一种常见的德国速记方法书写的，从而促使了速记部门的诞生。接下来他讲述了自己如何在一位化学家的帮助下，使用隐显墨水将在白纸上书写的内容呈现出来，并对这种由一位英国专家发明的神奇墨水做了详细介绍。他还介绍了碘蒸气用作常规显影剂以及伪造官方文件密封蜡的技术细节。这些都促使他设立了一个分支机构去发现并研发隐显墨水。德国女间谍玛丽亚·维多利卡就是利用了这项技术，雅德利在书中非常详细地讲述了这个故事——但讲述最多的是侦查追踪，而不是隐显墨水。他两次错误地称她为“安特卫普的金发美人”，并在其中一个事件中说，“从 1914 年那些惊心动魄的日子开始，英国就没有成功找到她”。他当时想到的是艾尔斯贝特·斯格穆勒（Elsbeth Schragmüller）博士，被称为博士小姐（Fräulein Doktor），因为她获得了弗赖堡大学中世纪史博士学位，她的博士论文是有关中世纪的行会。她自己并未充当间谍，而是在被德国占领的安特卫普市管理德国间谍中心，她管理得非常好，是除了玛塔·哈莉（Mata Hari）以外最有名的女间谍。虽然雅德利相信这位“博士小姐或多或少是个传奇人物[1]”，但这并不妨

[1] 原注：参见 University of Southern California, Cinema-Television Library, Archives of the Performing Arts and Warner Bros. Collection, *Stamboul Quest*, Folder 2, Yardley memo, 24 April 1934。雅德利将斯格穆勒和维多利卡弄混了，可能是因为他的无知和懒惰，也可能是因为理查德·威尔默·罗文（Richard Wilmer Rowan）在《间谍与反间谍》（*Spy and CounterSpy*，1928 年）一书中讲述了她在安特卫普的工作，并形容她为金发美人。关于她

碍雅德利将她的这些传奇故事与维多利卡的真实故事糅合在一起，也不妨碍他美化这位间谍。雅德利研制的隐显墨水在逮捕她时并没有发挥多大作用。

有两章内容是描述密码破译活动的：一章是截获的两份德国无线电情报使用的"一部本"密码，另一章是瓦贝斯基密码。在开始讲述拉美国家间谍活动时，雅德利巧妙地描述了利兰·哈里森——尽管他从未提及他的名字：作为"外交使节团小圈子里"的"最聪明的领导"之一，他负责管理国务院，他的"声音是如此低沉，我不得不竖起耳朵来听每个字"；他递给雅德利一支烟，没有任何寒暄，一分钟的沉默过后，几乎是窃窃私语般地说道，"西班牙密码？"后来一位特工在巴拿马拍下了西班牙 74 编码的照片，因此军情八处得以读取并破译其他相关编码。

雅德利讲述了自己顺利地与伦敦和巴黎的军事密码专家建立起联系，又被这两个城市的外交密码专家拒绝的故事。书中他将自己在法国的这段经历命名为"暗室"，在法语中的意思是"黑暗的卧室"。有关凡尔赛和平会议那一章，他没有透露出自己工作的任何不足，或是充分发挥了作用，但却大肆渲染自己破译了一条情报，据说"这是协约国的一个阴谋，计划通过注射一种慢性毒素或使用冷藏的流感病毒来暗杀威尔逊总统"。

他讲述了军情八处的解散以及密码局的成立。他也对读者卖了个关子："我们的问题是获得情报的副本。怎样才能得到呢？我不会直接回答这个问题。"但他最终并未给出答案，无论是直接的还是间接的。然后他岔开话题，讲到一位官员告诉他，国务院想要在"尽可能早的时间内"破译一些苏联密码。雅德利承诺一定尽自己最大努力，但也提出了警告——用一句话概括就是，揭开密码学包裹着的神秘外衣——"不要让他们有这种想法，认为我们在睡梦中就能破译密码、揭开里面隐藏的秘密"。接着他又恳求道："苏联特工，请注意。是的，我确实已经得到了这些文件的复印本，但我不在乎被割破喉咙，也不打算公布它们。别紧张，事实上它

的最可靠的信息是她的回忆录，参见斯格穆勒所写《德国情报机构》（"Aus dem deutschen Nachrichtendienst"）。

们已经被销毁了。”

接下来的 3 章合理并准确地讲述了日本编码的破译以及华盛顿裁军会议。雅德利将弗雷德里克·利夫西化名为查尔斯·芒迪（Charles Mundy），因为“如果人们知道了他过去的经历，可能会不利于他现在的工作”。还提到当自己问他是否想学日语时，“我可以看到他的两只小眼睛里放着光”。最后，雅德利兴高采烈地说道，“美国最终扳回一局”。

有了这些，书中的故事被推向了高潮。随后的 3 章中，雅德利大致回顾了存在 7 年的密码局，用 15% 的文字讲述了它 70% 的历程。他声称从 1917 年到 1929 年已经破译出 45000 封密码电文和 20 个国家的编码。一位金发美女曾试图引诱他。当雅德利提到他正在考虑攻克梵蒂冈密码时，军事情报部门新上任的负责人丹尼斯·诺兰（Dennis E. Nolan）少校脸色变得煞白，因为他是一位天主教徒，雅德利最后讪讪地说道，“我个人觉得我们打听梵蒂冈的秘密是不道德的”。他向震惊的利兰·哈里森解释说：“你的编码，你的观念还停留在 16 世纪。”雅德利一战时就认识他了。他接着提到工程师吉尔伯特·桑福德·弗纳姆（Gilbert Sandford Vernam）1917 年发明的联机密码机，并准确地说出该设备的衍生版本使用重复的键带“并非无法破译”。然后他又一次准确但又含蓄地指出，通信兵部队的约瑟夫·奥斯瓦尔德·莫博涅少校已经构想过并使之无法破译，“唯一破译不出来的密码是隐含的内容没有重复的部分”。他预见到：“迟早有一天，所有政府和无线电公司都会采用这类系统。”但是，他忘记了往往是密码员的错误导致密码被破译出来，“当他们这样做的时候，与密码学有关的职业将不复存在。”他说这话为时过早。

他离开哈里森的办公室时，想到自己“一生都致力于破坏，我应该在密码史上留下具有建设性的丰碑……我想到这是一件多么自豪的事情，为美国政府创造一种通信方式，可以保守古往今来信件的秘密……但是为什么要做梦呢？难道外交代表们不正像舞台上那些滑稽角色吗，低声耳语，低声耳语，然而当他们将这些秘密通过电报发送时，无疑是在大声叫嚷着将他们的秘密公之于众！”最后，雅德利讲述了自己是如何通知不明真相

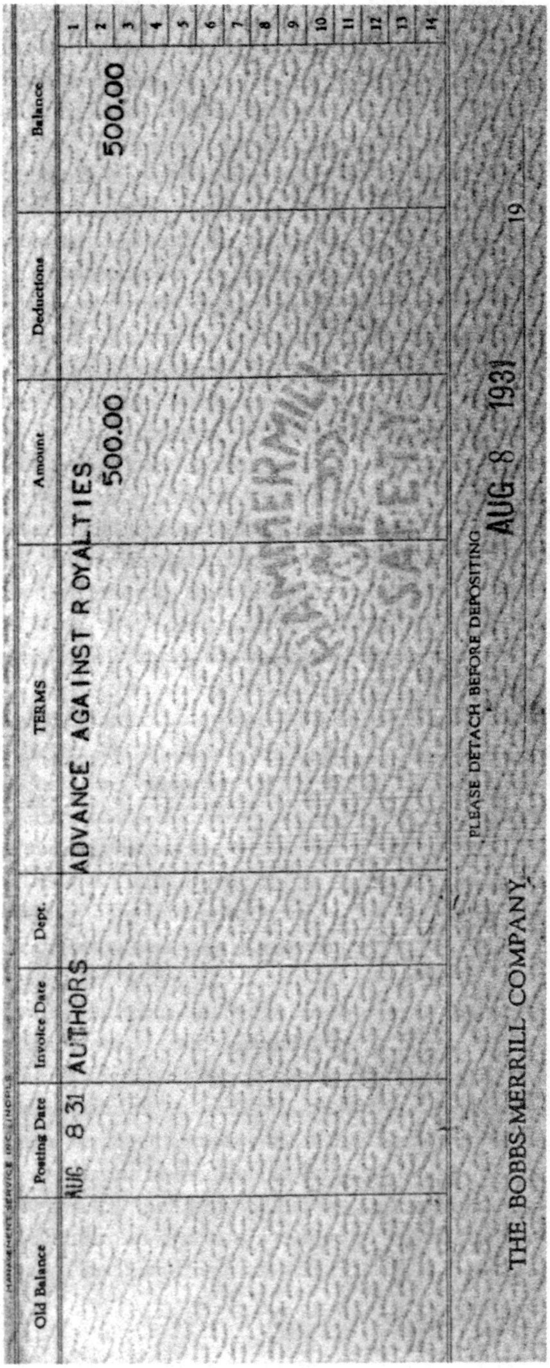

Old Balance	Posting Date	Invoice Date	Dept.	TERMS	Amount	Deductions	Balance
	AUG 8 31	AUTHORS		ADVANCE AGAINST ROYALTIES	500.00		500.00

PLEASE DETACH BEFORE DEPOSITING

THE BOBBS-MERRILL COMPANY AUG 8 1931 19

支付给雅德利《美国黑室》预付款的支票存根。

的小团队政府关闭密码局的决定，他自己是如何与华盛顿的官员告别的，最后去告别的是他的顶头上司、负责行政事务的助理国务卿威尔伯·凯尔，“当我跟他握手告别时，他很明显地长舒了一口气。他陪着我一同走过偌大的房间，甚至亲自为我打开门。于是‘美国黑室’的秘密活动至此画上了句号。”

尽管直到那时，它也称不上是密码学史上最重要的作品，特别是弗里德曼的专题文章远远超过了它，但《美国黑室》是最值得纪念的。这种闪耀的品质归功于它的震撼力价值，但更要归功于雅德利的写作。当然，能与之竞争的作品也寥寥无几，大多数这类题材的书籍都是与专业技术有关。即使是那些也讲述了密码学的影响以及与密码有关的人的书籍，大多数都是讲历史的，不能与雅德利的作品相媲美。布莱斯·德·维吉尼亚（Blaise de Vigenère）在他 1587 年的巨著中仅讲述了一些秘史；一个半世纪之后的约翰·戴维斯（John Davys）比他做得略微好些。乔安·路德维格·克鲁勃（Johan Ludwig Klüber）的历史事例仅仅是为了增加他 1809 年调查的趣味性；1901 年艾蒂安·巴泽里埃斯的少数几个故事和观点带着高卢犬儒主义的色彩。但是，他们那个年代，密码学不会对历史大事产生持久的影响。雅德利喜欢密码学为他这个时代带来的优势。然而，并未身处本领域要职的一战作家们的作品，在振奋人心的层面上，也不能与《美国黑室》比肩。安德烈·兰芝（André Langie）是位瑞士密码分析专家，在他的作品中只提到五六个案例。安德烈·兰格（André Lange）和萨乌达特（E.-A. Soudart）都是法国军事破译机构的副官，他们的叙事内容中多了一种历史视角。而雅德利仅凭自己就呈现了一个连续叙述的故事。与这些人相比，他是个更好的作家。他的书一路领先。尽管它缺少像美国自传作品《亨利·亚当斯的教育》[1]

[1] 编注：《亨利·亚当斯的教育》（*The Education of Henry Adams*），美国历史学家、学术家和小说家亨利·亚当斯的著作。他出身于声名显赫的总统世家——亚当斯家族：曾祖父约翰·亚当斯曾是美国第二任总统，祖父约翰·昆西·亚当斯曾是美国第六任

那样的优雅细腻以及贵族的世俗心，但它有一个更为紧凑的故事，而且讲得很好。雅德利不是文人，整本书没有一处圣经或诗歌典故，没有历史引证，也没有出自他乡村童年时期的比喻。但他有一颗诗人般的心，能唤起让人难以忘却的场景或人物：胶片冲洗人员“在冲洗室昏暗的绿色灯光下，直面死亡的颜色”；沉默寡言的利兰·哈里森如同“一个狮身人面像”；维多利卡面对审讯人员“聪明地搪塞推托”；在破译日本编码期间，他说“单词在我眼前跳动”。他把一个特工在曼哈顿露面的场景描写得栩栩如生：“这是 4 月的一个晚上，沿着街灯下的第五大道和圣帕特里克大教堂（教堂钟声一刻钟响一次），这位柔弱的女学生，大约 16 岁的样子，左胳膊下仅仅夹着一张折叠的报纸，小心地穿梭在公交车和聒噪的汽车之间，甚至连头都不转一下，从夜晚购物的人群中挤出一条路，接着便很快消失在肃穆的教堂中。”

《美国黑室》展示的是历史。它有多真实呢？雅德利自己也承认其中一些素材是“空话”和“胡言乱语”，并且“为了写出有销路的东西，必须进行戏剧化处理。戏里的事情不会发生。因此只能被戏剧化，否则什么都写不出来”。他确实有些言过其实，也出了些差错，还虚构了情节。除了想象还能怎样，难道他应该知道那位女学生是如何进入教堂的吗？那枚用于仿造印章的“少见的西班牙旧硬币”只是墨西哥的一分硬币；维多利卡女士不是“皇室出身”，而是一位军官的女儿；破译西班牙密码的那段描述是小说演绎；还有其他一些问题。

关于这本书是否准确，最有资格评价的是局内人查尔斯·门德尔松——雅德利一直以来的同事和朋友。他更多的是关注大问题，而不是细枝末节，他对这本书的整体评价很客观公正。

> 《美国黑室》讲述了美国政府在世界大战期间及战后的密码活动。这本书的作者赫伯特·奥斯本·雅德利负责了这些活动，

总统。这本书运用自传与小说相结合的作品形式，展示 19 世纪到 20 世纪的时代变迁，并进行了批判性的评价，是世界著名的教育经典和历史文化名著。

但不包括那些在法国前线开展的行动。他打开了密室的门锁，推开了窗户，毫无保留地向我们展示了这台机器的齿轮是怎样运转的，生产出的产品又是什么。

在这里，我们无须讨论作者披露这些是否合理。将来会有人，也包括当今的一些作家，认为他这么做不合理。雅德利先生的观点是，既然美国现在已经终止了黑室的工作，就没有理由继续保密。

我们担心的是这本书本身的内容。作者将自己的故事讲述得很好，巧妙地处理了两种必定困扰他的诱惑：一方面，作为一名技术专家，希望写一些关于他专业知识的细节内容；另一方面与之相反，是写得大众化一些，重要的是要引起轰动。书中有惊险刺激的地方，而且还很多；不过大部分内容是围绕着故事主题合理地就事论事，只是偶尔会迸发出火花。

很明显，雅德利先生为自己设定了三重任务，没有一重是容易完成的。首先，他讲述了黑室的历史轮廓，包括其组建以及后续的发展。其次，他同时努力展示了一些重要的解密情报。再次，他还呈现了工作10年以来遇到的一些非常有趣的密码学问题和分析过程，并给出了大量的分析细节，让普通读者能够看得懂。

于是，我们从一开始便紧随黑室的发展，在美国参战不久之后，一直到它发展成我们如今所知的拥有200名员工的机构。我们看到它是如何解密那些用不同速记系统书写的情报、用隐显墨水写就的文件，以及多种不同类型的编码和密码。

书中提到的精彩故事有抓获德国间谍巴勃罗·瓦贝斯基，以及维多利卡女士和帕特里西亚（德国间谍嫌疑人），描写得惊心动魄。我们看到德国和苏俄政府使用的德国移位密码，墨西哥人修改的维吉尼亚或博福特（Beaufort）密码，德国使用的编码词典以及其他密码设备，大多数都配有简略的说明；还有战场前线使用的德国战壕编码，以及西班牙和秘鲁的外交编码。

但是，故事戏剧性的高潮部分以及编码和密码的最高成就是破译了日本情报，并逐条再现了 1921 年华盛顿海军裁军会议期间发送的情报。

破译及情报本身常常不会像戏剧中的故事那样精彩绝伦。就美国密码专家看来，我们错过了世界大战期间发生的大多数精彩事件，因为直到我们参战后才成立了黑室。著名的齐默尔曼电报竭力将墨西哥和日本与德国连在一起，这是德国外交彻底失败的有力证据，英国人将它们破译后交给我国政府。还有一则情报透露了（德国）大使伯恩斯托夫在接到德国开展无限制潜艇战的通知，并坚信已无法阻止美国参战时，命令美国水域的德国舰船船长让他们的船只无法航海。华盛顿方面阅读了情报，却是在事件发生之后一年多才读到，只引起了一时的兴趣。

对于日本这些情报，情况就不同了。他们的解密工作的确卓有成效，任何人都能像作者一样看到工作的进步，雅德利在书中描述得非常浅显，这么做是必要的，引发了读者新一轮的兴奋和崇拜。人们没必要去体会作者对这种解密优劣性的感受，也无须分享商博良在解密罗塞塔石碑后感受到的兴奋——破译这些情报本身就是向奇迹挑战，任何事情都无法与之相媲美。

同样，那些日本情报的内容也非常有吸引力。我们仿佛置身于日本外交办公室的幕后，看着这些代表们每天是如何按照指示工作的，他们想要的是什么，他们要求的哪部分会得到满足。我们得知美国代表们每天“早晨在喝咖啡之前”就收到了这些情报（第 305 页）[1]。不难看到这为他们的工作提供了多少便利，以及美国最终是如何与日本达成 10:6 的海军规模比例，而不是日本最初要求的 10:7。正如雅德利先生所说：“如果你看了对手的扣牌

[1] 译注：本篇引文中所列举的章节和页码，均指《美国黑室》原版书。

之后，梭哈就不再是一个非常难玩的游戏了。”（第 313 页）

我们之前说过，雅德利先生只是偶尔有设定不寻常情节的冲动，但有时他真没必要这么做。他曾经试图让巴勃罗·瓦贝斯基的故事更加戏剧化，却给读者留下了这样一种印象：瓦贝斯基被判了死刑；事实上他被定了罪并被判刑，但最终得以赦免。我们得知（第 331 页）黑室曾发生过一起骇人听闻的失窃事件，纸张七零八落……实际上只是有几瓶酒被偷走了，没有别的东西丢失。第 139 页为我们留下了悬念，整个黑室都被怀疑，他们中间隐藏了一个德国间谍卧底，这之后雅德利先生再未提及过。这是不能接受的。

瓦贝斯基密码破译的速度被极大地夸张了。作者犯了两处严重的错误。关于所截获的两份德国无线电情报的分析（第 6 章）以及对它们的解读，可以说是一篇非常好的记叙文，但事实却平淡无奇得多：没有做过这样的解密，没有必要，因为黑室已经通过秘密组织弄清了这些情报是如何被加密的（在一本英法双语词典中，军情八处知晓词典名）。然而我们却被告知，我们见证的是一种“真实的解密”（第 121 页）。在描写西班牙外交密码的解密时，雅德利先生又忘记了报纸上个人专栏中，一则广告通知说他的叔叔得了西班牙流感——一种简洁的传递情报方式，意思是伦敦有一两个西班牙编码等着他去破译（指第 218 页上持中立态度的政府编码），通过完美的加密工作，这个“流感病菌”最后发展成为整个西班牙的编码系统。

“美国黑室从未有过对手”，雅德利先生如是说道（第 20 页）。这可能是夸大之词。但不管怎么说，黑室的工作在破译日本密码时达到顶峰，这充分说明其工作的卓越性，无须再苛求它做得更多。

雅德利先生把他的工作精力用于“军情八处和美国黑室的员工以及那些有经验的竞争对手——外国的密码专家，这些人仍躲在秘密外交的幕后”。在他的黑室同事们中，他对约翰·曼利博士赞誉有加：

“令我们感到幸运的是，曼利上尉有着少见的创新性思维的天赋——在密码学界被称作‘密码大脑’。”（第 39 页）无论是曼利的下属还是跟他共事的人，都知道这点并真心认同这个评价。

至于其他的密码专家，黑室已经取得的成功，似乎比他们提供的帮助更多。关于那些被送到国外的人，我们读到的是“我很遗憾地告诉您，我们派到法国的这些人中只有两个比较优秀，但这不是军情八处的错”（第 120 页）。关于人员的选择，我们得知申请人之前曾接触过密码，“我很快挑选了一些学者，他们似乎对密码有粗略的了解，我命令他们接受任命”（第 38 页）。从对他们行为的描述来看，他们似乎目空一切，发现“他们中的大多数是惨淡的失败者”，这一点都不意外。我们得知一位员工，“成为专家”（第 348 页），另一位显然更优秀，因为人们称他为“我最聪明的密码专家”（第 272 页）。但是，我们不应该这么快就认为这两个人抵得上众人，因为第二个人，“最聪明的”那个，我们从后文可以得知（第 279 页），“他缺乏密码专家那种创新性思维，当碰到一个新的密码问题时，他需要别人的帮助”。

是否美国密码专家真的如此不堪一击？这位当代作家从未这样想过。不管怎么说，PQR 文件（德国下达的一项销毁所有特工文件的命令）是被这群专家破译出来的，还赢得了丘吉尔将军的特别感谢（第 153 页），尽管这本书中没有任何内容可以指引人们猜想到这一点。

如果将英国、法国和意大利从事密码学的上千人员都涵盖在内，“不超过 10 人拥有‘密码大脑’”（第 121 页），美国人极少失败，也不可能制造出什么太大的惊喜。我们剩下的人从这份工作中得到很高的“分数”，现在通过雅德利的精彩故事又得了一分。

门德尔松准确地指出了工作中的失误，尽管这让人有些不愉快并且贬低了它存在的价值，但并没有损害这本书的荣誉。它所披露的事实、单刀直入的叙事手法以及独特的文笔，掩盖了它的不足。这本书是经典之作。它将雅德利的名字牢牢地印在了密码学和情报史上，不可磨灭。

第13章
批评与后果

1931年6月1日（星期一），《美国黑室》刚一出版就立即唤醒了全世界。华盛顿的三大日报——《华盛顿邮报》(*Washington Post*)、《华盛顿先驱报》(*Washington Herald*) 和《华盛顿明星晚报》(*Washington Evening Star*)，都在头版刊登了对它的报道。同样，《芝加哥论坛报》(*Chicago Tribune*) 和《纽约先驱论坛报》(*New York Herald Tribune*) 也是如此。《纽约时报》在第三版对其进行了报道，还有《布鲁克林鹰报》(*Brooklyn Eagle*) 和《亚特兰大日报》(*The Atlanta Journal*)。一些报纸则忽略了这个故事，这其中有《纽约世界电讯报》(*New York World-Telegram*) 和《纽约晚邮报》(*New York Evening Post*)。新闻的内容不是关于这本书的出版，而是雅德利声称他破译的一条加密情报——协约国计划在凡尔赛和会上毒害总统伍德罗·威尔逊的事情。

对于这个说法，《纽约时报》和《纽约先驱论坛报》进行了调查。《纽约先驱论坛报》报道称，当时的总参谋长说他从未听说过这个阴谋。《纽约时报》则称，军队的一些信件与雅德利的言论有关联，但却没有军官记得与此相关的任何事情。在第二天的后续报道中，这两大报社报道称，国务院和战争部的官员均否认了黑室的存在，尽管国务院的官员为自己留有余地，称他们“未曾听说过这样一个出于私人目的的解密办公室”，并且“倾向于否认”雅德利的说法。《芝加哥论坛报》说，国务院没有人“曾经听说过解密机密电报的行为”，战争部的官员也没有找到任何文件证实雅德利针对威尔逊总统的报道。这则新闻在华盛顿盛传了几天。威尔逊的私人医生接受了《华盛顿明星晚报》关于此事的采访，否认威尔逊是死于人为投毒。雅德利则向《华盛顿先驱报》提供了破译出的情报正文，为这个他宣称的投毒计划提供了证明。

关于这本书的现实评论褒贬不一。哈利·汉森（Harry Hanson）就职于《纽约世界电讯报》，声称认识军情八处的约翰·曼利和鲍威尔（J. A. Powell），他对雅德利赞不绝口，“这些人使用的当然是巫术，但雅德利讲述它时，给人的感觉好像是你和我明天就可以出去随便逛逛，然后凭借着耐心、再下点功夫，就能解密苏联的机密情报。但对我个人而言，雅德利简直就是一个真实的夏洛克·福尔摩斯。”《纽约先驱论坛报》的刘易斯·甘尼特（Lewis Gannett）则更为冷静：“作为一名国际外交官，雅德利先生是个激动过头的外行。他对这种说法信以为真，认为协约国打算在巴黎和会上毒害威尔逊总统；他认为自己破译出的日本机密情报，为国务卿查尔斯·休斯在华盛顿海军会议上取得的胜利起到了决定性的作用，而最近的伦敦（海军裁军）会议失败的原因是因为他没有参与其中；他总是过度炒作自己破译的东西；这种职业道德也令人惊叹：在未经政府任何授权的情况下，允许一名职业解密者保留他破译的情报，并在随后将它们出版。很明显他仅仅讲述了一个好故事，而且在报复那些关闭密码局的人。”但是，他承认“雅德利的确讲述了一些非常好的神秘故事”。

“《美国黑室》是我读过的最引人入胜和精彩的神秘故事之一。而且，还是实际发生的事情。”《芝加哥论坛报》热情地赞扬道。费城《公众纪录报》称颂雅德利：“他写的这本书对于那些致力于守卫世界和平与荣耀的人来说非常重要。”《纽约时报书评》（*New York Times Book Review*）在那一期进行了广泛评论，包括一战前的德意志帝国总理伯恩哈德·冯·比洛（Bernhard von Bülow）的回忆录，阿芬顿·瓦伦丁节选了雅德利的几个故事，但并未对这本书给出整体评价。《星期六文学评论》（*Saturday Review of Literature*）写道："仅从娱乐角度而言，这本书……值这个价，因为书的内容欢快，其中还穿插有很多令人惊奇的、有意思的趣闻。对于那些想了解政府内幕的人来说，这本书带给他们的已不仅限于消遣——尽管这其中的很多说法和事件是不可能核实的。"

名人朋友和熟人纷纷寄来他们所作的封推广告。畅销书作者克里斯托弗·莫利（Christopher Morley）称，"大多数公民几乎没有怀疑过的国际关系在这里得到了最直白的诠释"。威廉·艾伦·怀特（William Allen White），堪萨斯州编辑兼当时最著名记者，称这本书是"年度最重要的一本书"。它甚至还受到一些讽刺作品的奉承：科瑞·福特[1]，笔名约翰·里德尔，透露说"美国评论情报界也有一个类似的机构从事着秘密活动，被称为'文学黑室'"，其"风格特点和退役的雅德利少校一样，带着些许迷人的谦逊和拘谨"。

这本书一夜成名。一周后，剪报公司寄给鲍伯斯－梅里尔公司"数量惊人的一堆剪报"。《华盛顿邮报》和《华盛顿明星晚报》也刊登了图书广告。等到 6 月中旬，这本书已加印了 3 次，尽管印数不是很大，因为出版商声称需要降低库存，它的财政年度截止到 6 月 30 日。7 月 16 日，鲍伯斯－梅里尔公司在新书销售报表中宣布，纽约的 11 家书店中有 8 家将这本书列在畅销榜榜首，剩下几家书店也将其列在畅销书排行榜的第二或第三。7 月 28 日的报表中称，12 家书店中有 8 家书店把这本书置于畅销榜榜首，还列出了报纸媒体将之评为畅销书的 15 座城市。有些书店一天可以卖出 3 本。普特南书店位于第五大道附近的第 45 街，是曼哈顿两个码堆陈列该书的书店之一，店内挂着雅德利的大幅照片并配有引用的评论："一个真实的夏洛克·福尔摩斯。"陈列的内容还包括一张德国战壕编码的

[1] 编注：科瑞·福特（Corey Ford，1902—1969），美国讽刺作家、编剧。他在 20 世纪 30 年代，以约翰·里德尔（John Riddell）为笔名发表了一系列针对图书及其作者的讽刺小品，因而名噪一时。

照片、条形密码设备，以及影印的一沓用隐显墨水写就的文件。截至7月31日，这本书已售出7456本。然而出版商仍然有些抱怨。戴维·钱伯斯向经纪人乔治·拜伊指出："我们支付了极其庞大的律师费，宣传和广告的开销也很巨大，我们在这本书上的投资是有点惊人，需要一大堆业务来支撑它。您律师的意见是，我们有必要小心翼翼地进行每一步，咨询、咨询、再咨询。只有通过这些步骤，这本书才得以出版。"单是广告宣传，鲍伯斯－梅里尔公司就已经花费了4736.89美元，所以尚未出现盈利，钱伯斯回答说。

然而，雅德利却喜出望外。他收到了铺天盖地的信件。人们纷纷寄来一些密电想看看他是否可以破译出来。以前的同事也跟他取得了联系。马克·瑞安（Mark Ryan）是他之前在国务院电报室的同事，写信说："即使书中使用的是化名，我知道你绝对就是作者，因为你已将你的个性融入了书中。这就是典型的雅德利……人物非常突出：无论是约翰·巴克（John R. Buck，索引档案局的负责人，在他的领导下，开展了电报和密码通信），或是迪克·塔尼斯（Dick Tanis），还是乔丹·斯特布勒（Jordan H. Stabler）、利兰·哈里森等。你已经展示出真正的才华，我希望你不会就此停步。"利莱演讲公司（Leigh Lecture Bureau）已经和雅德利签订了合同。

所有这些关注冲昏了雅德利的头脑。在《自由》（*Liberty*）杂志发表了一篇关于一战时英国海军情报负责人雷金纳德·霍尔的文章后，雅德利吹嘘道："谈论霍尔越多，这本书的销量就会越好，因为我就是美国的海军上将霍尔。"这个过去总是一文不名的男人甚至有了印刷版的信封："赫伯特·奥斯本·雅德利，印第安纳州沃辛顿"。但他的做法有些过火了。钱伯斯说："雅德利疯了，让他的名字出现在报纸上……这种事情对《美国黑室》的销量不会有帮助。如果没有更糟糕的事情，预计我们将陷入一片谩骂声中。"他向一位行政人员发出警告，"我相信我已经跟你说得很明白，我们不会直接，或以任何名目间接支付给雅德利在芝加哥、纽约或其他任何地方的任何开支。"

一些评论家则对雅德利泄露了机密情报大加指责。《纽约晚邮报》发

THE AMERICAN BLACK CHAMBER

NOW CLOSED AND BOLTED —

July 28, 1931

THE AMERICAN BLACK CHAMBER
Bulletin No. 3

THE AMERICAN BLACK CHAMBER, still holding its own on best seller lists, now occupies the following positions according to reports from stores in New York and Brooklyn the past week:

The Store	The Position
Abraham & Straus	First
Frederick Loeser & Co.	First
Arthur R. Womrath, Inc.	First
R. H. Macy Book Department	First
Carroll's Book Store	First
Kleinteich Book Store	First
Doubleday, Doran Book Shops, Inc.	First
Ball & Wild	First
American News Company	Second
Charles Scribner's Sons	Second
Brentano's	Third
Putnam's Bookstore	Third

The newspapers in cities outside of New York and Brooklyn that are now listing THE AMERICAN BLACK CHAMBER as a best seller are as follows:

Best Seller In:

Jersey City, New Jersey	Charleston, West Virginia
Minneapolis, Minnesota	New Orleans, Louisiana
Los Angeles, California	Indianapolis, Indiana
Philadelphia, Pennsylvania	Chattanooga, Tennessee
New Bedford, Massachusetts	Cleveland, Ohio
Paterson, New Jersey	Lewiston, Maine
Quincy, Illinois	Waterbury, Connecticut
Seattle, Washington	

A full page story of how Madame Maria de Victoria was captured, appeared in the Pittsburgh Press and the Philadelphia Record, Sunday July 12th.

The Literary Guild of America, Inc., in Wings, lists THE AMERICAN BLACK CHAMBER first among the recommended books.

The Spots News Bulletin, published by the New York Evening Post, says THE AMERICAN BLACK CHAMBER "is one of the few titles that are both selling and renting well."

R. R. Bowker Company include THE AMERICAN BLACK CHAMBER in their list of best selling books during June.

《美国黑室》的销售报表。

表社论称，《美国黑室》“泄露政府的机密，其详细和清晰的程度让人不禁倒吸一口气。极少有这样一本书包含这么多引人注目的和重要的官方机密。我们希望西奥多·罗斯福总统还活着，给这本书的作者念一篇泄露自己国家机密的演讲”。《布鲁克林鹰报》呼吁政府加强法律约束，防止以前的政府公职人员泄密。《波士顿邮报》说：“我们一点也不相信像国务卿休斯这样的人会支持这种背信弃义的行为。”不足为奇的是，《日裔美国人》（*Japanese American*）严厉批评雅德利写了“一本不道德的书。不道德是因为书中炫耀地描述了特工们在他的监管下如何偷窃、窥探、偷取和监视”。该报纸敦促在全世界范围内废除黑室，但却承认“日本不适合推动这项提案”。对于亨利·史汀生的做法，《基督教科学箴言报》评论道：“这种良好的姿态受到一些人的欢迎，他们试图在政府之间建立一种类似人与人之间的文雅行为标准。”

情报界及一些密码专家私下里议论纷纷，他们对雅德利的背信弃义感到恼火，嫉妒他的名声，憎恨他的泄密行为，他们想到的是这会为他们带来更多的麻烦。欧文·奥尔布赖特中校代表他的上司——负责情报工作的参谋长助理斯坦利·福特上校评论这本书说：“这本书是作者对自己行为的自吹自擂……虽然书中讲述的大部分事实都是客观存在的，但大多数时候，对于细节的描述却是完全扭曲事实，这种夸张程度，即使对普通读者来说也是显而易见的……可能会受到来自其他国家的抗议。”从战争部的记录中，找不到可以证实雅德利在书中提到的破译十多个国家密码的相关证据。之前在军情八处负责研发隐显墨水的阿洛伊修斯·麦克格拉尔写信给军事情报负责人，称“我再怎么抗议雅德利的行为都不过分”，接着他列举了几个技术细节，例如使用碘蒸气可以探测到隐显墨水，并称这样的内容永远都不应该公之于众。他去拜访了军情八处的同事托马斯·诺特，后者也指责雅德利的行为是“可耻的”。

书中提到的一件逸闻趣事尤其惹怒了威廉·弗里德曼。雅德利写到一个测试，声称一位在法国的美国密码学学生截获了一则美国无线电情报，在一点都不知晓美国密码系统的情况下，他只用了几小时便破译出来。雅德利还称德国人截获了协约国的所有情报，经验丰富的密码分析专家“毫无疑问已经破译并阅读了这些电报”。在获悉美国打算炸平德军战线的一个凸角——圣米榭尔（St. Mihiel）防卫阵地的突出部后，德军在美国人进攻前撤退了。根据雅德利所说，这“只是战争年代中，惊天动地的大事中的冰山一角”。

弗里德曼认为这种说法是对已故的霍华德 · 巴恩斯（Howard R. Barnes）[1] 上尉的中伤，后者负责美国远征军的密码编制工作。雅德利和巴恩斯同时在国务院工作（虽然不是在密码室），没有一起相处，但弗里德曼很喜欢巴恩斯。他告诉雅德利说，巴恩斯“工作做得非常好。在他死后，不应该受到如此不公平的对待。况且他还有尚在世的孩子，是个男孩，现在大约 15 岁。见鬼，如果我站在巴恩斯的立场，我不会让我的小儿子有这种想法，认为他的父亲没有把工作做好，更何况我没有做得不好。正如我看到的那样，您让巴恩斯的声誉有了污点，这是没有任何道理的”。弗里德曼跟之前的同事们说了这件事情。G.2 A.6 的首席事务官爱德华 · 沃格尔（Edward J. Vogel）回复说，“如果我没记错的话，这些文件中没有一个词表明，圣米榭尔进攻未能达到预期的突袭效果是因为我们编码构建的问题”。他引用德军司令埃里希 · 鲁登道夫（Erich Ludendorff）回忆录中的原话：“早在 8 月底的时候，就已经注意到美国似乎会在那里有军事行动。”鲁登道夫于 9 月 8 日下令撤退，但还没有撤退多远，美国便于 9 月 12 日开始发动进攻，他的回忆录中是这样写的。沃格尔和一些同事都觉得雅德利为了卖书编造了这个故事。

事实上雅德利把两件事弄混了。一件事是陆军中尉里夫斯 · 蔡尔兹——一位“河岸”的毕业生，测试了一份加密的美国编码，发现他可以将其中的加密部分进行剥离，于是上报了这个系统存在的危险；不过并没

[1] 原注：巴恩斯比雅德利大 12 岁，就读于乔治城大学，曾在美国国务院首席事务官办公室、领事局担任文员，还是总供应委员会的代表。他在伦敦大使馆任职 19 个月后，于 1916 年 6 月回到美国。他此前从未做过密码员，我也不清楚为何会选他负责密码编制工作。参见：美国国务院《公报》（1911—1917 年年卷）。

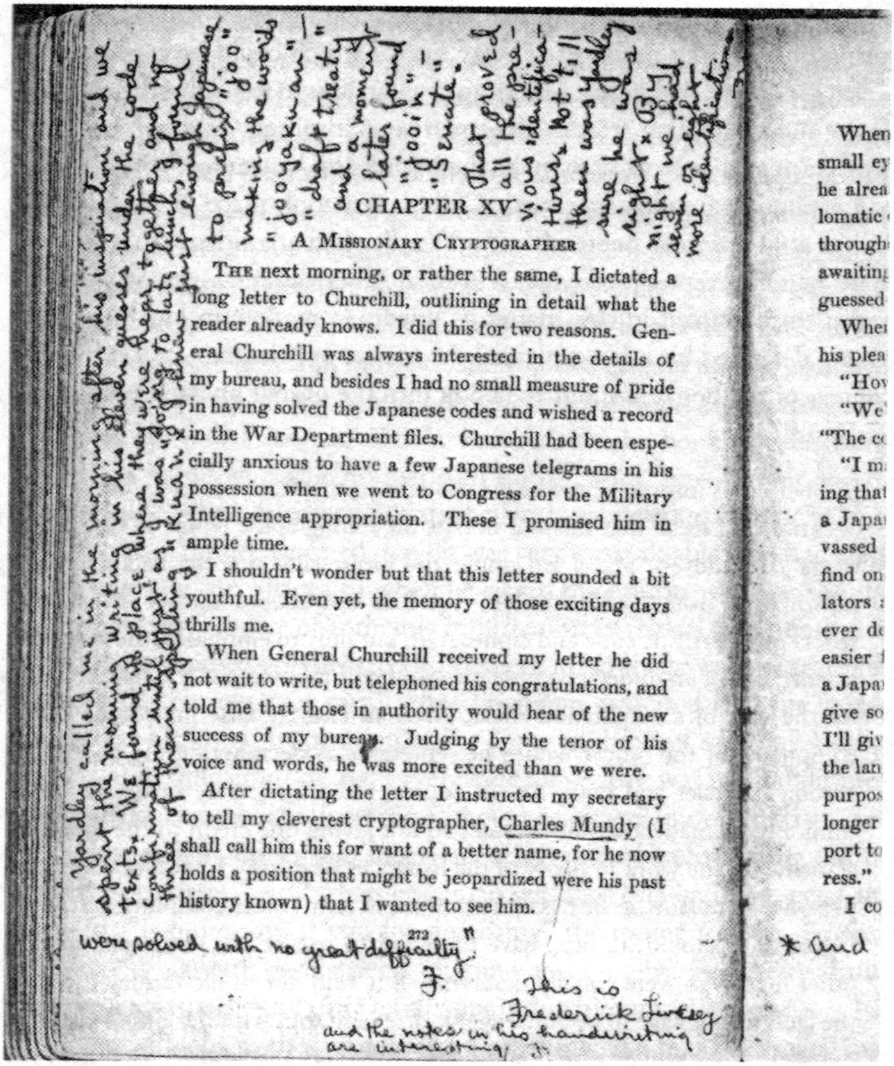

CHAPTER XV

A MISSIONARY CRYPTOGRAPHER

THE next morning, or rather the same, I dictated a long letter to Churchill, outlining in detail what the reader already knows. I did this for two reasons. General Churchill was always interested in the details of my bureau, and besides I had no small measure of pride in having solved the Japanese codes and wished a record in the War Department files. Churchill had been especially anxious to have a few Japanese telegrams in his possession when we went to Congress for the Military Intelligence appropriation. These I promised him in ample time.

I shouldn't wonder but that this letter sounded a bit youthful. Even yet, the memory of those exciting days thrills me.

When General Churchill received my letter he did not wait to write, but telephoned his congratulations, and told me that those in authority would hear of the new success of my bureau. Judging by the tenor of his voice and words, he was more excited than we were.

After dictating the letter I instructed my secretary to tell my cleverest cryptographer, Charles Mundy (I shall call him this for want of a better name, for he now holds a position that might be jeopardized were his past history known) that I wanted to see him.

272

were solved with no great difficulty."

F.

This is Frederick Livesey and the notes in his handwriting are interesting.

《美国黑室》其中的一页，上面有雅德利的前同事弗雷德里克·利夫西和威廉·弗里德曼（“F”）做的批注。

有用这个系统传递过任何情报，这个系统就被叫停了。另一件事是 G.2 A.6 的负责人弗兰克·穆尔曼和军事情报部办公人员于 1930 年进行的一次谈话。他告诉他们美国人是如何监控美国情报的——让一位美国密码分析专家测试并破译密码，将进攻的信息汇报给上级，而“每一条情报都可以被德国人复制”。穆尔曼后来承认，“为了造成他想要达到的影响，在那次演讲中他把事情说得有些严重”。然而，雅德利却又一次犯了错并将之夸大。蔡尔兹的测试是在 5 月，圣米榭尔进攻则是在 9 月。雅德利没有证据表明德国人截获、破译并利用了美国人的情报。然而，他在这件事情上没有像弗里德曼将他塑造的那样毫无原则。约翰·曼利支持他。他结合书的前后文以及当时的政治背景，将这件事情给弗里德曼做了解释：

> 我认为摆在我们面前的情报，证实了我们对所发生事情的认知。我想起这是穆尔曼上校速记报告的部分内容，印象中我们还从蔡尔兹那里得到一些信息……我不相信雅德利想影射美国远征军的编码和密码工作者，他只是为了强调无法破译的通信手段的重要性。然而，为了提高效果，他对以他为代表的破译人员所使用的设备给出了一种完全错误的印象……当然，雅德利的文章和书中的细节往往不甚准确，我认为他犯了一个严重的错误，他没有给那些和他一起共事且做了实事的人应得的功劳。当然，我不是出于个人的抱怨，因为书中写的我比我本人更完美。我其实更愿意与其他人一起接受适当的评价。但我不认为雅德利歪曲事实是为了扩大个人的权势，他应该是为了写一个引人入胜的故事，这样才会引起注意，而政府方面会做出一些有效的措施来保护和维护一个高效的编码和密码机构。为了达到这一目的，他编造了对话，改变了一些细节，也披露了一些真相，尽管我不认为他应该这样做。我不知道他写的东西是否会带来好处。当然可以肯定的是，像英国、德国和法国这些先进国家在任何时候都保留这种高效的机构来解读编码和密码，事实上也在解读友国的情报。毫

无疑问的是，如果拒绝做别人都在做的事情，美国在谈判时将处于致命的劣势地位，但我还是担心，即便雅德利的书激起了人们的热情，我们的政府还是不会采取任何措施重新设立被史汀生解散的密码局。

雅德利还有其他支持者，他密码室的同事马克·瑞安说道："当那些评论家说这是一个道德问题时，我甚至能听到您的嘲笑声。我不这么看问题——即使我这么看，我也会说您的目的充分说明了为什么要这么做。"一位洛杉矶的律师以斯拉·内夫（Ezra Neff）督促他的参议员海勒姆·约翰逊"纠正"关闭密码局的错误决定。约翰逊则回答说，他将会读一读这本书，并且一定会对"这本书非常感兴趣"。

雅德利同样极力为自己辩护。他质问想让西奥多·罗斯福总统给他上一堂课的《纽约晚邮报》说，既然黑室已被关闭，"还有什么合理的理由向公众隐瞒密码局的工作"，难道"这样公开发表出来"不是为了杜绝这种行为的发生而迈出的第一步？他告诉弗里德曼，他写这本书不是为了报复那些让他失业的人，仅是为了赚点零用钱。当弗里德曼问他出版这本书是不是显得没有爱国心时，雅德利机敏地回答说："谁做了不爱国的事情仍非常值得怀疑：S（史汀生）先生关闭了密码局，进而阻断了政府在关键时期获得真实情报的来源，或者说史汀生先生这么做，就是弄瞎了政府的秘密之眼，弄聋了政府的秘密之耳。"弗里德曼批评他放弃了长久以来作为"秘密阵地"的地位，雅德利回复道："我为秘密创造的唯一阵地就是，出版会使得监督外国电报的工作变得更为困难。既然国务院不再监督电报，那就没有了秘密阵地。"当弗里德曼说到隐显墨水专家麦克格拉尔对于碘试验的"泄密行为非常生气"时，他反驳道："麦克格拉尔是我的一位非常好的朋友……我们在一起喝醉过好几次，但我不记得有谁任命他当我的监护人。"

"如果你能看到明天早晨的太阳，"他告诉弗里德曼，"你会发现，尽管《华盛顿邮报》刊发了那些文章，太阳照样会升起……美国是否会为她的历史感到羞愧？选民是否有权知道幕后发生了什么事……以及英国编码的图片。那又怎么样？”在哈佛俱乐部的一次演讲后，当他被问到是否曾经宣誓不会泄露任何机密信息时，他的回答听起来有些无力，说他从未这样保证过。提问者评论雅德利一定是唯一一个从来就没有这么做的人。他给曼利写信说：“我的确非常了解战争部，以及福特、弗里德曼等人，但我认为我已经把痛苦从我的脑海中抽离出去了。”

事实上，雅德利披露的内容破坏了他之前和弗里德曼建立的友好关系。尽管从技术层面来说弗里德曼是一位更好的密码专家，但他仰慕雅德利：雅德利比他年长两岁，已组建并负责管理机构，而这些弗里德曼从未做过；雅德利有足够的资质可以在军情八处获得委任，并在纽约为自己找到一份工作；雅德利在和平时期为政府破译密码、与决策人打交道、处理影响世界的事件；他的地位要高于弗里德曼；他赚了更多的钱；但最重要的是他很讨人喜欢。这并不是说弗里德曼令人讨厌，只不过他没有雅德利那种迷人的气质，即使不是非常有魅力，但至少有魅力的元素。弗里德曼和其他人一样喜欢雅德利。1930 年 12 月，在关闭密码局之后、《美国黑室》出版之前，他给雅德利写信说：“我希望我能和您保持密切联系。您下次来华盛顿的时候，即使只有一两小时，也要记得给我打电话。您不知道我对发生在您身上的事情有多么难受，不是因为您需要我的同情，而是因为我能理解您所遭遇的不公正对待，我却无能为力去扭转它。”当然，弗里德曼希望可以推卸责任并表示遗憾，但这听起来却更显真挚。两三个月之后，他写道，“我想要见到您，因为我真的怀念我们之前那样私人性质的联系”。他为雅德利不能和他一起参加华盛顿预备役的活动而感到遗憾。他试图帮雅德利的弟弟获得“任何他想要的关于您的信息……如果还有什么事情，请不要犹豫，随时给我打电话”。但是，在《华盛顿邮报》的文章发表以及这本书出版之后，一切发生了改变。“当然，我读了您的两篇文章并发现从某些方面来说，它们很有趣。您一直说我坦率、直言不讳，我现在也是这样。总体而言，第一篇文章着实吓了我一跳，因为泄露了那么多有价值的信息。”他告诉副国务卿说，他“一直喜欢雅德利并且认为他完全值得信任，当雅德利出版了这本书，这真是一种沉重打击”。尽管他给雅德利写信说：“我想我们现在在保密这个问题上永远不会达成共识，但这不应该阻碍我们的友谊。”事实却并非如此，两人的通信逐渐停止，美国密码学界两个巨擘之间的友谊结束了。

这本书在日本引起了爆炸性的风暴。日本一家顶级报社《大阪每日新闻》（*Osaka mainichi shimbun*）在美国版《美国黑室》出版时就进行了报道，8 月 10 日出版了部分摘要。不久之后，这本书出版了日语版。10 月，东京的报纸《读卖新闻》（*Yomiuri shimbun*）发表了关于此书的 3 篇文章。书中称雅德利破译了日本的秘密编码，美国利用这些情报给予日本沉重的外交打击，让这个自豪的帝国失去了颜面。国会议员们面临着指控与反诉，部长大臣们纷纷为自己开脱。媒体报道了这一事件并对此发表社论：一份英文报纸说破译“是一件坚决不能做的事情”，另一份报纸的观点却与之截然相反，说它“是游戏的一部分”。外务省首当其冲受到了批评。贵族院的一位成员指责当时的外交大臣“必须承担责任”，另一位则宣称“日本当局真是愚蠢至极”。一位海军军官向所有人保证说，海军“不辞辛劳地保守着无线电电报的秘密”；陆军痛批垂头丧气的外务省，因为它犯了“重大的失误”没有更换编码，并承诺会为其提供建议。外务省后来承认美国破译出密码的“原因是日本政府未能间或更换密码”。尽管其自身从 1921 年就开始了密码破译活动，日本还是假惺惺地称这种破译是“一种不光彩的行为”，并向雅德利泼脏水，谎称他在裁军会议时“曾访问日本驻华盛顿使馆，声称日本所有的密码电报都已被破译，随后准备兜售这些翻译件”[1]。

---

[1] 原注：参见 Library of Congress, Microfilm UD Series, Item 52, Reels 29–30:02–03, 05。雅德利涉嫌叛国的说法首见于法拉格《破坏的封印》第 57—58 页。由此，二战期间曾为美国密码专家翻译情报的日本语言学家小弗雷德·C. 伍德罗夫（Fred C. Woodrough Jr.），奉命对此事进行调查，并可查阅日本被截获情报的记录。他于 1967 年 11 月 28 日向中央情报副主任鲁弗斯·泰勒海军中将提交了一份报告，认为确实发

图书销量一路看涨，日本第一年就卖出了 33119 本，销量比美国还要好，按人均计算，几乎是美国的 4 倍。被要求确保国务院“完全知晓”此事进展的美国大使，在其报告中称，“《美国黑室》很明显给日本人留下了深刻的印象，我经常听到日本不同阶层的人在谈论它。”日本指责美国两

生了背叛事件（参阅戴维·卡恩合集中的影印件）。他和法拉格都是基于日本外务省电报部门负责人的一份备忘录得出的结论，然而这封电报发于 1931 年 6 月 10 日，即《美国黑室》出版 10 天之后。这位负责人说，日本驻美国大使在 1930 年 6 月的第 105 号电报（未给出具体日期）中报告说，雅德利以 7000 美元的价格向他出售一大卷已经破译的日本情报。有两位日本学者各自查找过第 105 号电报，虽然它被列为“密码泄露”事件，但他们都未在文件中发现这份电报。这两位学者分别是秦郁彦（Ikuhito Hata）和麻田贞雄（Sadao Asada）。前者是日本一位二战历史学家，曾将《破译者》节略本翻译成日语；后者则是日本海军政策的研究专家，他在耶鲁大学的毕业论文大部分都围绕着华盛顿海军会议这一主题。秦郁彦在 2000 年 5 月 14 日写给 Edward Drea 博士的信中提到，“电报原件无法找到”。麻田贞雄查阅了外务省档案中 600 页与雅德利有关的文件，但在 1998 年 6 月 27 日的一封信中说“并没有能震惊世界的新发现”，他发现的主要是“外务省对雅德利这本书的反应”，并且没看到 1931 年 6 月 1 日之前的资料，这是该书出版的日期。他又在 1998 年 7 月 10 日的一封信中写道：“事实是，我没在外务省的档案中找到第 105 号电报，以及 1931 年 6 月以前和雅德利有关的任何电报。考虑到事件的敏感性，它们可能已被销毁。因此我的结论是，尽管日本外务省的领导们出于某种原因相信这件事，但日本档案中并没有能证实雅德利背叛的这一说法。”此外，这些文件中也没有发现与该事件有关的内部备忘录（这是个陷阱吗？如果是合法的，是否应该购买这些破译情报？我们又该支付多少钱？），没有付款凭证，最重要的是，没有所说的雅德利的这些文件。如果真有这笔交易的话，应该会有这些证据。叛国的指控是基于《美国黑室》出版后的指责，只能说有很大的动机，但不存在任何证据。鉴于此，我认为雅德利从未向日本人出售过任何文件，而这个捏造的故事显然是为了诋毁他，以挽回日本人的些许颜面。伍德罗夫说，这个假设“超级复杂”而且最终“弄巧成拙”，但无论他的意思是什么，在我看来这是简单的、连贯的且合理的。我不知道这份摘要所列举出的资料是否为同时代的，因为没有这方面的佐证，我无法认同这项指控。在罗德里·杰弗瑞斯－琼斯（Rhodri Jeffreys-Jones）的著作 *Cloak and Dollar: A History of American Secret Intelligence*（New Haven: Yale University Press, 2002）第 110 页，作者反复无谓地再次提及这项叛国指控，但路易斯·库让在一封写给编辑的信中进行了处理，参见《密码学》（1995 年 10 月）第 19 卷第 377—379 页。

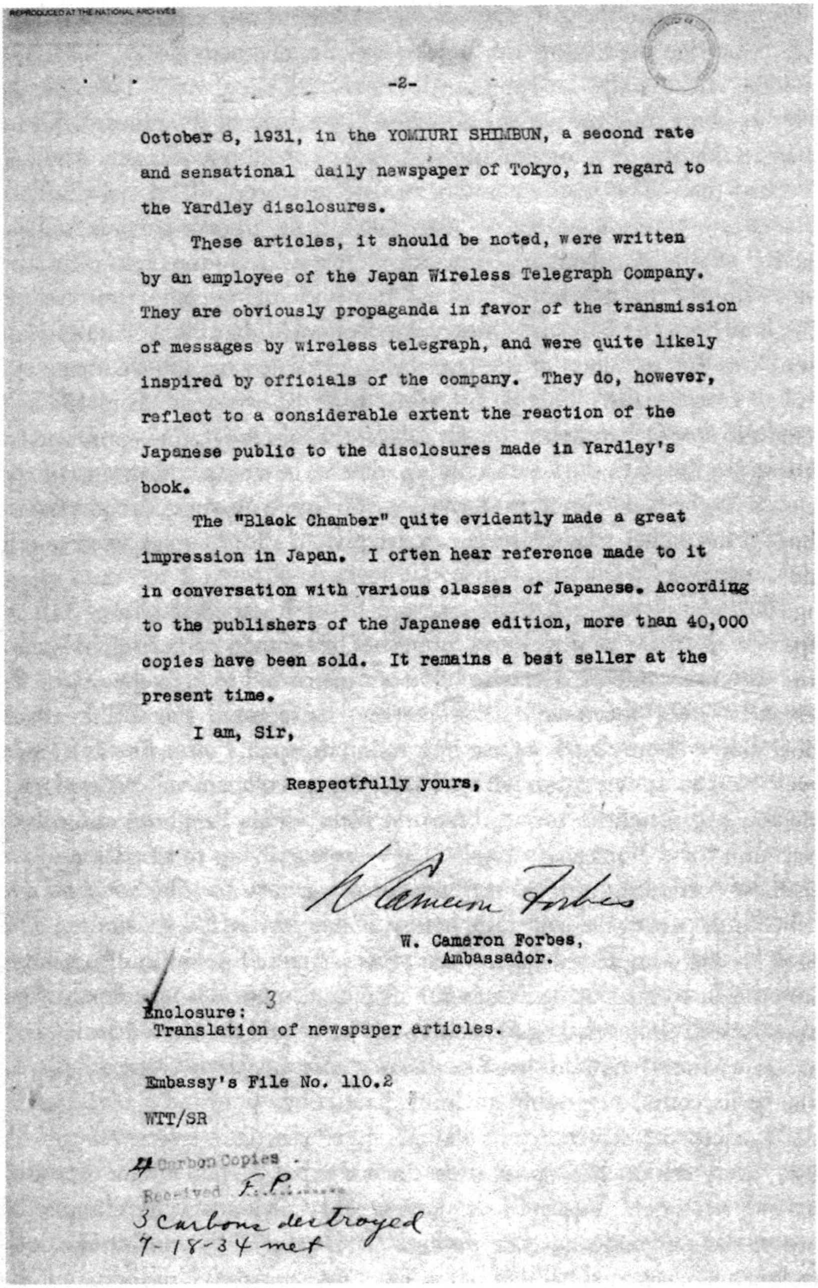

-2-

October 8, 1931, in the YOMIURI SHIMBUN, a second rate and sensational daily newspaper of Tokyo, in regard to the Yardley disclosures.

These articles, it should be noted, were written by an employee of the Japan Wireless Telegraph Company. They are obviously propaganda in favor of the transmission of messages by wireless telegraph, and were quite likely inspired by officials of the company. They do, however, reflect to a considerable extent the reaction of the Japanese public to the disclosures made in Yardley's book.

The "Black Chamber" quite evidently made a great impression in Japan. I often hear reference made to it in conversation with various classes of Japanese. According to the publishers of the Japanese edition, more than 40,000 copies have been sold. It remains a best seller at the present time.

I am, Sir,

Respectfully yours,

W. Cameron Forbes

W. Cameron Forbes,
Ambassador.

Enclosure: 3
Translation of newspaper articles.

Embassy's File No. 110.2

WTT/SR

4 Carbon Copies
Received F.P.......
3 carbons destroyed
7-18-34 met

美国驻日大使发回的外交信件末页，该信件汇报了雅德利的这本书所造成的影响。

名环球飞行的飞行员克莱德·潘伯恩（Clyde Pangborn）和休斯·赫恩顿（Hugh Herndon）于 1931 年 8 月从事间谍活动，飞越设防的岛屿上空，美国杂志《公共福利》的一位日本通讯员将这归因于《美国黑室》留下的恶果。这本书对日本影响深远，甚至 10 年后日本外交大臣在讨论通信问题时仍会提到它；这本书激怒了很多日本人，恶化了日本和美国的关系。

有些作家说《美国黑室》促使日本改变其编码，言外之意是，形势立刻发生了变化，从而导致彻底失去了从这个源头获得情报。威廉·弗里德曼在 1931 年 12 月声称，“自从这本书出版以来，每一个国家都花费时间去修改本国编码”。但无论是作家们还是弗里德曼都错了。作家们不懂得密码学的实际问题。各国很少有备用的密码系统，不仅因为费用问题，还要考虑被盗窃的风险和技术淘汰的问题；而当他们想要一套新系统时，必须经过发明、测试、生产、分发、传授使用方法等步骤后才能应用。因而，编码系统想在一夜之间进行更换是不可能的。当然，弗里德曼了解这些事实，但他又是怎么知道“每一个国家”，或者夸张一点，许多国家都在做什么呢？军队并没有拦截其他国家的情报，同时弗里德曼并没有发起任何攻击——他在训练密码分析专家。甚至他自己的国家都没有改变编码，其他国家会有什么不同吗？作家的言论源于无知，弗里德曼则是出于敌意，两者都没有基于事实。

事实则展现出更为细致且不那么消极的状况——日本每隔几年就会升级它的外交密码系统，但没有立即更换成新的系统。尽管英国密码破译机构的一份内部记录尖刻地评论了雅德利出卖密码局“所有秘密”的做法，但并没有抱怨说他的披露让日本编码破译变得更难。因为它们并没有变得更难。《美国黑室》出版后不久，英国官员收到破译的日本密文数量[1]没

[1] 原注：我所列相关资料已提交给英国公共档案馆官员，文件编号为 HW 12/127（1930 年 1 月）至 HW 12/162（1932 年 12 月），及 HW 3/32:3。这与日本通信数量和外交活动的增长是一致的。日本外务省列出了大使馆和领事馆发来电报的大概数量：1929 年为 19200 份，1930 年为 18600 份，1931 年为 23400 份，1932 年为 28500 份，1933 年为 15900 份。但 1926 年和 1932—1935 年的电报数据丢失，因此我无法给出相

有马上减少，第二年也没有减少；事实上，数量反而上升了（一个原因是日本在1931年和1932年占领中国东北后，通信交流增加；另一个原因是英国在远东的日本编码分部增调了两名经验丰富的外交官）。同样，德国国防部认为，《美国黑室》没有对密码分析造成影响。德国密码处的季度报告虽没有按照国家名称列出破译数量，但它们的确描述了各个国家的新系统，并且提到日本的编码没有变化。它统计的数据否定了弗里德曼的说法，没有出现全世界范围的编码修改。德国密码处在1930年的最后一个季度分发了该部门针对38个国家密码系统破译的434份文件，在1932年的最后一个季度分发了来自40个国家的1070份情报，那时雅德利的书可能刚开始产生预期效果。

德国外交部密码专家和日语专家鲁道夫·肖夫勒（Rudolf Schauffler）博士在他的回忆录中写道，在雅德利这本“轻率的、惊世骇俗的书”出版之后不久，“我们可以发现日本外务省计划开发一款密码机，并于1933年与其他更为先进的密码系统一起投入使用（实际上是1932年）”。这不是一夜之间发生的改变，而是日本外交密码系统长期发展的一个阶段，日本外务省电报部负责人泽田节藏（Setsuzo Sawada）于1929年开始这个项目，反过来密码机又成为密码学朝着全球自动化发展趋势的一部分，它的速度更快并且安全性更高。这种变化既不突然，也不彻底，是渐进式的，因此它没有摧毁美国或国外的密码破译机构。德国人和美国人都破译了肖夫勒提到的机器——美国密码破译专家口中的“红机”。

1931年，弗里德曼写道，“在未来的很多年里，他（雅德利）给我们国家造成的巨大伤害不会完全显现出来”。二战快结束时，他说，由于雅德利的书，美国“面临着越来越多的困难，如果这本书没有出版，这些事情可能不会发生”。他忘记了一点，一切技术都在进步，包括密码学。即使《美国黑室》从未出版，这些“越来越多的困难”本来也应该会发生。

关信息。十分感谢Chuharu Inaba提供的信息。《纽约时报索引》可被视为外交活动的粗略指示器，在“日本”和“中日关系”标题下，它列举了1930年的4个专栏故事，1931年达到20.5个，1932年55个，1933年33.5个。

1930—1933 年英国截获日本情报的破译情况

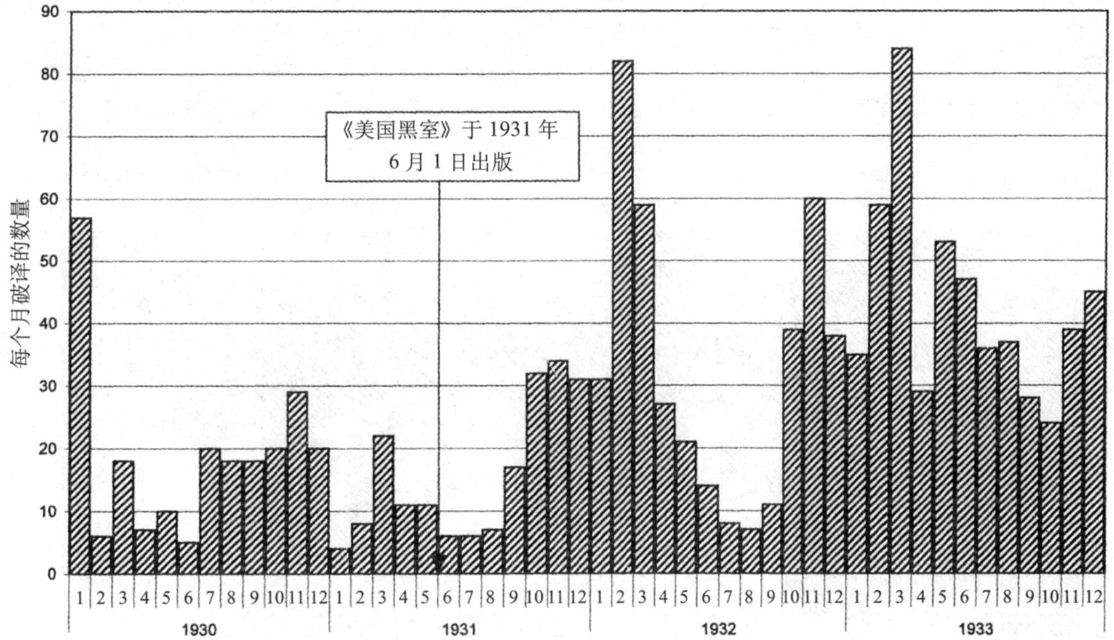

这张图表展现了在雅德利的《美国黑室》出版之后，并没有像一些人指责的那样，日本被迫立刻更换了它的密码系统以防其他国家破译它的机密情报。

资料来源：英国政府编码和密码学校将破译出的情报上交至上级机构，英国公共档案馆，文件编号：HW 12/127 至 HW 12/174。

1926—1933 年德国截获外国情报的破译情况

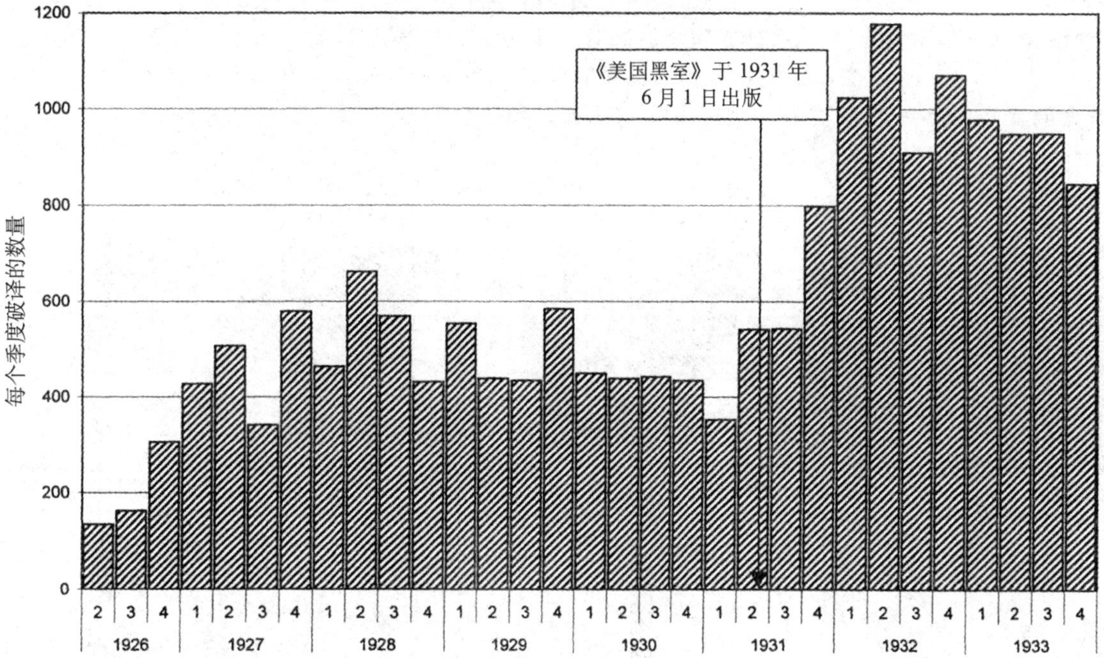

这张图表表明，《美国黑室》的出版并非像有时指责的那样，刺激大量的国家更换他们的密码系统，从而造成世界范围的封锁管制。

资料来源：德国国防部密码中心破译密码季度汇总，美国国家档案和记录管理局，缩微胶卷 T–77，1575 E 卷密码处报告，1926—1933 年。1931 年和 1933 年，密码中心整合了第二和第三季度的统计数据；这些数据都分为两部分，在两个季度中分别列出。

这本书很可能刺激了外交部，促使它提前对本国的密码系统进行额外的改进，要不然它不会这么早行动。但是，这带来的后果并不是如弗里德曼所说的“成千上万的美国人因此丧命”，而是为美国带来了福音。日本经历了 10 年的发展进步，从不移位编码到移位编码，从简单的红机到复杂的紫机，这帮助美国密码破译专家早在美国参加第二次世界大战之前，就积累了解决这些难度越来越高的系统的经验。这就是为什么弗兰克·拜伦·罗烈（Frank Byron Rowlett）——领导 1939—1941 年破译“紫机”的美国密码分析专家——会说《美国黑室》的出版是一件“了不起的”[1] 事情。他说，“它带来的帮助比伤害要多得多……我很高兴雅德利出版了这本书，我可以帮他呐喊一下”，“雅德利帮了我们的忙，当然由于某些方面的谴责令他永远也不会得到好评，但他通过出版这种简单的做法，确实推动了美国密码分析的进步，这比通过任何其他方式都要奏效”。虽然密码破译没有（也不能）阻止珍珠港悲剧的发生，但的确使得成千上万的男男女女在以后的战争中免于丧命。正如乔治·卡特莱特·马歇尔（George Catlett Marshall）将军在谈到“紫色”情报时所说：“它们为胜利做出了巨大贡献，极大地挽救了美国人的生命。”所以，这些人的幸存，以及他们的财富、他们的希望和他们的孩子，都应归功于赫伯特·奥斯本·雅德利以及他的轻率言行。

[1] 原注：参见罗烈口述历史，第 100—105 页。没有证据表明日本帝国陆军和海军因为《美国黑室》的出版而改变了他们的密码。罗烈的言论更适用于评价外交方面的破译，这些破译本身就提供了许多有价值的情报，正如马歇尔将军自己承认的那样（卡恩著《破译者》第 605—607 页）。而在破译外交密码时积累的经验，或许对破译陆军和海军密码也有帮助。

第 14 章

穷人街[1]

尽管《美国黑室》让雅德利一举成名，但并没能帮助他致富。1931 年 7 月 15 日，图书出版 6 周后，他告诉鲍伯斯－梅里尔公司他破产了，需要 500 美元。出版商给他预付了部分钱，都是小额的支付，显然是向不同出版物出售图书节选内容所得的收入，零零散散的有：122.64 美元、18.32 美元、100 美元、25 美元和 67.80 美元等几笔。他得到了一张 532.01 美元的支票，1932 年 3 月 1 日他收到了最大的一笔付款：3694.21 美元。雅德利得到的这笔钱，已被扣掉之前 3 次共计 1500 美元的预付款。1932 年 8 月，出版商又预付了 250 美元，并说不能给得太多，因为“还有很大一笔拖欠的款项”。但此后不久又送来 576 美元——版税的剩余部分。

另外有一小笔是来自海外销售的收入。伦敦费伯－费伯出版公司（Faber and Faber）买下了英国的版权，支付了 245.28 美元预付款，一半的费用给了雅德利。在该书的英国版出版前，英国密码破译机构的负责人阿拉斯泰尔·丹尼斯顿（Alastair Denniston）中校听说了这个计划，与出版

[1] 编注：本章标题原文为 Grub Street，指 19 世纪英国伦敦的一条街道——格拉勃街，也译作“寒士街”。这条街以聚集大量穷困的“寒士”（hack writer，即“雇佣作家”）、胸怀抱负的诗人以及低端出版商和书商而出名。

社“一位负责美国事务的编辑”吃了一顿午饭，可能是尝试阻止出版的事情。丹尼斯顿问为什么允许雅德利泄露关于海军裁军会议的内容。这位编辑解释说美国没有《官方保密法》，接着给出了一些令人惊讶的、荒谬的原因，解释雅德利为什么会泄密、亨利·史汀生为什么会如此决定：雅德利“早期的密码研究得罪了海军，因为他说海军的密码幼稚。结果……史汀生先生成为美国国务卿之后，雅德利和他的员工就被解雇了，因为史汀生先生此前一直服务于美国海军”。事实上，从 1911 年到 1913 年，史汀生一直是战争部长，一战时是陆军上校。尽管丹尼斯顿收到海军上将雷金纳德·霍尔的建议，禁止发表任何回忆录，但他似乎意识到，阻止一本已经出版的书是徒劳的；不管怎么说，他最终并未在这件事上施压。为了减少开支、降低价格，费伯公司决定推出这本书的缩减版，从美国版的 375 页减至 266 页，于 9 月 17 日出版，价格是 15 先令，合 3.60 美元。尽管前 3 个月的销量是 700 本，费伯说“令人失望”，但这并没有阻止这本书在 1937 年和 1940 年的两次再版，当时的书名是《美国秘密机构》（*Secret Service in America*）。

随后《美国黑室》的外文版在国外发行。奇怪的是，这本书两次被翻译成法语。克劳德（R. L. Claude）把它翻译成法语，1934 年刊登在《法国政治和文学年鉴》（*Les annales politiques et littéraires*）周刊上，一共有 6 期；伊曼纽尔·尼农（Emmanuel Rinon）将它翻译成一本书——《美国秘密内阁》（*Le cabinet noir américain*），1935 年由新批评出版社（Editions de la Nouvelle Revue Critique）出版。这本书的编辑从法国人的思维出发，对雅德利保证“美国政府不再有任何密码破译人员”这一说法提出了质疑。1938 年在瑞典，曾任赫尔辛基和上海总领事的约翰·利勒赫克（Johan O. Lilliehöök）将这本书译成瑞典语，并向为他提供术语翻译帮助的瑞典密码专家和历史学家伊夫斯·盖尔登（Yves Gyldén）致谢。（这本书也激励挪威设立了一个密码分析局。[1]）德语版本也在考虑

[1] 原注：依据挪威外交部密码委员会文件盒（1935—1939），1935 年 10 月 25 日和 11 月 19 日文件，挪威密码分析机构的负责人 Roscher Lund 上尉提到，雅德利

中，雅德利还收到了23.08美元的预付款，但最终未能出版。也没有中文版本问世。

到1931年12月初，《美国黑室》的销量增加到11616本；但在随后的6个月中，按照以往的销售规律，仅卖出1640本。后来又卖了一些，国外也有一些销售，1933年6月，蓝丝带图书公司（Blue Ribbon Books）加印了4500本。该书使用的是原版印刷板，但纸张的尺寸稍微变小了，改动了一些中间色调的插图，还删去了一些。那时《美国黑室》美国版总共卖了18000本；英国、法国、瑞典和日文版可能总共卖了4万本，其中四分之三是日文版。因此雅德利的书在全世界卖掉了6万本。他可能总共收到1万美元的版税。

雅德利将写作视为自己在萧条时期的美国生存的最佳方式。甚至在《美国黑室》出版之前，他就在开发新的选题。"我今天精力特别充沛，"1931年4月15日他在写给乔治·拜伊的信中说道，"开始着手研究很久以前就存在我脑海中的事情：一本关于编码、密码以及它们破译方法的教科书。年轻人对破译编码和密码有极大的兴趣，但无论哪个语种都没有这种书。"——事实不完全是这样的。他认为童子军（Boy Scouts）可能会感兴趣，并指出他们的这本手册是世界第二畅销书。不过很快他又放弃了这个项目。两个月后，他寄给拜伊一份2000字的材料解释道，"我想放弃这个想法"，这个项目再也没有提起过。他许诺给拜伊的3篇文章一再拖延，因为"我儿子生病了……但它们很快就会被写好"。拜伊用畅销书作者的身份替他卖给《自由》杂志两篇文章。1931年10月10日那一期的《背叛美国》（*Double-Crossing America*）描述了雅德利在1927年5月破译日本情报的情况，当时正逢日本以2万军队入侵中国山东之际，"在华盛顿引起了一阵骚动"。在12月19日的一篇名为《我们丧失了国家机密吗？》（"Are We Giving Away Our State Secrets?"）的文章中，他公布了

的工作推动了在挪威成立一个类似的机构。另见Alf R. Jacobsen和Egil Mork所著*Svartkammeret: Den Innerste Hemmeligheten*（n.p.: J. W. Cappelens Forlag, 1989）。我非常感谢Jacobsen先生帮我找到这些备忘录并告诉我相关事宜。

两封给国务院的信件，敦促该部门改进自己的密码系统并推荐了弗纳姆－莫博涅联机设备。在夸赞拜伊取得这些销量之后，他抛出了另一个想法：“为女性杂志写一篇故事，展现一下那些伟大的女性密码专家的风采如何？”这个想法最终并未落实。

但是，他的确卖给《自由》杂志 6 本他所谓的“密码小品”，赚了 150 美元，每本 25 美元；后来他每本提价到 100 美元。每本书都放在一个印

YARDLEYGRAM

By Herbert O. Yardley

●	E	N	R	E	A	T	S	S	I
D	E	I	T	R	N	C	E	E	P
T	I	E	K	R	I	N	L	I	I
M	H	S	I	N	I	E	V	B	S
P	S	E	N	N	M	T	A	D	N
S	R	T	G	E	A	R	E	G	I
U	N	H	H	S	E	I	R	S	C
D	C	A	A	S	T	V	E	A	S
K	E	R	I	H	E	E	T	S	N
★	E	K	C	L	I	H	F	D	A

There is a complete message hidden in the square above. It can be found by drawing a continuous pencil line through the correct letters, vertically, horizontally, or diagonally. The pencil lines, when done correctly, will give a symmetrical design. No lettee may be used more than once.
Start at the ●
Finish at the ★
The solution will appear next week.

“雅德利密电”中的字母方阵表。

刷盒子里，书中附有一份简单的，可以说非常简单的密码电文，还有一个简洁的故事对这个密码系统进行解释，要求读者们破译这份密电。这被称为“雅德利密电”（Yadleygrams），从 1931 年 12 月 26 日开始，每隔一周发行，一直持续到 1932 年 3 月 5 日，直到《自由》杂志用一个短篇的侦探悬疑小说来接档。雅德利非常喜欢将密电谜题嵌入故事的思路，计划将一些此种作品编纂成书，书名就叫《雅德利密电》。1931 年 9 月 1 日，他给鲍伯斯－梅里尔公司的戴维·钱伯斯写信说，“我无法告诉你我有多么看好这本小书”，“但要命的是，我不得不求助于我的左膀右臂，因为拜伊让我忙于其他事情”。

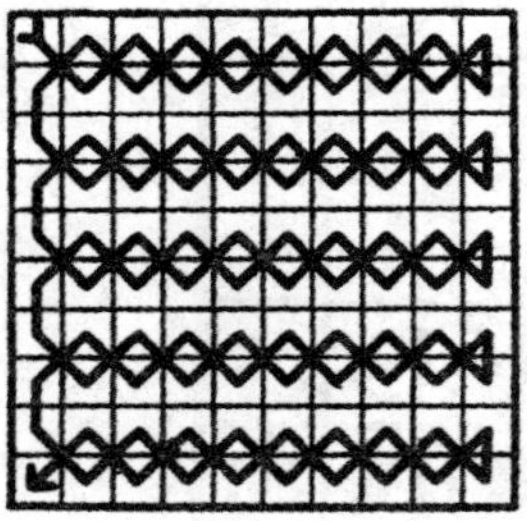

YARDLEYGRAM ANSWER

LAST WEEK'S PROBLEM

Drawing your pencil line as indicated at the left will give you this message:
Entente spies carried their invisible inks impregnated in garments, such as ties, scarfs, handkerchiefs, and the like.

“雅德利密电”的破译方法。

事实上，雅德利的左膀右臂就是来自杰克逊高地的朋友克莱姆·考科尔，他为雅德利写了这本书。作为美国电话和电报公司的一名工程师，考科尔对密码破译的了解并不比他在海军教科书中读到的多，但雅德利可能提供了其中的密码破译和间谍故事，大概只有一页或一页半的内容。这本书虚构的主题听起来很像雅德利的事迹，它同样被用在《自由》杂志的作品中，讲述的是阿伦·库瑟勒（Alan Crossle），一名前美国黑室的成员，在他长岛乡下的家里给他的外甥讲初级密码学课程。这 25 章的密码分别使用了单一字母替换法、路径加密和栅栏移位。每章包括一两页方阵形式的密码表供读者分析，每章的最后都会给出破译方法和明文。钱伯斯买下了这本书，认为其中的拼图“对于像我们这样智商的人——大部分美国人来说，太难了”。但他又说道 ：“我们将继续关注读者的选择和反馈。”1932 年 1 月，拜伊为该书写了简介，春天时鲍伯斯－梅里尔公司便出版了这本 190 页厚、黄色装帧的书，雅德利得到了 300 美元的预付款。一直到 6 月，雅德利都在不遗余力地宣传这本书。雅德利从一本侦探杂志上弄到 2365 个读者的地址，他们都成功地破译了该杂志上刊载的密码，他想要寄信给他们宣传介绍《雅德利密电》。他起草了信的内容，让考科尔做这项呆板乏味的工作——一个一个地填写这些人的姓名和地址，再由鲍伯斯－梅里尔公司贴邮票寄出去。这似乎对宣传没有多大帮助，没有像字谜拼图书那样风行一时，也没有任何进展。虽然费伯公司拒绝购买英国版权，但哈金森公司买下了它并出版，书名是《密码电文》（*Ciphergrams*）。很快它沦为了众多不成功书籍中的一员。

这次失败并没有挫败雅德利，他也没有回绝拜伊让他写系列文章的提议，尽管他曾说过“我身边没有足够多的准确材料确保我可以写出你想要的文章。两年前，我能非常出色地完成这项工作，但那些本来可以给我提供资源的人都不在华盛顿了”。然而，他又基于同一个人物写了 3 部短篇小说，并试图在“10 天内构思出情节，4 天内完成”。似乎这些作品并未出版。“芝加哥一位非常好的评论家”建议雅德利先写出十几个故事再去销售，他想知道拜伊对此有什么看法，尽管他曾警告说，“我是一个这么懒的人，一旦你卖出去一个故事，恐怕我就会罢工，再也写不出这么多故事了”。他向拜伊道歉说 ：“我交上去的作业数量（还不够），因为我认为我们大家都有这种感觉，应该趁热打铁不要延误时机。我似乎不能安排我的时间。有那么多的细节，我一直习惯让别人处理这些细节。但我现在正学着做。这些天，我会给你一个惊喜，写出更多原创文章。”

1931 年夏天，雅德利在印第安纳波利斯等地的午宴上多次发表了演讲，他说 ：“突然进入写作行业，但对我来说，这是种极好的实践。截止到目前，反响一直很好。”纽约演讲经纪人威廉 · 科斯顿 · 利莱（William Colston Leigh）邀请雅德利做一些演讲，介绍一下战争时期的间谍活动、黑室的历史地位，以及为什么美国人在 1930 年伦敦海军会议上的“失

December 19, 1931 Liberty 9

Our State Secrets?

THE HONORABLE HENRY L. STIMSON, JULY 11, 1931.
SECRETARY OF STATE,
STATE DEPARTMENT,
WASHINGTON, D. C.

MY DEAR SIR:

In Chapter XIX of my book, The American Black Chamber, a copy of which I am sending you under separate cover, I have described a conversation I had with a responsible official of the Department when he asked me to analyze the State Department's code messages to determine whether or not they were soluble. The conversation grew from the fact that the State Department had received information that another government was intercepting and reading our diplomatic messages.

It is not necessary for me to detail here as I have in my book the various points discussed. Suffice it to say that I advised your official then that your codes were soluble by skilled cryptographers; that it was not only possible for the agents of foreign governments to read our confidential code and cipher messages, but that they were undoubtedly doing so; that the methods of the Department for encipherment were slow and cumbersome, being no great improvement over those employed in the sixteenth century.

I was asked at that time whether it was possible to devise a system of encipherment which would render our messages indecipherable by even the most expert cryptographers of other governments. I assured your official then that it was possible to do this, but that it could only be done by a consideration of the fact that *no code or cipher is impregnable to attack unless it is insoluble by the inventor himself.*

All existing codes now employed are broken in the end by the fact that the inventor attempts to conceal repetitions. The only indecipherable means of communication is one in which there are no repetitions to conceal. The adoption of

[CONTINUED ON NEXT PAGE]

"I SENT the code word meaning ten million dollars. Two letters were transposed, which changed it into the word meaning eleven million dollars!"

《自由》杂志为雅德利的一篇文章所配的插图。

Shoot the Works Andy

I have seen and heard of a lot of methods of secret communication, but the most delightful one is communication over the telephone by the use of American slang.

[ARE WE GIVING AWAY OUR STATE SECRETS?
Continued from page nine]

such a code by our State Department is practical. It would safeguard our diplomatic messages forever. It can be made possible for practical use through the employment of machinery to give not only indecipherable but also instantaneous communication.

I have recently been approached by a national magazine seeking an article describing the nature of such a device. I have refused to divulge this information, and will continue to do so until I am convinced that my government has no interest in the matter. If the State Department desires to make its use of codes and ciphers insoluble by foreign agents, to improve the service of transmission immeasurably and guarantee forever complete secrecy for confidential messages, I am prepared to turn over the necessary information without charge or claim of any sort.

But I shall not turn it over to my government until I am satisfied of its good faith in the matter, of its intenion to give the suggestion a fair and complete consideration; until I am satisfied that examination will be given by a competent committee and that the method will be adopted should this committee report favorably.

If, within a reasonable length of time, I am convinced that the State Department has no genuine interest in the matter I shall feel free to proceed with a published report of the exact nature of this instantaneous, indecipherable method of communication.

Most sincerely yours,
(Signed) HERBERT O. YARDLEY.

"I think that states the case," he told me, returning the letter. "I shall be interested in the reply."

I could have told him what the reply would be, having observed diplomats at close range for sixteen years.

I prepared to leave, but he asked me to sit down.

"I asked you to bring with you some examples of cryptography. You say in your book that during the last few years cryptography as a science has made enormous strides, while the State Department, seemingly indifferent to what is going on in the world, has stood still. Can you give me some examples which I can understand?"

I smiled, for everyone I talked to seemed to want to learn something about ciphers. I unfolded my briefcase and took out several brochures on cryptography.

"HERE is the famous Playfair cipher," I said, opening a pamphlet. "This cipher was the official field cipher of the British army at the outbreak of the war. In this diagram the alphabet is based on the key word 'Washington.' Any word, of course, may be chosen by the correspondents for the key. The letters of the key word are written in a large square containing twenty-five smaller squares, beginning in the upper left-hand corner. If any letter recurs in the key word it is only used on the first occurrence. The remaining letters of the alphabet are now taken to fill up the square, I and J being considered as one letter.

"A message is first divided into pairs and enciphered two letters at a time." I handed him the pamphlet, which gives the method of encipherment as follows:

W	A	S	H	IJ
N	G	T	O	B
C	D	E	F	K
L	M	P	Q	R
U	V	X	Y	Z

The Playfair cipher key.

1. When each text letter is in the same vertical column, it is represented in cipher by the letter that is immediately below it; if the text letter is in the bottom column, it is represented by the top letter of the same column; thus:

WU (text) equal NW (cipher).

2. When each text letter is in the same horizontal column, it is represented in cipher by the letter that is immediately to its right; if the text letter is in the column to the extreme right, it is represented by the letter to the extreme left in the same horizontal column; thus:

TB (text) equal ON (cipher).

3. When each text letter is at opposite corners of a rectangle, each letter is represented by the letter in the other corner of the rectangle in the same horizontal line with it; thus:

AF (text) equal HD (cipher) and OM (text) equal GQ (cipher).

《自由》杂志中雅德利文章的另一幅插图。

败”“是不可避免的事情”。有一本小册子，穿插着书中的图片和逸闻趣事，将黑室的存在时期称为“美国历史上最奇怪的阶段”。雅德利向拜伊抱怨说，利莱“让我悬在空中，他的代理却在芝加哥。我收到很多不同渠道的来信询问今年秋天的演讲。所有人都想知道我的计划”。但接着发生了更好的事情。

《美国黑室》的意外成功——不仅是它的销量，还有它的知名度以及人们的口口相传——为他引来了最能赚钱、最能扬名的机器：好莱坞。剧作家赫尔曼·雅各布·曼切维兹（Herman Jacob Mankiewicz）有一次跟他的朋友说：“在这里可以赚取百万，你唯一的竞争对手就是傻瓜。不要让它走开。”然而它走开了。书出版几周后雷电华－百代电影公司（RKO Pathé）就联系了雅德利，后者推迟了利莱和其他人的演讲邀请，直至他确定是否会有电影等相关事宜。“我认为让我离开这里，我们都会大赚一笔。”他告诉拜伊。拜伊达成了交易。百代电影公司非常想要他重新安排一个演讲日期，这样他能够于“10月26日给我们的卡尔佛城公司做个汇报。我们同意由您来写作，公司的负责人加以指导，从10月26日开始，周薪500美元，我们向你保证有5周的工作”，并承担往返加利福尼亚州的开销。

这是每个作家的梦想，雅德利当然同意了，他说“我当然非常需要这笔钱”。10月，他在一次狩猎野鸭后病倒了，但11月初就赶到洛杉矶。起初他很高兴，报纸上都在写他，他为此欣喜若狂。专栏作家利·希比（Lee Shippey）在《洛杉矶时报》中预言：“没有任何危险”，《美国黑室》将会“和本月其他的书一样渐渐淡出人们的记忆。世界上每一个国家的秘密机构都会收藏这本书”。雅德利的身高和秉性方面，他却叙述得不甚准确：“他中等偏上身高，身体结实，有点秃顶，有着销售经理般的自信，但又没有给人耍嘴皮子或戏剧表演的感觉。当问到他的发现和成就时，他热情地讲述着这些，好像一位商人在向他的妻子讲述自己在办公室里的寻常一天。”雅德利高兴地告诉拜伊说：“这里的每个人对我都很好，已经接受我的作家身份，电影拍摄完之后，这本书会有更大的知名度。”

他很快便大失所望，他不是第一个对电影剧本创作幻想破灭的作家。不到两周，他就给拜伊发电报说“制片厂真是荒唐愚蠢”，“说是要写一个爱情故事，现在他们又不想要一个爱情故事了，而是想要一个间谍故事，故事里还要有密码破译的情节。我已经看出他们没有看到的问题。除非有对话，否则密码破译没有看点。两个星期后，我会离开，但他们让我留在这里直到成功拍出密码学相关的画面……你一定要发挥自己的角色，从他们身上真正捞些钱出来……我被打败了，除非你能让他们知道这个事实，我还有演讲合同在身。我对当前的形势起着关键作用，尽管听上去有些自大，但我是在讲述事实。今天我让他们去好莱坞（原文如此），他们因此喜欢我。3 个星期了，什么都没有做。从来不知道会有这样荒唐的局面。”拜伊回复说 ：“这就是好莱坞。他们有这个机会让你在那儿待得久一些，也知道你有演讲合约。告诉他们，必须来与我商谈赔偿演讲经纪人的事情，并给予你合适的报酬。远离好莱坞可能会使你更开心些，只有少数奇怪的人才能忍受得了。”月底的时候，雅德利告诉鲍伯斯 – 梅里尔公司，“直到上周三，故事完全推翻，我又转回初设的故事题材。我的合作者被解雇了，我的故事也被认可了。我要求签署一份 4 周的合同，并且薪水增加 50%。”但拜伊明显发现，已经当了 5 周正式员工的雅德利，“实际上在百代电影公司的工作室一直做着零薪水的工作”。

当拜伊听说新的合同要求雅德利在海岸再待 1 个月时，这意味着他将不得不取消在芝加哥、克利夫兰和布法罗的演讲计划，拜伊警告他这位客户说 ：“我非常害怕你在混乱的泥沼中越陷越深……这次的巡回演讲会帮助我们卖出更多的书，会让你一直待在公众的视野里。而在好莱坞，你会比破译最伟大的密电时被埋藏得更深。你的（演讲）经纪人正打算辞职。”他告诉钱伯斯说 ：“我一直跟在雅德利的后面等着他从好莱坞的迷梦中醒来。”钱伯斯，就他本人来说，一方面出于礼貌祝贺了雅德利的宣传活动以及签订的新合同，另一方面重申了拜伊关于雅德利取消演讲日程的遗憾。他们的批评让雅德利重新思考他取消演讲日程的做法。他给演讲经纪人发电报说他会“积极地”安排1月和2月的会见日期，“但因为在这里一周可以赚数千美元，希望你可以安排些回报丰厚的巡回地点”。他又特别提醒经纪人，日程不要安排在3月和4月，因为他必须留在好莱坞拍摄完成一部电影，“这对你对我都有好处，因为我的名字将更有号召力”。他说他“已经搞定密码学部分”，可能是指一个剧本，因为这部分内容是为女主角康斯坦斯·贝内特（Constance Bennett）准备的。康斯坦斯在1930年主演了4部电影，1931年4部，1932年3部。如果拜伊想要更多的“雅德利密电”——他说这个术语是有“版权的”，500个单词会花费100美元。他通知拜伊说，“我脑海中未来密电的形式会跟移位密码有关”，好像拜伊真的知道什么是移位密码，他就不用多操心了。

他还是及时离开了好莱坞，回到他的巡回演讲中。他于1932年1月2日从大急流城开始，先后在埃文斯顿、克利夫兰、南本德、纽约、波士顿和布法罗等地演讲，1月29日结束；在沃辛顿休息了10天之后，他又前往底特律、印第安纳波利斯、布鲁明顿（伊利诺伊州）、芝加哥和丹佛。在南本德的演讲费用上，雅德利和演讲经纪人利莱——一个“该死的犹太人”爆发了争吵，但利莱后来承认了自己的错误，并付了钱。1932年8月18日，雅德利自鸣得意地跟拜伊说，他“到现在已经3个月没喝一口酒了”。

与大多数人相比，雅德利总是更需要钱。他最大的、几乎是唯一的资产就是他间谍组织首脑的形象。1933年年初，他打算通过卖隐显墨水赚钱。他配制了两种墨水：一种用于游戏，另一种用于直邮广告。用于游戏的墨水装在两个香水瓶大小的瓶子里，绿色的瓶子用来装墨水，写字时用的是普通的蘸水笔；棕色的瓶子是显影剂，用棉签涂在纸上后，就会呈现出棕色字迹的秘密信息。雅德利亲自调制原料。他的配方包括醋酸酯和棉籽油，但对外保密，由他自己单独在一个房间装瓶。他以每小时10美分的价格雇用沃辛顿高中的低年级和高年级学生，他们围坐在联合街104号这栋平房（含4个房间）的桌前，给瓶子贴标签，用牙签和棉花制作棉签，将瓶子、棉签和说明书装入一个6英寸宽、9英寸长（约15.2厘米 ×22.9厘米）的盒子里。威尔森·戴尔设计标签图案；艾斯特·福尔克（Esther Falk）保管书册；威尔玛·肖斯（Wilma Shouse）和彼得·布萨德（Peter Bussard）制作棉签和包装；甚至连当时年仅 8 岁的杰克·雅德利也跑来帮忙。这个地方散发着油的恶臭。

使用雅德利隐显墨水的魔术师信笺。

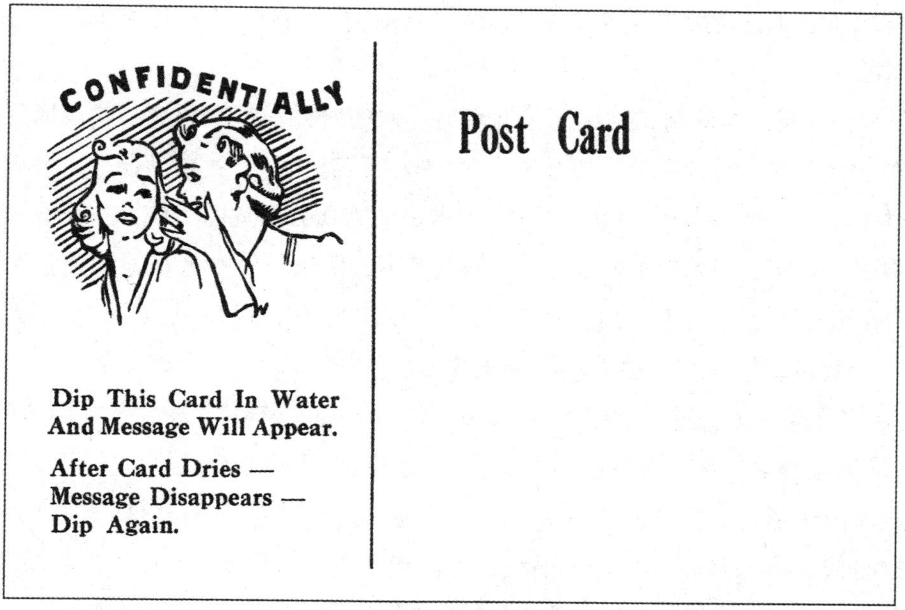

用蓝色隐显墨水书写的明信片。

广告中使用的隐显墨水的用法是：将写有秘密情报的纸张浸在水中并滴上墨水，情报便得以显现。如果把纸张打湿后再晾干，情报则可重复显现。直到6月，他才实验出满意的产品。铜版纸效果不好，不得不使用重一些的、吸水性和吸墨纸一样好的纸张。5月，有一位销售员卖出去5000份，雅德利吹嘘说，"我们卖出去很多这种广告产品"，他的隐显墨水信件已经"风靡全国"。雅德利和维吉尔·范德文特（Virgil Vandeventer）一起做生意，后者是沃辛顿人，20岁出头，和雅德利一样，也是车站的发报员和工人。

对于这群年轻人来说，雅德利是个发号施令的人物。毕竟他是老板和产品所有人。他把价格看得很重。有一次一位供应商以3.5美元的价格卖给他1000个纸盒，他认为这个价格是"不合理的"，于是向鲍伯斯－梅里尔公司寻求帮助；后者介绍给他一家生产商，每千个收费仅2.25美元。雅德利感谢出版商给他这个价格，他说"比他得到的价格低了25%—30%"。他给拜伊发了一份产品的样品，拜伊告诉他，"昨天我妻子用绿瓶子里的墨水写菜单，后来厨师用棕色瓶子里的显影剂得知菜单上写的是什么"。

4月底，在调制新批次试验性隐显墨水的时候，雅德利被一块玻璃割伤了右手掌，伤口感染让他卧床了10天。"我有预感，我可以很幸运地逃过生命的一劫，"他给拜伊写信说，"这是因为我去睡觉的时候，杰克的小狗一直在叫。"后来感染恶化了，他不得不去医院。医护人员很快使他脱离了危险，但他右手食指已经变黑，"已经坏死了"，医生说。他不得不做手指截指。"这是10根手指头中的1根！"5月21日，他给拜伊发电报说，"今天早上，进行了截指，我一切都好"，并签名："3根指头的HOY"（雅德利的名字缩写）。他的手痊愈得很慢。10天后，有3个地方仍在流血，但这不会威胁到他的生命。对雅德利来说，这不是一段好时光。7月的时候，毒长春藤让他卧床不起，他不得不推掉了只有20英里（约32.2公里）之隔的由美国大学书店协会举办的国际会议的邀请。

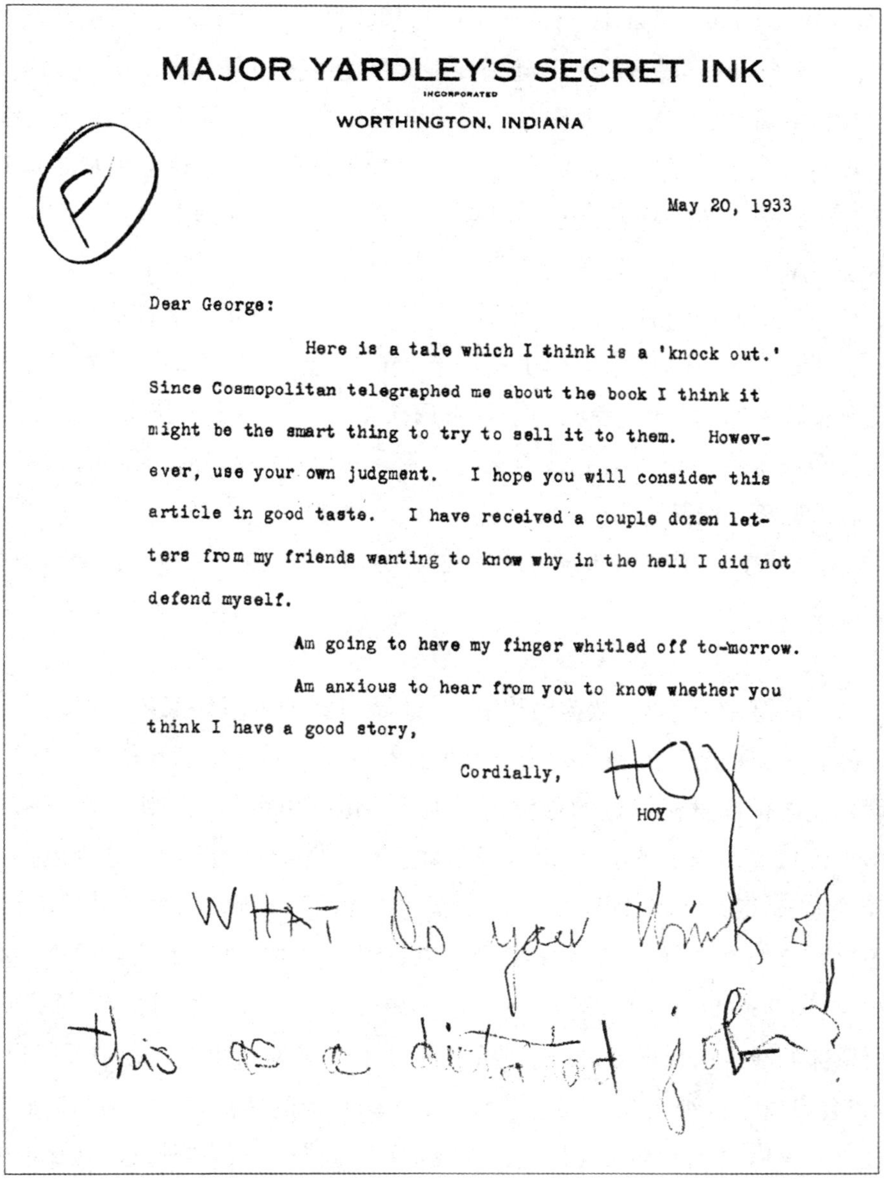

MAJOR YARDLEY'S SECRET INK
INCORPORATED
WORTHINGTON, INDIANA

F

May 20, 1933

Dear George:

Here is a tale which I think is a 'knock out.' Since Cosmopolitan telegraphed me about the book I think it might be the smart thing to try to sell it to them. Howevever, use your own judgment. I hope you will consider this article in good taste. I have received a couple dozen letters from my friends wanting to know why in the hell I did not defend myself.

Am going to have my finger whitled off to-morrow.

Am anxious to hear from you to know whether you think I have a good story,

Cordially,

HOY

HOY

WHAT do you think of this as a dictated job?

雅德利向拜伊讲述了关于自己截指的事。画圈的F代表“文件”。

他对金钱的需求突然变得急切起来。在截指的前一天，他告诉拜伊："令人失望的是，我把钱全投在了隐显墨水的生意上，现在却没法卖掉它，除非等我站起来以后。"他需要钱是因为"另一位专家从印第安纳波利斯过来看我，给我清理伤口。这次会面总共要花费500美元……你觉得我们可以尽快从《自由》杂志社得到250美元吗？我这一生从未借过半分钱，因此你知道我现在的感受。如果你能使我拿到这笔钱，那最好不过；拿不到的话，我也能理解。情况如此紧急，我派一个人开车去特雷霍特，星期一的时候会到你那儿。请尽快给我写信"。他在签名处写上了"非常抱歉"几个字。拜伊送给他250美元。截指的那天，他给拜伊发电报说："你星期一会收到一篇热门文章。如果你不尽快卖掉它的话，我就会被困在这里，不能逃离医院，除非我付清手术费和医院的账单。"他后来逃离了医院。

墨水生意一路跌跌撞撞，最后他将生意卖给了范德文特。雅德利的商业冒险以失败告终。

无论是隐显墨水、《美国黑室》，还是短暂地进军好莱坞，都没有让雅德利赚到他需要的钱。他为《自由》开发了一种新型的雅德利式电报，就是他之前向拜伊提过的移位密码模式。电报由字母方阵组成，通常是10×10或者11×11格，秘密情报隐藏于一个复杂的路径中。这个电报栏目从1933年5月27日到8月12日总共刊载了12周，接着他开始演讲。1933年2月26日他在辛辛那提乡村俱乐部的演讲，被以长文的形式刊登在《辛辛那提问询报》社会版的头版。1934年8月，雅德利在洛杉矶运动俱乐部的演讲中，详细讲述了他的人生历程。演讲结束时，他被反问道："您会邀请一位绅士去您家里，却在周末翻阅他的信件吗？"他当时感觉自己无言以对，但事后评论道，他或许可以这样回答："外交官什么时候是绅士了？"

他还是想写作。《纽约先驱论坛杂志》(*New York Herald Tribune Magazine*)和华盛顿《星期日明星杂志》(*Sunday Star Magazine*)买下了

根据事实创作的《我们内部的间谍》(*Spies inside Our Gates*)。然而，雅德利抛弃了非小说类文学作品，可能是因为正如几年前他告诉拜伊的那样，他的素材都留在了华盛顿，因此他不再有“足够多的准确资料为自己所用”，但更可能的原因是他认为从小说中能赚到更多的钱。他写了两篇短篇小说，拜伊于 1933 年 5 月将它们卖给了《自由》杂志。“当看到小说上印着自己名字的时候，我应该感到非常自豪，可是我不会头脑简单得任凭它进入我的脑海中，因为我清楚地意识到我在一个伟大推销员的掌控之中。但我相信，这能够给我一些我迫切需要的信心，毫无疑问接下来的故事会更好。”几天后，他告诉拜伊，“过几天，我会给你另一本小说。故事是关于我的万能英雄，帮助警察局长破了一个案子。我还有另一个故事梗概，是关于日本人在美国的间谍活动。他们尝试在一个国际会议召开之前盗取国务院编码，但其阴谋被我们的英雄粉碎。这是一本寓意深刻的小说，根据真实故事创作。如果您看完了最后一段，请销毁这封信。”针对这部字数在 7 万—7.5 万的非小说类书，他签署了一份 500 美元的预付款合同，在交稿的时候支付费用。对此他声称：“我不是出于经济原因需要这笔预付款，而是我需要它来维持我的自尊心。预付款对于一个不起眼的作家来说是生命之源，意味着更有前进的动力，因为别人相信你。”虽然他坚持说“无论发生什么事我都会完成这本书”，但这本书从未完成。也许他从来就没有写过，因为 8 月，他给拜伊发电报说：“刚从毒长春藤引发的不适中康复过来，有想写作的愿望。我依旧很懒，但如果有合同的话，我会履行我的职责。您认为我们能和舒斯特公司订立合同吗，保证我的短篇小说达到它设定的小说标准……我有着当作家的渴望和非常棒的故事，请让我开始工作。”

拜伊卖给《自由》杂志中的，有一篇短篇小说《美女特工》(*The Beautiful Secret Agent*)，其内容非常空洞，似乎《自由》发表它的目的仅仅是为了维持这位伟大特工的美好意愿。它的主角——用“英雄”这个词有点过分，是纳森尼尔·格林利夫 (Nathaniel Greenleaf)，人物原型为独立战争英雄纳萨尼尔·葛林 (Nathanael Greene)，雅德利故乡一个叫葛林

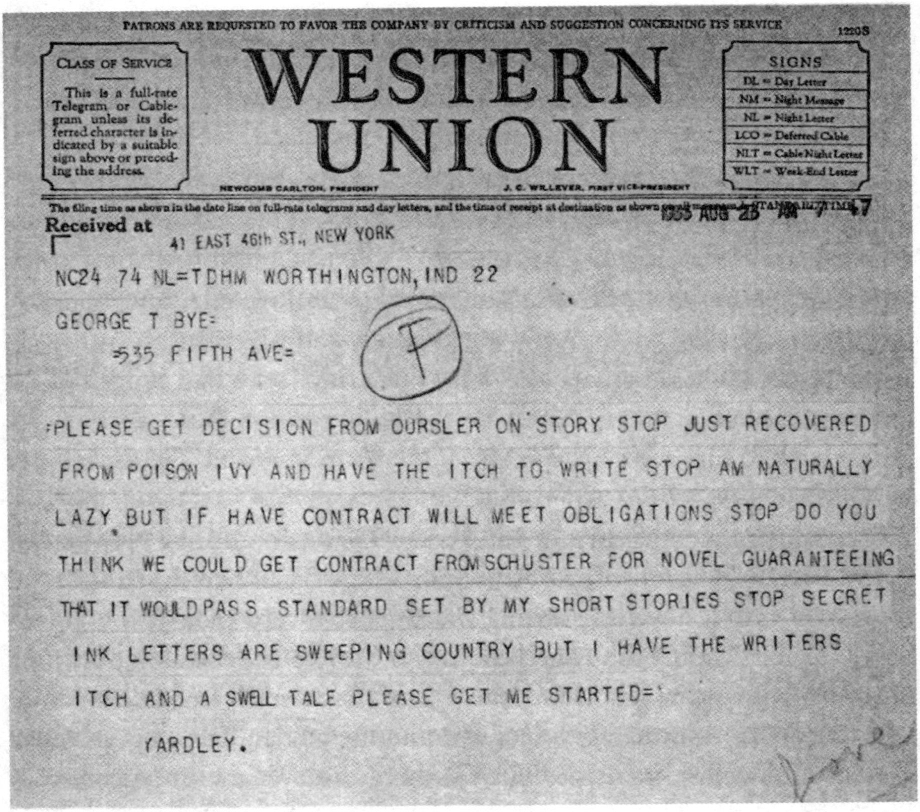
PATRONS ARE REQUESTED TO FAVOR THE COMPANY BY CRITICISM AND SUGGESTION CONCERNING ITS SERVICE

WESTERN UNION

CLASS OF SERVICE
This is a full-rate Telegram or Cablegram unless its deferred character is indicated by a suitable sign above or preceding the address.

SIGNS
DL = Day Letter
NM = Night Message
NL = Night Letter
LCO = Deferred Cable
NLT = Cable Night Letter
WLT = Week-End Letter

NEWCOMB CARLTON, PRESIDENT　J. C. WILLEVER, FIRST VICE-PRESIDENT

The filing time as shown in the date line on full-rate telegrams and day letters, and the time of receipt at destination as shown on all messages, is STANDARD TIME

Received at 41 EAST 46th ST., NEW YORK

NC24 74 NL=TDHM WORTHINGTON,IND 22

GEORGE T BYE=
=535 FIFTH AVE=

=PLEASE GET DECISION FROM OURSLER ON STORY STOP JUST RECOVERED FROM POISON IVY AND HAVE THE ITCH TO WRITE STOP AM NATURALLY LAZY BUT IF HAVE CONTRACT WILL MEET OBLIGATIONS STOP DO YOU THINK WE COULD GET CONTRACT FROM SCHUSTER FOR NOVEL GUARANTEEING THAT IT WOULD PASS STANDARD SET BY MY SHORT STORIES STOP SECRET INK LETTERS ARE SWEEPING COUNTRY BUT I HAVE THE WRITERS ITCH AND A SWELL TALE PLEASE GET ME STARTED=

YARDLEY.

雅德利写给拜伊寻求工作的信件。

的县城就是以他的名字命名的。他的工作无从得知，可奇怪的是，他可以在外交、情报和警察的圈子混得风生水起。在一次华盛顿的聚会上，这位美女特工中枪受伤。她低声对格林利夫说，“找到那个系着黑色鞋带的男人”。格林利夫破译了一封不可思议的密文，说一名德国间谍被指控破坏巴拿马运河，他的鞋带浸透了隐显墨水，而那位美女间谍实际上是一个双面间谍，不仅为她的祖国工作，还为美国效力。在一个盛大的派对上，灯被熄灭了，在房间内紫外线的照射下，一位军官的鞋带闪闪发光！面对证据，这位军官开枪自杀了。格林利夫去探望了那位想和他约会、正在休养的美女间谍。

雅德利对他的第二个故事也进行了完善，因为几乎没有别的办法。《H–27——来自安特卫普的金发美人》(*H-27, the Blonde Woman from Antwerp*) 源于雅德利弄混了的德国特工玛丽亚·维多利卡与女间谍“博士小姐”。格林利夫现在是“美国黑室的负责人”，这是一战期间美国的一个机构。总统命令格林利夫破译德国情报，其内容是通知德国 U 型潜艇，大西洋的美国运兵船将会在何处集结和横渡等信息。格林利夫首先破译出一个简单的密码得知了经度和纬度，又通过栅栏移位确定了会议召开的时间以及护航队的规模。通过拼凑的一套不可思议的镜头和电视设备，他可以将白宫一个房间的影像呈现在屏幕上。他看到一个女佣取下了打字机色带，换上了一个新的。特工们跟着她，发现她脱掉女佣服，换上了女式西服，摘下假发，露出金黄色的卷发。她就是 H–27！当特工接近她时，她服下毒药，死在格林利夫的怀抱里。临死前她说：“我们都有错，这就是战争。”这个故事有更多有趣的人物，比第一本书的情节要好，尽管结局有些白痴，但它仍算不上文学作品。

雅德利也尝试了创作小说，一如既往地与人合作。开始时，他和《围裙带》的作者、编剧查尔斯·艾凡斯·威特克（Charles Evans Whittaker），“呕心沥血……长达数月”，一起编写了 75000 字的系列剧《食人者》(*Eaters of Men*)，讲述的是军火制造商的故事。他于 1934 年 12 月 1 日告诉拜伊：“我只能在纽约待上一星期左右，因此希望您能帮我这个特殊的忙，尽快读一下这本书……您会发现这是块大肥肉。”然而没有人看上这本书，雅德利放弃了，开始寻求一名合著者，希望能找到在他的指导下利用 1915 年的信函来研究小说和短篇故事的人。

卡尔·亨利·盖拉伯是芝加哥大学的英语副教授，比雅德利年长 7 岁，在芝加哥出生并长大，自 1907 年起担任大学讲师。他在多个期刊上发表过短篇小说和文章，出版过一本小说、一些少年读物，以及研究珀西·比希·雪莱（Percy Bysshe Shelley）、哲学、世界和平及 19 世纪浪漫散文的书籍。或许他就是建议雅德利先写出十几个故事再去销售的那位

"非常好的评论家"。但这次将雅德利带至他处的却是《短篇小说的艺术》和《长篇小说的技巧》两本书。

他们于1933年和1934年合写了一部未命名的剧本，应该是"美国黑室的戏剧版"，但后来增加了角色和"H–27"的故事情节，改编成小说。格林利夫领导美国秘密机构密码破译部门，他的对手是伯爵夫人瑟兰德——瑞典大使的妻子，后来证实她是一名德国间谍，代号J–37。她闪闪发光的金色头发赋予这本小说一个名字——《金发伯爵夫人》（*The Blonde Countess*）。德国人发现美国军队运输船在海洋中央的集结地，协约国派有护卫舰，遂将情报以密码的形式用无线电发回德国，通知德国潜艇用鱼雷袭击它们。格林利夫挫败了这个阴谋，他通过碘蒸气检测在伯爵夫人的围巾上发现了用隐显墨水书写的情报，随后破译了一个相对简单的德国一战时期使用的ADFGVX战地密码。

这本小说于1934年4月出版，共314页，由朗文·格林公司出版发行，单册售价2美元。雅德利被列为唯一作者，其名字与《美国黑室》的书名一起排在扉页上；卷首插图用的是他的照片。盖拉伯的名字没有出现。在技术说明部分和个别词句中可以看出雅德利的笔法。非常具有特点的是，他用"for"来代替了"because"表示原因，例如："他工作麻利，**因为**（for）他会为探索中的希望兴奋不已"；他在过去时中使用"must"，例如："他叫布兰和杰克去他的公寓。他**必须**（must）要谈一谈，**必须**（must）问问他们的意见，**必须**（must）看到他们的态度才能放心"。书中还重复使用了《美国黑室》中的一些词句，例如："对乔伊来说，他有种拒他的责难者千里之外（fenced with his accusers）的气场"，模仿他的这种说法描述维多利卡"巧妙地抗拒了"她的责难者（"fenced cleverly" with her accusers）。雅德利的写作手法可窥一斑。

尽管有这些片段，但几乎整本书都是出自盖拉伯之手。他声称写了这本书99%的内容，尽管有些部分谁写都可以，但有很多条目只可能出自盖拉伯的笔下。雅德利在其所有作品中从未提及文学或音乐，《金发伯爵夫人》中确实出现了好几处，如：格林利夫评论道，把山羊和绵羊分开的典故出自《圣经》；招待会的一幕场景是，一位男高音在放声高歌《圣洁的阿伊达》，一位女高音唱着《露西亚》中疯狂的一段，一位钢琴家弹奏着肖邦的小夜曲。书中还有其他很多词句与描述跟雅德利的经验和个性迥然不同，如：格林利夫突然冒出“渡渡鸟”和“卢卢”的俏皮话；一个角色错误地引用了法国革命领袖丹顿；伯爵夫人从哲学的角度解释一个不漂亮的女人是否有时看起来也很漂亮。盖拉伯也暴露出他的文学偏好，在描述一场 U 型潜艇追击时，没有使用正确的专业性术语“锁紧（beat）螺丝”，而是引用了亨利·詹姆斯[1]故事的标题，写成了“拧紧（turn）螺丝”。

雅德利和盖拉伯在这些风格和内容上的不同并不冲突或影响故事情节，进展得很快也很顺利。但书中的人物形象并不鲜活，也没有进一步发展。这本书纯粹是一部为混饭吃而粗制滥造的文学作品，压根儿不是它假装成为的某种作品。盖拉伯本人从未将这本书称为严肃的小说，认为这“是为雅德利写的东西”。

与此同时，1934 年 5 月 9 日，“经过数周的协商之后”，雅德利正在考虑是否接受一份邀请——“12000 美元的收入以及费用开支，消失一年去做一份工作。这份工作不仅坦荡，而且会为我的余生积累足够多的写作素材”。毫无疑问，这是去另一个国家做密码分析专家的提议。他告诉拜伊“我愿意答应，因为我需要钱”，但是“这一年，我没有时间写作”。他征求拜伊的意见，并告诉他“请拒绝它吧”。他最终没有接受这个邀请，或许是因为，正如给拜伊的信中所写，他会做得更好，只要他“继续这样走下去，因为我现在好运气不断。两本小说是否太多，一本大概在秋初的时候写出来，另一本在秋末？如果你愿意接受的话，我一年可以写 4 本，甚

[1] 编注：亨利·詹姆斯（Henry James，1843—1916），是一位在美国出生的英国作家，被誉为对 19 世纪现实主义文学影响最大的作家之一，也是 20 世纪小说意识流写作技巧的先驱。詹姆斯本人长期旅居欧洲，对 19 世纪末美国和欧洲上层生活的观察细致入微，他的不少作品都被搬上银屏，如《华盛顿广场》《一位女士的画像》等。本书中提到的 *The Turn of the Screw*，译作《螺丝在拧紧》（也作《碧庐冤孽》），是一部关于心理描写的恐怖小说，多次被拍成电影。

至是6本——只要有钱可赚”。

很明显，他感觉如此自信的原因是，他刚写完另一本小说《日本的红太阳》（*Red Sun of Nippon*），6月中旬时他将这本书寄给了拜伊。它讲述了一位年轻漂亮的中美混血女人，被迫为日本人做间谍，因此不得不和自己的美国外交官男朋友决裂。这一次主人公又是纳森尼尔·格林利夫，如今他是反间谍活动的负责人，破译了日本密码（使用的是雅德利1921年想出并命名的策略），让这位年轻的外交官阻止了一场日俄战争，与美人团聚，并接受了她的双重身份。格林利夫打算和这位外交官迷人的妹妹结婚。这本书无论从哪方面来说都不如《金发伯爵夫人》。故事的素材是关于东方人的，不是西方人的，提到的几处背景参照也是源于历史事实，没有文学性，从中可以看出，雅德利写这本书时并没有依靠盖拉伯。它没有《金发伯爵夫人》相对流畅的文笔，也没有时不时出现的心理描写的笔触，《日本的红太阳》从头到尾语言沉闷，雅德利的散文天赋在写《美国黑室》时达到巅峰，但当他写小说时，这种能力便离他远去了。《日本的红太阳》情节夸张，充斥着很多不可能发生的事情。他请求拜伊“对《日本的红太阳》好点”，朗文·格林公司确实如此，因为它们以“甚至比《金发伯爵夫人》还要好”的条件接受了这本书并且支付了预付款。1934年11月，这本书出版了，定价2美元。《纽约时报》说，“尽管这其中有很多疯狂的不可能，这个故事还是挺引人入胜的”；但《星期六文学评论》认为它“比一般水平还差”。

这时，丹尼尔·托马斯·科廷（Daniel Thomas Curtin）听说雅德利想要制作一档关于间谍的广播剧。这位哈佛大学的毕业生比雅德利年长3岁，是位经验丰富的广播剧作家，曾将陈查理[1]电影中的人物形象改

[1] 编注：陈查理（Charlie Chan）是美国作家厄尔·德尔·比格斯（Earl Derr Biggers，1884—1933）笔下的一位华人探长。比格斯一共写了6本关于陈查理的小说，在1925—1932年出版。这些作品后来被改编成很多电影、电视剧、动画片、广播剧，陈查理也成为美国流行文化中最著名的华裔角色之一。

编进广播剧。科廷知道《美国黑室》这本书，作为一战时伦敦《泰晤士报》的一名战地记者，他曾和英国海军情报负责人霍尔上校、伦敦警察厅（Scotland Yard）负责人巴兹尔·汤姆森（Basil Thomson）都打过交道。战争结束后，他四处演讲并写书，经济大萧条期间在电台工作得很开心。他和雅德利用这个间谍节目的创意打动了在麦肯－爱里克森广告公司（McCann-Erickson）的朋友们。但广播行业的竞争非常激烈，竞争对手们一方面挑起德国使馆的抱怨，使之担忧这个节目可能重新激起反德情绪；另一方面又煽动美国军方的担心，让他们认为这可能违反了间谍法，希望以此来震慑那些潜在的赞助商。攻击进入白热化阶段，科廷不得不结束在克里夫兰的演讲，飞回纽约与广告公司的麦肯见面。麦肯说，除非骚乱得到平息，否则就会取消这项提案。科廷找到一位熟人——战争部长乔治·亨利·德恩（George Henry Dern），他让军队的管乐团参加了试听。科廷和雅德利借用了其他剧的演员，“扩大了试镜规模”。军官们都热情高涨，说这个演出会激起强烈的爱国精神。

雅德利和科廷准备庆祝一番。当时纽约的天气非常寒冷，两人从无线电城（Radio City）的美国全国广播公司（NBC）录影棚一直走到第六大道。

“我们去那边喝一杯吧，”雅德利说道，“驱驱寒。”

“我想去对面街角喝一杯。”科廷说道。

“但那里只有一家杂货店啊。”

“是啊。在那儿喝上一杯冰激凌苏打水，或许可以冷静地思考下。”

“汤姆（科廷的昵称），你到底想说什么？”

“我们仍然面临着很多障碍，我相信你可以提供给我一些信息，这样我们就能在面对那些赞助商和广告公司时保持清醒。”

他们喝了苏打水。“透着阵阵凉意，两人建立了一种温暖的友情。”科廷写道。后来他们再没有遇到更多的攻击和中伤。

STORIES OF THE BLACK CHAMBER

"THE SPY EXCHANGE"

EPISODE 3

(Friday, March 15, 1935)

SIGNATURE — WIRELESS BUZZER HISSES BC...CLG, WITH-DASH-DOT-DOT-DOT.... DASH-DOT-DASH-DOT...DASH-DOT-DASH-DOT...DOT-DASH-DOT-DOT... DASH-DASH-DOT...

VOICE — (METALLIC TONE) Black Chamber...Calling...Series of V's... DOT-DOT-DOT-DASH.

WIRELESS BUZZER HISSES BC...CLG, WITH DASH-DOT-DOT-DOT... DASH-DOT-DASH-DOT...DASH-DOT-DASH-DOT...DOT-DASH-DOT-DOT... DASH-DASH-DOT....

VOICE — (METALLIC TONE) Black Chamber....Calling...Series of V's... DOT-DOT-DOT-DASH...(FADING OUT).

ANNOUNCER — There's the signal for you to listen to "The Spy Exchange", a story of the Black Chamber, by Major Herbert O. Yardley, and Tom Curtin. Tonight's story opens with a battle between two rival detectives for the possession of a secret message. This message is not written in invisible ink, but in what is known as cipher.

(CONTEST DETAILS TO COME HERE)

雅德利－科廷广播剧一段脚本的开头部分。

1935 年冬季、春季和夏季，《黑室的故事》[1]（在美国全国广播公司的网络播出。纽约广播电台 WEAF 的播出时间是星期一、星期三和星期五晚上的 7 点 15 分到 7 点 30 分，660 千赫，有 3 个系列 :《隐显墨水》，改编自《金发伯爵夫人》中的情节，21 集 ;《间谍交换》，22 集 ;《来自苏豪区的姑娘》，29 集。与之同时段播出的是 3 个喜剧节目 : WOR 电台的《拉姆和阿布纳》，WJZ 电台的《托尼和盖斯》以及 WABC 电台的《比尔只是凡人》。福朗（Forhan）牙膏赞助了这个节目，但也参与了雅德利的隐显墨水生意，产品包括一瓶墨水、一瓶显影剂以及一个圆头小块，可以写 50 个字母的情报 500 次，用于游戏和特技表演。"你想拥有这瓶隐显墨水吗，你唯一要做的就是在福朗牙膏盒上写下你的姓名和地址，将盒子寄到纽约市福朗公司。"最后一集在 7 月 12 日（星期五）播出。星期一，一部喜剧《以斯拉叔叔》接档开播。

这些节目制作得既流畅又专业，每一集结束时都充满悬念，里面的人物很有个性。身在好莱坞的雅德利又一次让别人来帮他完成这项工作——科廷在纽约负责处理写作和制作方面的事情。科廷说 :"他能敏锐地抓住每个情节，喜欢将脑海中的情景在现实中再现出来。"他们通过电话合作，大都是按照雅德利的观点和想法。他喜欢在半夜 11 点到凌晨 2 点的时候给纽约的科廷打电话。雅德利对细节一丝不苟。有一次打电话，他对涉及州界线和绑架等规定非常小心。"我们不能弄混新颁布的法令。不能冒这个险。但我们可以设法想出一种办法，打法律的擦边球。"他谨慎地说道。

一天，正在考虑演出续约问题时，雅德利通知科廷 :"我实在无法从这部电影中抽身去纽约。"

"但我这一个星期有 3 场演出，不可能什么都不顾地跑去好莱坞。"科廷回复说。

---

[1] 原注 :《黑室的故事》(*Stories of the Black Chamber*)，系列 1 从 1 月 21 日至 3 月 8 日播出，系列 2 从 3 月 11 日至 4 月 29 日播出，系列 3 从 5 月 1 日至 7 月 8 日播出。资料来源于好心的路易斯·库让借给我的大量剧本，以及刊载于《纽约时报》1935 年 4 月 20 日，5 月 1 日和 3 日，7 月 8 日、12 日和 15 日，10 月 7 日的《本周电台节目》。

他们俩想不出可以在中间的哪个地方碰个面，最终达成一致，一个人必须去另一个人的地方。

“如何决定我们俩谁去呢？”科廷问道。

“我们抛硬币决定吧。”雅德利回复说，“我和你赌一下，汤姆。有硬币吗？”

“25 美分的硬币。”科廷说道，深吸一口气。

“一样，25 美分的硬币。”

科廷的硬币当的一声落在桌子上。“正面朝上。”他说道。

3000 英里（约 4828 公里）外的地方传来另一声硬币落地的声音。

“该死，反面朝上。好吧，汤姆。我星期六晚上会到你家。星期天晚上飞回来，可以吗？”

“好的。”科廷答应了，心里顿时如释重负。他们的谈话进展得很顺利——尽管很明显续约的计划失败了，雅德利从纽瓦克机场飞回了好莱坞。这件事让雅德利和科廷的关系变得比以前更好了。其实他本可以撒谎的。然而他没有。

为了增加气氛，科廷之前经常作为播报员出现在节目中。有一天晚上演完节目后，有 3 个表情严肃、文质彬彬的人走上前跟他搭讪，衣着比一般夏季听众的还要正式得多。他们想要私下跟他谈谈。他跟着他们进了麦迪逊大道上的一家酒店。他们想要雅德利来哥伦比亚帮着破译密码，这个国家和秘鲁为了边境城市莱蒂西亚的问题一直争论不休。雅德利人在好莱坞，答复他们说需要通过科廷达成交易。科廷告诉他们需要向雅德利证明这是个好工作。他们承诺会支付高薪水。后来又见了几次面。等到雅德利好莱坞的工作结束了，他同意去哥伦比亚，但要求薪水达到 25000 美元，还要提供住宿。几个人的脸色沉了下来。

“这太高了。我们付给他的钱不能比总统挣得还多。”他们说道。

雅德利不会降低自己的工资。“你们不能给总统涨点工资？”他问道。

他们不能，他也不能，他没去成。边界争端最终和平解决。

但这不是最后一次雅德利收到从事密码工作的雇佣邀请。

第 15 章

一部针对雅德利的法律

《美国黑室》出版几个月后，当雅德利试图继续发掘它的成功时，他突然又有了创作另一本书的想法。书的内容将围绕他最好的工作以及最精彩的故事展开：在华盛顿海军裁军会议期间破译截获的日本情报。最重要的是，他不用亲自写：这本书可以像《雅德利密电》那样请别人代写。1931 年 10 月，他有了自己的“枪手”。玛丽·斯图亚特·库鲁斯（Marie Stuart Klooz），匹兹堡人，1923 年毕业于弗吉尼亚一所女子学院——斯威特布莱尔学院。她曾是该校国际关系俱乐部的一名成员，主修社会科学，并且如学校年鉴中所称，“用打字机的键盘敲出了她的文学学士学位[1]”。库鲁斯是一名自由撰稿记者，雇有一位经纪人。《美国黑室》中透露了 29 份截获的日本情报，这本新书将比它还要多。雅德利让鲍伯斯－梅里尔公司的戴维·钱伯斯把“保险柜中的日本电报”给库鲁斯送去。因为这是一个已经讲过的故事，钱伯斯警告说，“对于你计划写裁军会议的这本书，我们会否感兴趣这一点还不确定，但是，”他闪烁其词地说，“我们应该会有兴趣先看看大纲。”

[1] 原注：其著作《荆棘》（*The Briar Patch*）1923 年由斯威特布莱尔学院初级班出版，参见第 35 页。

库鲁斯花了 7 个月的时间整理出一份 970 页的手稿，名为《日本外交秘密》(*Japanese Diplomatic Secrets*)。书的内容很乏味，包括数百封截获的日本外交公文，文字之间零零碎碎，客观、专业、枯燥无趣。此外，库鲁斯的笔法也十分沉闷：她第一章的标题是“谁杀了知更鸟？”对于雅德利最为得意的“曾经通过美国国门的，最重要且意义最深远的电报”，她在书中不仅没有进一步渲染，反而说“在随后的电报中，我们收集到华盛顿的代表们提交了至少 4 种可能的行动方案”——这无疑削弱了它的重要性和戏剧性，使这个故事的高潮只呈现出四分之一的效果。这本书剩下部分的形势更是一路下滑：日本承诺将山东归还中国，各方就不进一步加强在太平洋岛屿属地防备达成一致，并且确定了雅浦岛的电缆权利，完全是虎头蛇尾。书中没有回答任何问题，而是反问道：“自己想想会发生什么……如果加藤拒绝在小笠原群岛（Qgasawara）现状方面做出让步呢？……如果压根儿就没有美国黑室呢？”会议结束 10 年了，这本书仍未能分析出密码破译对美国政策影响，以及此次会议对世界历史进程的深远意义。它“谨慎地拒绝了任何可能会令美国或日本难堪的（电报），以及任何可能导致两国交恶的哪怕概率极小的事件”——尽管两国关系早就遭到破坏，书中可能最有价值的信息就这样被隐去了。玛丽·库鲁斯毕竟不是像雅德利那样的作者。

鲍伯斯－梅里尔公司仅耗费两周的时间便拒绝了这本书。1932 年 8 月 1 日，钱伯斯写道：“我们的（内部）读者……并不认为这本书肯定能引起读者广泛的兴趣。”他建议尝试下“麦克米兰公司（Macmillan）或其他有着直邮广告业务的出版商”。

这时，战争部听说了这部手稿。这本书本来要给麦克米兰公司。战争部警告国务院，后者正极力处理与日本的关系，自从日本占领中国东北之后，两国的关系日趋紧张。美国拒不承认日本的占领行径，而这激怒了日本帝国。6 月时，一名日本官员警告说，如果美国“总是试图阻止日本的自然扩张”，日本可能开战；9 月 10 日，美国驻东京大使发电报称，“反美新闻宣传活动正变得越来越激烈”，军事因素主导了日本政府的观点，将美国视为他们“潜在的敌人”。因此，9 月 12 日，国务院日本事务高级顾问斯坦利·霍恩贝克（Stanley K. Hornbeck）告诫副国务卿：“考虑到目前日本舆论界普遍存在的亢奋状态，及其对美国怀有的恐惧或敌意，应尽一切可能阻止这本书面世。”

这不是政府第一次考虑或付诸实际行动来禁止出版关于密码学或涉及密码学信息的书籍了。1926 年，奥地利密码机构的负责人收到一本关于密码破译的书稿，著者安德烈亚斯·费格尔上校是奥匈密码分析局的创始人，也是第一次世界大战中密码学方面的佼佼者之一。这本书是其早些年出版的编码书《加密系统》（*Systeme des Chiffrierens*）的续篇，但此时却遭到了反对，被认为“特别不利于国家的利益”。费格尔当时是密码机构的密码分析专家，受到了威胁，宣称如果他不撤回这本书将面临纪律处分。这本书再未出现过。选定这个题材的出版社获得了 3500 先令的补偿。

法国一战时期陆军总部密码分析负责人马塞尔·吉威尔格将军的一部回忆录，以及他做过的一项题材宽泛的历史研究也从未出版过。英国官员曾为泄露的几份海军密码破译历史记录而苦恼不已，记录中包括皇家海军无畏战舰的建造者海军上将约翰·费希尔（John Fisher）和前英国海军大臣温斯顿·丘吉尔（Winston Churchill）的相关内容，但最终未能阻止它们的出版。1914 年，阿尔弗雷德·尤因爵士创办了皇家海军密码破译机构，代号“40 号房间”。当他在 1927 年的演讲中透露了这个部门的存在以及取得的成绩后，一位英国密码分析专家针对保守秘密发表了官方的理论依据：

> 如果国外这些负责本国通信安全或密码局的官员们没有明智地从战争中吸取教训，或者已经吸取教训但却在拼命地忘记它们，而一位欧洲著名的科学家在此时出版一本他在这个特殊行业的战争经历的书，这将会造成难以估量的伤害，也将会为所有的编码和密码学校带来新的动力（指国外的密码分析机构），因为

> 他们对于更高的安全性、更多的资金和调查材料的要求会得到更慎重的对待。因此，G. C. and C. S.（政府编码和密码学校，英国密码分析机构的化名）的工作可能会变得更加困难。

就在霍恩贝克想要阻止雅德利的书出版之际，英国海军部也对海军上将雷金纳德·霍尔爵士说："在当权的大人物看来，在海军的立场上，不应该在这种性质的书中提及任何与情报截获有关的资料。"尽管这位前海军情报负责人将不得不退还855英镑的预付款、支付250英镑给一位代笔作家作为部分稿费，并放弃可能达数千英镑的销售收入，他还是同意了他们的要求。后来，迫于政治压力，英国总检察长允许第一次世界大战期间海军情报部的一名速记打字员休·克莱兰·霍伊（Hugh Cleland Hoy），出版了一本关于"40号房间"的书，一位负责保密性审核的密码分析专家说："我被准许决定哪些地方要进行删略，尽最大可能让它变得晦涩难懂，因为这将使坚持出版此书的出版商面对尽可能多的发生变化的页数，最终整本书不得不重新印刷。"

霍恩贝克同样反对雅德利的书，使得国务院通知了美国司法部，纽约的联邦检察官要求库鲁斯的文学经纪人和麦克米兰公司不要出版这本书。他们都答应收到手稿时会告诉他。军队派了几名上尉前往沃辛顿，让他们找雅德利索回他所持有的所有政府文件。[1] 雅德利则反驳说，他想先与美国总检察长讨论一下这件事情——但他从没有要求见面，而这些文件似乎也从来没有归还。

1933年2月中旬，麦克米兰公司告知当时负责处理此事的美国首席助理检察官托马斯·埃德蒙·杜威（Thomas Edmund Dewey）——未来的州长和总统候选人，说他们刚刚收到《日本外交秘密》的手稿。国务院和军队参谋长道格拉斯·麦克阿瑟（Douglas MacArthur）将军赞同他们应

[1] 原注：参见NA, RG 165, Entry 65, 10039-299。后来司法部的代理人又报告说，雅德利将文件存放在"国内多个地方的保险箱中"（参见"Code Expert's Ms. on Japan Is Seized," NYT, 21 February 1933, 3:4）。不过这似乎不可能。

该联合行动，并且将国务院一位日本事务专家派到纽约审查稿件。他给副国务卿打电话说："这可能是最坏的情况，已经超出了日本能忍受的范围。"副国务卿向国务卿亨利·史汀生汇报了书中对查尔斯·埃文斯·休斯的指控，以及对当时的首席大法官在会议期间"成为所有这种获取和解密电报行为的推动者"的指责。史汀生首先提到休斯"地位很高不会被中伤"，但当副国务卿威廉·卡斯特尔（William R. Castle）指出，国务院曾经支持密码局并且休斯是当时的国务卿时，史汀生意识到确实存在危险。"如果他否认雅德利的一切会怎么样？如果他否认曾见到这些电报会怎么样？只有那些知道他的人才会相信他。那时的最高法院是政府唯一不会受到持续抨击的机构（不是指结束经济大萧条），我们不能让首席大法官蹚这个浑水。"卡斯特尔于 2 月 19 日与休斯会面。休斯"深感不安……他看到了危险，完全和我一样。现在无论做什么，都不能去征求他的意见，因为他不能提前表现出为自己辩护的立场，也不能表现得好像害怕情报泄露一样"。卡斯特尔与军事情报负责人和战争部公共关系官员商谈，"无论是情报本身还是其他鼓舞人心的事，都没有什么结果"。

一位美国法警出现在麦克米兰公司的纽约办公室，命令公司总裁带着那份手稿去联邦大楼。乔治·拜伊也被叫去了。政府依据《1917 年间谍法》没收了这份文件，然而这部法律并没有用于查禁《美国黑室》。杜威陪着出版商和经纪人一起出现在联邦大陪审团面前，在他们就自己与这本书的关联做证之后便允许他们离开了[1]，当局留下了手稿，但没有起

[1] 原注：参见 NA, RG 60, Entry 112, Department of Justice Central Files, Straight Numerical File 235334，处理《日本外交秘密》，与向大陪审团提交呈词以及为何没有起诉并没有关联。据美国国家档案和记录管理局纽约分部 118 号档案，1919—1929 年纽约南区美国检察官办公室档案文件数据库中，也没有雅德利、麦克米兰公司或库鲁斯的相关记录。杜威在 1944 年说道："我才是阻止雅德利出版第二本书的人。一天晚上，我在一家地下酒吧遇见了他，并劝说他不要出版这本书。雅德利说，如果史汀生先生就解雇他所采取的恶劣方式写一封道歉信，他便同意。史汀生先生也是这么做的。"杜威将此事告诉了卡特·克拉克（Carter Clarke）上校，后者出示了一封乔治·马歇尔将军的信，要求他不要在总统竞选中提及破译这个话题。克拉克的报告（SRH−043）刊载于《密码学》

诉，司法部感觉仅凭这部法律阻止不了这本书的出版。1933 年 3 月，富兰克林·德兰诺·罗斯福（Franklin Delano Roosevelt）宣誓就任总统后不久，国务院的高级官员们开始商讨如何阻止这本书出版。很快，前参议员、新上任的国务卿科德尔·赫尔（Cordell Hull）在他办公室召见了国务院的法律顾问，并命令他去和众议院司法委员会主席，以及来自得克萨斯州的民主党众议员哈顿·桑诺斯（Hatton Sumners）讨论，研究一部法案来禁止这本书出版。桑诺斯解释说，该法案应“有必要避免证明那些文件是从政府办公室或机构带出去的，因为承认这些文件归政府所有的话，效果会和将这些文件出版一样糟糕”。第二天早上，法律顾问格林·哈克沃斯带着他拟订的草稿见到了桑诺斯，后者感觉覆盖的范围还不够广泛。几分钟之后，委员会成员召开全体会议。尽管哈克沃斯解释说国务院不想提到雅德利，但很多成员都读过《美国黑室》这本书，立刻认清了当前这个形势。他们表现出极大的兴趣。为了起草法案，桑诺斯成立了一个子委员会，在委员全体会议结束之后立即进行了会面。它要求司法部和国务院起草一个法案，委员会成员们在接下来的会议中展开了详细的讨论并进行修改。1933 年 3 月 27 日（星期一），桑诺斯提出“为了保护政府档案”的 H. R. 4220 法案。

罗斯福和国会当时正忙于完成一项艰巨的任务，正是因此他们才能竞选成功——让美国走出经济大萧条的泥沼。如今的美国，全国每 10 人中就有 1 人失业；男人们只能靠卖苹果养活他们的孩子；那些走投无路的人跳窗自杀；每天有 1000 个家庭被取消赎回抵押品的权利；农民们抛弃了他们的土地；冰箱里空无一物。正值“百日新政[1]”之际，政府出台了《联

（1983 年 4 月）第 7 卷，第 119—128 页，这句话在第 128 页。我对此并不相信。雅德利和杜威可能见过面——尽管一位执法官员会否跑到一家地下酒吧本身就非常令人生疑，但以起诉来威胁似乎比聊天这种方式更有说服力。也没有证据表明史汀生给雅德利写过信。杜威应该是记错了。

[1] 编注：百日新政（Hundred Days of the New Deal）是美国总统罗斯福施行的一系列经济政策。1929 年，美国爆发了极其严重的经济危机，为摆脱危机，刚刚上任的罗

邦紧急救济法》《全国工业复兴法》《农业调整法》《农场信贷法》《银行紧急救济法》《银行法》《证券交易法》《田纳西河流域管理法》以及其他法律等，华盛顿方面却在花时间讨论一部法案来阻止雅德利出版图书，就因为他们认为这可能会对美利坚合众国造成不可挽回的伤害。

H. R. 4220 法案提出第二天，司法委员会考虑了这部法案，修改了几处措辞，有一些内容参照了国务院法律顾问以及司法部一位官员的建议，随后提交了这部法案，并表明“政府的执行部门要求在尽可能早的日期颁布该法令，并向委员会充分展示了对它的迫切需要性”。这部审议中的法令表明“任何人，未经授权或主管当局同意，故意出版或向他人提供官方编码中包含的任何相关事物，或者基于损害美国安全或利益的目的，故意出版或向他人提供……任何东西，无论是在从一个公共办公室传送到……其他此类公共办公室的过程中获取的……还是……外国政府与他们在美国的代表团传送过程中……应被处以 1 万美元以下罚款或判处 10 年以下有期徒刑，或两者并罚”。

众议院于 4 月 3 日讨论了该法案。纽约民主党人小洛林 · 布莱克（Loring M. Black Jr.）问道：“按照本法案条款的规定，我们是否可以认为，如果报社确信政府的某个部门存在腐败，编辑派了一位记者进入该部门，他拿到确切消息并将它交给编辑，那么这时该政府部门依据此项法令的规定，就可以骚扰和威胁他？”宾夕法尼亚州共和党人路易斯 · 麦克法登（Louis T. McFadden）补充说：“我还担心一件事：如果一名国会成员以同样的方式获得信息，他是否会遵守本法令的规定。”宾夕法尼亚州另一位共和党人雅各布 · 班克斯 · 库尔茨（Jacob Banks Kurtz）委员回答说：“如果众议院将这部法令和现行法律一起审视的话，它会发现美国现如今法典中的法令与这部将要颁布的法令之间区别并不大，除了该法案第二段的内

斯福总统采取了广泛有力的措施。他在“新就任百日”内，即 1933 年 3 月 9 日到 6 月 16 日，向国会提交了史无前例的大量法案，成功抑制了金融危机，并在短期内取得了立竿见影的改革效果，为缓和整个经济危机奠定了基础。罗斯福新政在美国历史上占有极为重要的地位，对西方世界的经济发展也产生了重大的影响。

容：'任何人，未经授权或未经主管当局同意，故意出版或向他人提供官方编码中包含的任何内容'，这绝对新鲜，是该法案最特殊的部分，委员会的每个成员都急切地想要见到将其纳入法律。"他承认说，"委员会没有披露部分信息，这种说法是真实的，因为它认为这么做是不明智的，但委员会的成员无一不意识到这项立法的必要性和重要性。"接着，众议院通过了此项法案。

一小时不到，抗议之声便汹涌而来。关于传送情报的那部分规定太过于宽泛。国务院匆忙发布了一篇新闻稿，宣称"该项法案的目的绝不是为了钳制或是审查出版界的言论"。众议院的新闻发言人拒绝透露该法案的真实目的，只解释说政府的执行部门需要它。官员们则集体保持沉默，但人们很快就知道原因了。尽管一位众议院成员宣布，"该法案起草的背景非常严肃，所以我必须保持沉默"，其他人还是泄露了风声，说有证据表明尽快通过该法案很有必要。一些人叫嚷着说这有可能是自《1798 年外侨与煽动叛乱法》[1] 出台以来和平时期最严厉的审查制度。反对的呼声迅速蔓延，不断增强，几小时后，桑诺斯就不得不宣称他会在众议院的法案中尝试做出些改变。

美国参议院外交关系委员会（Senate Foreign Relations Committee）举行了不公开的听证会。国务院远东问题专家霍恩贝克和法律顾问哈克沃斯出席做证。也有官员反对说为什么会需要此项法案，以及国务院如何得知雅德利的这本新书。雅德利没有被传唤参加会议。该委员会重新起草了法案，以期减少反对的声音，反对主要是因为该法案会妨碍国会和新闻界获

---

[1] 编注：《1798 年外侨与煽动叛乱法》(Alien and Sedition Acts of 1798)，是由联邦党人控制下的美国国会通过的法案，由美国总统约翰·亚当斯于 1798 年签署生效。它是在美法准战争以及当时美国国内党争的背景下产生的，对美国历史产生了重要影响。这部法律规定："任何人撰写、印行、口头表示或出版……反对美国政府或国会任何一院或总统的任何不真实的、丑闻的和恶意的文章或言论，以图损毁他们的名声，或煽动美国善良人民对他们的仇恨，或抵抗、反对、挫败任何这类法律……将被处以两千美元以下罚款和两年以下徒刑的惩罚。"

取信息。新起草的法案加入了密码学因素，将目标直指雅德利。它的修订版本是这样写的："无论何人凭借自己在美国的职业便利，从他人那里得到，或保管或有机会接触到，或之前保管或有机会接触到的任何官方的外交密码或与此类密码有关的事物，或者旨在准备与这类编码相关的事物，故意、未经授权或未经主管当局同意，出版或向他人提供任何此类编码或事物，或者在外国政府与其在美国的代表团传送过程中获取任何事物，应被处以 1 万美元以下罚款或被判处 10 年以下有期徒刑，或两者并罚。"大家建议去掉众议院的措辞，换成这个版本。

5 月 10 日，参议院讨论了这件事。外交关系委员会主席、内华达州民主党人凯伊 · 皮特曼（Key Pittman）争论道："深得信任的员工将其通过办公室便利条件获取的外国政府之间的私人信件出版发表，这太不合情理了。"该项法案非常有必要，他说道，因为"如果……一个人通过他的办公室，或者凭借政府传授给他的破译密码的能力"，泄露了一个国外加密的情报，"这时可能会发现，如果不将外国政府的代表推到证人席上，根本无法证明这是外国政府的密码"。

华盛顿民主党人霍默 · 布恩（Homer Bone）想要知道，"这到底是什么东西？没有这种法律，我们不也从第 1 届国会一路走到了第 73 届。"

皮特曼说："我想表明的是，显然我们的政府过去一直很幸运，在那些非常保密的岗位上，拥有值得信赖的员工。但最近发现或有理由怀疑，这种信任已经遭到了亵渎，并且可能还会被再次亵渎。"

"此法案是不是为了专门惩罚某些已经实施这种行为的人呢？"身为律师的布恩又问道，他觉得事有蹊跷。

"我不这么认为，"同样是律师的皮特曼撒谎说，"如果是那样的话，它应是一部有追溯效力的法律。"

他在记录中加入了一封国务卿赫尔的来信，信中称任何侵犯出版自由的行为"我自己根本没有考虑过"。

接着，身材矮壮的加州共和党人海勒姆 · 约翰逊加入了讨论。他曾两次当选加利福尼亚州州长，并于 1912 年作为进步党（昵称公麋党）的副主席和西奥多·罗斯福联合竞选总统，是亚洲移民的反对者。1931 年，一位选民寄给他一本《美国黑室》，他说他会带着极大的兴趣读一读这本书。现在约翰逊幽默地表达了自己的愤怒。

> 从表面来看，该法案和婚礼一样传统，和葬礼一样体面……但是，总统先生，乍看之下，它似乎并不是那么简单，它没有达到想要的结果……
>
> 故事发生在某一天，一群来自国务院的、文质彬彬的年轻人冲进这里的国会大厦，声称事情紧急，为了不让自己家门前响起隆隆枪声，我们应立刻通过此项法案。他们是如此的有说服力，以至于众议院甚至都没有告知众议员们，为什么提出此项法案就要考虑接受它……这种紧急情况是在一个半月之前，但该法案至今悬而未定，没有人听说在这段时间发生了恐怖的、可怕的事情，而众议院宣称这种事很快就会发生，除非该法案立即成为美国的国内法。因此，起初信誓旦旦地断言法案必须通过的理由现在并不存在；冷静下来审视一下过去，也从未存在这种情况。
>
> 我之所以敢说出事实，是因为它们已经在全国出版，没有继续隐瞒的必要了。它们的作者是——我暂时想不起他的名字了，是一位为政府工作的特工人员，或者在战争后期是某个秘密机构的负责人。这个人是密码破译的掌门人。一直到 1929 年，每个一级政府在它的秘密机构都有一名人员在破译其他国家的编码，地球上那些认为自己是头等大国的其他国家，其特工人员会挪用——我们用这个词，而不会说“偷取”——从另一个国家传到自己国家的编码情报，再发给其他的外交特工。国家请人来破译编码，当然，在它们被破译之后，该国的官员们会阅读、消化，进而翻译其他国家的编码。
>
> 无论是出于美国政府的荣誉，还是出于 1929 年上任的国务卿的信誉，当他发现我们的国家存在这种做法时，立即制止并关

闭了这个致力于为我们国家提供那种业务的特殊机构，而且可能——当然我说的不一定精准，先生们，但很可能——我们是世界上唯一没有做这种应受谴责事情的头等大国，尽管过去已经做了很多年。但要记住，请永远记住，地球上的其他国家可能也正在这么做，某些国家正在读取我们发送给我们外交大使的信件。这就是 1929 年的形势。

然而，有个人——他的名字我记不起来了，但所有的报纸都报道过——在 1929 年那个特殊的情报部门解散之后，他觉得出版一本《美国黑室》挺好。

克拉克先生：参议员，请允许我打断一下，这个人名叫雅德利。

约翰逊先生：雅德利，就是这个名字。谢谢这位密苏里州的参议员。雅德利先生出版了一本叫作《美国黑室》的书。在这本书中，他的本意是发表一些日本在 1922 年裁军会议期间的信件。书一出版，我便阅读了它。书本身没有什么特别惊人的地方，内容多少有点意思；我想，我们都有类似的感觉，对于书中出版这些信件，我们的意见可能没有任何分歧。他出版了 1922 年他在为美国政府工作期间所获得的日本政府发给日本代表们的密码信。但是请同样记住，1922 年在收到雅德利于书中出版的那些信件时，遵照我们最高领导的要求，它们都被破译并放在那些代表美国的绅士的面前，毫无疑问他们对此并不陌生，也使用了这些资料。就这样吧!

雅德利做了有伤大雅的事情，违反了我们可以想到的与诚信关系有关的每一条规定。我有的只是对这种人这种行为的愤怒，对他没有任何同情。在上述这本书出版之后，他最近又打算出版另一本包含一些 1922 年裁军会议期间的信件，并且与他的第一本书一样，是与那个时期有关的事件。书中有日本政府与驻美外交大使们之间的通信信件。

1932年，或许是在这一年的年初，他打算出版他的第二本书。但那时出现了最为“紧急的情形”。正如我了解的那样，他的手稿被没收了；没收之后，被送到了国会大厅，这群惊恐的绅士们说，当前形势非常棘手、危机四伏且刻不容缓，他们必须有一部新的刑事法规。那时是当年4月1日前后，因此这部审议中的法令诞生了。

很快，众议院以这种方式通过了该法案——直到法案通过时，人们对此仍一无所知。出版界的成员们发出了一贯的呐喊：呼吁出版自由，以及出台这样的一部法案会如何妨碍他们的工作。当然结果是，所有人都跑去报道，这项法案很快得到了修订，目的是为了出版界不被干涉并且应该不顾一切地保证出版自由。接着最初的法案被重新编订，新的方案被摆在我们的面前。

这就是修正案的故事。毫无疑问，修正案比最初的法案要好，我表示赞同，正如来自新英格兰（实为新墨西哥州的布朗森·卡廷）的著名参议员在那天下午明确展示的那样，修正案的英文表述得不太好并且讲不通，但或许正是基于这个原因，它比最初展示的法案要好。（笑声）……

让我们来看看这个法案。关于这一点，我接下来要讲述的内容或多或少会有些专业。我不相信这会造成很多不必要的犯罪……这是一个针对特殊案例制定的法案。它是格格不入的，与那个案例不符。它以众多法律文献为基准，这样一部有着严苛惩戒的刑法，在久远的未来、当它最初的目的已被忘记时，它将会被用于另一个从未被设想过的目的，并且可能会大错特错。

这是此种类型法律的故事，它们出台的目的是为了适用于过去某些特定的案件……这种法案规定：“任何人通过在美国的职务之便，从他人那里获取信息”就是犯罪。用平白的语言来解释这条特殊法案的内容就是，从他人那里获取信息就是犯罪。但是，先生们，让我们展开来说——

> 乔治·诺里斯（George Norris）先生（内布拉斯加州共和党人）：主席先生，难道不应该判他有罪吗？如果他的确做了这样一件糟糕的事情，难道他没有犯罪吗？
>
> 约翰逊先生：从他人那里获得的？
>
> 诺里斯先生：是的。
>
> 约翰逊先生：是的，我认为是这样。这些天，任何人从他人那里得到任何东西，如果他得到了，应当被惩罚，但问题在于，我们大多数人尽管努力了，却并没有成功。（笑声）
>
> 我们说，"意图准备与这类编码有关的东西"，这是一种暗示，在我看来，这句话不应该被写入一部刑事法规中……
>
> 这部审议中的法令专门针对一个特殊且具体的案件。这种类型的法律总是令人怀疑。有时，是必要的，我愿意妥协……我对这种法案牵扯到的个人不感兴趣……但是，各位要记住的一点是，我们不仅要让他遵守这部法令，还要让他接触的其他人也遵守……最核心的一点是，我们都明白应该确保这个国家完好无损且不受伤害。

和雅德利同样来自印第安纳州的共和党人亚瑟·罗宾逊（Arthur R. Robinson）告诉参议院说："我尽了最大努力，本着公平公正的态度，让参议院委员会听听雅德利先生怎么说，但委员会拒绝见他。"他说雅德利暗示自己很乐意拜访国务卿赫尔先生并和他讨论这件事情，但赫尔拒绝了。罗宾逊也无法从"任何权威人士"处打听到任何细节。他说事实上这项所谓的紧急立法已经偃旗息鼓，更让他相信"这部审议中的法令背后还有其他的动机，且完全与雅德利先生无关"。

随后他念了一封他要求雅德利发来的电报。电报详述了《美国黑室》的出版原因——主要是为了提高美国的编码水平，雅德利在之前的自辩书中也提到过，之后他总结说："当今政府所担心的那部未出版的手稿现在已经控制在它的手中，在我看来，这是因为纽约那些虚假且耸人听闻的谣言所致。对于历史系的学者和学生来说，它是一本枯燥乏味的论著。普通人在读它的时候会睡着。无论它是否出版，对我来说都无关紧要。实际上，我一直在实验室为完成我的商业用途的隐显墨水试验、让孩子和大人们写出他们的秘密信件而忙得不可开交，对其他的事情一点都不关心。”念到这里，罗宾逊转而对总统进行了强烈的谴责，“是我们让罗斯福先生变成了一位独裁者，独裁者！……现在我们建议抑制美国人民的言论自由，对所有与外国有关的事情保持缄默。”他继续说道，“关于这部限制言论自由法令的通过，参议院所有成员没人给出一个令人信服的理由……国会的成员不敢存放和出版他可能获得的重要信息……即使它是为了拯救国家，即使共和党的性命处于危险之中，这种臭名昭著的东西也不可能以任何方式、形态或形式出版，更不可能允许一家报社违背法律的要求出版它。”

得克萨斯州民主党人汤姆·康纳利（Tom Connally）问道：“关于这部法案有哪些错误？……哪里的参议员同意偷窃私人记录？如果有，请他站出来。那些因为某人偷了一头牛犊就愤怒不已，并想要把他投到监狱里的参议员，似乎抱着这样的想法：一个人可以偷取公共记录，并将它卖给报社赚钱，这是一种爱国主义和公共服务行为。我不这么认为。”后来，虽然双方还算比较礼貌，但康纳利和罗宾逊之间的争论愈演愈烈，不论康纳利讨论什么法案，罗宾逊都会将罗斯福扯进谈话中，康纳利只好重新绕回到这个话题，并宣布，“这项法案通过禁止出版未经同意或授权的外交文件来实现和平，只有这样我们的外交关系才有可能不被扰乱。”

当西米恩·费斯这位来自俄亥俄州的共和党人询问，为什么“或许意图准备与这类编码有关的东西”这个短句不应该被删掉时，康纳利解释道：“如果我们删掉这句话，政府将不得不证明他们使用的是真正的编码；如果这样做，就又不得不披露这些编码，而这恰好是我们极力避免的事情。这会让我国自己的编码以及国外的编码公之于众。”前历史学教授费斯回答说：“我认为完全可以采纳这位参议员的观点。我没有看到那方面的问题。”参议院已经为这件事情争论了好几小时，最后以口头表决的方

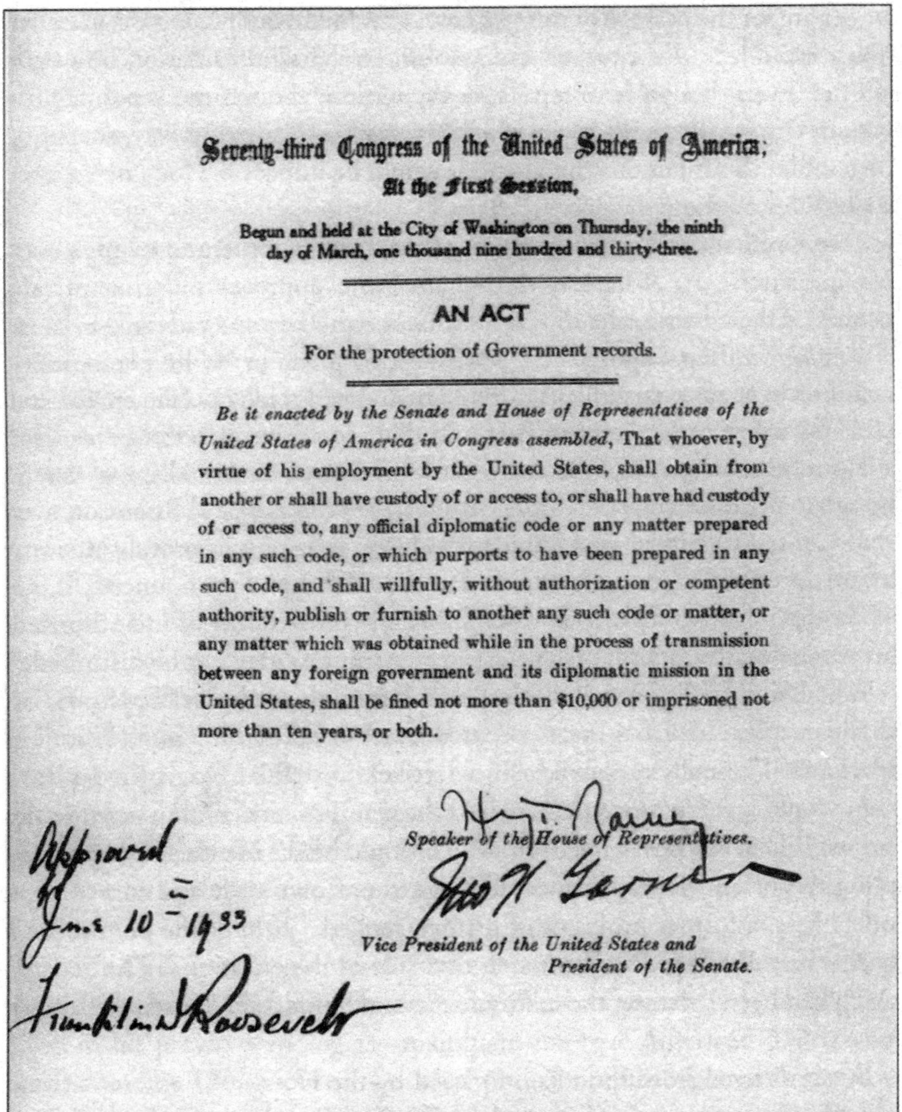

Seventy-third Congress of the United States of America;
At the First Session,

Begun and held at the City of Washington on Thursday, the ninth day of March, one thousand nine hundred and thirty-three.

AN ACT

For the protection of Government records.

Be it enacted by the Senate and House of Representatives of the United States of America in Congress assembled, That whoever, by virtue of his employment by the United States, shall obtain from another or shall have custody of or access to, or shall have had custody of or access to, any official diplomatic code or any matter prepared in any such code, or which purports to have been prepared in any such code, and shall willfully, without authorization or competent authority, publish or furnish to another any such code or matter, or any matter which was obtained while in the process of transmission between any foreign government and its diplomatic mission in the United States, shall be fined not more than $10,000 or imprisoned not more than ten years, or both.

Speaker of the House of Representatives.

Vice President of the United States and President of the Senate.

罗斯福总统签署的国会法案，禁止雅德利第二本书的出版。

式通过了这项提案。

但它与美国众议院通过的版本不一样，两院协商委员会讨论了这件事。5月22日，委员会建议道："众议院收回不同意的意见，做出让步，同意参议院的修订方案。"语法问题得到修正，并做了其他一些修改。6月7日，参议院批准了校正后的法案。第二天，纽约民主党众议员代表伊曼纽尔·塞勒第一次向众议院解释说，雅德利"现在威胁说要再出版一本书，书中涉及其他解密电报，考虑到即将召开的（伦敦）国际经济会议，国务院担心这本书的出版可能会让政府非常难堪，因为它可能包含某些贬损日本政府的解密信息，然而几周后他们的代表将会和我国代表坐在同一张桌子上"。俄勒冈州共和党众议员代表詹姆斯·莫特（James W. Mott）问道：

> 这部审议中的法令跟现行法律有什么不同？换句话说，现行法律中有没有包括该法令中的有关规定？
>
> 詹姆斯·拉菲（James Ruffin，密苏里州民主党人）先生：关于它是否已存在于现有法律之中仍有些疑问。我认为即使可以认为它存在于现行法律之中，本法案的通过也是合情合理的。
>
> 莫特先生：我不是这样理解的。众议院争论该法案时，它不是引发争论的焦点。那时争论的原因是，现有的法律已经涵盖了编码这种特殊情况。
>
> 拉菲先生：我知道，但还存在一些问题。
>
> 莫特先生：并且，在国务卿看来，它应该扩展并涵盖所有这些条款。
>
> 拉菲先生：这就是原因。

众议院当时同意了这份会议报告。该法案从形式上通过了参议院的批准。两天后，1933年6月10日（星期二），罗斯福总统签字并同意，该法案成为第37号公法，作为美国的国内法印在《美国法案汇编》（*Statutes at Large*）第 48 卷第 122 页，直到今天依然存在于《美国法典》（*United States Codes*）第 18 条第 952 节。

随着密码法案艰难曲折地在国会通过，雅德利“收到朋友的几十封来信，他们想知道我到底为什么不为自己辩解”。于是 5 月，他写了一篇文章，内容是关于他称作“抑制言论自由”的这部法律，带着推销员般的热情告诉拜伊，这是“一个传说，我认为是一个‘绝地反击’。因为《时尚》（*Cosmopolitan*）给我发电报介绍了这本书，我认为将它卖给他们可能是个明智的选择。”他希望拜伊考虑它的“高雅品位”，并通过信件和电报的方式发给他一些修改部分，例如将“乌青眼的外交官”改成“‘扑克脸的外交官’或‘杏仁眼’，你认为哪一种表达比较好一点”。当拜伊说这篇文章“写得有点过”，雅德利承认说他对杜威“批判得的确有些强烈”，但“很愿意”将语气改得缓和些。后来他提醒拜伊说，这篇文章“不久之后就会失去它的商业价值”。几周后，拜伊给他带来了坏消息：

> 我的律师，也就是之前反对《美国黑室》的那个律师，说你和我要承担很大的责任，杂志社已排好版正待付印。他坚持要等到该项法案签署之后。《时尚》甚至不想考虑这篇文章，直到我拿到了律师的报告书。现在似乎是一个更为危险的机会。危险是注定的，但我们不能践踏公众的尊严。就目前来说，你的境遇还是很好的。你没有必要像土著邦主那样去维持尊严。我认为大家都坚信你是一个无所顾忌的人，我不愿意看到你的这种形象再被人加上藐视当局的印象。

遭到这种拒绝，雅德利很不高兴。至于律师，他评论说，“如果按他自己的意愿行事，那么《美国黑室》永远不会出版”。他告诉拜伊：“请把手稿还给我，我会将它收藏好，放上樟脑球，让我的孙子们以后读读它。”

政府已经禁止《日本外交秘密》的出版。无论是雅德利、库鲁斯、拜伊，还是麦克米兰公司都不想接这个烫手山芋，司法部草草地处理了这个手稿，将它塞进 7 个马尼拉纸信封里。但是，鲍伯斯－梅里尔公司担心这部法律会查禁蓝丝带图书公司已经印刷并于近期发行的 4500 本《美国黑室》，担心书商可能会被逮捕。因此，它向国务院请求“授权销售并处理”这些书。具有讽刺意味的是，从 1917 年雅德利被召入部队时就认识他的代理国务卿威廉·菲利普斯（William Phillips）回复说，“尚不明确”这部新法律是否适用于“法律颁布之前已出版的内容”，也不确定国务院是否为授权或反对发行的主管机构。这样的回答并没有让鲍伯斯－梅里尔公司满意，于是重新修订了它的请求。但是，菲利普斯说：

> 如果国务院同意这样的请愿，就意味着对这本书的出版和发行没有异议，在某种程度上将国务院与作者和出版商的部分行为联系在一起，而它从未在任何时候征求过国务院的同意。因此，我发现不可能同意这个公司的请求。但是，国务院也不愿给出版商或作者造成不必要的难堪或损失……我能做的事情就是在此声明，国务院不会对 1933 年 6 月 14 日，也就是请愿日期之前发行过这本书的出版商或作者采取行动。

鲍伯斯－梅里尔公司仍不乐意，因为根据合同还需要销售 10500 本书，单册售价 1 美元。它请求国务院不要阻止这些书的销售，它们已经印刷出来了。但菲利普斯拒绝做出那种承诺，因为这种“额外的妥协……会与 1933 年 6 月 10 日法令的精神不一致，不利于美国的最大利益”。收到这封信后，鲍伯斯－梅里尔公司的律师立刻通知他的客户说，“你必须遵守国务院的规定”。后来似乎没有加印，而国务院也没有阻止那些已经印刷成册图书的销售。

第 16 章
好莱坞

1934 年春天，好莱坞再次召唤了雅德利。电影制片人想要一些新鲜的想法（当然，也算不上特别新鲜），间谍故事正好符合这一点。葛丽泰·嘉宝（Greta Garbo）出演了电影《玛塔·哈莉》（*Mata Hari*）。在《羞辱》（*Dishonored*）这部电影中，玛琳·黛德丽（Marlene Dietrich）饰演了 X-27，一个维也纳人寡妇，其间谍工作一直做得很好，直到她爱上了一个俄罗斯军官。[1] 编码这种题材故事之前没有拍过，因而尽管在影片中 X-27 花了一个晚上将俄罗斯的战争计划加密进乐谱，但显得不足为奇，密码术不仅拖慢了剧情，而且它枯燥无味，单调乏味，需要去进一步解释。它最好的展现方式就是写满了铅笔标记的一张纸，没有枪杀，没有引诱。然而有一本畅销书写的就是这个题材，或许这是电影大亨们可以借鉴的一个思路。实际上它已经得到了改进，作者写了一个非常不错的故事。它的名字

[1] 原注：除非另有说明，本章所有剧本资料均来源于 Academy of Motion Picture Arts and Sciences, Center for Motion Picture Study, Margaret Herrick Library, Turner-MGM Collection, joint file on *Rendezvous, The Black Chamber,* and *The Blonde Countess*, the file on Yardley in the H. N. Swanson Collection, and the *Rendezvous* Production Files, and from the University of Southern California Cinema-Television Library, MGM Collection, Box 251, Folders 1 and 2, *"Rendezvous"*。

是什么？作者是谁？

他们记得书名，开始寻找作者。工作室将这本书送至美国电影制片人与发行人协会，审查电影内容是否能被道德所接受，曾任邮政总局局长的威尔·H. 海斯（Will H. Hays）是该协会主席，让人阅读了《美国黑室》。威利斯（R. B. Willis）写了一篇 7 页的梗概。尽管他误认为下令关闭该机构的国务卿是弗兰克·比灵斯·凯洛格（Frank Billings Kellogg），但他评价道，"这样的一本书可能会加剧日本近期对我国的仇视情绪，没有人责怪雅德利先生，他是个天才"和"讲故事的高手"。应其要求，海斯办公室于 1934 年 5 月 29 日将这本书交给了米高梅电影公司（Metro-Goldwyn-Mayer Pictures，简称 MGM）的负责人路易斯·伯特·梅耶（Louis Burt Mayer），并补充说联邦行政部门对此书没有异议，但希望米高梅公司可以拿到许可[1]，因为美国或其他国家的政府可能会反对其中的内容。然而此时，电影公司已经向雅德利发出了邀请。

4 月 6 日，雅德利给他在好莱坞的经纪人弗兰克·奥萨蒂（Frank Orsatti）发了份电报："我随时有时间过来。我的建议是，你让他们先买下《美国黑室》和《金发伯爵夫人》并单独支付我的服务费，用这两本书的素材，必要时也可以增加其他素材。我有信心可以写出战争时期或现代的间谍主题故事，既吸引人又与众不同。至于报价，一定由他们来提。根据你提供的可靠消息，我在纽约的文学经纪人已经开始对另一部电影感兴趣。此致。赫伯特·奥斯本·雅德利。"奥萨蒂的回信中提到一份关于电影剧本创作的工作，两本书和两个故事，其中一个很明显是《H–27——来自安特卫普的金发美人》，《自由》杂志两周前才发表。他在信中说："《美

[1] 原注：对于政府，米高梅公司没有什么可担心的。在雅德利和米高梅公司签订合同的当天，负责情报工作的参谋长助理阿尔弗雷德·史密斯（Alfred T. Smith）准将写信给国务院说，根据所谓的"雅德利法"，《金发伯爵夫人》"没有任何可以采取行动的依据"，因为人物和事件"似乎是纯粹虚构的"。助理国务卿威尔伯·凯尔在读完这本书后也同意了这一观点。参见 NA, RG 59, DSDF 119.25/Offcial Secrets Act/21, /22；DSDF 是指 Department of State Decimal File。

国黑室》和《金发伯爵夫人》这两本书，米高梅公司出价 1 万美元。这绝对是我能做到的极致。这两个故事的价格是 7500 美元。保证 10 个星期的工作，周薪 250 美元，并报销往返路费。请确认接受。”

雅德利在收到电报的当天下午便确认接受了，但更为紧迫的是，请求奥萨蒂“帮我争取到 300 美元的周薪，因为我要带着家人一块来好莱坞，开销很大”。第二天，为了确保自己不会白跑一趟，他向奥萨蒂夸口说：“遍布全国的隐显墨水广告宣传生意在我们这里蒸蒸日上，我的离开会造成不可挽回的损失。我将不得不出钱招聘销售经理来打理生意。因此，如果没有收到米高梅公司直接发给我的电报，即使知道您机构的声誉，也不可能由您来承担额外的开支帮我处理离开之后的事情。他们的电报应该会标明这两本书电影版权的价格，保证支付 10 个星期的薪水，以及从沃辛顿到洛杉矶的往返交通费用。我会留在这里直到最后一刻搭乘飞机过来，不用再发电报了。请尽快商量，以便我安排好我的事情。”4 月 11 日，米高梅公司的副总裁发来一份一页长的格式电报，提出购买除了已出版的书和 H-27 故事之外作品的版权，出价 7500 美元，并且从 4 月 20 日开始，聘请他工作 10 周，每周支付给他 250 美元，并支付往返沃辛顿和洛杉矶的火车票费用。没有提到 1 万美元的总价。雅德利两天后发电报表示同意。

他以尽可能快的速度坐火车到了好莱坞，被“认为”从 4 月 19 日就开始了工作。4 月 25 日，他和米高梅电影公司签署了协议，以 7500 美元的价格出售了《美国黑室》《金发伯爵夫人》和《来自斯坦布尔的请求》（*Stamboul Quest*，一部根据他的 H-27 故事拍摄的电影）“从今往后所有的，无论是何种类型或性质的版权”。按照每周 250 美元的价格，他要工作 10 周，进行“创作、写作以及准备下述分配给你的所有材料”。

他开始着手处理《来自斯坦布尔的请求》。影评家们称这部电影是根据“博士小姐”的故事改编的，她是安特卫普的特工负责人，他们错误地称她为间谍组织的首脑，雅德利也同样犯了错误，认为她“或多或少是个传说”。他开始检查剧本故事的真实性和合理性，还写了一篇备忘录，例如：“场景 144 及以后各处：斯特姆认为安妮·玛丽是‘那位小姐’。而她的身份必须保密，因此不能这么公开地谈论她。”这份工作显然有失他的身份。

他被聘请来主要是做影视编剧的工作。H−27 故事的部分是在讲述密码破译专家纳森尼尔·格林利夫破译密码电文的故事，该密电揭示了德国潜艇了解到美国运兵船和英国护卫舰队会在海洋中间的某个地点集结。原版的故事从未解释这则情报是如何让运兵船免于沉没的，只是转而提到在天花板上安装了一个广角镜头，最终得以抓获一名“丰满性感的”间谍；随后她服毒自杀。在雅德利开始写作之前，编剧乔·谢尔曼（Joe Sherman）已经构思了两三个情节概要。尽管标题是“黑室”，然而他们讲述的却是一个富有的年轻人在喝醉酒后碰上了一位逃跑的俄罗斯贵族——罗伯特·蒙哥马利被推荐出演这个角色。谢尔曼一点儿都不了解黑室。他把它想象成一个药水实验室，可以伪装一个人的死亡，但也可以让他或她在 24 小时内醒来——在 1934 年这种想法显然算不上创意，莎士比亚早在《罗密欧与朱丽叶》中就用过。

雅德利接手后，密码术重新回归电影：“世界大战期间，设于华盛顿的黑室在敌后展开了战斗。与前线战场的厮杀一样，这里同样精彩，充满危险。”雅德利描述了军情八处的办公室，绘制了一些相关联字母组的图表（对于破译来说非常重要的数据），并写了一篇《无线序列样稿》。在这 4 页内容中，一个名叫哈里的角色向主人公格林利夫解释了波长、信号强度以及测角术（方位测定）等名词。接下来，5 月 18 日（星期五），雅德利将这段内容压缩成了两页。晚些时候他又写了一篇《德国序列样稿》，是关于审讯一名德国无线电操作员的，他是战俘。星期一，他写了一篇 14 页的备忘录，分析了 ADFGVX——1918 年著名的德国战地密码，解释了为什么通过 3 份电报中出现的重复之处就可以破译该系统，正如他的法国同事乔治斯·潘万在一战中所做的那样。“从电影的角度考虑”，他提议将一份密码分析结果放大至“4 到 5 英尺（约 1.2—1.5 米）的高度”进行展示；还设想了一个密码学的特写镜头，“当他说话时，我们只能看到手和

（加密）方格”。所有这些令电影大亨们昏昏欲睡，因为制作培训密码专家的影片可不会让他们发财。

雅德利在 1934 年夏天或秋天时回了趟沃辛顿，去接黑兹尔和当时 9 岁的杰克，和他们一起回到好莱坞。他正在一点点了解这个小镇。“我喜欢这里的气候，我喜欢这份工作，但我怀疑我是否可以留在这儿，因为这是一个政治游戏，我不是很善于交际。我常常说出自己的所思所想，这是很危险的。不管怎么说，现在还是很好。”他正在学习影视创作。“这里的故事一点儿也不好，他们当然希望得到与他们所买的完全不同的东西，”他告诉乔治·拜伊说，“结果是，做了两套方案（一幕接一幕的大纲），接着又被弃之不用，下个星期再做一个。生活可真‘美好’。”编剧罗伯特·普雷斯内尔（Robert Presnell）当时正在写一篇 25 页的《“黑室”的连续性大纲》。尽管标题页印上了雅德利这本畅销书的大写书名，但它的情节却源于《金发伯爵夫人》，电影公司变更了影片的暂定名。

几周后，就在加德纳·苏利文（C. Gardner Sullivan）为《金发伯爵夫人》写文案时，雅德利也在起草另一份 92 页的方案。他将舞台背景设定为充斥着 20 世纪 30 年代电影中夸张的表现方式：“墨西哥——1917 年。在一座孤零零的山中有一栋破烂不堪的建筑，那里有一台无线电收发机正在忙碌地工作着，门口重兵把守。门内，年轻的操作员是个金色头发的日耳曼人，在这个闷热的夜晚，他光着上身，在键盘前埋头工作。随着噼噼啪啪、嘶嘶嗞嗞的声音，一条条情报跃过这个沉睡中的村庄传到了海岸，穿过黑色的大西洋，却被潜行在那里的 U 型潜艇舰队截获；当它们掠过英吉利海峡回到家中的时候，这些情报同样像归巢的信鸽落到了柏林的战争办公室。”雅德利笔下的英雄或许满足了他自己的一些愿望：“纳森尼尔·格林利夫少校性格随和，很好说话，是从国务院来的年轻小伙，被认为是华盛顿最有能力的密码专家，很少有人知道他实际上是军事情报负责人，领导着美国秘密机构的间谍活动。他外表散漫、戏谑惫懒，实际上是一个不好对付的人。”格林利夫破译了从墨西哥发出的德国情报，阻止了德国潜艇击沉美国运兵船。但这个落款日期为 1934 年 6 月 19 日的方案，却被人写上了简单的批注："错误的开端"。

有位作家写出了一个完整的剧本，是之前内容的3倍长，去掉了技术部分，更加关注于人物事件；文章基调更为优雅但缺少生气。剧本方面毫无进展。雅德利和剧作家霍华德·埃米特·罗杰斯（Howard Emmet Rogers）写了6页的内容，描述了发生在华盛顿大使馆接待处的一幕。

在那年夏天，雅德利坚持自己的学术观点和技术细节。他用一个移位矩形加密了海洋中间汇合地点的经度和纬度，格林利夫的助手莫里森教授仿照约翰·曼利和他的瓦贝斯基密电解决方案，对移位做了解释。雅德利在草稿的第20页到第20H页写上了密码分析的具体细节。他重述了在巴黎的一些经历，通过让格林利夫去到"一家私人高档舞厅，它是战争期间各国首都都会涌现出的众多中的一个"，在那里与一位"漂亮可爱的女孩"共舞。他建议将电影的名字改成《约会》(*Rendezvous*)。8月和9月时，他和罗杰斯写了一部83页的剧本，他的署名在雅德利前面，故事开头是在战时柏林的大街上，背景是行军的士兵，一个报童正在卖《柏林日报》的号外，大字标题翻译成英语就是："美国对德宣战"。

还有一个版本的剧本，剧情始于《华盛顿明星晚报》的新闻编辑室，其字谜编辑格林利夫被黑室征召，这个黑室看起来与之前见到过的密码分析办公室不太一样：

> 这是一个大房间，墙壁四周是厚重的窗帘，从天花板一直垂到地板。房间里有隔音装置，用类似拳击场的方形泛光灯照明……大约有35张桌子，周围是铁皮文件柜。差不多有25名密码专家（他们中的大多数都是应召入伍）坐在桌子旁，试图解密截获的情报并编制频率表，随后他们又埋首于加法器或其他计算设备。整个上空凝聚着一股顽强的意志，他们在与睡眠、疲倦，以及繁重的、难对付的脑力问题做斗争。这股力量被通宵达旦地投入破译所截获的难解的、神秘的德国无线电情报。

> 随着摄像机的镜头扫过房内各处，画面中出现了一张张困乏的脸，写满了疲惫。到处是濒临崩溃的人们，趴在平面桌或写字台上睡觉。房间里人们的国籍也是不同的，有日本人、印度人、阿拉伯人等等，几乎每一种语言都有一名翻译。

格林利夫告诉未经安检就进入房间的女朋友乔尔·卡特（Joel Carter）说："我在这里只有一件必须做的事，就是破译这个密码。这意味着离法国越来越远，但在那里才有真实的战争，以及武装了刺刀、手榴弹和子弹的真实的敌人。"对格林利夫来说，密码破译既不真实也不重要，密码学工作的本质仅表现在一名员工把频率表挂在黑板上，以及一个军人错误地将一个替换密码当作移位密码。德国无线电台的呼号是 HSI，在《美国黑室》中同一个电台呼号指的是一个向德国发送情报的墨西哥秘密电台。但无论是德国的编码者还是美国的密码破译专家，都不是很聪明。密码分析专家试图破译的这个情报基于此种理论：德国人巧妙地用字母表中的前一个字母替换了明文的每个字母，使德文中的 b 变为密码中的 A，依此类推。这套密码失败之后，士兵们发现德国人根本算不上聪明：他们仅仅是用字母表中的下一个字母更换了德语明文中的每一个字母，即把德文中的 b 变为密码中的 C。大概雅德利已经认识到，再复杂一些的密码会影响故事情节的发展。最后，格林利夫如愿去到法国，但还是在情报部门。在这份总共 142 页剧本的最后一页，雅德利坚定地写下"剧终"的字样，并加了下画线加以强调。除了无线呼号，与密码相关的一切内容都没有出现在屏幕上。

雅德利原来 10 周的合同到期后，继续留在米高梅公司带薪工作。他为间谍电影《以假乱真》（*The Great Impersonation*）及《来自斯坦布尔的请求》的电影剧本制作提供了些许帮助，后者从标题看似乎与"博士小姐"没有多大关系，但确实是讲述《金发伯爵夫人》的故事。这些工作用了整个秋天才完成。在随后的冬季、春季和夏季，一大群令人晕头转向的作者写完了笔记、大纲、场景、脚本片段和脚本，有的独立创作、有的合作完成，有的一次完稿、有的多次加工。其中有斯派沃克夫妇萨缪尔和贝拉（Samuel Spewack 和 Bella Spewack，二人后来因为改编莎士比亚《吻我，凯特》而出名）、蒙克顿·霍夫、E. A. 杜邦、迈克尔·费舍尔、贺瑞斯·麦考伊、乔治·奥尔巴赫、林恩·斯达林（Lynn Starling）、约翰·希金斯、朱尔斯·福瑟曼、弗洛伦斯·瑞尔森（Florence Ryerson）、霍华德·埃米特·罗杰斯、加德纳·苏利文、J. W. 麦克吉尼斯等人。小说人物“万能管家”（Jeeves）的原创作者佩勒姆·格伦维尔·伍德豪斯（Pelham Grenville Wodehouse）也于 1931 年被带到好莱坞，当时的周薪是令人咋舌的 2000 美元。他对这里的运作模式是这样描述的：“A 有了最初的想法，B 和他共同创作，C 制作分镜头剧本，D 完成初步的对话写作，然后发给我归类分级，接着是 E 和 F，剧作家改变情节，我们再次被甩到一边。”这一切也能从老牌编剧本·赫克特（Ben Hecht）的描述中得到佐证：“电影很少是写出来的，而是在酒吧、妓院及通宵扑克牌游戏中吵闹争辩出来的。”——没一处是雅德利知道的地方。身为编剧兼阿尔贡文学圆桌会议成员的乔治·奥本海默（George Oppenheimer）也证实了这一点，通过一件逸闻趣事，讲述了他是如何神奇地解决了《约会》中的一场禁闭戏的争论：

> 塔尔贝格的姐夫劳伦斯·韦加腾 [Lawrence Weingarten，即传奇导演欧文（Irving）]，正在拍摄电影《约会》，讲的是发生在一战时的间谍故事，由威廉·鲍威尔（William Powell）主演，好莱坞的新演员罗莎琳德·拉塞尔（Rosalind Russell）跟他演对手戏。一大堆参与拍摄的作者已经成功地将鲍威尔和拉塞尔“锁”在华盛顿的一个酒店房间内，碰巧的是，这个酒店似乎专门接待德国间谍。现在这些作者不知如何让剧情发展下去，使这两人从房间脱身。画面已经拍摄到那里，接着制作终止了，到目前为止，故事很激动人心也很欢乐，鲍威尔状态很好，拉塞尔充分发挥了丰富的喜剧天分，她扮演一位非常有影

响力的女士，爱上了鲍威尔，想要他留在华盛顿……（他们被诱骗并被锁进去）那个房间每天的开支都在增加，演员们和剧组人员都在等待着结局。

乔治·西门·考夫曼（George Simon Kaufman，编剧和导演）比我更有信心，建议我可以试着写一下这两人脱身的桥段，因此塔尔贝格暂时让我从（马克斯兄弟的）《赌马风波》（*A Day at the Races*）中抽身出来。此时，《约会》的制作人已比作者人数多了。除了韦加腾和导演山姆·伍德（Sam Wood），还有愿望强烈、魅力十足的伯尼·海曼（Bernie Hyman），塔尔贝格在他能够腾出时间时，也带着一些助手关注这个问题。赫尔曼·曼切维兹是唯一“幸免于难”的作家，直到我后来加入和他一起工作……

当赫尔曼状态不错时，他可以写得非常好。[他曾全心投入，创作了我们这个时代最好的剧本之一——《公民凯恩》（*Citizen Kane*）。]可是他在写《约会》时显然不在状态，非但没有让鲍威尔和拉塞尔脱离剧中的困境，他反而进入了自己编织的一个困境中。这样就剩我一个人惦记着写作的东西，从早上到下午又到晚上，连周末也是如此。

直到有一天，当我们坐在伯尼·海曼位于圣塔莫妮卡的海滨别墅内，继续在这片松软的土地上认真讨论，就像我们和其他人之前都做过的那样，我突然有了一个主意。它没有逻辑，甚至不合乎情理。但这时，制作人是如此绝望以至于他们愿意采纳任何新的解决方案。此前他们甚至已经同意让鲍威尔“背叛美国”，将秘密编码交给德国，以便让他和拉塞尔逃出那个房间，让米高梅公司摆脱财政赤字。

我突然成了救世主，尽管是最勉强的那种。在我从解决方案中发现一个破绽的情况下，他们还是夸赞了我。我试图向他们指出这一点，但他们不想看这些破绽。在过去的几个月间，他们已经看过太多的缺口。在喝彩和欢呼声中，我被送回家写剩下的场景。

我一直工作到清晨，精疲力竭，以至于我不知道自己都写了什么。我终于写完了，累得我没走到床前就能睡着。它没有什么意义，但它既荒唐又有些趣味。如果拍摄节奏足够快的话，观众可能会笑出声来，也就会忽略它的不合理性。

它成功了。内部放映时，故事逻辑淹没在笑声中。大约一天后，我等来了一直期待的加薪以及一份为期3年的合同（属于摄影棚的，不是我个人的）。我是一个英雄……路易斯·伯特·梅耶直呼我的名字；甚至我的经纪人也给我打来电话！

所有这些都没有在电影中出现。

开始的计划是由威廉·鲍威尔和玛娜·洛伊（Myrna Loy）来主演，因为他们在《瘦子》一片中合作得很好。但玛娜正在为争取更多的演出费而罢工，因此罗莎琳德·拉塞尔被选为女主角。这是她第一次当主演，在以前几部电影中她都扮演“第三者”，其中有一部《涉世未深》（*Evelyn Prentice*），正是与鲍威尔和玛娜合作的。她很有自知之明，知道他们一直是荧屏上最叫座的一对。她尝试着向鲍威尔道歉：

“我知道你不想选我，你愿意和玛娜一起演戏。”

“我爱玛娜，但我认为这个角色很适合你，非常高兴我们能一起合作。”鲍威尔献殷勤似的回答道。

他饰演格林利夫，不过现在的名字叫威廉·戈登。拉塞尔饰演他的女朋友乔尔·卡特。宾妮·巴恩斯（Binnie Barnes），主演过查尔斯·劳顿《亨利八世的私生活》中的第五任王后凯瑟琳·霍华德，在影片中扮演奥利维亚，是一位秘密的敌军特工；塞萨尔·罗梅罗（Cesar Romero）扮演尼特斯汀上校，是一位身份不明的同盟军士兵，暗地里效忠于德国。米基·鲁尼（Mickey Rooney）此时还没有在他的安迪·哈迪（Andy Hardy）系列电影中出名，他在片中饰演一个小角色，一个来自乡村的男孩。[1] 推迟了一段时间之后，影片于 6 月 24 日开始拍摄，导演是威廉·霍华德（William K. Howard）。7 月 29 日，拍摄暂停了两周，等待宾妮·巴恩斯做完阑尾切除手术。电影再次更名，这次的名字是《谜一样的男人》（*Puzzle Man*）。这个名字维持了不到两周，接着又恢复了《黑室》这个名字。8 月 23 日，好莱坞意外地在《好莱坞报道》的头版读到了一则情报："仅差几个场景《黑室》的拍摄工作就完成了，米高梅公司已经决定重写和重新拍摄这部以间谍为主题的故事。"该报道说，已经敲定了一位新的导演和作家们。第二天，可能是因为这一报道让整个剧组难堪，《每日交易》写道，"昨天那些专栏中，关于《黑室》将要完全重新制作的报道是错误的"，据说一再延期的原因是，"从一开始，整个制作就没有一个满意的结局，但拍摄在继续并且期待一个更好的结局等待评审观众的反映。另一个结局还在写，所有的拍摄都在等着它"。9 月 6 日拍摄重新开始，换了新导演山姆·伍德。虽然有 40 多个画面在同时制作，但它将在接下来的两周内拍摄完成；17 个为拍摄工作新搭建的布景已经准备好。经过 11 天（大多数是半天）的拍摄后，电影于 9 月 26 日圆满完成。电影的名字最终确定为《约会》。而雅德利早就被彻底边缘化。

然而这部电影在上映前还需要通过海斯办公室的审查。该办公室的道德审查员约瑟夫·布林（Joseph Breen）要求将剧本的相关资料转给牛顿·迪尔·贝克（Newton Diehl Baker）审阅，后者曾是一战时的战争部长。随后它被挑出一些实质性问题，如："第 74 页和第 75 页：必须非常小心地处理奥利维亚以及她脱衣服场景的审查。她的衣服不应该被扔到屏幕上方。不应该出现格林利夫检查它们的画面。奥利维亚的腿部不应该

[1] 原注：巴恩斯、罗梅罗、鲁尼等人资料，参见 Hanson, ed. *The American Film Institute Catalog, Feature Films, 1931—1940*, s.v. *Rendezvous*。这部重要作品的电影概要并不完全正确。在我的请求之下，米基·鲁尼的经纪人凯文·帕利（Kevin Pawley）于 2001 年 1 月 13—14 日这个周末非常友好地向他询问了关于该电影的一些问题。帕利回复道，鲁尼说他拍摄了 800 多部电影，压根儿不记得这部《约会》了。

使用特写镜头。第 134 页：格林利夫使用的表达感情的短句，‘哦，我的天！’，应该去掉。”10 月，布林给路易斯·伯特·梅耶写信说：“昨天，我们有幸在放映室看到了您那充满特色的电影《约会》。整个画面愉快悦目，有很多突出的优点，依据《海斯法典》[1] 的规定可以接受，有一个镜头是鲍威尔先生踢拉塞尔小姐的臀部，这一幕将在最终的版本中删掉。魏恩加特纳（Weingartner，原文如此）先生向我保证已经进行了删除，有鉴于此，我很高兴地向您签发我们正式的《海斯法典》批准证书，编号为 1656。”这部黑白影片《约会》片长 91 分钟。

这是一部轻松有趣的电影，情节奇妙复杂，与雅德利的书和他创作的剧本联系并不多。鲍威尔和戈登一样文雅风趣，不过不再是一个字谜编辑，而是一名外国记者，曾写过一本手册——《如何加密与如何解密》，他说只卖出了 5 本，对于密码学书籍的作者来说，这是一个令人沮丧的结果。他希望在前线打仗，但却被迫从事枯燥的密码破译任务。机缘巧合之下，拉塞尔扮演了他的女友乔尔·卡特，她想让他留在华盛顿。在这个故事中，协约国需要千方百计隐瞒美国运输船与英国护航舰队的汇合地点。他们用一个不可破译的编码加密后将这个情报用无线电发了出去。但这个编码的发明者爱上了优雅的、金发碧眼的德国女间谍，她成功偷出了编码，可是被编码的发明者发现了，女间谍杀死了他。她的同事从编码中得知了汇合地点，并用他们自己的密码系统将这条情报加密后发给德国。美国人截获了这条情报。在他们的密码破译局里挤满了女打字员和络绎不绝的穿着西装的男人，一位穿着衬衫的监督员在黑板前大声地向译电员读着破译的信件，却没人能破解这条截获的情报。

但是，戈登能。他是荧屏上出现的最鲜活的密码分析专家，可能也是最生动的一个。他来回在一排摆有 5 个大号密码转盘的桌子旁踱着步，每

[1] 编注：《海斯法典》（Production Code）是美国 1930—1966 年实施的限制影片表现内容的审查性法规，要求电影中不得出现详细描述谋杀、盗窃、抢劫方法，拷打，裸体，堕胎或分娩，粗暴对待动物等镜头，不得对国旗不敬，不得表现黑人与白人的两性关系等等。审查机构由威尔·海斯领导，因而这部法规被称作《海斯法典》。

个转盘设定一个不同的密钥，然后大声念出每个密文字母对应的原始明文。循着发现的一些隐显墨水情报，戈登找到了间谍们在酒店的客房；乔尔一直跟着他。奥本海默关于上锁房间内的曲折剧情被替换为：邪恶的德国间谍端着机枪进入了房间。他们被赶来的美国特工枪杀，原来戈登设计了一个密码系统，巧妙地将华盛顿西北部第 15 街 37 号的地址伪装成一条向潜艇发送纬度和经度的情报。德国的发报员没能传输任何关于汇合地点的信息。最后，戈登准备乘火车赶往码头去法国参加真枪实战的战斗之际，他被征召到华盛顿的密码破译机构工作。看来这次战斗还是乔尔最终获得了胜利。

制片方米高梅电影公司印刷了一份宣传和广告手册。“鲍威尔，”它介绍道，“将带给你一个全新的形象……详细讲述了一个令人难忘的、玩世不恭的华盛顿无名英雄……情报局的人……‘密码专家’……是的……鲍威尔领衔主演，值得一看！明星大腕和不同寻常的曲折情节，《约会》将以最佳的展销方式呈现给您。”这句话也被定为广告语：“他能解决最复杂的难题，除非他们都穿着裙子。”宣传手册还承诺：这个故事将展示“幕后的‘黑室’……情报部门未被颂扬的分支机构……无声战场的战斗”。

在这些工作进展的时候，雅德利又在哪里呢？大多数是在局外。“在你的宣传和广告中如需使用雅德利少校的名字，不要犹豫。”宣传手册中如此要求并指出，他的“黑室故事通过全国广播公司的网络，已经享誉全球”。手册还提到他在《星期六晚邮报》和《自由》发表的文章以及他所著的《金发伯爵夫人》一书，据说同名电影是根据这些内容改编而成的。奇怪的是，它从来没有提到《美国黑室》，虽然片中字幕介绍这部电影是根据此书改编而成，但只是为了利用这本书的知名度，并试图为这个虚构的故事提供一个真实的背景。

1935 年 10 月 25 日，电影在纽约的首都剧院首映。《纽约时报》称它是一部“活泼有趣的情节剧”。雅德利家乡的报纸《沃辛顿时报》，误把它当作“令人惊叹的、精彩纷呈的著名《美国黑室》故事，正如世界大战期间该机构的创始人和负责人说的那样”。《好莱坞报道》说这是一个“能使人耳目一新的喜剧，令人愉悦，和电视剧一样引人入胜……一个特别吸引人的地方就是里面呈现出的秘密机构破译密码的画面。故事的作者赫伯特·奥斯本·雅德利曾在此工作并且熟知这一切……实验室和解密的房间都是真实再现”——仿佛编剧们也非常了解这些细节。一项针对20世纪30年代美国电影的研究称，《约会》这部电影是“美国第一部富有幽默感的间谍电影”。

雅德利在好莱坞与一对来自沃辛顿的夫妇——亚伯·布鲁尔（Abe Brewer）和莱利娅·布鲁尔（Lelia Brewer），成了好朋友。他和布鲁尔一起打高尔夫，10美分一杆；有一年夏天，他们一起在洛杉矶附近的松木山租了一间小木屋。1936年，有3个沃辛顿老乡，带着他们的两个女儿，一个10岁，一个13岁，开着一辆1936年的福特车来加利福尼亚州看望另一个女儿时拜访了他们。这几个人在附近的箭头湖度了一个星期的假，他们骑马、在冰雪融化的水中游泳；有一天布鲁尔和雅德利还猎到一头鹿，剥皮宰杀之后烤着吃掉了。

那时，一些百万富翁确实在打猎时跟雅德利建立了联系。他们手里有500桶浓缩鲜橙汁的期权，打算用它酿造橙汁酒。只要150美元就可持有期权。雅德利给了钱。之后他们一会儿这里需要50美元，一会儿那里需要100美元，过滤器还要500美元。雅德利用他拍电影赚到的钱一一支付了这些费用。接着他们又决定橙汁不能过滤，唯一赚钱的办法就是将它变成橙汁白兰地，因此还需要一个蒸馏器。雅德利出钱买下加利福尼亚州科尔顿一家酿酒厂[1]的大部分股权。这家酿酒厂位于洛杉矶市中心以东60英里（约96.6公里），主人是圣贝纳迪诺的诺德家族。布鲁

[1] 原注：参见戴维·卡恩合集中的雅德利回忆录，信上写着：亚伯（·布鲁尔）致亲爱的埃德娜，标注时间为星期天；克莱姆的备忘录也附在那封信上。加利福尼亚州州务院第162719号，诺德酿酒厂公司章程，落款为1935年5月16日。这些都没提到雅德利，但1938年4月11日的章程修正案中将他列为所有人，持有2812.5只股份，由代理人代理；所有人C. C. 诺德，持有92.75只股份。加州酒精饮料控制部门的一位发言人在1999年1月28日表示，5年后诺德酿酒厂的生产记录被销毁。

尔说，“这群所谓的橙汁男孩是骗子，他们是绝不会带着水去酿酒厂的，他们是聪明的骗子”。

应雅德利的要求，布鲁尔仔细查看了这家工厂，发现还需要一个蒸汽锅炉、炉灶、冷却塔、污水罐、黄铜管、燃料储存箱以及其他一些小东西。当雅德利要求他把能想到的事情都做好时，“我的回答几乎让雅德利和我有了前所未有的不愉快经历”。但布鲁尔认为，雅德利“工作、玩扑克、打高尔夫球、钓鱼或者做别的事情从不是为了好玩。无论何时他做任何事情，其目的就是为了**获胜**……在这笔交易中，不是钱的问题，而是做出成就的问题，所以他不会放弃”。布鲁尔搬到科尔顿，雅德利住在旅馆。他们设法让这家酿酒厂运营起来。1936 年 7 月，雅德利在写给拜伊的信中，仍对信笺上方的抬头诺德酿酒厂公司（Nolder Distilleries, Inc.）抱有极大的热情，“我们现在的进展非常顺利，一天大约制造 1100 加仑”。他说他为拜伊留了一桶“我第一次亲手制作的，等到 12 月时我会亲自给你送过去”。拜伊怀疑雅德利就是“那家酿酒厂的权威检测员”。但威士忌的价格下跌了，股东们之间产生了摩擦。雅德利不得不一直投钱进去。一切都不是那么顺利。那年秋天的一个晚上，他告诉布鲁尔他打算第二天回沃辛顿。圣贝纳迪诺那群人接管了这家酿酒厂。布鲁尔要回了 2700 美元。雅德利分文未得。

1937 年 3 月，雅德利和黑兹尔回到杰克逊高地。但是，他们之间爆发了争吵，从 9 月开始分居，后来黑兹尔带着杰克回沃辛顿去了。雅德利声称自己会赡养他们，但周围的邻居却不这么认为：杰克这个瘦小孤僻、患有湿疹的男孩似乎被父亲抛弃了。雅德利时常会带着一些礼物出现，然后就又走了。杰克高中毕业时都没有外套，不得不从老师麦克斯·阿德金斯那里借了一件；沃辛顿的人们都在讨论这件事情。杰克从未在外面谈论过他的父亲，似乎是出于憎恨父亲对待母亲的方式。黑兹尔，当时是个满面愁容却又讨人喜欢的女人，回来后又去当图书管理员，这是她结婚以前的工作，她从未抱怨过雅德利。6 个月后，雅德利和埃德娜·瑞姆赛尔一起住进纽约城郊新泽西哈斯布鲁克高地罗斯福大道314号。他重新联系了皇后区雷格公园的房地产经纪人威利斯公司（Willis & Company）。他不再买卖地产，似乎仅当了一名经纪人。

他写的东西没有销路。尽管拜伊尽了力，《十一点钟》（*Eleven o'Clock*）这个剧本却没卖出去。拜伊告诉他可以为《现代机械》（*Modern Mechanix*）杂志写一篇2000字关于编码和密码的文章，价格是1个字10美分，但雅德利借口说关于这个题材的文件都放在沃辛顿，现在拿不到，只有等到秋天他回印第安纳州打猎时才能拿到。不时有人给他写信，请求翻印他的部分作品，但并没有让他致富。例如1936年5月，美国图书公司想要再版奥古斯特·德沃夏克（August Dvorak）所著《打字行为》（*Typewriting Behavior*）一书中的部分内容，拜伊同意了，却没有收取任何费用。

无论被评论家痛批了多少次、被出版商打击了多少次，很多作者都会再次写作，雅德利也一样，他想要再写一本书。3月他开始创作《华盛顿的黑影》（*Shadows in Washington*），8个星期后就完成了。在乔治·拜伊的建议下，他拜访了鲍伯斯－梅里尔公司在纽约的编辑，后者承诺会“尽快阅读”，还说“我们想要你的书”。随后雅德利给印第安纳波利斯鲍伯斯－梅里尔公司的戴维·钱伯斯写了一封信：

> 我在写这本书的时候，和创作《美国黑室》时一样集中精力、专心致志，我是说，除了写书我什么都不做，满脑子想的全是它。生意不太景气，因此我干脆将自己锁在家里，全力以赴，有时这样的日子过得很开心。这是一个发生在和平年代的，以华盛顿为背景的间谍故事。故事中的男女主人公不是强加进去的。对这个故事来说，他们是必需的。我加入了爱情成分进去，第一章他们的爱情出现了矛盾（这是个谜）。这两人之间的矛盾很深，直到故事结束他们才在一起。主演被假定为商业间谍，像街角百货店店主买卖蔬菜那样，他们买卖机密情报。但他们追求的这种

特殊事物本身就很可怕，以至于整个故事有种战争时期间谍故事的紧迫感。故事是新奇的，至少有 4 处主要情景惊心动魄。卡梅伦（鲍伯斯－梅里尔公司在纽约的编辑）说他也想读一读。我向他承诺这个星期一交付。但周末时，我的一位评论家朋友建议说这本书非常好，我打算整合下，因此会有些晚。这个故事有大约 65000 字。这正是鲍伯斯－梅里尔公司此时需要的书。我想如果你愿意的话，我会跟你和卡梅伦讲讲这本书。

雅德利发了一份副本给他的好莱坞经纪人斯旺森（H. N. Swanson），斯旺森说他很喜欢；他又给拜伊发了一份，拜伊也说很喜欢，但是补充道，雅德利一直很懒，这本书不是文学作品，是个神话。雅德利称这是"来自拜伊的最高评价"。拜伊将这本书寄给了卡梅伦。两个星期后，雅德利给他打电话。当一些编辑认为一部作品无法成为畅销书时，他们就会以一种傲慢的态度对待作者，卡梅伦就是带着这种态度回复雅德利的："这些天我什么书都没有读。"雅德利遂放弃了鲍伯斯－梅里尔公司。这时，杰西卡·曼侬（Jessica Mannon）也写信告诉雅德利这本书被拒绝了，但不是在她工作的印第安纳波利斯办公室被拒绝的，所以她也说不出原因。她写道："我希望有机会我可以读读它。"雅德利对卡梅伦以及整件事情非常生气，匆匆给她回了一封怒气冲冲的信件，说他之所以把小说的副本寄给她，就是因为"我想要你的下属出版这个故事"。

他又告诉了她一些从没有向任何人透露过的话——或许除了埃德娜·瑞姆赛尔：他同意去中国待一年以破译日本军事情报。他说当他回来时，他想"一年交出 3 部充满探险和神秘色彩的历险小说，因为我还不会写严格意义上的神秘小说，我也不会读这类书"。曼侬为卡梅伦的行为道歉，并说："我知道我应该喜欢读你的故事，我希望可以给你一个不同的答案。"但是，在一份交给曼侬的内部备忘录中，一位编辑提到《华盛顿的黑影》："这个故事可能有条线索，不过这个线索非常糟糕。我无法做到在不破坏这本书结构的情形下，列出我的反对理由（原文如此），或者指出这本书需要什么（当然是重写）或需要哪些东西。但是有一点，以目前的情况看肯定不需要，那就是一个出版商。”另一位编辑补充说：“这本书可能有市场，但会是一个令人彻底失望的市场；或者换句话说，销售的可能性不是一点没有，我相信，但这与书本身无关。”面对这些负面意见，曼依于7月8日在打击雅德利之前安慰他说：“当我读《华盛顿的黑影》时，我浑身战栗发抖，即使在月光的照射下，温度计的温度在90华氏度(32摄氏度)。这是个好故事，”她话锋一转，“有些话很难说出口，我们认为这本书的销量可能会很小。”她总结说，“祝你好运，伙计。你要是去中国的话，记得告诉我一声。”

后来，雅德利的确坐船去了中国。

第 17 章
中　国

1937 年 7 月，日本对中国发动侵略战争，在之后的几个月里，中国情报界的头号人物戴笠一直想尝试，能否借助一位密码方面的名人专家来破译出日本的密码系统，从而提高自己在国民党中的地位。这位情报头目安排在美国的工作人员是使馆的武官助理，他奉命去打听赫伯特·雅德利是否愿意来中国。尽管这位武官助理知道雅德利的成就，但还是想先试探下他的意思。他没有去咨询威廉·弗里德曼，但雅德利战时的旧友里夫斯·蔡尔兹大使极力推荐了雅德利。1938 年 5 月 18 日，使馆武官肖勃（Hsin Ju Pu Hsiao）少校[1] 给雅德利写了一封信，请他一同吃午餐。雅德利一看到这封信，就立刻知道中国想要邀请他去破译密码。雅德利每年的年薪 10000 美元，签订 6 个月的工作合同，可以选择续签，尽管这比几年前他对哥伦比亚开出的 25000 美元少多了，他还是接受了。金钱可能是他答应这一请求的主要动机，但也有其他因素：旅行的诱惑，对中国人民英勇

[1] 原注：参见余茂春著《美国战略情报局在中国》（*OSS in China*），第 37—38 页。其名字的汉语拼音是 Xiao Bo。关于他的更多情况，请参见魏斐德（Frederic E. Wakeman）著《间谍王：戴笠与中国特工》[*Spymaster: Dai Li and the Chinese Secret Service* (Berkeley: University of California Press, 2003)]。

反抗的同情，以及对日本人残忍行径的痛恨，比如击沉了美国的“帕奈”号（Panay）炮舰、制造南京大屠杀。为了伪装身份，他隐掉了自己的姓氏，称自己为赫伯特·奥斯本（Herbert Osborn），然而护照上并没有修改。

经过3个月的筹备，他最终于9月4日（星期六）的午夜时分从纽约出发，登上了“布列坦尼”号（Britannic）。经过勒阿弗尔市不久之后，穿过直布罗陀海峡到达马赛、马耳他和塞德港，途经苏伊士运河到亚丁，又穿越印度洋经过孟买、科伦坡、槟城和新加坡，然后经过中国南海于10月12日到达中国香港——相当漫长的旅途，横穿了半个地球。对于雅德利来说，他第一次听到这些颇具异国情调的名字，还是在一个小小的印第安纳州高中班级里。

雅德利打算从香港飞到汉口，但报道称日本人已经攻入汉口。于是，他等了两个星期，等待指示，而这期间他沉迷于西方人对亚洲女性的好奇心之中。“我真的去过一个灯红酒绿的地方并观察了几个女孩，”他在给朋友的信中写道，“这似乎不太明智，但它上面没有毛发，真的是不一样的构造，有一个大大的凹槽，我猜她们的器官是隐藏在里面的。”他参观了“姑娘市场”，鸨母在那里走来走去，花15美分就能带走一个雏妓。“我知道你会说我是个骗子，但这是一个事实，我可是毫无这方面的经验。”他写道。他要在香港定做一套蓝色西装，当裁缝问他在哪边放他的“水龙头”时，他回答说他的比较小，没有什么太大区别。

10月的最后一周，雅德利和中国政府派来的翻译施颜（Yen Shih），登上一艘1500吨的“江苏”号货轮，前往法属印度支那的海防市。一等舱8人，二等舱100人，甲板上有300名乘客，雅德利穿着汗衫和短裤坐在那里，汗流浃背，他们已经穿过中国南海。他或许是担心和几年前一样再次遇上海盗袭击，那次有两名官员被杀，乘客们被洗劫一空。他抱怨说，离开纽约时是在一个月圆之夜，航行到红海时又见月圆，现在第三次看到月圆：快两个月了，我还没有到达我的目的地。他在北海下了船，这是中国的一个小港口，雅德利说这是“我到达的第一个真正的中国城市”。与沃辛顿、纽约和华盛顿不同：“猪满街跑，到处都是鸡鸣声，我看到一个婚礼，新娘坐在中国古代的马车上……满是污垢的地板和趴在地上的猪——他们在小小的教堂跪拜——街道只有 10 英尺（约 3 米）宽，还有光着身子的小孩子……在那里我们看到麻风病人正在编织美丽的东西，这些织品在被运走之前会进行消毒……这里的人非常穷，但是健康、快乐，日本军舰却 3 次驶入这里并炮轰了这座城市。”他相信“我应该为这个可爱的国家尽一份力”。等了 3 天从海防市开来的窄轨火车，他又在火车上颠簸了 24 小时才抵达昆明。从那里，他坐飞机到重庆，蒋介石的国民党临时指挥部就在那里。11 月 5 日他在长江一个布满砂石的岛屿着陆了。重庆和新奥尔良地处相同的纬度，层峦叠嶂，可以俯瞰到长江和嘉陵江的交界处。四川属于亚热带气候，水果繁多，鲜花丛生，满载大米的平底船、尖叫的猪（送去屠宰之前会将它们的眼皮缝上），涌入这个战时的首都，和流离失所的人们一样，但英勇的政府官员们仍致力于保证中国屹立不倒、不被打败。1400 英里（约 2253 公里）之外便是大海，日本人则在 400 英里（约 644 公里）开外，山脉和三峡是兵力不可逾越的天然屏障，但阻挡不了轰炸机。

雅德利在前往中国的途中给埃德娜写的一封信的信封。

雅德利先在一间公寓安顿下来，随后于1938年11月13日搬到城市最高处的石头城堡里，一共有20个房间，屋顶覆瓦，脚下400英尺（约122米）便是长江。这里原先是市长公馆，至于谁是市长，雅德利只知道“是个非常神秘的人物，在我到来之前，迅速搬走了”。公馆底下是凿出的一个洞穴，被称为“神仙窟”。进门之前，雅德利摇一下那扇贴着“福”字的门旁的铃铛，会有一个中国男孩过来拔去门闩。沿石阶而上是个花园，花园里有石头路、棕榈树、篱笆以及石茶几，绕过一个名为“怡水”的温泉，往上走40级台阶便到了城堡。这里的地址为Shen Shien Tung Gai 94号。这里不能洗澡，没有自来水，也没有暖气。他上厕所用的是一个铁罐，每天都有人来收这些污物用作肥料。室内温度四五十摄氏度，室外有雾，他有一个简易的炭火炉，可以烘干他那20英尺宽、40英尺长（约6米×12米）的卧室兼办公室。屋里摆有一张新式办公桌、一把躺椅、两把椅子，还铺了两块当地产的地毯，挂着一个200瓦的灯泡，需要灯泡的原因是这里的电流很弱，微弱的光线极大地伤害了他的眼睛。他却高兴不起来。重庆到处是“一片片土屋，小竹屋以及低矮的、暗色调的石头建筑”，在这个被称为“乐寓”的住处，他说，“如果我留在印第安纳州沃辛顿的话，境遇肯定比现在好很多，那里不会像这样”。他很快意识到事情和家那边的不一样。“当我将吸了半截的香烟弹在大街上时，一个半裸的人力车车夫很轻松地就把它抢到手，好似鱼儿从水中跃起捕捉飞虫一样，几乎没有打乱他拉车的步伐。”

西面来的雾气让重庆的冬天显得格外潮湿阴冷。前几个月一直是这种令人绝望的天气，这是他经历过的最寒冷的冬天，因为患脉络膜炎已经好几周了，他一直担心他的右眼会失明，思乡之情让他几近绝望。他羡慕家乡的那些朋友，他们告诉他家乡很温暖很惬意。有好几次他都拿着枪钻进被窝，打算自杀；但即便日军的轰炸也没能遂了他的心愿。1939年1月15日，日军空袭了国民党总部附近的几栋建筑。雅德利跑过去想拍几张照片，但当遇难者被人们抬走时，那么多中国人用手帕抹着眼泪，“我没有勇气拍摄这种照片”，当日本公报吹嘘“我们英勇的空军部队今天刚轰炸了重庆”，他说道，“我真的感觉非常恶心”。几个月后，又是一轮空中轰炸，他看见一位老人坐在马路边，他的汗衫被扯成两半，喃喃自语地说着他想回家。这位老人努力站起身，他身体的左半截已被炸开，雅德利甚至能看见他的心脏在跳动。老人走了几步便倒在地上死了。

雅德利憎恨这种生活中赤裸裸的残酷。有一次，他的翻译在一张中国报纸上看到一篇报道，读了一句“在桂林进行的一次轰炸造成 1500 栋房屋着火”，接着就翻过去了。雅德利问死了多少人，翻译又翻回那一页说道，差不多 1500 人。雅德利问他，你为什么不告诉我这些，“他说他们只是些穷人和不重要的人，”雅德利引述道，“他们死了更好，我认为你不会对他们感兴趣的，诸如此类的话”。他憎恨这种不民主的社会体系。他觉得中国人是得过且过的“猴子”；不明白什么叫火烧眉毛以及明天会怎么样；一群人围着浴室和厕所工作了 3 个星期，依然没有弄完；再三央求，仍旧没人给他带来一份《香港日报》；手工制作的捕鼠器不能用——老鼠竟然吃掉了 2 磅火腿诱饵；关门的弹簧终于送到了，但门板却总是蹭着地板，无可奈何；短波电台不能工作，因为电压不够大。一次雅德利的伙计没有把水烧开，雅德利只能喝橙汁。他将不冷不热的水倒在手上，大声喊道，他的小便都比这热。

他对人们说自己在重庆做毛皮和皮革生意，但他的生活节奏却不像是个生意人：他每天晚上工作到次日凌晨 5 点，早上 10 点或 11 点起床，在床上喝杯热橙汁，而他的伙计生火、做早饭，在刚开始那些日子，他还会为他未来的学生编排密码分析课程。他一直工作到下午 6 点，然后去市中心，喝一小杯他所谓的“低廉的”中国白兰地，吃顿饭；有时他会去他口中“臭烘烘的”餐厅吃一顿“好吃的”中国餐，大约晚上 11 点时回来，又一直工作至深夜。他的娱乐包括使用他的捕鼠器——这个地方老是被这种啮齿目动物骚扰，有时他睡着了它们就在他周围乱窜；或者看看过时的电影，通常是看两遍。当时剧院正在放映 18 个月前英国人拍摄的新闻短片，为 1936 年国王乔治六世的加冕仪式挑选珠宝。他没有开展密码分析，部分原因是他的员工仍不成熟，另外他相信，因为他的老板——情报头子戴笠希望雅德利能帮助提升他在党国的地位，一直想和他谈谈总部建立前的工作。11 月底，学生们的课桌已经安装好；12 月，15 名学习密码分析的学生和 15 名无线电电台操作员来这里报到。最终，他要求他们从早上 8 点工作到晚上 10 点，中间不得停顿，一位军官负责监督他们，而雅德利就是君王，负责折磨他们。

邀请雅德利到中国来是为了提高中国密码分析的能力[1],从而加强戴笠的权势。近代中国，早在 20 世纪 20 年代，在蒋介石试图带领国民党统一中国的混乱内战中，就已经出现了情报分析。国民党的一位领导、蒋介石的大舅子宋子文，认为破译众多反叛的、半独立的军阀的秘密情报可以在一定程度上帮助蒋介石击败他们。宋子文的外甥兼随从温毓庆，是哈佛大学毕业生，数学学科的得分都是 A 和 B, 并在攻读物理学博士，或许他能胜任密码分析工作。宋子文将这位身材瘦削，30 岁出头的美国优秀大学生、全国荣誉学会会员从北平税务专门学校挖过来，让他从事密码破译工作。中国人在以电报形式传达他们的表意文字时，会用数字来代替一个个汉字，标准的编码本上有相应替换的数字。为了保密，数字可被加密。许多军阀的密码系统非常原始，温毓庆很快破译出来，他的破译的确帮助蒋介石获得了优势，并于 1928 年建立了国民政府。

3 年后，日本占领了东三省，迫使中国军队撤退到长城以南，虚假的电台消息也在其中起到一定的作用。当日本又占领了河北和绥远后，蒋介石于 1936 年 3 月 1 日重新组织并重新命名了温毓庆的办公室，现在称作“密电检译所”或“秘密电报审查和破译办公室”。蒋介石命令他攻克日本密码系统。过了三四个月，温毓庆和他的同事们破译出一套日本外交大使使用的低等级编码。蒋介石非常高兴，扩大了密电检译所的规模，他对密码破译机构管得很严，因为他的私人密码员曾经背叛过他，将他的编码本

[1] 原注：参见余茂春著《中国的密码破译者》，第 201—213 页；余茂春著《美国战略情报局在中国》；魏斐德著述中关于戴笠的一章“戴笠的通信系统”。我很感谢魏斐德博士让我注意到这些内容。

交给了共产党的领导人周恩来。

但在 1930 年，出现了至少两个相互竞争的无线电情报机构：因为蒋介石对截获的情报很上心，陆军参谋长决定建立自己的无线电情报机构；而戴笠，是一个虽然野蛮残忍，但完全忠诚于蒋介石的人，总是穿着国民党的蓝黑色高领制服，他想要加强他的权势，也在 1933 年任命了精明而少言寡语的无线电专家魏大铭，负责培养一些年轻有为的无线电情报人员。有传言说魏大铭的妻子原来是戴笠的情妇。到 1937 年 7 月 7 日，已经有 11 个班的学生毕业了，此时中国军队和日本军队在北京附近的卢沟桥发生了冲突，日本以此为借口开始大举侵略中国。中国急需破译日本的军事密电，这正是雅德利来到这个东方国度需要做的工作。

有一个刚从德国回来的中国学者，英语水平比雅德利的私人翻译好，于是让他翻译了雅德利准备好的教程。但雅德利对这些学生很失望。他抱怨说，在他陷入困境的时候，他们压根儿帮不上一点忙。但是，他的分析表明日本人对自己的密码“并不太在意”，他还是希望借此获得“一个巨大的成功”，尽管他很难得到有助于破译的辅助资料，例如截获的情报。有一次，他想和一位日本军官谈谈，因为从他那里缴获了 96 份文件。得到的答复却是：“中国军人非常憎恨日本战俘，他们已经把他活埋了！”他去战俘营试图寻找信号官俘虏，但没有发现一个人。事实上，雅德利了解到，很少有战俘会被带到这里，大多数都被杀了，常常是活埋——显然这是一种世俗的规矩，不孝之子也会遇到这种情况。然而有一次，日本轰炸机坠毁，雅德利的上级领导飞奔到镇上，救出了轰炸机的投弹手，他向大家解释说是因为有很多日语简写他们不懂，需要一个活口来询问。

随着学校的工作如火如荼地开展，戴笠来校参观，一同前来的还有信号部负责人魏大铭，他已被提拔为军统局 4 处处长，而戴笠兼管军统局 2 处，雅德利也属于该部门。不久之后，最初只有 15 名学生和 15 名无线电操作员的规模已经发展为 50 名学生和 100 名操作员，他们在 50 个破译岗位上工作——尽管雅德利说过要审核操作员，但从书面记录中只发现其中的 7 位被审核过。后来，大约有七八百人为他工作。在最初的 18 个月里，他的团队拦截了 20 万份情报，并对其中 2 万份进行了分析。雅德利早期的一项分析似乎表明，日本正在使用约 20 种不同的编码，每种都进行了加密。他将这些样本寄给他之前的 3 位同事：埃德娜、查尔斯·门德尔松和露丝·威尔逊。

1939 年 2 月的一天，通过研究每天早上 6 点、中午和下午 6 点按时发送的一系列日本假名信息后，他注意到 48 个假名中只用了 10 个，或许代表的是数字，而这些信息的格式都是重复的，因此也许是气象信息。他将假名随机转换为数字并开始研究它们。他的团队通过大致的方位测定发现，信息是从重庆附近发过来的，雅德利由此认定，所有信息的第一组编码 027 代表重庆。他进一步观察到，所有在早上 6 点发送的信息，第二组编码都是 231，在中午发送的信息是 248，而那些在下午 6 点发送的信息则是 627。几乎所有信息的第三组编码都是 459——除了当天中午的信息是 401。雅德利注意到，连着下了几天的小雨，到中午天空已经放晴，他因而得出结论：459 是“下雨”的意思，而 401 代表“好天气”。当时是下午 1 点，雅德利通知了他在中国的联络员并告诉他，他相信当天下午重庆会遭到空袭。正在解释他的分析时，防空警报声响起。雅德利由此树立了声望。

1939 年年中，他和魏大铭已经成功破译了一个日本空军编码，使得中国可以得到轰炸预警，避免了其他一些空中灾难。蒋介石对此很高兴。

密码分析并没有影响雅德利去做别的营生——事情反而比他以前在美国密码局时做的还要多。为了能够赚到他所谓的“一笔小钱”，他不断提出为《时尚》杂志和《星期六晚邮报》撰稿，有几次已经写好了草稿。最初，他建议刊载一些有关日本暴行的文章和照片，这些是从死去的日本人那里得来或中国人从日本那里偷来的，还可以写些文章介绍这里是如何处决间谍的，他说这些事情每隔几天都会发生。一次一名政治家被处决，但雅德利“有点失望——我以为会有一位士兵砍掉他的脑袋，结果他是被枪打死的”。他写一篇文章至少会打两次草稿，偶尔会发些照片。他愿意做更多。如果乔治·拜伊“对他的文章提出些许鼓励性的话语，将淘汰掉书中 6 万字的令人不悦的东西（是有关在这里的旅行，不是小说类的书；是有关平常的生活经历，当然会稍微戏剧化和夸张一些），当然与正式的工作无关”。由于这些没能推销出去，他又提议在《星期六晚邮报》上用独家系列照片的形式展示他所谓的中国新西南帝国——新建成的公路、在建的铁路、弹药工厂等等，但也没能推销出去。他变得有些消沉——或许更现实，开始怀疑自己的能力：“现在不要认为我是一个作家。我写了这么多没有出版的东西，除了纪实性的作品，我没有多少勇气再去尝试其他的。虽然我现在是在写文章或是一本书，但我不会以写作为生，不会视其为赚钱的职业。”

他觉得自己可以“成吨地”卖掉一种美国灭鼠剂，不仅能灭鼠还能除臭，因为这里的老鼠“和苍蝇一样多”。他想到一个计划，去“盗窃美国一个医药配方”，比如拜耳阿司匹林，大量进口过来，和当地的米粉一起做成药片出售。他建议门德尔松的一位医生朋友来做一项调查，研究下为什么中国人的牙齿这么好。他还提出为他的前同事维克多·韦斯科普夫代买一些邮票。这些想法没有一个付诸实施。

尽管人们像对待国王那样对待他，他却似乎一直需要更多的钱。他是一位“美国顾问”，正在帮助中国人民对抗日本侵略者。他的老板们尽可能为他打理好一切：屋子里有炉子、浴室和卫生间；他们从香港请来一位外国厨师；他们给他带来威士忌、红酒和白兰地；他们为他配了一辆车，随时听候派遣。他们还给他提供了多名翻译，派来两个伙计照顾他。每天炉子上都有一壶烧开的热水，因为他对喝当地未消毒的水感到担心。他们给他发来感谢和赞扬的电报，还带他去见蒋介石。但他不喜欢这种娇惯宠爱，“我说过我是那些独立战争和国内战争先驱者们的后代，我知道苦难和战争意味着什么，（中国人）不应该这么做”。但不管怎么说，他们还是这么做了。

不过他们限制他的自由并对他进行严密的监视，因为他们说过，他们担心他会被绑架。或许不能说这是过度保护，雅德利写道，这里每天都有谋杀、绑架和抢劫案发生。每次出去都会有一位保镖跟着他，他自己也随身带着一把手枪。他感觉自己像被禁锢了，提出过抗议，但是没有用。有时即使他逃出去了，也不会拥有太多的自由。有一次，他悄悄溜到自己喜欢的一家饭馆，冲到楼上掌柜的房间，腾出桌子，在那里吃了顿饭。他问道："你是怎么想的？"店小二说，如果阁下发生任何不测，他将会承担责任，被千刀万剐剁成肉泥、做成馅饼。雅德利给了这位店小二 5 块钱，希望下次他来的时候什么都不要说。店小二没有要钱，一个劲儿说自己家里有老婆有孩子。雅德利又掏出 20 块钱，店小二磕头求饶并再次拒绝了。雅德利离开时，他的保镖已经在门口候着了。

1939 年年底，雅德利开始流连于重庆的旅馆，那里聚集了很多外国人。那些用木头、灰泥和砖块盖的简易房，最初是家医院，有食堂、大厅，一些房间用于私人派对，还有一些没有暖气的卧室。那里有饮料，也有扑克游戏。雅德利喜欢玩扑克而且打得很好，就连翻译的牌技也跟着他得到了提高。他瞧不上旅馆里其他人草率的玩法：他们打出的牌面朝上，不理会概率大小，随意下注。雅德利和很多密码专家一样是按照概率出牌的，凭借对图像的记忆去猜测其他玩家扣着的牌。通过洗牌出千，他打败了英国的一位密码职员摩根·克罗夫顿（Morgan Crofton）。克罗夫顿非常讨厌雅德利，输牌之后勃然大怒，将扑克牌撕得粉碎，还极力戳穿了雅德利易被识破的伪装，大叫他为"赫伯特·奥斯本·雅德利先生"，然后和他的女朋友艾米丽·哈恩[1]扬长而去。哈恩是位记者，雅德利称她"令人眼前一亮但太过丰腴"。哈恩回敬了这句赞赏，称他是"一个举止招摇的美国人"。

旅馆里还有一个又瘦又小、相貌如猫头鹰般的美国人——西奥多·哈罗德·怀特（Theodore Harold White，中文名为白修德），当时他 23 岁，

[1] 编注：艾米丽·哈恩（Emily Hahn），中文名字为项美丽，美国《纽约客》杂志社的特约撰稿人，于 1935 年作为《纽约客》中国海岸通信作者来到中国，辗转于上海、重庆、香港等地，后来根据她在中国搜集的资料编写出版了著名的《宋氏三姐妹》（*The Soong Sisters*）一书。

是中国的宣传者，后来成为《时代》（*Time*）周刊的驻华记者，畅销书《美国总统的诞生》（*The Making of the President*）系列的作者，还是电影《星球大战》中绝地大师尤达的原型。他和雅德利相互吸引。怀特称他是一位“秃顶的，人到中年的小人物，非常迷人，像一个开心又爱唠叨的乡村店主……非常诙谐”。

> 雅德利是个非常幽默的人，热衷于很多事物，不受世俗约束，他酷爱喝酒、赌博和女人。在我们成为朋友以后，他决定教我玩扑克牌，他让我站在一旁，看他如何摊开双手，横扫一空。他还觉得应该教我如何跟女人上床，邀请了在宴会上认识的一些他看中的女性到他家里，试图说服我体验下。我不会学这些，我仍挂念着波士顿。但他的确教会了我一些非常重要的东西，比我从其他美国顾问官员或智者那里学到的还要重要：当发生空袭时应该怎么做。雅德利的理论是，如果空袭目标对准你，那么没有什么办法可以救你。他说道，空袭的最大危险是窗户的碎片。当听到警报响时，应该先喝一杯，然后躺在沙发上，上面盖两个枕头：一个遮住眼睛，另一个遮住腹股沟。碎落的玻璃碎片会伤害这些重要的器官，如果眼睛或腹股沟受伤，就没有活着的意义了。在原子弹爆炸前，这是经过时间积淀下来的好建议，我采纳了它。

性，正如怀特观察的那样，是雅德利最关心的事情之一。美国使馆的武官在报告中说“他非常迷恋男欢女爱之事，他的话语中充满对女性的各种低俗和轻佻的想象”。哈恩同样说过，他的对话中“大多数是关于女人”，他的信中常常提到性。他到这里一周后，发现“在市中心花上 1 块大洋（15 分金币）就可以找到一个舒适的房间，在浴盆洗上 1 小时的热水澡。另外，伙计告诉我再花 1 个金币就可以叫一位姑娘……我便告诉我的随从，洗澡的时候可以叫一位姑娘过来。不一会儿来了一位 13 岁左右的女孩。我试图让她摆一些姿势，我来拍照，但她非常羞涩”。后来又说道：“可以让15岁的姑娘们进来……等我找到合适的胶片，我会发给你一些中国姑娘的照片。但我可以告诉你的是，她们长得并不歪，并且她们也没有……与中国姑娘约会了几次，对于一个美国人来说进展太慢，我最终放弃了。我的翻译施颜（他结婚了）有一个17岁的心上人，但他们俩从未上过床。我说那你做了什么？他脸红了。我说难道你用手？他的脸更红了。他说难道美国人用手？我说是啊。他说道‘果然是天下的乌鸦一般黑’。我问‘为什么不和她上床’，他说我这样做会毁了她的。”

尽管雅德利多次否认他的放荡生活，说那些伺候人洗澡的姑娘们“当然很漂亮，但我害怕染病，怕得要死”，她们“非常好看，但我还是害怕，因为我从未使用过避孕套，也不知道如何向她们拼写这个单词”，有很多中国女人出入他的公寓，只是没有外国女性。据说他买了一些中国姑娘作为他的性奴，在他的家里举办狂欢派对，这在外国记者和外交官中非常受欢迎；他还将他的公寓租给一个妓女使用，并且迫使戴笠让他居住在重庆市中心一个“舒适的”大学里。的确，最让戴笠头疼的事情是，既要保证雅德利的安全，又不能限制他性欲的冲动。幸运的是，虽然雅德利是位创作了《美国黑室》的大人物，可他对工作还是很上心的。美国“图图伊拉”号（Tutuila）炮舰的军官已经了解了雅德利在这里工作的情况，雅德利自己通常也有一定的安全意识，但很少是出于爱国的原因，更多的时候是经济原因，因为他不想让他的工作难做或彻底结束。

埃德娜拒绝来中国，那位雇用雅德利的使馆武官劝她不要来。埃德娜后来留在华盛顿，在信号情报部工作。雅德利给当时还不是他妻子的埃德娜写信，一副公事公办和严格要求的语气：“亲爱的埃德娜：现在你一定对我提的这些问题感到厌倦了，但我这边还有各种各样的问题……另外：请给特雷西写信问问哪里可以买得到‘测谎仪’，以及价格是多少。”下个月的信是：“首先，我不是责怪你，你一直那么好心，积极按照我的要求去做，我不能责备你，但有时因为你太聪明，反而没有按照我的要求去做。”这些信的语气并不温柔。他将它们打印出来并签名“你永远的赫伯特·奥斯本·雅德利”，没有小小的桃心或是其他以吻封缄之类的话，完全没有浪漫可言。对于一个远离家乡、身处异国的男人来说，这的确很奇怪。尽管埃德娜写给他的信已无法找到，但她非常迷恋他，看上去根本没有任何怨言。

雅德利的合同到期后，他选择续签合同，继续在这里待一年，一直等到他的学生们的工作条件得到改善。然而 1940 年年初，他的所有工作被迫暂停，需要等到已经成长起来的五六个密码机构合并后再工作；到时他将管理 800 名员工。到春天时事情还没有解决，工作也没有恢复。他变得焦躁不安，非常空虚，在这段禁欲时期，他常常酩酊大醉。尽管他喝酒时总是滔滔不绝，但从没提过编码的相关工作，只是抱怨说他的皮革生意不好。3 月的一天，那位美国驻华武官助理悄悄地告诉他，战争部想要一些关于日本军事编码的消息。雅德利开始讨价还价：他可以提供完整的技术信息，但交换条件是应为埃德娜提供一份 6000 美元年薪的政府工作，他还不知道她当时已经在威廉·弗里德曼的信号情报部工作。他不会仅仅出于爱国主义情怀便为政府提供这些资料，因为“在华盛顿为政府做事的那些爱国者们都拿着很高的薪水”。而且，他不喜欢弗里德曼，因为他感觉弗里德曼暗中破坏自己的信誉，并且蓄意破坏自己跟战争部建立的任何联系。最后什么协议都没能达成。

他离开这里的念头越发强烈，尽管戴笠想让他在中国再留一年，因为戴笠说他的工作还没有做完。这可能是一种委婉的说辞，驻华武官助理已经从别处听说中国人对他的工作不是特别满意。确实，美国评论家在两年后总结道，他的工作非常浅显，雅德利拿着钱却不做事，他在密码局时也有人这么评价过他。但所谓的成就可能是永远不够的。就像德国间谍活动机构的一位前负责人曾经说过的：“最好的结果永远赶不上客户的期望，这似乎永远是情报机构的悲剧。”

雅德利最后告诉戴笠他不会继续留在这里。自从来到中国，他已经瘦了 40 磅（约 18 公斤），他的身体状况在恶化。“尽管我应该继续留下来完成我最初开展的工作，但我感觉这样做的话可能会对我的健康造成永久的伤害。”他总结说，“我会记住在这里的日子，这是我一生中最有趣的经历之一。我来到这里是为了帮助这个国家，我觉得自己做了一件好事。”

在一份 1940 年 3 月 11 日递交给戴笠的工作进度报告中，他总结了自己取得的成就：他破译出 7 个 2 位编码，3 个 3 位编码，2 套移位密码系统，3 个所谓的 tana 编码，以及被称作关东军 A、双假名 B、德国 5 位字母和 50 指标等几套密码系统。至于破译的过程和方法，大多数都已被他的学生写进了报告。驻华武官助理很怀疑中国人“能否同意让他在战争结束前离开中国”。事实上，他连着好几周试图找机会与戴笠见面，但对方一直推托。最后他收买一位官员卖给他一张飞往香港的日本航班机票，他计划从那里乘坐“中国飞剪”号（China Clipper）飞回美国。当他得知未经总部批准，任何人都不得登上这架飞机时，他吓唬他们说，如果不放他走，他去机场时会带上一位记者和美国军事专员。这一招奏效了。戴笠过来见了他。和往常一样，为他举办了一系列的告别晚会，并安排雅德利和蒋介石见了最后一次面。雅德利前往香港，搭乘泛美世界航空公司“中国飞剪”号飞机。7 月 18 日飞机在马尼拉着陆，7 月 22 日抵达火奴鲁鲁，两次都受到日本外交官的关注，在夏威夷则引起了媒体的注意。在火奴鲁鲁，他拜访了陆军中校乔治·比克纳尔（George W. Bicknell），这是一位军情八处的老同事，此时担任夏威夷情报部门助理情报官。雅德利没有实质性地回答记者有关他在中国工作的提问，他只说自己将永远不再从事编码生意，并带回一些笔记，打算写一部以中日战争为背景的小说。

第 18 章
加拿大

1940 年夏天，雅德利怀着强烈的思乡之情回到美国，见到了埃德娜·瑞姆赛尔（她已经离婚，重新使用了原来的闺名）。他打算利用手中的日本军事密电资料牟利，声称自己掌握的相关材料比任何一个白人都要多。在华盛顿的地标性建筑开罗酒店短暂停留了几天之后，他搬到 F 街的一处公寓，正好位于宪法大道弹药大楼的北面，但他给人留地址却是拉尼尔地区 1789 号，这里位于时尚的亚当斯－摩根区，而埃德娜的公寓就在此处。

他尝试以一名密码分析专家的身份退休，但《美国黑室》问世后，他成了一个不受欢迎的人，他的提议当即被否决。1938—1939 年，威廉·弗里德曼领导军队的小型信号情报部开始接收由菲律宾截获的日本军事情报。该机构可能会用到雅德利带回国内的日本陆军和空军的密码资料。信号情报部隶属通信兵部队，它的负责人是雅德利在一战时的旧识约瑟夫·奥斯瓦尔德·莫博涅少将。经战争规划和培训部门负责人斯宾塞·埃金（Spencer B. Akin）上校的提议，莫博涅与雅德利签订了协议，出价 4000 美元购买一份日本军事密码学的报告。但是，因为弗里德曼和雅德利彼此都不喜欢对方，他指派弗里德曼的高级助理，密码分析专家弗兰克·拜伦·罗烈作为该报告的监督员。罗烈在此期间来找过雅德利 8 到 10 次，一起讨论雅德利写的报告是否为信号情报部想要的。

罗烈上午 10 点 30 分或 11 点左右到，因为他知道雅德利喜欢工作到深夜，睡得很晚。雅德利常常穿着无袖的汗衫迎接他的到来，衣服的前面有些脏，罗烈想他肯定是才睡醒。他在小餐桌旁落座，打字机周围散落着文件。有时他会拉开抽屉拿出一瓶酒和几个杯子。

"罗烈先生，要不喝一杯？"

"不用，谢谢。"

"你不介意我来一杯吧？"

"当然不介意。请随便。"

雅德利会自己倒三分之二杯威士忌，他们聊天时偶尔小啜一口。杯子空的时候，他会再次续上酒。有几次他酒性发作，罗烈只能借故离开，第二天再过来。他们见面时，每当罗烈问雅德利正在写什么，他总是很乐意回答；有时他会谈论一些密码局的事情，带着极大的感染力和权威性。他给罗烈看了一些反映日本暴行的照片，其中一部分是两名日本士兵将一名跪着的中国人拽出队伍，然后开枪打死他。罗烈发现雅德利容易沟通，而且对自己想说的话有很强的判断力。他有这种感觉，当时正在信号情报部工作的埃德娜在为雅德利提供消息。罗烈对该部门出钱从雅德利手上购买消息很反感，何况这些消息是自己部门提供给雅德利的，即使是在不经意间。他向埃金上校诉说了自己的疑虑与气愤，后者分析了一下，觉得事实可能真的如此；但即便真的是这种情况，反而可能会激励雅德利记住更多的细节，这样一来，雅德利自己掌握的信息就会自然而然地去验证信号情报部通过分析截获的日本情报而得出的结果。因此他同意这场游戏继续进行下去。1940 年秋天，在雅德利写作期间，他和弗里德曼还是见了一面，并讨论了一些技术问题。尽管他们互相嫌恶，但他们并没有打架，或许弗里德曼很享受这种会面，因为他现在高高在上，然而过去总是雅德利占上风。雅德利还是比较尊重弗里德曼的技术能力的，从未向罗烈说他的坏话。12 月底当他的工作接近尾声时，雅德利还见到了莫博涅和埃金。

雅德利的报告名称为《日本占领中国时期的军事编码和密码：1938—1940 年》(*Japanese Military Codes and Ciphers in Occupied China: Period 1938–1940*)，将 224 页内容分成 6 个“册子”，分别冠以“日本 3 位数战地编码”“日本 3 假名编码的解密方法”等标题。他对这些系统进行了阐述，大多数加密编码使用的是 3 位数和 4 位数的编码数字，详细清晰地写明了破译方法。他没有使用现代术语，除了“单一字母替换法”这个词，它是弗里德曼于 1923 年提出的；他的破译方法也没有包含什么高深的数学算法，事实上并不需要。这份报告听起来好像完全是根据雅德利的经验写成的，似乎不带有任何外界消息，这也是罗烈最怀疑的地方。

为增加作品的趣味性，雅德利加入了一些个人的观察。其中一些带有种族主义色彩，“在西方人看来，会因为这个情报（此时此刻）的错误而招来很多危险，但东方人却不这么认为。”有些话则非常有趣：“当轰炸机飞到它们的目标上方时，无线电的安静状态被打破；当炸弹投向目标时，会响起一声声的撞击声（这是个躲避的好机会）。”后来，莫博涅在报告雅德利的册子时说道，雅德利认为册子里“涵盖了当时已知的，与日本秘密军事通信有关的所有信息”，是“非常宝贵的”。弗里德曼则认为军队花钱买的这个作品算不上物有所值，罗烈却觉得“差不多和我们（已经）掌握的一样好，做得不是很好。它很琐碎，没什么价值”，回答莫博涅关于它是否有用的问题简直是在浪费密码分析专家的时间。但罗烈感觉，册子最终起到的作用是，它们使军队的密码专家“适应了”几年之后出现的更为困难的日本帝国陆军密码系统。

雅德利回国时，战争已经蔓延到西半球。加拿大正在与纳粹德国交战。尽管为了表明自己的独立性，加拿大直到英国宣战一周后才宣战，可是很多加拿大人仍在期待着英国人来领导他们作战。

这种态度延伸到密码破译领域。英国几乎将英联邦的成员国全都置于战场之外，因而加拿大并没有自己的密码分析机构。但加拿大还是通过它的电报审查机构、位于温哥华岛的埃斯奎莫尔特太平洋无线电站，以及纽芬兰岛的圣约翰斯大西洋邮局截获了数以千计的情报。加拿大海军将这些情报交给了英国海军部，后者又将它们转交给位于伦敦西北 60 英里（约 96.6 公里）布莱切利园[1]的政府编码和密码学校进行破译，要求渥太华“加大提供更有价值的情报”。但是，此时加拿大已经开始了自己的独立工作。意大利于 1940 年 6 月对英国和法国宣战，加拿大的审查机构获取了意大利的战争部署资料。当年晚些时候，当希特勒试图劝说西班牙加入他的阵营并占领直布罗陀时，在渥太华洛克里福机场通信兵部队无线电站的地下室内，部队的 16 名接线员同样确定了西班牙部队的战争部署情况。加拿大皇家骑警利用 1940 年 9 月美国联邦调查局提供给他们的一种间谍密码，破译了部队截获的 200 多份情报。

这些成功启发了负责洛克里福站点和信号试验机构的德雷克（E. N. Drake）上尉：如果从平常的语言信息中就可以搜集到这么多情报，那从加密的信息中将会有更多收获。1940 年 11 月 19 日，他拜访了莫博涅少将并讨论了这个问题。这位将军同意给他军队的 6 份密码学手册，详细介绍了密码学机构的组成，敦促加拿大也创立一个机构，并告诉他这个机构带来的信息可能会为这个国家创造至高无上的价值。他回国后，德雷克便提议建立这样一个机构。但参谋长们“觉得我们应该继续运用英国的设施来完成这项工作”。他们还说，“美国存在一个类似这样的机构，如果美国参战，可以提供必要的协助”，并且“就目前来说，成立这样一个组织的成本在加拿大是不可能接受的”。

然而，德雷克对这个想法仍坚信不疑。似乎财政困境有了出路，加拿大的国家研究委员会（National Research Council）意外地收到几个富人捐赠的 100 万美元。委员会下属的战争技术和科学发展委员会中有一位来自加拿大外事部的代表，他和德雷克一样，认为破译密码可能是一个有用的

---

[1] 编注：布莱切利园（Bletchley Park），又称 X 电台（Station X），位于英格兰米尔顿凯恩斯（Milton Keynes）布莱切利镇内，在第二次世界大战期间，是英国政府进行密码解读的主要地方。

战时手段。由于参谋长们不感兴趣，外事部可能会处理这件事情。这位代表叫休·卢埃林·金利赛德（Hugh Llewellyn Keenleyside），41 岁，是一位能干的中年男人，曾于 1939 年负责接待新登基的英国国王[1]和王后在加拿大的访问。他建议寻找一些对密码学感兴趣的人。1941 年 1 月 23 日，研究委员会的代理主席写信给加拿大 14 所大学的院长、数学家和工程师，向他们询问是否知道“有密码这个特殊专业领域的经验或非常在行的人”。

许多人做出了回应，其中包括多伦多大学的两位数学教授：吉尔伯特·德波尔格·罗宾逊（Gilbert deBeauregard Robinson），35 岁，加拿大人，剑桥大学博士；哈罗德·斯科特·麦克唐纳·考克斯特（Harold Scott Macdonald Coxeter），34 岁，英国人，同样获得剑桥大学博士学位，1931 年获得史密斯奖（Smith Prize），这个奖项有时也被称为数学界的诺贝尔奖。几年前，考克斯特与华盛顿的一位名为亚伯拉罕·辛科夫（Abraham Sinkov）的博士一直保持着通信联系，为了他们共同的关注点：群论。他们合作撰写了几篇文章，当时辛科夫还是信号情报部的一位密码分析专家。了解到考克斯特正在为沃尔特·威廉·罗斯·保尔（Walter William Rouse Ball）的经典之作《趣味数学》（*Mathematical Recreations and Essays*）的新版做准备后，沃尔特主动提出更新其中有关密码学的章节。考克斯特同意了，辛科夫写了一个全新的章节。该研究委员会敦促考克斯特写信给辛科夫咨询密码学的事情。这位美国人回复说，他相信用于培训的文本资料已经寄到加拿大。但德雷克没有提及这件事情。

1941 年 3 月 17 日，委员会批准拨款 1 万美元用于 G–1003 项目，设立密码局，该机构隶属于外事部。代理主席查默斯·杰克·麦肯齐（Chalmers Jack Mackenzie）安排这两位数学家去华盛顿访问，以获取尽可能多的消息，了解如何成立密码破译机构、当前密码学的发展以及美国取

[1] 编注：这里指英国国王乔治六世（George VI），即阿尔伯特·弗雷德里克·亚瑟·乔治，现英国女王伊丽莎白二世的父亲，1936—1952 年在位。他曾于 1939 年携王后出访加拿大。

得了哪些成功。

5 月 1 日，罗宾逊和考克斯特见到了辛科夫和莫博涅。莫博涅很吃惊，问他们是否了解德雷克 6 个月前的访问。他们很尴尬地承认道，他们对此一无所知。莫博涅解释道，在跟德雷克谈话时，他回答了加拿大人的大多数问题，德雷克之前想要的培训材料以及组织计划已经整理好，只是还要等待官方的批准后才能寄到渥太华。尽管莫博涅拒绝提供给他们任何关于自己密码破译机构的信息或借调任何辅导人员，他还是推荐了一位可以帮助加拿大成立一个密码破译机构的人——此人曾经犯了一次错误，因此他“可能吃了很多苦”；莫博涅认识他 20 多年了；他经验丰富，是个很好的管理者；他现在在华盛顿；他现在是自由身。他的名字叫赫伯特·奥斯本·雅德利。

一离开莫博涅的办公室，罗宾逊和考克斯特就立刻给雅德利打了电话。那天下午雅德利在加拿大公使馆见到了他们。他给这两位学者留下了非常深刻的印象。这一点都不意外：熟悉雅德利的人都承认他“是推销自己能力和服务的高手”，并且“在这方面轻车熟路”。他回答，如果对方要求的话，他愿意去加拿大管理一个密码破译机构。第二天，罗宾逊和考克斯特给麦肯齐打去电话，探讨了雅德利到访加拿大的可能性。他们汇报说，莫博涅称他是“美国最好的专家——同美国陆军一起坚持到最后一场战争，有几年还担任过蒋介石的专家顾问”。麦肯齐建议罗宾逊说服雅德利星期一过来。第二天，这两位数学家还以书面报告的形式正式邀请雅德利来加拿大访问：“在我们看来，他在这方面享有绝对的权威。”

尽管公使馆的第一秘书警告说，因为《美国黑室》一书，雅德利在华盛顿某些圈子里属于“不讨人喜欢”的那一类人，但官方还是接受了罗宾逊和考克斯特的建议。雅德利从蒙特利尔市坐火车去渥太华——华盛顿的部长要求外事部通知海关，他携带的绝密文件“不应接受检查”。雅德利于 5 月 12 日（星期一）抵达加拿大。外事部安排他住在高档的劳里尔堡酒店，这是渥太华最好的酒店。金利赛德在当天下午 3 点安排了一次会议，并派该部门的一名官员去接他。

会议在位于东区的议会大厦附近一栋厚重砖石结构、哥特式风格的办公楼内召开，会议地点是该部门的 123 室，屋里有两个尖尖的拱形窗户，参加会议的人员有金利赛德、德雷克、处理情报事务的官员、负责意大利战争部署项目的审查人员以及国家研究委员会的一位代表。雅德利表现得好似他已经得到了这份工作，例如他暗示说想要从外交和间谍通信这两方面着手。他说道，密码局的财政开支和人员配置应根据它最初取得的成就来定，并建议先将日本外交材料分成几个等级，这样就开了一个好头，因为他很熟悉它们，日本人在加拿大驻有代表，这意味着截获情报很容易。他列出了破译日本密码需要的几种人员，还说如果能有一位有经验的人跟他一同工作便会很快取得成功。他提到之前一位跟他共事 10 年的女同事帮助他破译过日本密码系统，她现在在美国军队从事密码破译工作，可是他没有挑明她就是埃德娜·瑞姆赛尔。他很明智地指出加拿大应该培训一些人才以便接任他，因为他们可能更中意由一位加拿大人来管理这个部门。他被告知加拿大统计局租赁的机器可用于密码破译，但他回答道，他不喜欢用这些机器来工作，尽管他承认对于一个局级单位来说它们已经够快的了。会议最终同意“尽可能在小范围内开展工作，有两三个明确的任务”。

第二天在另一次会议上，确定了密码破译机构的组成，由国家研究委员会提供财政支持，拨款 1 万美元，与外事部、秘密机构和加拿大皇家骑警进行协作，负责人是雅德利。

他签订了为期 6 个月的工作合同，月薪 550 加元，相当于 500 美元，合同期限可以延长。出于安全考虑，他将继续使用在中国的假名赫伯特·奥斯本。他从加拿大寄出的邮件会经由加拿大公使馆送往华盛顿，该机构同样负责接收回给他的邮件。他回了一趟华盛顿，获得批准允许他使用军队密码学的 6 本小册子来培训加拿大人员，莫博涅也勉强同意了埃德娜·瑞姆赛尔离职 6 个月。公使馆会将他的文件放在外交邮袋中寄送过去，因此他过边境时，仅需要申报私人物品。6 月 5 日（星期四），他回到渥太华并找到一处住的地方。

6月11日（星期三）上午11点30分，他在123室见到一些官员和办公人员，商讨为加拿大自治领组建一个密码破译机构，埃德娜也出席了会议。会议决定，由外事部的托马斯（“汤米”）· 斯通（Thomas Stone）主管的一个委员会对其监管，并一致认为选择“审查机构”[1] 作为该机构的名称，对研究委员会来说有隐蔽性，准确并且合适。雅德利从这些机构获得必要的文件，因此也会将截获的所有加密文件交给该部门。他说他打算每天至少花1小时来指导他的员工学习密码学知识，并准备在开始阶段先集中精力调查可疑的德国特工信件以及截获的日本情报。该机构的办公室设在202室和203室，一个大房间，一个小房间，位于蒙特利尔路国家研究委员会附属建筑的风洞前面。雅德利租了一个房间居住，埃德娜则搬进一间客厅兼卧室。他们的任命没有经过竞争性的考试筛选，因为这个项目“必须聘用那些在一个高度专业领域接受过全面培训且经验丰富的人，有很少或几乎没有竞争的可能”。他们俩，加上罗宾逊以及其他6人就是所有的员工。

雅德利很快投入工作。6月16日（星期一），开始有截获的情报到达，包括一些被邮政审查机构拦截的可疑信件，电报检查员和海军提供过去和当下的日本外交情报，以及从“未经授权的”站点截获的无线电消息。星期二和星期三，德雷克发来了更多内容。星期四，雅德利上报了他对这些密码的分析。截获的6份德国空军情报中有3份不需要破译，等到审查机构要求时再破译。他们会着手其他3份明显使用了移位法加密的情报，首先断定截获的情报是否为编码、是否使用了多字母替换法，并由此继续展开工作。雅德利的动作是如此迅速高效，以至于监管委员会的主席汤米 · 斯通在星期一给华盛顿公使馆写信，确认莫博涅寄来的教科书已转给雅德利时，便可以骄傲地说该部门“已经破译了一些非常有趣的情报”。这位娶了一个美国妻子的斯通还说道：“我敢肯定，美国当局会对其中的一些内容有兴趣，我正在想办法进展下去。”

[1] 编注：审查机构（Examination Unit），加拿大密码情报机构——通信安全局（Communications Security Establishment，简称CSE）的前身。

6 月 30 日（星期一），化名赫伯特·奥斯本的雅德利又在机构中增加了两名成员，还说他已经申请办公室设备，并且注意到员工已经进行了保密宣誓。他写道："作为前期准备，我们正在开展深入的调查，主要针对各种我们可能会遇到的编码。"截获的一些很明显是明文的日本情报，"在一位有经验的日语语言学家的帮助下"可以读取出来。关于他的员工，他写道，"整体员工展示出的是一种非常值得称赞的学习热忱，以及为了取得成功，愿意付出必要的艰辛努力的强烈意愿。没有人可以找到比他们更忠诚、更勤奋的团队了。"

两天后，在一次与斯通以及其他监管委员会 4 名成员召开的会议上，雅德利高兴地宣布，从未经授权的无线电站点截获的 30 份情报，除了两份，其他情报已被他的部门全部破译出来。一次他半遮半掩地表达了增加人员的想法，抱怨说，"这么少的人，我们忙得不可开交"。他想继续用人员递送的方式将情报副本交给陆军和海军的情报部门，而不是通过邮件，并希望"将一切都组织好，这样下午我就可以交付密码"。那些希望保护资料的人与那些想要使用这些信息的人之间存在永无休止的斗争，雅德利一直限制分发这些文件，但一位空军军官却想要一些材料以便向空军参谋长说明为什么应派一名飞行员加入这个部门。会议结束后，斯通写信给雅德利，并提出他们部门的文件应该准备 4 个副本：一份给军事情报部门，一份给海军，一份给外事部，最后一份存档。

雅德利破译的这些情报是从南美洲的德国间谍那里得来的，都使用了移位密码法加密。为了方便间谍使用，编码设置得非常简单，译电员们甚至一直用它们来做字谜游戏。截获的大多数情报都是与南美洲港口到港和离港的船只有关，还有特工们的任务、行动和费用开销。7 月 16 日，雅德利列出了南美洲 7 个港口共 169 艘船只的抵达和离开信息。那些情报被转交至海军部，但尽管这些情报看起来耸人听闻，实际上却没有多大用处：海军部已经知道同盟国船只的航行日期，德国没有将间谍报告转交给它的

SECRET

DECLASSIFIED-DECLASSIFIE
DND-CSE MDN-CST

From: Rio de Janeiro (----)
To: Hamburg (UOY)

Type: RCCS Ref. No. 25-1-1 Date 13-9-41 Time 17.19

Received: September 15, 1941.
Deciphered: September 15, 1941.
Translated: September 15, 1941.

Message No. 265. Date 13-9-41 Time 14.00

MOUNT LYCABETTUS....5-9-41	Arrived at Quequen from Lisbon.
MOUNT LYCABETTUS....9-9-41	Sailed for Buenos Aires.
NAGARA..............9-9-41	Sailed from Rio Grande for England.
MARQUESA............9-9-41	Arrived at Rio Grande from Liverpool.
BUENOS AIRES........9-9-41	Sailed from Buenos Aires for New York.
BAYARD..............9-9-41	Sailed from Buenos Aires for Barranquilla.

Examination Unit,
National Research Council,
September 15, 1941.

Type: GA (cipher)
File No. 166

雅德利在加拿大“审查机构”所破译的德国间谍情报。

U 型潜艇[1]，因为货轮的航线不确定，并且在北大西洋搜集信息的方法有很多。除了能展示出德国间谍网的勤勉，这些截获的情报基本没什么用处。有一些的确披露了政治和军事信息。其中一份 7 月 7 日的报告称，“OTIS 为新的轰炸瞄准装置请来了一位阿根廷官员。如果感兴趣的话请说明”；另一则情报披露说，“Panair”——或许是泛美世界航空公司，已经收到一些紧急指示，一位加拿大官员将此转交给华盛顿的公使馆，因为美国官方可能想知道这则消息是否已经发到德国。

雅德利开始扩展自己的网络。得益于埃德娜最近在华盛顿研究的日本低等级编码，该部门开始破译日本编码。雅德利将首个破译编码命名为 LA，是按照指示器命名的，很快他便夸口道，每份情报有四分之三的内容都可以直接读取出来。他没说的是，LA 其实只是一种编码的变体，而且日本从 20 世纪 20 年代开始就一直在使用这种编码；他也没有指出这是最低等的日本编码，难易程度和某种缩写词系统没有多大差别，行政上的琐事大多数都会使用这种编码。由于一位日本翻译的英语不够好，并且她加拿大丈夫的日语也不够好，所以无法真正理解这些截获的情报，“没有人可以确定他们是否准确地传达了原文的意思”，这种破译给加拿大官员留下了很深的印象。

对于一个和法国有着众多联系的国家来说，加拿大如果能破译出维希政府[2]的编码则更为重要。9 月中旬，埃德娜在两位打字员的帮助下破译出一种密码系统，并翻译成简明易懂的法语原文。9 月时，雅德利观察

---

[1] 原注：在我查阅到的潜艇航海日志中，没有发现他们接收到来自指挥官针对某单一目标的指示。有几次，间谍报告的船只被击沉，但沉没的时间却是发生在很久以后、位于很远的地方。即使情报已经传达至潜艇，潜艇也击沉了船只，但看起来不太可能是间谍报告造成的后果。例如，间谍报告说，7 月 7 日巴拿马油轮“汉希特”号（Hanseat）从巴西的里约热内卢驶入委内瑞拉的卡里皮托（参见 NAC, RG 24, Vol. 29172, File WWII-40, part 5, GA-49）。1942 年 3 月 9 日，它在海地西面沉没，那是 8 个月后的事情，并且是在 2000 英里（约 3219 公里）以外 [参见 Jürgen Rohwer, *Axis Submarine Successes, 1939—1945* (Annapolis: Naval Institute Press, 1983), 84]。

[2] 编注：维希政府，指二战期间纳粹德国占领下的法国傀儡政府。

到，截获的很多法国情报都提到蒙特利尔的两份日报——《加拿大法语日报》(*Le Canada*) 和《新闻报》(*La Presse*)，他没有明说这是一种低等级编码的标志。11 月，只剩下一种法语编码没有破译出来。8 月 19 日，审查机构又破译出一种哥伦比亚编码。洛克里福站被一个新建立的监测站取代了，秋天和冬天时无线电的接收情况将会变好，雅德利预测会面临“通信量急剧增加”的局面。10 月，他破译了从近东一个线路截获的情报，其中有一则关于英国部队部署以及破坏活动所需炸药的消息。

罗宾逊觉得这些成功主要归功于雅德利。他认为雅德利是“一位优秀的组织者”，他可以“用他自己的热情来激励那些与他一起做事的人”。员工们喜欢他，都觉得他做得很好。他教得也很好，他用的是弗里德曼的经典教科书《军事密码分析》，在他的指导下，该部门在破译密码时表现出极大的创新性。9 月中旬，“审查机构独自想出并计划了”一种移位编码的新破译方法。他们取得了比预期要快得多的进步。雅德利对他的老板很满意。有人说道，他“已经做了并且还在做着一项有用的工作”。渥太华的情报官觉得加拿大“迈出了很好的一步，那就是请雅德利来到这里”。一位外事部官员坚持说“该部门正在为我们情报部门创造高价值的成果”，另一位官员也赞同这一点：“我们的部门已经取得了很好的成就。”拜访完雅德利之后，国家研究委员会的麦肯齐对“他们正在做的事情印象极为深刻。证明这是另一个非常成功的项目”。

雅德利为自己搜寻了一些好东西，想借此赚点儿钱。他说他不想惹人讨厌，但或许他期待可以获得更大的特权，例如像驻加拿大的美国军人一样可以进口美国香烟。他处事圆滑，八面玲珑。一位官员引用他的话说：“他抱着这样一种希望，等过一段时间他可能就会惬意地抽着加拿大的香烟了，可是直到现在，他说他的品位一直进步得很慢。”然而他的这个请求被拒绝了，因为美国议会的此条规定仅限于军人。斯通或许有些幸灾乐祸，给他写信说：“我冒昧地建议您不得不经受必要的训练阶段，您最终会从加拿大香烟中获得满足。”雅德利还试图从其他渠道为自己和埃德娜寻找赚钱的门路，包括他声称的所得税，从他的薪水中征收他不知所云的国防税，外币兑换，以及在渥太华生活的巨大开销等问题。但在这些问题解决之前，一个更为严峻的问题出现了。

甚至早在雅德利开始工作之前，这个问题就已经凸显出来。6 月 5 日，加拿大外事部部长正式通知英国的官方机构，加拿大聘请了雅德利。但外事部使用的是一种老式编码，没有将编码号和移位的相邻编号区分开来。这意味着如果收到这样一个混乱的编码号，接收方是不会警觉的。在加拿大的电报中，“yard”的编码组合是 6792，在伦敦收到的是 6972，代表的意思是 eme，这种失误没有被发现。于是原本应该被解密为雅德利（Yardley），却成了艾米利（Emeley）。英国人开始并没有质疑这一点，但一个月后，他们询问这个艾米利是否就是雅德利，并说他写的书“对美国密码机构产生了非常不利的影响”。外事部立即回复说这名密码专家的确就是雅德利，知道他是《美国黑室》的作者，“一度是不受美国或英国情报机构欢迎的人”，但它补充道，“人们发现雅德利和美国情报机构已经言归于好，一直与他们密切合作。自从他来到加拿大，事实上，莫博涅将军还给他了一些高度机密的指导书供他使用，他在这里给我们部门的员工讲授密码学课程（他每天讲大约 1 小时的课）”，“无论是雅德利还是埃德娜小姐都进行了保密宣誓，宣誓是经加拿大枢密院助理书记官仔细拟定并执行的，其中还包括一些隆重的仪式”。

英国人并不买账。8 月 16 日，指挥官阿拉斯泰尔 · 丹尼斯顿拜访了华盛顿的美国密码专员。这个矮小的苏格兰人负责管理英国政府编码和密码学校，早在 10 年前，他就想要禁止《美国黑室》在英国出版。在跟其他国家商讨合作时，他认为“他的部门与加拿大政府在渥太华新设立的密码分析机构之间的合作，完全取决于后者是否会将雅德利先生拒之门外”。在回英国的路上，他向渥太华的加拿大官员重申了这一点。当加拿大外事部助理副部长莱斯特 · 皮尔逊（Lester Pearson）解释说，雅德利是经莫博涅将军推举的，雅德利还提供了培训帮助——他之前是拒绝提供帮助的。丹尼斯顿回复说，莫博涅将军对雅德利的评价纯粹是他个人的见解，美国其他情报官对此并不敢苟同。[1] 不管怎么说，由于陆军和空军为了通信设备的问题一直有争论，莫博涅将军 8 月将卸任，目前离他卸任还有 6 周。尽管加拿大方面想要保留一个密码破译机构，并且相信雅德利成立的这个机构训练有素且工作高效，但他们认为“渥太华、华盛顿与伦敦密码破译和情报人员之间的合作是最重要的”，何况丹尼斯顿承诺，他会派遣一位优秀的密码专家过来接替雅德利。

加拿大一贯听从这个位于东面的统治国，也臣服于位于南方的那个大国。皮尔逊告诉高级专员，“因此我们建议，等 6 个月期满后，不会延长雅德利当初来这里时与我们签订的协议”，那一天是 12 月 9 日。然而在告诉雅德利他被解聘之前，渥太华想“得到英国方面的明确答复，确保英国会调派一位高水平的、有能力的密码专家接管我们的部门”，并且“尽快开展合作”。英国承诺会借给加拿大一名“经验丰富的密码专家”，并保证“开展密切合作”，但英国希望在他们的人到来之前，雅德利先行离开。

不是所有人都乐意驱逐雅德利。在一次监管委员会的会议中，麦肯齐这样说道，他认为“这可能意味着出于某个外交和不现实的原因，严重破坏了我们已取得的成果”。这些都不重要，因为英国政府编码和密码学校想要雅德利离开。11 月 21 日（星期五），在收到英国电报的第二天，雅德利和他的助手罗宾逊被告知，正如雅德利在欢迎会上建议的那样，将由“一位我们自己的人”来接替他的工作——不过显然他已经忘记了。麦肯齐认为这两个男人都“受到了伤害”。雅德利和斯通、皮尔逊度过了“非常不愉快的半小时”[2]。皮尔逊写道：

[1] 原注：参见 NA, RG 24, Vol. 29165, File WWII-19, 221–222。皮尔逊因制订了联合国维和部队进入埃及维持停战、将英法军队从埃及领土撤出的计划，获得 1956 年诺贝尔和平奖。1963—1968 年，他担任加拿大总理。

[2] 原注：参见《麦肯齐日记》，1941 年 11 月 22 日。麦肯齐在 11 月 21 日的日记中记录了当天会面时通知雅德利被解雇的消息，这份文件中的时间是“今天下午”。但同一份文件还提到罗宾逊于“这天上午”和斯通就此事进行了讨论。我认为“今天下午”指的应该是 11 月 21 日，而这份文件晚了一天，便将斯通的相关内容加了进去，“今天下午”的说法是不正确的，因此，解聘的日期应该是 11 月 21 日（星期五）。

> 雅德利很难接受这个消息，坚决要求我们解释终止与他合作的原因，尤其是基于他的部门正在步入正轨、他的工作也做得很好这个事实。他说，一定有什么潜在的原因，不仅仅是因为想要一个英国人来管理，他认为他有权知道。跟他解释的理由是，出于很多原因我们认为目前更可取的是将整个机构掌控在我们自己手上，并进一步照此解释说，不可能让这个机构这样下去。雅德利指责我们将他带到这里，榨干他的智慧，并将他来到这里之后发明的多种密码破译新方法交到其他人手上。他说这是一个不公平的要求，他拒绝接受。

第二天上午，罗宾逊带来了斯通写的一封信，信中力挺雅德利，并请求不要改变这个机构，“除非出于最大的必要性。打个比方说，如果将一株植物连根拔起，它可能会枯萎而死”。

斯通自己认为“雅德利不被信任一定还有其他原因”，不只是因为“对他出版的那本书所表现出的模棱两可的不满”，“现在处于一个非常尴尬的境地，我觉得目前最重要的是，我们应该尽快充分了解美国官方的态度”。因此星期一时，监管委员会重新考虑了这件事情，安排皮尔逊和赫伯特·利特尔（C. Herbert Little）海军少校前往华盛顿打探为什么雅德利不能留在这里。利特尔是个个子高高的、能干且精力充沛的后备役军人，曾经帮助加拿大创建了海军无线电情报机构。

他们于 11 月 26 日（星期三）下午 1 点 30 分抵达。这不是皮尔逊第一次与美国密码学界接触。美国海岸警卫队曾在追逐加拿大一艘酒类走私船“孤单一人”号（I’m Alone）时，依法将其击沉。后来美国表示其破译的私酒贩子的密码电文完全支持这一行动。1934 年，当时还是外事部一名年轻职员的皮尔逊对此坚决反对，但没有成功。皮尔逊和利特尔是从英国一名皇家海军情报官员爱德华·哈斯汀（Edward Hastings）海军上校那里开始打听的。哈斯汀曾被选派到加拿大，后又去了华盛顿公使馆。他说美国密码学界认为雅德利“不可靠、不值得信赖”，对名利和钱财更为感兴趣，而不是专注于工作；他的“专业水平还不及一位普通的密码分析人员”。哈斯汀非常肯定的是，如果渥太华密码机构由雅德利领导的话，无论是美国还是英国都不会跟该机构合作，是因为他写了《美国黑室》，所以他们对雅德利有普遍和强烈的厌恶和不信任感。哈斯汀感觉，这不是出于同行间的妒忌或恼怒，不是因为雅德利泄露了这一行的秘密，而是对他的忠诚产生了怀疑。按照哈斯汀的说法，美国非常高兴他能去渥太华，因为这样就解决了如何安置他这个大难题。皮尔逊反驳说，罗宾逊和考克斯特在今年春天写了一份热情洋溢的报告，看起来莫博涅将军推荐雅德利的目的并不像是急于赶他出去。

第二天上午 11 点 30 分，皮尔逊和利特尔见到了海军通信部门负责人雷·诺伊斯（Leigh Noyes）海军少将，在他的领导下，海军保留了密码破译部门，他激动地表示海军部决不会跟雅德利有任何瓜葛，这个人不可靠、不值得信赖。2 点 30 分，联邦调查局副局长爱德华·塔姆（Edward A. Tamm）同样表示雅德利不值得信赖，且该部门在任何情况下都不会聘用他。他交给皮尔逊和利特尔一份有关雅德利的 5 页报告。报告中详细叙述了雅德利广为人知的生活并掺杂着一些花边新闻，有些是很早的，有些是最新的，有些是正确的，有些则不那么令人信服，还有些是改写的新闻报告。3 点 30 分，这两人听到莫博涅的继任者道森·奥姆斯特德（Dawson Olmstead）少将的说法，他认为雅德利是不可靠、不值得信赖的，通信兵部队不会聘请他担任任何职务。军事情报负责人美国陆军准将谢尔曼·麦尔斯（Sherman Miles），以及负责军队密码破译工作的通信兵部队作战部门的负责人奥提斯·萨特勒（Otis Sadtler）上校也表达了这种看法。当利特尔和皮尔逊问奥姆斯特德，如果加拿大继续聘用雅德利，加拿大方面是否有可能跟美国建立密码破译合作，他斩钉截铁地回答说“不可能”。

5 点 15 分，他们跟弗里德曼私下进行了详细的谈话。他讲述了军队密码部门的发展历程，以及雅德利与该部门和国务院的关系。弗里德曼认为雅德利出版《美国黑室》，是因为他对那些摧毁他的工作、关闭密码局的人愤愤不平，但主要还是因为他“几近穷困潦倒”。他说到这本书迫使日本改进了他们的初级编码系统，其他国家也加强了编码安全，前一种说法只有部分正确，后一种则完全不正确，虽然他可能认为事情应该是这样的。弗里德曼感觉人们针对雅德利，几乎完全是因为《美国黑室》的出版。他个人相信如果聘用雅德利的话，他不会背叛美国，也不会背叛加拿大政府，但他又认为官方拒绝再次相信他是事出有因的。针对日本军队密码学的册子订立的协议不是雇佣协议；官方不会再让他担任任何职务。弗里德曼非常公正地评价了雅德利的能力：他是个好的管理者，优秀的技术人员，勤奋，精力充沛，善于鼓励员工忠于工作；但他的方法有些老套和过时——他对现代计算机密码了解不多，华盛顿和伦敦专家的水平已远远领先于他。弗里德曼总结说，他想知道是否雅德利不能继续留在加拿大，感觉他在那里似乎很高兴，已经开始工作——大部分工作和联邦调查局从事的反间谍活动分析类似。可是他同意这种观点，如果雅德利继续留在渥太华，华盛顿就不会与渥太华在这一领域开展合作。

第二天早上，皮尔逊和利特尔会见了之前和雅德利共事过的一位国务院“高级官员”，这人是弗雷德里克·利夫西，他和雅德利之前在华盛顿海军裁军会议期间一同破译过日本编码。他觉得雅德利“非常有做这份工作的天赋”，但他的书“很好地诠释了”政府对他的态度。最后，皮尔逊有了“明确的印象”，“伦敦对奥斯本·雅德利的态度很大程度上取决于华盛顿的态度”。他上交了一份 9 页的报告，报告的内容不偏不倚，而且全面客观，没有改变任何事实。12 月 1 日（星期一）下午 3 点，审查机构的监管委员会决定雅德利不得不离开，该机构将由一位英国人接管。

接替雅德利的人是奥立弗·斯特拉奇（Oliver Strachey），67 岁，英国密码破译专家。他又瘦又高，长相英俊，叼着烟斗。他想要有魅力的时候就会有魅力。和雅德利一样，他也一直在破译德国间谍情报。斯特拉奇毕业于伊顿公学和牛津大学，他是著名传记作家利顿·斯特拉奇（Lytton Strachey）的哥哥，是哲学家伯特兰·罗素（Bertrand Russell）妻子的外甥，还是经济学家约翰·梅纳德·凯恩斯（John Maynard Keynes）的邻居。他的父亲是东印度铁路公司的主席，给他安排了一份铁路交通管理员的工作，在安拉阿巴德（Allahabad）的一间办公室办公。他因为无法成为一名职业的钢琴演奏家而备感失望和挫败，转而养了一群情妇，甚至强迫他年轻的妻子在婚床旁给她们倒早茶。他们离婚后，他娶了富有的美学家伯纳德·贝伦森（Bernard Berenson）与第二任妻子生的女儿，一位妇女参政论者，并且回到英国，过上了在印度令他魂牵梦绕的“书本、音乐和交际”的生活。

第一次世界大战爆发后，斯特拉奇加入了战争办公室密码分析部门，他发现自己和很多音乐家一样擅长密码破译。战争结束后，他继续留在编码和密码学校。他的岳母贴补他的薪水；这对夫妇需要这笔钱用于他们的社交活动，斯特拉奇总是最后一个离开派对。第二次世界大战初期，他专门研究德国阿勃韦尔（Abwehr）的编码，这是纳粹德国武装部队的间谍机构。他在分发破译方案时，总是会签上自己首字母的缩写 ISOS（情报机构奥立弗·斯特拉奇）。这份工作跟雅德利的大部分工作类似，并且实际上斯特拉奇已于 1939 年 12 月 17 日从密码破译机构退休，因此很容易调任。他于 1942 年元旦那天和他的助理玛格丽特·罗杰森抵达哈利法克斯，但之前会先去趟华盛顿和纽约。

雅德利再也不能安然入睡了。他的图书经纪人乔治·拜伊，同时也是第一夫人埃莉诺·罗斯福（Eleanor Roosevelt）的代理商。12 月初，拜伊代表雅德利给她写了一封信，信的开头写道，“我相信我不会在一个不值得的问题上浪费您的宝贵时间”，接着解释道，通信兵部队的奥姆斯特德将军给了雅德利“一个坏名声，以至于加拿大政府犹豫着不肯与雅德利续签协议，担心会影响这两个机构日后的合作”。他问她是否可以在第二天晚上或 1941 年 12 月 7 日（星期天）晚上见雅德利一面。她回复说还有更重要的事情需要处理。

雅德利在加拿大也进行了抗争。他向外事部施压，指出皮尔逊曾答应给他时间来澄清在华盛顿的事情。他发现斯特拉奇将于 12 月 12 日坐船启程，便要求将自己的离职日期推迟 30 天。“我在加拿大得到了一份工作，而且做得很好。对我来说，加拿大政府在这件事情上再给我 30 天这个要求并不过分。”当没有人回应这一请求时，他开始进行最后一搏。珍珠港事件之后，加拿大与美英一样对日本宣战。在这份 7 页的备忘录中，雅德利吹嘘说他是“唯一熟悉日本所有战争通信方式的白人”。他列举了一些看懂日语电报中的假名所需要的技巧，并列举了日本各种密码系统。他提出将他的知识传授给加拿大政府，在“我回美国”之前，这将“至少需要 60 天的辛勤和艰苦卓绝的工作”。加拿大通信情报部门的精神领袖德雷克上校“极力”推荐聘用雅德利。这个建议最终没有被采纳。雅德利的最后一次机会也没有了。

加拿大人觉得雅德利一直以来享受的待遇不算很好，于是对他颇为慷慨。他们给雅德利和埃德娜在华盛顿安排了一份虚拟的“特殊任务”，为期两个半月并发给他们薪水——雅德利 1325 加元，埃德娜 500 加元；他们试图把所有他质疑过的税费退还给他；他们支付了他迁回华盛顿的费用；海关也为他们的离境提供了便利。他们都写了一些赞美的表扬信，尽管这项开销确实不大。

剩下的只有伤感的告别。1 月 16 日（星期五），吃过午饭后，雅德利去麦肯齐的办公室告别。麦肯齐对雅德利将这件事情处理得“合情合理”大为赞赏，因为他认为雅德利的离开是“出于最大的善意”。埃德娜心情很差。她觉得他们从渥太华离开与拿破仑离开莫斯科时一样落魄，都是在飘着雪花的时候，内心充满沮丧和失望。

下午 4 点 30 分，雅德利离开麦肯齐办公室的几小时后，斯特拉奇便上任了。麦肯齐对他充满质疑：“或许是我有偏见，但我绝对不会选择他这个年龄（67 岁）的人来负责这样一个部门。”他仍旧为雅德利的离开感到恼火，苦涩地说道：“时间会告诉我们是否被出卖了。”加拿大很快便恢复了元气，雅德利却没有。

第19章

自己的餐馆

雅德利前往中国和加拿大时，便淡出了人们的视野，但仍留在人们的脑海里。人们都还记得他：欧洲和亚洲爆发战争时，国务院一周会收到两三封关于他的信，大多是要求重新聘用雅德利的；战争部和海军部可能也收到过类似的请求信。1941年2月，在雅德利去中国和加拿大之间的这段时间，联邦调查局的一个媒体线人报告，“纽约市的媒体对他非常感兴趣”。这个线人称雅德利正在为战争部从事一项“秘密的任务”，否则也不会没有一位记者弄明白为什么“在他出卖联邦政府做了这么不光彩的事情之后”还可以受到聘用。他们正在“小心翼翼地望着彼此，看着这篇报道，每个人都想象着其他人可以打开天窗说亮话，然后所有人就可以‘不遗余力，大干一番’”。联邦调查局局长约翰·埃德加·胡佛（John Edgar Hoover）将这个问题交由军队情报负责人来解决。

但是，所有这些并没有为雅德利带来任何财富。他从加拿大回来后不久，请求胡佛为自己安排一份工作。他说他想为密码局提供一些新的破译方法。胡佛没有见他，而是安排了他和3位下属的一次会议。1942年2月3日，雅德利见到了斯坦利·特雷西（Stanley J. Tracy），一个一本正经、缺乏幽默感的人，鉴定部门的副官；查尔斯·阿佩尔（Charles

A. Appel），文件专家和联邦调查局实验室的创立人；实验室科学家布莱克本（W. G. Blackburn）。

雅德利首先问了一下他们想知道关于密码学的哪些问题。他们回复说没有什么具体的问题，他告诉他们说，“我们（从未具体指明）已经找出一种简化的高级概率计算方法，特别是解决格栅密码和移位密码。这种方法通过字母在英文信息中出现的频率来计算，如用字母 e 在英文中出现的频率，乘以另一个字母如 s 出现的频率，再除以字母组合 es 的频率，最终得到一个数值。”尽管随后特别讨论了这个数值的意义，对他们来说这仍是“一种神秘的算法”。

接着对话开始转向雅德利的近期工作。他吹嘘说在中国时，“在破译（日本）密码方面取得了很大的成功”，说得“非常详细但没有什么特点”。特雷西总结说，雅德利只是在自吹自擂，努力说服他们“该局需要他的服务”，因为特雷西相信“密码不是像这样通过数学或独创的思维破译的。破译方法实际上靠的是运气、调查性的工作以及拥有一册密码本”。雅德利针对中国人发表了很多具有种族歧视色彩的言论，贬损他们，他说，两年来他是唯一一位在中国情报部门工作的白人。会议快结束时，他提出他想再花 5 分钟的时间讨论一个私人问题：他希望战争部、海军部、国务院及联邦调查局将自己从黑名单上删除。他详述了自己对威廉·弗里德曼的不满，以及国家是如何阻止“完全没有破坏性的”《日本外交秘密》的出版，并说联邦调查局也通过其纽约的代表托马斯·杜威参与其中。特雷西生硬地解释说，杜威是受雇于纽约检察官办公室，他不是联邦调查局的特工。这让雅德利吃了一惊，他为自己这样的指责进行了道歉，因为他之前认为是联邦调查局参与了此次举报。

雅德利当时告诉他们，他不能够继续留在战争部、海军部或国务院工作了，他也听说副局长爱德华·塔姆对联邦调查局能否聘用他深表怀疑，但他同时声明自己不是为了在联邦调查局找份工作，因为他不需要——他声称要“经济独立”，只是想像战争时期那样为政府贡献自己全部的智慧。特工们并没有上当。特雷西告诉雅德利说，他的年龄不符合要求，并且局里新招的员工都是按照最低的薪水标准。特雷西在报告中说，“他是个很好的说客”，但“很明显，雅德利先生打算去拜见局长的目的，是为了把他自己从他所声称的‘黑名单’中画去。雅德利正试探着找出所有他能想到的，自己不能在陆军、海军或国务院谋求到职位的原因。显而易见，他希望能够在目前的紧张形势下，接管密码破译部门”。阿佩尔和布莱克本相信“他并不是非常了解他自己的强项”，他们错误地认为埃德娜“一直帮他从事详细的密码分析工作”。快离开时，雅德利称自己可以随时去该局的任何部门效劳，并给特工们留下了自己的地址，他当时住在华盛顿东南部肯塔基大道 819 号。然而自始至终也没有人去找过他。

雅德利所谓的“经济独立”是基于他当时在银行的 1600 美元存款来说的，这是加拿大支付给他两个半月的工资所剩下的。但钱去得也快，特别是没有新的收入时。雅德利似乎是有多少花多少，花钱和赚钱的速度一样快。例如，从 1940 年 8 月到 1941 年 2 月的这 7 个月里，尽管他靠着不到 2000 美元过活，3 月底他又拿到 4000 美元（可能是加拿大给他的这笔钱），这之后的两个月，他花了将近 3000 美元。1941 年下半年，他存了 1600 美元，花了 2100 美元。他的存款浮动很大，从 4 位数通常会降到 1.99 美元，甚至是 1 美分。银行偶尔会允许一些小额透支，雅德利经常会透支 1 美元。为了赚钱，他打算为《星期六晚邮报》写一篇文章，内容可能与珍珠港有关。但当时报社的一位编辑告诉他，报社不会买事先没有过目的文章。他争辩道，报社之前为他做过这样的事情（事实上在最好的情况下也不太可能），但未能说服编辑，他拒绝再写这篇文章。这个时候，乔治·拜伊建议他将广播文本变成连环漫画。他正在考虑这件事情时，哥伦比亚电影公司（Columbia Pictures）出价 2500 美元购买这些剧本的电影版权。他要价 5000 美元，认为电影可以拉动漫画的价值。最后他甚至连那 2500 美元都没有拿到。他写了一封信给拜伊：“我至少能这样安慰自己，如果我能操纵一切，那就不会有珍珠港事件！！！”拜伊回复他说：“很多人，包括《星期六晚邮报》的斯图尔特·罗斯（Stuart Rose）都坚信，如果您当时还在那个职位的话，珍珠港事件就不会发生。”

雅德利还考虑与一位业余密码专家——纽约建筑师罗萨里奥·坎德拉（Rosario Candela）共同开展一项工作。坎德拉于 1938 年自行出版了一本颇具吸引力的书，吹嘘自己破译了一套并不太难但具有挑战性的密码电文，这份密码电文是伟大的法国密码破译专家艾蒂安·巴泽里埃斯少校在一战前编纂的。战争期间，坎德拉在亨特学院教授密码分析课程。1942 年春天，他向雅德利要了一些密码电文方便他的学生学习参考，很明显这样一来雅德利与他一同教课就成为可能。1942 年 5 月 5 日，雅德利寄给他一些德国的密码电文，这是他在加拿大破译的，并说他希望“这些足够我们开展工作”。但计划的这些事情都没有实现，他也从未和坎德拉一起教过学或合作过。

为了赚钱，1942 年 3 月 15 日，他从 Good-Acres Coffee Pot 公司买下一家餐馆。他花了 1 万美元：5000 美元是现金，剩下的 5000 美元是动产信托，每个月偿还 100 美元。现金可能是跟埃德娜借的，因为那时他在里格斯国家银行账户上的余额从未超过 1000 美元，这生意挂在她的名下。这家餐馆位于西北部 H 街市区 1308 号，是一间坐落在交通主动脉上的临街房，附近还有另一条主要街道第 14 街。餐馆入口右侧是一个展示橱窗，橱窗里摆满了交错的美国旗帜。餐馆里面，窗户的后面是收银台和雪茄柜；右边 6 个隔间一字排开；中间放了 9 张桌子；靠左边墙摆放有一个食品台和配有高脚凳的长柜台。这里的租金是每月 350 美元，员工包括厨师、服务员、传菜员以及清洁工，每班 6 人。餐馆 24 小时营业，部分原因是华盛顿《时代先驱报》的办公室就在街的对面，他们的员工在凌晨 3 点左右会来吃饭。雅德利给这家餐馆起名叫里多（Rideau），或许是源自渥太华的一家以安大略省的湖泊命名的高档俱乐部。他设想这家餐馆可以帮他“每年净赚 1 万美元”。

他和埃德娜搬到餐馆楼上的公寓。开业那天是个星期天，他吹嘘有

700 名顾客（一个让人难以置信的数字），都是来店里品尝“城里最美味的豆子汤”的。这是一个值得纪念的日子，还有另外一个原因：拜伊刚给他写信说，口袋书出版公司（Pocket Books）正准备出版《美国黑室》的平装本。看起来只要雅德利做些修改，并且国务院也同意的话，口袋书出版公司就会付给他钱。雅德利“一想到这里便兴奋不已”。拜伊希望“下次我去华盛顿时”可以来餐馆吃顿饭，同时又不忘对现实嘲讽一下，“如果你正打算开一家卖酒的店铺，这是我最害怕听到的。千万不要这么做”。不过，出版这件事很快变成了一场空欢喜。一周后，拜伊回信说，“除了豆子汤，我很难想到其他东西，但今天有人跟我说鲍伯斯 – 梅里尔公司和口袋书出版公司与国务院之间有些问题”。他说得很对。尽管拜伊这位忠诚的朋友向他保证“他会尽一切努力帮助他”，尽管出版商们努力了一个月，但到了 4 月，国务院就这件事情做出了回复：“政府的几个部门经过再三讨论，主要是出于对国防问题的担心，所以很遗憾地通知您，几个参与的部门一致认为，考虑到美国利益的最大化，目前不允许这本书再版和进行后期发行。”这本书从未出现过。

那年夏天，军事情报部门怀疑雅德利在里多餐馆发泄“对政治的不满情绪、窝藏亲德分子”，对他展开调查。他们是这样描述雅德利的：“现年 53 岁，身高 66 英寸（约 1.67 米），体重 185 磅（约 83.9 公斤）；圆脸，灰色的眼睛，秃顶，戴眼镜，右边眉毛右侧往上 1 英寸（2.54 厘米）有颗痣，前额突出，鼻子直挺，双下巴，体格健硕，口音优雅，走路时步幅小，浅棕色头发，短脖子。”1942 年 8 月 6 日下午 1 点 15 分，随着反情报部队的特工弗雷德里克·泰哈恩（Frederick A. Tehaan）进入里多餐馆、坐在柜台边上，对雅德利的监视就开始了。当时店里大约有 14 个老顾客，用泰哈恩的话说，他们是“中产阶级人士”，进行着“日常对话”。他点了一杯啤酒，“是一位男士为他端的酒，他似乎是这些员工（大约有 6 个人）的负责人，他观察着每个进入餐馆的人并同他们打招呼”。泰哈恩与埃德娜在收银台聊了会儿天，于 2 点 15 分离开了餐馆。

泰哈恩和其他特工 8 月一共去过这家餐馆 11 次，有时是一天两次，分别在白天和晚上的不同时间。只有几个顾客在店里。一位特工注意到新来了一个女服务员和一个传菜员，后来发现里多餐馆开出的薪水“很明显非常少，人员流动很频繁”。泰哈恩是作为顾客来这里的，他只与埃德娜在收银台说过几句话，当他和雅德利肩并肩地坐在柜台前时，因为后者要读报纸，所以冷冰冰地拒绝了他的谈话。特工们做得很周密。他们检查了雅德利在国务院、文官委员会、军队、《时代先驱报》的资料室、联邦调查局、司法部以及市政警察局的所有档案（包括文件和护照），在后面 3 个机构中一无所获。他们在哥伦比亚区的酒精饮料管控机构研究了这个餐馆的记录，并从邓白氏公司（Dun and Bradstreet）拿到一份财务报告。一位特工阅读了《美国黑室》，从这本书中他只学到“该书披露的是主人公被人聘用……从事秘密活动……地点在纽约”。特工们拜访了他之前住所的邻居，包括他 1914 年住过的牧人街 542 号，当时他和黑兹尔刚结婚（一位家庭主妇“在被要求描述调查对象时回答……她不认识任何人”）。住在肯塔基 819 号的一位邻居说道，在雅德利居住于此的 1 个月，她看到过一个女人，应该是雅德利的妻子，一个星期来几次，和他住在一起。纽约大道附近加油站的负责人说，他之前很少在这家餐馆吃饭，但餐馆易主后，现在一周要来这里两次，他认为这家餐馆赚的钱还不足以交租金。特工们还从沃辛顿警察局局长那里得到消息（“直到今天，那里的老师们都还记得雅德利是镇上最聪明的学生之一”）。他们还抄录了他在里格斯国家银行的账户往来记录。

他们开始监视雅德利和埃德娜。8 月 16 日下午 1 点，泰哈恩前往互助人寿保险公司（Mutual Life Insurance Company）3 楼，用双筒望远镜观察他们的公寓。尽管没有人在那儿，但他用心地记下了家具陈设。由于那里视野并不是很好，他设法获得了《时代先驱报》采购代理商的许可，允许他使用 5 楼的会议室。他们的办公室就在 H 街对面，位于 1317 号，从那儿他可以更清晰地看到家具陈设，这是调查中一条有价值的线索，对确认该住户是否真的是个间谍非常有帮助。6 天后的早上，他回到新闻办公室，这次是去了 3 楼。他等了大约 1 小时，一直到 10 点 25 分，雅德利出

SECRET

DECLASSIFIED-D CLASSIFIE
DND-CSE MDN-CST

From: Rio de Janeiro (——)
To: Hamburg (UOY)

Type: RCCS Ref. No. 25-1-1 Date 13-9-41 Time 17.19

Received: September 15, 1941.
Deciphered: September 15, 1941.
Translated: September 15, 1941.

Message No. 265. Date 13-9-41 Time 14.00

MOUNT LYCABETTUS....5-9-41 Arrived at Quequen from Lisbon.

MOUNT LYCABETTUS....9-9-41 Sailed for Buenos Aires.

NAGARA.............9-9-41 Sailed from Rio Grande for England.

MARQUESA...........9-9-41 Arrived at Rio Grande from Liverpool.

BUENOS AIRES........9-9-41 Sailed from Buenos Aires for New York.

BAYARD............9-9-41 Sailed from Buenos Aires for Barranquilla.

Examination Unit,
National Research Council,
September 15, 1941.

Type: GA (cipher)
File No. 166

联邦调查局特工关于雅德利及其餐馆的监视报告。

现了，正在前排房间的后方穿袜子。一个中等身材的女人跟在后面，穿着家居服，特工没认出她是谁。雅德利坐在沙发上；这时，女人拿起熨衣板，雅德利起身去了后面的房间，回来的时候已穿戴整齐，接着下楼去餐馆了，女人则继续熨烫衬衣和睡衣。他买了一些报纸，又回到他的公寓看起来，啜了一小口啤酒并和女人聊天，时不时地抬头看向她。泰哈恩报告说："从上述迹象来看，我相信该调查对象和此前报告中提到的女人住在 2 楼公寓。"这就是监视后得出的全部信息。

泰哈恩试图证明此次调查是合理的，并警告说："雅德利是个非常精明的人，他有能力开展破坏性的活动……似乎很难相信这样一个人，有着对密码学、编码和密码的深刻了解，却甘于在当前的世界危机中保持平庸。雅德利极有可能将上面提到的餐馆作为掩护，以达到其不可告人的目的。"他诽谤雅德利：他有时都还不了债，《沃辛顿时报》指控他欠了报社 200 美元不还，他的人品"值得怀疑，因为他没与自己的妻子住在一起，却与另一个女人过着家庭生活"。然而，泰哈恩不得不承认他没有看到任何值得怀疑的地方，也没有任何破坏性活动的迹象。雅德利和埃德娜"似乎一心用在经营餐馆上"。9 月 7 日，泰哈恩提议结束监视，很明显，一切结束了。

餐馆并没有维持太久。雅德利发现他的 13 名员工"花销很大且非常难相处"，因此卖掉了餐馆。他觉得想要餐馆经营得红火，店主的全家人都得在餐馆工作。埃德娜和他不能满足这一点。卖掉里多餐馆后，他于 1942 年 11 月 9 日找到一份法律调查员的工作，每年的薪酬是 2600 美元。这是政府机构在战争物资供应短缺期间设立的一个机构——物价管理局（OPA），为了防止哄抬物价。

他和埃德娜在楼上的公寓又住了一段时间。1944 年 4 月 20 日，埃德娜在 H 街一家餐馆前面的垫子上滑到了，摔伤了腿，她便搬到华盛顿西北部塔克曼街 210 号的一家寄宿公寓，这是她的一位老朋友贝亚·博瑞克经营的，顺便照顾她。住在这里的人中有一对二十五六岁的小夫妻，丈夫是弗兰克·福特汉姆（Frank Fordham），在内布拉斯加州大道的海军通信情报部门工作，妻子是莱顿（Layton Fordham）。雅德利每周末去看望埃德娜，与莱顿夫妻俩以及其他寄宿者或访客打牌聊天。她的腿伤痊愈后，他带着大家去了附近的贝佛利海滩游玩。

“我们总是很愿意见到他，因为他能与我们玩在一处。”弗兰克说道，“他喜欢去海滩，如果没有汽车，我们永远都到不了那里。”他们知道他是谁，他们只是一群20岁出头的孩子，对雅德利的印象很深刻；认为他很伟大，不是因为他很出名，而是因为他为人很慷慨大方。他很友好也很健谈，喜欢讲笑话，会打扑克，还开车带他们去想去的任何地方。莱顿认为他善于表达，有修养，从不讲脏话。埃德娜叫他“Hoy”。很明显他们两人都很享受在彼此身边的陪伴，但却是以一种含蓄的方式。他们似乎非常相爱。埃德娜有一双蓝色的眼睛和一头金棕色头发，总是害羞地低着头。莱顿夫妻俩认为她是个非常有魅力的女人。

雅德利很高兴共和党人托马斯·埃德蒙·杜威被选举为纽约州州长，自从掌握了“日本外交秘密”以后，雅德利便和他保持着私人联系，他希望杜威可以参加总统竞选。“这里的内幕消息是，1944年以后唯一能留在华盛顿的民主党人（原文如此）就只剩最高法院的终身成员了。谢天谢地。”他在给乔治·拜伊的信中如是写道。他还说，他“手上有大量的时间，几乎没什么负担，因此我正重新整理思绪，将一些东西写下来……我不打算写非小说类文学作品。我将继续噤口不言”。但是，他同意向英国军队出售1万本《金发伯爵夫人》，按照每千本1几尼（按照当时的汇率折算，大约是5美元）的价格，这是一种爱国行为，而不是赚钱的行为。

在物价管理局，他负责肉类产品的调控，主要是阻止黑市交易。他称这项工作“就是火腿加鸡蛋”，并感觉自己在那里表现很不错，但是“制服太小，国会对物价管理局比较恼火，这里晋升的机会少，因此我正在四处寻觅其他机会”。他向拜伊提到战争信息办公室（Office of War Information，简称OMI）的远东部，并说道他仍然收到了他在中国的老板戴笠的礼物，与中国武官相处得很好。“我相信我很了解中国人，也了解大多数白人，看起来这是我的优势。您认识战争信息办公室的大人物吗？如果认识的话，可否帮我捎封信给他们？”拜伊很喜欢雅德利，立刻给战争信息办公室的负责人艾尔默·戴维斯（Elmer Davis）写了封信，称他为“亲爱的艾尔默”。他在信中提到《美国黑室》，提到限制言论自由的法令以及杜威，请求他接见雅德利：“他是个非常重要的人”。雅德利得到确认后立刻去见了戴维斯，他“知道我，似乎真正想重用我，因为我和中国的当局者有着最直接和值得信赖的联系。戴维斯问我的第一个问题即我是否为某某某工作，当我说那就是我的联络人，他回复说这是中国唯一有分量的党派”。

戴维斯给他推荐了泰勒博士（Dr. Taylor）[1]，泰勒之前在中国当老师。“但我与泰勒谈过之后，我知道我被打败了。他喜欢斯诺 [埃德加·斯诺（Edgar Snow），《西行漫记》的作者] 那种宣传八路军（是战争年代毛泽东的红军）的人，接近当今（蒋介石的国民党）政权是他们最不愿意做的事情，因为八路军是共产党，而老板（蒋介石）憎恨所有的八路军代表。”雅德利递交了一份 10 页内容的报告，介绍自己在中国的经历和联络关系，但一周后，泰勒告诉他，依目前的形势，战争信息办公室不可能聘用他。雅德利暴怒不已，只能安慰自己说是联络人的问题造成的。两三个月之后，戴维斯收到可靠情报，战争信息办公室在中国的联络人不能胜任，他派了一位下属告诉雅德利想再和雅德利商议下，因为他十分尊重雅德利的意见。但这次会面延后了，战争信息办公室的人说，他

[1] 原注：罗杰·柏林格姆（Roger Burlingame）所著 *Don't Let Them Scare You: The Life and Times of Elmer Davis*（Philadelphia: Lippincott, 1961）一书中，既没有提到雅德利也没有提到泰勒。我曾经推测，和雅德利谈话的这个泰勒应该是埃德蒙·泰勒（Edmond Taylor）。他是一名驻外战地记者，一直在外国情报机构工作，开始是在威廉·J. 多诺万（William J. Donovan）的间谍机构，即后来的战略情报局，后来调到戴维斯的战争信息办公室。但最后发现，雅德利在华盛顿跟泰勒先生谈话时，他没有博士学位，并且远在北非。参见 Edmond Taylor, *Awakening from History* (Boston: Gambit, 1969), 308–309, 321ff。我一直没能考证出谁是泰勒博士。

们的预算紧张，不再安排人员入职。“我只是感觉庆幸，”雅德利告诉拜伊说，“因为我得知整个战争信息办公室都是怪人。所以我最好待在已被大家认可的地方。”

确实如此，他在物价管理局做得非常好，除本职工作以外，他调查了一对兄弟，他们在布莱登斯堡路开了一家屠宰场，所售肉的价格超过了物价管理局的最高限价，他们被罚款 20 万美元。他处理的其他案例中，违反价格和限量配给的人员以及参与黑市交易的人都被送进了监狱。（雅德利自己却有些无视法律。在肉食限量配给的那段时间，他和埃德娜总能享受到美味的牛肉。此外他还有很多汽油限量供给券。）有时，他一天可以写 25 页的总结。他十分喜欢这份工作 ：“我受到尊重和喜爱，按照我自己的方式。”1943 年春天，机构内部重组，“我可以当上首席调查员，但我更喜欢待在 2 号人物的位置。这样我会有更多的自由。”他不断地得到晋升，从助理调查员，到副调查员再到调查员，薪水也从 2600 美元增加到 4400 美元。他的日常工作包括向大众解释国家的规章制度，回答国会的询问，还管理了一个 10 人组的调查团队。

1946 年 11 月，他从华盛顿调任到巴尔的摩的户外办公室，从调控肉价转为调控糖价。他一半的时间花在室外开展调查，另一半时间指导 8 到 12 名员工。当首席调查员不在场的时候，雅德利会接替他的工作。他获得的工作评价总是“非常好”，有一次是“棒极了”。大多数管理层都认为他很“优秀”或“令人满意”，无论是工作组织能力、主动性、想法方面，还是在指导、培训以及发展下属员工方面，他积极组织会议，很会与他人相处，注重细节和最终结果的准确性。

他决定和黑兹尔离婚。从 1937 年开始，他们已经分居。在中国的时候，雅德利经济上依靠埃德娜的接济，而不是依赖黑兹尔。同样是埃德娜，而不是黑兹尔，陪他去了加拿大。他的儿子杰克已经年满 18 岁，雅德利已没有抚养义务。1944 年夏天，雅德利去了内华达州，黑兹尔收到了通知邮件。8 月 25 日（星期五），雅德利在弗吉尼亚城斯托里县的第一地方法院宣誓称，他和黑兹尔“大约从 1937 年 8 月 15 日开始分居，就是说这期间一直分居，未间断过，也没有同住，在过去连续 3 年的时间里都是如此”。里诺市参议员酒店的员工以及雅德利租住的房主可以做证，雅德利在这两个地方居住的时间超过 6 周，符合该州的居住要求。雅德利自己做了伪证，发誓说除了内华达州，他在其他地方没有住所，也没有考虑过要搬到另一个州去居住。法官对此没有质疑。黑兹尔也没有进行辩驳。8 月 28 日，雅德利和黑兹尔离婚了。随后他和埃德娜驱车 20 英里（约 32 公里）去了里诺市，当天下午，瓦肖县地方法官威廉 · 麦克奈特宣布他们“结为合法夫妻”。

第 20 章
扑克玩家

写作，确切地说是靠写作赚钱，一直都是雅德利的梦想。他的电影经纪人斯旺森曾经在信中急切地写道，好莱坞非常缺少故事，因为所有的作家都去参战了。雅德利酝酿了好几个故事，还寄给斯旺森一个电影剧本。剧本的名字叫《假护照》（*False Passport*），他认为这是一个“棒极了的惊险故事”。剧本在斯旺森那里放了一个半月，后来他回复说故事情节写得过于戏剧化，很多摄影棚不太看好；他打算再看看是否有小一点的摄影棚愿意买这个剧本。雅德利想知道物价管理局是否能将他调任到好莱坞，这样他可以像以前那样签一些短期合同，每周可以挣 500 到 750 美元。他“快马加鞭地写完这个故事”，然后接着写其他的书。不过这些都没能实现，他开始考虑解雇斯旺森。

他整理了在重庆时的信件准备出版。乔治·拜伊称它们是“重磅文件”，并且说“我打算向我的神父忏悔我读了这些信件。我现在明白为什么中国有那么多的人口了”。但《星期六晚邮报》的托马斯·科斯坦先生否决了它们，阿普尔顿世纪出版公司（Appleton-Century）也拒绝出版，给出的原因是：“我们不会校对中文信件，恐怕达不到出版界目前的要求，可能会破坏这些文件的生动性和尖锐性。”

这些并没有让雅德利泄气。他有“绝对独一无二的东西。这是一个充满奇幻色彩，以重庆为背景的间谍故事”，他不会将这个故事交给电影，而是“把它当作小说来写，故事的背景和赛珍珠（Pearl Buckz，小说《大地》的作者）、埃德加·斯诺以及其他人书中的不同”。他带着惯有的推销员般的热情吹嘘道：“它的确是个奇迹。它会让《金发伯爵夫人》看起来一文不值。”然而 1934 年的法律让他心有余悸。小说要审查吗？如果是这样的话，他想，“我可以隐去我的名字”。拜伊告诉他除非小说中提及真正的人名，否则不会被审查；他建议雅德利写自己的小说，到时再去应对审查的问题。

他这样做了，花了一年的时间来创作这本书，再一次与卡尔·盖拉伯合作。他在西部待了 7 周进行第三次修改，可能是在阿尔伯克基市，盖拉伯不久也搬了过去。在那里，雅德利每天骑马 4 小时，体重减掉了 17 磅（约 7.7 公斤），以前的晚礼服都可以穿上了。1944 年独立日（7 月 4 日）那天，他告诉拜伊：“我有一本手稿，我认为写得比《美国黑室》还要好。我将陆续寄给你。”他又在信的末尾附言道，“这部小说对我来说意义重大。所以请您一定一定要读一下。我这么要求是因为我知道，如果您对一件事物有信心，就一定可以将它推销出去。我还知道如果您抽出时间来试着读一下的话，一定会对它充满信心。”后来，过了不到一周，拜伊做出了肯定的答复：“我非常喜欢《蒂娜》（*Tina*）。它很有特色，具有《美国黑室》的优秀品质。如果说这本书会帮你挣到钱，我一点都不会感到意外。很高兴发现你能写出这么好的作品。我就知道你的脑子里肯定藏着很多精彩纷呈的传奇素材。”雅德利欣喜若狂：“收到您的来信我很高兴，整晚都没有睡着。”他梦想着各种演讲和电影的场面，小心翼翼地提醒拜伊：“在拟定电影协议时，一定要算上盖拉伯！我们俩简直就是连体双胞胎。”他对这个新故事的理念、出版计划以及宣传等事情都提了些意见。雅德利很高兴拜伊能把《蒂娜》和《美国黑室》相提并论，他说道，“（《美国黑室》）曾给过我一种怪异的感觉，冷静下来之后，我拿起它读了几页，无法相信是我自己写的这本书。对我来说，这听起来是多么奇怪和陌生啊。

《蒂娜》带给我的也是这种感受。它里面的有些内容让我重新想起在重庆的可怕经历，一切都历历在目。我发现自己晚上经常做梦，一遍遍地梦到这些”。

双日出版社（Doubleday）和鲍伯斯－梅里尔公司拒绝了这本书，但普特纳姆出版社（Putnam）接受了。预付款是 1000 美元，雅德利和盖拉伯一人一半。需要拟定新的书名，雅德利推荐了他在重庆时的翻译喜欢的一句习语："天下乌鸦一般黑"，这个建议被采纳了。普特纳姆于 1945 年出版了这本 247 页的小说。故事是围绕着报业连锁集团派去重庆的一位美国女记者展开的，有密码破译、监视及谋杀等情节，中国和美国联合摧毁了一个日本间谍网。书中重现的密码图表是雅德利手绘的；日本间谍使用的密码系统和德国间谍使用的是同一套程序，雅德利在加拿大期间曾经破译出他们的消息，通常是选取某本印刷书某几行的最后几个字母作为密钥。《纽约时报》对其进行明褒实贬地指责："其中有些内容的确很精彩，除了其庞大的人物阵容以及他们时不时蹦出的对话。"《纽约客》（*New Yorker*）提出了建议："题材很好，但需要更合乎逻辑的编排。"这本书并没有让它的作者们大赚一笔，导致他们放弃了已经动笔的另一部新作品。

雅德利很明智地没有放弃他在物价管理局的日常工作。1946 年，他投资 1400 美元注册了奥斯本销售公司（Osborn Sales Company），主要是销售小电器、厨房用品以及真空吸尘器等。1947 年，物价管理局这个战争时期的产物关门了。1948 年，奥斯本公司也倒闭了。1949 年 1 月，雅德利成为房屋和住宅金融机构（Housing and Home Finance Agency，简称 HHFA）公共住房管理局（PHA）的一名销售员。该办公室位于西北部康涅狄格大道 1200 号，屋里放着一排排的桌子。坐在他右边的是戈登·史密斯，这是一位来自印第安纳州的年轻人，刚刚大学毕业，他是这里的办事员兼打字员。他喜欢雅德利“这位老绅士”。雅德利平易近人，笑容满面，对他很友好。他鼓励这位年轻人试着换份更好的工作。他们有时会在一起聚餐，不过雅德利从未说起在密码局的事情，只讲述了自己在中国时发生的故事，史密斯对此深信不疑。通过史密斯和他的一位室友，雅德利结识了爱德华・亨特（Edward Hunter），他声称自己来自《新闻周刊》（*Newsweek*），但人们认为他来自情报机构。有一次，亨特、雅德利和史密斯在一家高档的饭店吃午饭，亨特提问，雅德利回答并讲述了他在中国的经历以及与当地人非常具体的联系方式。雅德利脱口而出了几个人名，以及去哪条街，爬到顶楼就可以找到谁。所有这些让史密斯印象颇深，当然没有人知道 1949 年共产党解放中国后，这些人是否还住在那里。

关于他的工作职责，雅德利在 1951 年写道："我负责研究、分析并解释国会制定的与住房有关的法律。我整合那些记载了居住需求的文件，为贫困的移民工人放宽居住限制，保证他们进入国防工厂和符合《兰哈姆法》[1] 的机构工作，并提出适当的建议和推荐。同样也为倒闭的机构提供转型和复建建议。我忙于清算所有受托人的租契……我准备了与上述内容有关的所有信件，以便应答国会和国防部的调查问卷。"尽管史密斯觉得雅德利只是在打发他的时间，雅德利却不断获得晋升，从销售助理、销售员一直升到管理人员，薪水从最初的 5232 美元增加到 6940 美元。但 1952 年 4 月 11 日，他辞职了，"以便我可以将全部的时间用于打理我的生意"。埃德娜是这个机构的秘书，她没有辞职。

那时，他们已经搬了两次家，先是于 1949 年春天从餐馆的楼上搬到西北部基尔伯恩大道 1741 号，后来又迁往雅德利在马里兰州银泉市罗森斯蒂尔大道 9813 号建造的一栋房子里。在那里他们接纳了一位寄宿者格罗佛・巴茨（Grover Batts），他和埃德娜一起在住房管理局工作。他和雅德利夫妇一起住了两年，当时二十八九岁的年纪，这是巴茨一生中最有趣的经历之一。

> 我真的特别钦佩赫伯特。我喜欢听他说话，特别是听他讲述在中国的故事。他讲故事的方式很引人入胜。他讲话时，不是你平常听到的那些无聊的话语，会使你有一种想继续听他讲下去的

[1] 编注：《兰哈姆法》（Lanham Act），是指美国于 1940 年颁布的一项战时临时法规，向受到国防事务影响的社区拨发联邦资金，改善居住条件和环境。

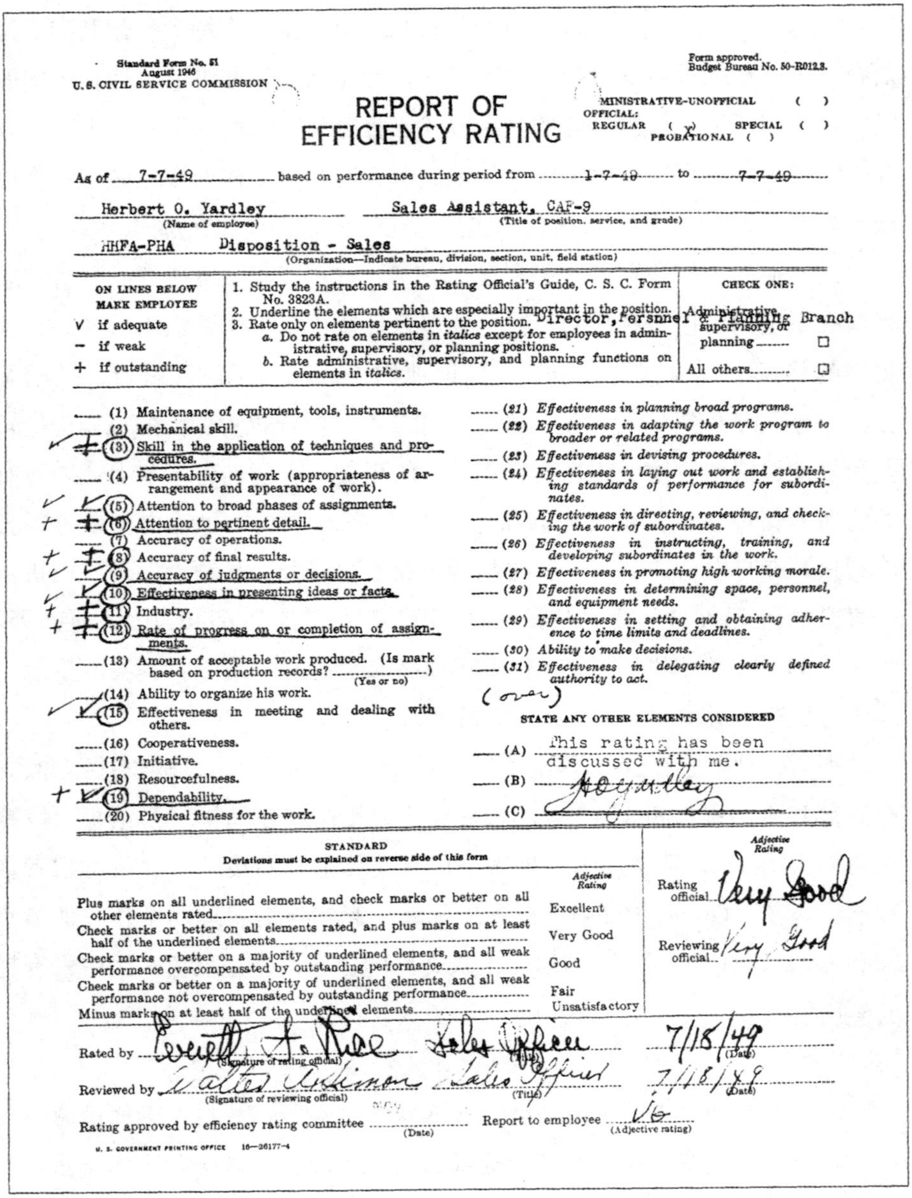

Standard Form No. 51
August 1946
U. S. CIVIL SERVICE COMMISSION

Form approved.
Budget Bureau No. 50-R012.3.

REPORT OF EFFICIENCY RATING

MINISTRATIVE-UNOFFICIAL ( )
OFFICIAL:
REGULAR (X) SPECIAL ( )
PROBATIONAL ( )

As of 7-7-49 based on performance during period from 1-7-49 to 7-7-49

Herbert O. Yardley (Name of employee) — Sales Assistant, CAF-9 (Title of position, service, and grade)

HHFA-PHA Disposition - Sales
(Organization—Indicate bureau, division, section, unit, field station)

ON LINES BELOW MARK EMPLOYEE
V if adequate
– if weak
+ if outstanding

1. Study the instructions in the Rating Official's Guide, C. S. C. Form No. 3823A.
2. Underline the elements which are especially important in the position.
3. Rate only on elements pertinent to the position.
   a. Do not rate on elements in *italics* except for employees in administrative, supervisory, or planning positions.
   b. Rate administrative, supervisory, and planning functions on elements in *italics*.

Director, Personnel & Planning Branch

CHECK ONE:
Administrative, supervisory, or planning ☐
All others ☐

(1) Maintenance of equipment, tools, instruments.
(2) Mechanical skill.
(3) Skill in the application of techniques and procedures.
(4) Presentability of work (appropriateness of arrangement and appearance of work).
(5) Attention to broad phases of assignments.
(6) Attention to pertinent detail.
(7) Accuracy of operations.
(8) Accuracy of final results.
(9) Accuracy of judgments or decisions.
(10) Effectiveness in presenting ideas or facts.
(11) Industry.
(12) Rate of progress on or completion of assignments.
(13) Amount of acceptable work produced. (Is mark based on production records? ______ (Yes or no))
(14) Ability to organize his work.
(15) Effectiveness in meeting and dealing with others.
(16) Cooperativeness.
(17) Initiative.
(18) Resourcefulness.
(19) Dependability.
(20) Physical fitness for the work.

(21) Effectiveness in planning broad programs.
(22) Effectiveness in adapting the work program to broader or related programs.
(23) Effectiveness in devising procedures.
(24) Effectiveness in laying out work and establishing standards of performance for subordinates.
(25) Effectiveness in directing, reviewing, and checking the work of subordinates.
(26) Effectiveness in instructing, training, and developing subordinates in the work.
(27) Effectiveness in promoting high working morale.
(28) Effectiveness in determining space, personnel, and equipment needs.
(29) Effectiveness in setting and obtaining adherence to time limits and deadlines.
(30) Ability to make decisions.
(31) Effectiveness in delegating clearly defined authority to act.

(over)

STATE ANY OTHER ELEMENTS CONSIDERED
(A) This rating has been discussed with me.
(B)
(C)

STANDARD
Deviations must be explained on reverse side of this form

	Adjective Rating
Plus marks on all underlined elements, and check marks or better on all other elements rated	Excellent
Check marks or better on all elements rated, and plus marks on at least half of the underlined elements	Very Good
Check marks or better on a majority of underlined elements, and all weak performance overcompensated by outstanding performance	Good
Check marks or better on a majority of underlined elements, and all weak performance not overcompensated by outstanding performance	Fair
Minus marks on at least half of the underlined elements	Unsatisfactory

Adjective Rating
Rating official Very Good
Reviewing official Very Good

Rated by ______ (Signature of rating official) ______ (Title) 7/18/49 (Date)
Reviewed by ______ (Signature of reviewing official) ______ (Title) 7/18/49 (Date)
Rating approved by efficiency rating committee ______ (Date) Report to employee VG (Adjective rating)

U. S. GOVERNMENT PRINTING OFFICE 16—26177-4

雅德利在房屋和住宅金融机构当销售员时的工作效率评价报告。

欲望。

我这么钦佩他，尤为崇拜他这一生所做的事。他一直努力向前，尽管在他身上发生了很多事情；他是个有棱角的人，但周围的人都觉得他是个有趣的人。他思维敏捷，人很聪明。

他是个辩论高手。我们常常会陷入激烈的辩论中。当时正值陆军—麦卡锡听证会，我反对麦卡锡；然而他是亲战派，反对共产主义。我可以把他逼疯，我喜欢这么做。他没有中风真是个奇迹。

提到骂人，他真的没有词穷的时候。我们不用我的家乡北卡罗来纳州的那些粗俗的话来骂人。对我来说，这让我很震惊，因为我一直在军队里。对赫伯特来说，在哪里都没有多大不同，无论是他和谁在一起。他平时说话都会使用这种语言。这会让我尴尬得要死。我认为他这么做的目的就是为了语出惊人。我想，他年轻的时候肯定不像现在这样。

我有这种感觉，（政府）对他不好。他从未向我说过他曾受到不公平的对待，这只是我的揣测。他对生活的态度很敌对。他不是一个非常快乐的人（至少在当时——我不知道他年轻时是怎样的一个人）。我印象中没见过他曾经真正开怀大笑地说个不停。他有点沉闷。

埃德娜知道我有 18000 美元的存款，因为我要填一张财产申报表。她说如果他们知道你有这么多钱，你永远得不到加薪。因此她画掉了（表格的）这一项。后来她提出用这笔钱帮赫伯特修房子。他需要这笔钱。因此我把钱借给了他。这在当时是一笔不小的数目。我后来拿回了钱，但没有收一点利息。赫伯特从未欺骗过我。他是个可敬的人。

我不记得有人拜访过赫伯特。我也不记得谁是他的密友。

对赫伯特来说，最不重要的事情就是穿衣打扮。他不注重衣着。如果不是为了埃德娜，他会穿着粗衣破布到处逛。退休以后，他看起来几乎是衣衫褴褛。我从未看见他穿过外套或是打过领带。

一次赫伯特在当地打猎，带回来一只野鸭并做成了菜。赫伯特非常自豪。埃德娜后来说那只野鸭是吃鱼长大的，大家吃起来像在吃鱼肉。赫伯特认为味道非常好。毫无疑问，这是我吃过的最难吃的肉。

我很少和他们一起吃饭。赫伯特在餐桌上的礼仪还说得过去。他会喝很多酒，但大多数都在晚上才喝。

他对埃德娜很好，非常有礼貌。据我所知，他从未对她有任何不好。埃德娜是个非常有吸引力的人，是个非常温暖体贴的人。你能感觉到她是真的关心你。她给人一种非常真挚的感觉，不是装出来的。她很有原则，如果雅德利不值得的话，她不会这么一直待在他身边。

有人问巴茨，如此愤懑的一个人怎么能够把人们管理得这么好，怎么能够把一个机构经营得如此成功。他说道，雅德利年轻时跟现在不一样。“从那时的照片来看，雅德利看上去是个完全不同的人。”

在巴茨与他相处的这两年时间里，雅德利是个普通的承包商，承揽房屋修建工程。他在罗森斯蒂尔大道修建了 3 栋房子，另外，他之前在盖瑞特公园附近买了块地，又在那里修建了三四栋房子。事实证明他的组织能力是很有用的：只要有承包商需要胶合板或水管装置，雅德利都能找到。1954 年 12 月，他和埃德娜搬到佛罗里达州奥兰多，租住在西普林斯顿大道 906 号一栋拥有 5 个房间的房子里，屋内有一只曼岛猫，他说这是一只大号的中国流浪猫。他本来计划做一些开发，可是他发现这里的秋天非常适合打野鸭，其他的时间还可以钓鱼。《奥兰多前哨报》(*Orlando Sentinel*)的一位记者采访过他，她说雅德利“声音浑厚低沉”，说话干脆简洁，“好像咬着一根雪茄烟”，他向人们展示了自己尚未摒弃的、一贯的夸大作风。他说《美国黑室》已经卖出去 100 多万本，出版时“日本内阁因感到难堪而辞职”。

1956 年 4 月，他回到银泉市。他与一位年轻人罗伯特 · 梅彼（Robert Mabie）延续了他们的友谊。埃德娜的姐姐莉莲（Lillian）是梅彼姐姐的婆婆，1950 年他去华盛顿找工作时，她一直催促他去拜访雅德利一家。他和雅德利相处得非常融洽。周末的时候，他们在弗吉尼亚州费尔法克斯县的波拖马可河畔租了一间小木屋，河岸上游 1 英里（约 1.6 公里）是华盛顿一个叫卡宾约翰（Cabin John）的小镇。在那里他们可以捉野兔、松鼠和野鸭，尽情畅谈。雅德利聊了很多关于女人和性的事情，梅彼认为他过去有很多风流韵事，其中可能包括与罗莎琳德 · 拉塞尔有染，她曾经主演过《约会》。他很会讲故事，演讲时眼睛不是看着听众，而是望向前方，好像他一直都在思考着什么。狩猎的人是不带任何食物的，因为他们可以烹制并享用打来的猎物，不过雅德利会带一瓶波旁威士忌。有时他会烹制醉酒的松鼠。雅德利回来时总是背个袋子，尽管他打猎的技术不是很好，可是他的猎枪是雷明顿 M−11 式 16 号霰弹枪。他没有狩猎许可证或是购买美国鸭票 [1]。狩猎者们应该射击空中的飞禽，但雅德利并不总是遵照法律的规定。

打完猎之后，他们俩会去第 14 街和纽约大道交叉路口的一间非常受欢迎的酒吧——蓝镜子去喝上一杯。雅德利开着自己的旧普利茅斯汽车，有时会将车停在消防栓前面，他不在乎这些事情。他们会穿着打猎时的衣服，脚踩着沾满泥巴的靴子去酒吧。梅彼会喝上一杯啤酒，雅德利会喝上两三杯波旁威士忌。梅彼特别喜欢这样的周末。

当时梅彼打算娶一个法国女人伊莱恩，她在法国大使馆工作，在美国没有家人。雅德利和埃德娜为他们筹备了婚礼。他们接纳了她，对她和对梅彼一样好。梅彼生日那天，雅德利“借走了”他的破烂汽车，还回来的时候已经修好，算是给他的生日礼物。后来，雅德利盖房子的时候，梅

[1] 译注：美国鸭票（The Federal Duck Stamp），是美国最成功的国家保护计划之一，于 1934 年启动。所有年满 16 岁的水禽狩猎者，必须购买美国鸭票并将其贴在美国各州政府颁发的狩猎许可证上，所得销售收入用来保护美国沼泽湿地中的水禽。

彼还帮他刷漆。他认为雅德利是个“最伟大的人，他热爱生活”——尽管梅彼永远无法明白有着如此经历的人怎么能是一个“粗人”，即只穿条短裤就跑去浇自家的草坪。梅彼从小父母离异，家里一直都没有父亲这个角色，他对雅德利的感觉是：“我爱他。我认为，比起继父我更爱他。”

两人经常一起玩扑克牌。梅彼注意到雅德利做事非常有条不紊，还很会记牌。雅德利经常赢，但他玩牌时爱喝酒，这可能会影响发挥。有一次，梅彼从办公室叫了几个人来玩扑克牌，结果“他们以为雅德利是保洁员”。雅德利有时会在美国国家记者俱乐部打扑克，尽管他不是会员，俱乐部原则上要求只有会员才可以玩。棋牌室在 13 楼，为扑克牌设了两张圆形大桌子，先到的人坐一号桌，后来的人坐二号桌；其他桌是为象棋、西洋跳棋、金罗美纸牌和多米诺骨牌准备的。雅德利一般会在午后时分到来。但有时他刚坐在一张桌子旁，有些会员就会跑到另一张桌子去；他们认为他是非常保守的玩家，称他是“老顽固”，午饭时间他们会叫注。比赛是梭哈（又称港式五张）和五张抽。雅德利大多时候只玩一小时左右，偶尔会玩一整天。他集中注意力玩自己的牌，不太爱说话，有时会发表意见，如“年轻人，玩得不错”。

他决定写一本书，讲述如何在扑克牌中制胜，1957 年 11 月，西蒙与舒斯特出版社（Simon and Schuster）出版了《扑克玩家教程：从哪里学以及怎样学》（*The Education of a Poker Player: Including Where and How One Learns*）。英国诗人阿尔弗雷德·阿尔瓦雷茨（Alfred Alvarez）也是扑克爱好者，曾为《纽约客》杂志写了篇扑克游戏的文章，并对扑克进行了归类：“有两种类型的扑克书籍：一种是教你怎样玩，这或多或少会有些抽象，通常包含大量的数学知识、概率和百分比等；另一种是自传，就像雅德利的经典之作，书中的例子和可靠的建议夹杂在戏剧性的游戏和生动的故事之间。”他说，他写的书关注的是“一些简单的指导，目的是打消初学者认为扑克是赌博游戏的念头，并灌输给他们保守打法的原则”。这本书包括一些小表格，提醒玩家在一些典型案例中应该做什么。例如在五张抽游戏中，一个玩家抽到两张 9、两张 3 和一张 A；接下来又抽到两张 6、一张王、一张 J 和一张 4。雅德利先评价第一个，他下注自己的牌，“这一手的牌太次没法玩”，接着是第二个，他跟注，“这是又一个由于缺乏经验而上当的玩家。我想他**希望**有三张 6。他不知道这是 7 比 1 的概率”。这些细节是这本书的精华所在。

“是什么赋予了它生命”，是雅德利在沃辛顿和中国玩扑克牌时发生的逸闻趣事。例如一位车夫以策略制胜，挫败了另一名玩家，并赢得了两匹公马；如何判断另一名玩家是一级还是二级傻瓜，又如何打败他；雅德利在重庆时是怎样击败一个令人讨厌的英国密码员并大获全胜的。雅德利不会写虚构的作品，在采用第一人称的叙事方式时也不会跟自己的生活脱节，再加上惊心动魄的写作风格，他凭借《美国黑室》一举成名。他拥有狄更斯的本领，编造出一些真实夸张的人名：道克 · 普瑞图（Doc Prittle）、伯恩斯 · 安德逊（Bones Anderson）和格拉韦 · 康博斯（Gravey Combs）。他也没有抛弃自己一贯夸大的作风：他声称为了这本书，分析了 20 万种扑克牌型。

在它出版之前，《星期六晚邮报》摘录了部分内容。后者称那一期的报纸打破了纪录，卖出了 560 万份。虽然《纽约时报》《星期六文学评论》以及其他书评期刊没有屈尊为这本介绍如何打扑克牌的书籍进行评论，公众却认为它与众不同。《扑克玩家教程》问世了，西蒙与舒斯特出版社的一位编辑写信称雅德利，“就像一只巨型大鸟”。出版商立刻敦促加印了 7000 本以迎接圣诞节。这本书不断再版，并推出了几个平装版和英国版，21 世纪时仍在不断加印再版。著名剧作家戴维 · 马梅（David Mamet）是位热情的扑克玩家，称这本书是一个“经典”，这和阿尔瓦雷茨看法一致。

雅德利收到大量来信。“我从来没有像现在这样喜欢阅读。”“我已经看过 3 遍了，把它放在我的床边，每天晚上都会再翻一遍。”“遗憾的是，我在军队的时候你没写这部书。”“我只希望我的对手从来没有看过这本书。”大部分信件是在询问技术问题。一位来自布鲁克林的 20 多岁的年轻人寻求雅德利的意见，手里的牌太差的话还要不要打。“如果我经常封牌，是弱手的话，我跟牌的时候怎么能赢钱？……你提到的这种玩家会赌上任何东西。我的朋友都是这样。如果我手中有两张王就封牌了，然而赢的一方却只有两张 10，我将会感到十分糟糕。”雅德利回答了很多人的此类问题。

威廉·奥弗伦（William Overend）的回忆录很好地诠释了这本书对众多读者产生的影响，他是《洛杉矶时报》的编辑，之前是巴黎《纽约先驱论坛报》的编辑。

> 15 岁时，我看到雅德利的这本书，忘记是怎么得到这本书的。我一直和朋友们玩扑克，是雅德利的书让我到达巅峰，把我变成一个真正的少年扑克明星。我是我们那儿玩得最好的，无论是和大人还是小孩玩。我指的是 1957 年堪萨斯州堪萨斯市的韦斯特伍德社区。这些早在巨星猫王之前，几乎比所有的都要早，除了比尔·哈利（Bill Haley）和他的彗星乐队。
>
> 我和父母住在一栋两层的白色房子里，楼上一半的空间属于我。我研究这本书的方式好像人们研究物理学一样。书中有很多实用的建议，还穿插着很多好故事，你很难不去注意它。日复一日，月复一月，我在我的卧室一遍遍地试验，检验书中给出的建议，结果发现几乎总是说到点子上。我现在忘了所有具体的细节，但它们已被浓缩成一些非常简单的规则：如果你手中的牌不够好，早点封牌；根据打牌的方式和节奏出牌；少虚张声势，如果你等到一个合适的时机，可以通过虚张声势侥幸逃脱；比赛越疯狂，越好掌握概率，玩家就越容易猜牌。
>
> 每周会在扬布拉德家组织两三次扑克游戏。加里·扬布拉德是我的一个朋友。他的父亲是个雪茄烟的推销员，名字叫“炸药屁股”，反正我们都这么称呼他。他曾是一个高个子的高尔夫球运动员，一天他的裤子在臀部处裂开了，有人喊道，“嘿，炸药屁股！”这个名字由此而来。他允许我们玩扑克牌，也经常一起玩。孩子们可以在他家喝酒。与堪萨斯其他地方相比，这里当时

可是个疯狂的场所。很多人在那里玩，我常常在比赛中赚到大约10 块钱，这样我在 16 岁就有了零花钱，都用来买了密苏里州堪萨斯城的比萨以及温斯特德广场的汉堡。

但和我的亲戚们相处得却没有这么顺利，他们一直试图让我在家里做点家务活儿，例如修剪草坪，会给我 50 美分或给我点其他东西。我几乎总是设法躲避他们，因为我已经在扑克牌中赚够了钱，不需要再为他们做事。我认为我在扬布拉德家从没有输过牌，而这为我 1958 年夏天的大型扑克对决赛树立了信心。

我爸妈在我差不多 4 岁时就离婚了，我爸爸住在凤凰城。他是一个乐队的指挥。16 岁时，我坐火车去了一趟凤凰城，那是屈指可数的一次探望。最后，我在餐车和 6 个大人玩扑克。当时的情景是，一个 16 岁的孩子牢牢记住了雅德利写的每一个字，与6 个老家伙对战。当时有很大风险。我认为你可以为每张牌押注5 美元或押上类似的东西。从开始玩，我就总赢。等我们快到得克萨斯州边境的时候，我已赚了快 100 块钱。另一个唯一的大赢家是一位非洲裔美国空军中士，他是个严肃的玩家，也是我的主要竞争对手。但当时可是 1958 年，我们到达得克萨斯州边境时，售票员走了过来，告诉他必须离开扑克比赛，让他独自一人坐在后面的车厢，直到我们穿过得克萨斯州。即使当时没有因种族原因使问题变得高度敏感，也让我觉得非常气愤和厌恶；从另一方面说，只剩下我一个人和 5 个傻瓜玩扑克。

在最终放弃之前，我带走了约 175 美元。而这场比赛的最大看点是，按照雅德利书中教的，我做了一次非常完美的“虚张声势”。在那些日子里，175 美元感觉就像今天的 600 万或其他同等价值的东西。所以，我是一个非常自大的小子。我将这一切归功于赫伯特·奥斯本·雅德利和他的扑克书。

1957 年 10 月，就在《扑克玩家教程》出版之前，雅德利遭遇了他所谓的“轻度中风”。尽管他的身体部分瘫痪，但他还是于几个星期后回到家中。埃德娜替他写信。他再次出名了，受到人们的敬仰和喜爱，这一次完全不同于《美国黑室》时人们对他的轻率评价。

这就是他的生活，直到1958年夏天他突发了一次更为严重的中风。人们把巴茨叫过来，他被眼前看到的一幕彻底震惊：“他躺在那里，只能睁大眼睛定定地看着我，不能说话。”他的话以及他的作品迷住了那么多人，现在却发不出一声来，甚至是呜咽声。7天后，1958年8月7日下午1点15分，赫伯特·奥斯本·雅德利在他的家中离开了人世。随着他的离世，他也成为历史上最广为人知、最鼓舞人心以及最富有传奇色彩的密码破译专家。

第 21 章
评价雅德利

雅德利被葬在美国阿灵顿国家公墓第 30 区第 429－1 号墓地，在他长眠的山坡周围还埋葬着几位四星上将。他将打猎和钓鱼的工具留给自己的儿子杰克，其他的东西留给了埃德娜。那么他留给了这个世界什么呢？

没有留下与密码学有关的技术：一战时在华盛顿，他的职员们（特别是约翰 · 曼利）曾研究出几种不值一提的新方法；在纽约时，无论是他还是他的员工都没有想出任何新颖的技巧；虽然他成功地破译了日本密码，然而使用的都是常见且众所周知的方法——因为雅德利算不上一位优秀的密码分析专家。威廉 · 弗里德曼称他的方法“过时守旧”；一位现代海军密码专家约瑟夫 · 约翰 · 罗切福特（Joseph John Rochefort）海军上校管他叫“一个不怎么样的密码专家”；托马斯 · 亨利 · 戴尔（Thomas Henry Dyer）海军上校评价他“不算特别伟大”。他们说得都对。他没有推动技术进步：没有达到一战时与他同一时代的法国乔治斯 · 潘万的水平，后者绞尽脑汁地使用一切已知的技巧，破译了德国的 ADFGVX 战地密码；也没像弗里德曼那样创造出强大的新型数据武器；更没有像波兰的马里安 · 雷耶夫斯基（Marian Rejewski）那样，在 1931 年通过数学知识破译了德国的恩尼格玛密码机。他没有发明出牢固的、新式的密码系统：即使是通过组合现有的技术条件创造出的新系统也没有，比如像德国上尉弗里茨·内伯尔（Fritz Nebel）发明的 ADFGVX 密码；或者像美国的弗兰克·拜伦·罗烈那样让转轮密码机变得不那么有规律；更不用说发明开拓性的新密码系统了，像约瑟夫·奥斯瓦尔德·莫博涅的一次一密密码，加利福尼亚州爱德华·休斯·赫本（Edward Hugh Hebern）的转轮机以及吉尔伯特·桑福德·弗纳姆的自动联机密码机。

但这些批评都忽略了雅德利的贡献，他的贡献比任何技术进步都要广泛。他为美国带来了一种新的信息来源方式。只要有能为他所用的技术存在，他便不再去关心新密码的发明或是研究新的破译方法。当然，这些新的方法可能会帮他把工作做得更好，而且他不得不去了解这样的密码学成果，但他的工作范畴远比技术研究要大得多。法国弗朗索瓦·卡地亚将军在第一次世界大战期间曾负责领导法国战争部的密码机构，他对密码部门负责人的定位非常准确，他说密码部门的负责人应该像一名管弦乐指挥：他不需要什么乐器都会弹奏，"但他必须非常了解音乐知识、深知每件乐器的独特之处，从而确保乐器共鸣时的声音悦耳和谐"；他应该为他的员工提供意见，传播他们的研究和成果，调动所有人投入这项共同的任务中去；他应该为他们分配工作，不让他们自己设定那些成功和回报伸手可得的目标，最难的分析会交给最好的密码分析专家，虽然可能也不会成功，但负责人"应拥有足够的威望提供他认为最好的工作条件"；他必须鼓舞士气，使员工远离沮丧和低迷；他要提供对他们有帮助的附属信息，例如截获的文件和战争报告等。同样重要的是，尽管卡地亚没有明确说出这一点，但负责人必须处理好与上级和这些信息用户的关系，他们通常想要得到更多的成果。

雅德利是一个有魅力的人，非常擅长管理。他号召并激励他的员工努力获得上司想要的信息。上级领导和下属们都夸赞他。他获得过杰出服务勋章。他预见了美国通信情报的前景，他的成功让美国官员们相信了密码机构的重要性。他给了他的国家想要的东西。这就是他留给美国的财富。

性格上的瑕疵让他奋斗一生的工作没有实现完满。他的缺陷不像那些悲剧中的英雄们那般让人致命，也没有打垮他，灾难都是来自外界。这个瑕疵当然不是出于对权力的迷恋。他没有寻找机会试图吞并弗里德曼掌管的小机构——信号情报部，而是将它与海军的密码破译部门合并为一个国家性的机构，统一归国务院管理。雅德利的失误在于他对金钱的贪婪，以及对他应承担的责任持有的漫不经心的态度。因为这个原因，他的机构没有延续下来。不是因为他没有破译出可以改变美国政策的情报才招致这种失败，20 世纪 20 年代末还没有人获得如此成绩；他在组建部门时没有着眼于未来，这才导致了最终的失败。他将精力花在房地产交易和商业编码生意上，没有潜心研究新的密码破译方法，没有引进制表机，没有调查陆军、海军或外交部的密码系统使用的新密码机，没有招聘一些年轻人特别是数学家培养后备力量，甚至也没有培训现有的人员。如果他做到这些，军队很可能会把他和弗里德曼都留下来，虽然国务院不接受他。但他什么也没有做，也从未享受到这份安身立命的工作应该带给他的自豪感和安全感。他的缺点摧毁了他的事业。

有这么一个有趣的问题：如果雅德利的密码局没有在 1929 年解散，那么会发生什么事？如果它作为美国的军事和外交密码分析机构存续下来又会怎么样？到珍珠港事件时，雅德利及其全部执行能力是否会让美国密码分析占到统治地位？

1940 年，弗里德曼的密码分析专家和数学家已经破译了日本的“紫色”外交密码机，使得美国能在 1941 年为英国提供一些有价值的东西，从而得以交换密码分析情报，后来证实这些情报在战争中非常有用，如美国截获了一些驻德国日本大使的消息，补充了希特勒计划的细节并加强了对大西洋壁垒防御工事的了解。在这个密码学国度，至少按照当时的技术水平来说，弗兰克·罗烈的无规律转轮使美国的密码机变得无懈可击。雅德利或者他的团队不太可能破译出“紫色”密码，也不可能促进美国的密码工作发展得这么快。如果是雅德利而不是弗里德曼掌权，美国为二战做的密码破译准备就不会这么充分。

随着情报越来越受到重视，雅德利的事业也一路高升，情报逐渐成为影响当代国家政策的一个因素。这种一致不是巧合。情报在现代社会的重要性不是归因于监视、审问或航空拍摄，而是归因于密码破译。单就这点来说，它能够提供可信的、高水准的、无须借助媒介的、大量连续的低成本信息。这一点在一战期间就得到了首次证明。雅德利涉足的这一领域，和情报工作一样获得飞速发展。

情报在国家概念方面扮演的新角色，让美国第一次面临着道德层面上进退两难的境地。美国内战期间，无论是乔治·华盛顿聘用间谍的行为，还是联邦军时不时地窃听邦联军无线电的做法，都没有激发这样的内省。但是，情报的发展意味着美国政府、媒体和公众在获取信息时不得不面临这样一个问题：有时不得不违反法律，通常是目标国的法律，有时也会是自己国家的法律。即使是没有阅读过伊曼努尔·康德（Immanuel Kant）的批判哲学书籍的人，也知道这样的活动从本质上来说是错误的，但在现实中有时却事与愿违。在第一次挑起了理想主义与现实主义的矛盾之后，它一直折磨着美国情报界，直至今天。理想主义者认为这些做法违背了美国一贯秉承的原则；现实主义者认为这些做法是必要的，是为了保护国家，如果不这么做，国家甚至将不复存在。这种冲突出现于20世纪20年代，当雅德利贿赂电报公司的职员悄悄地给他一些国外的消息时，以及30年代陆军参谋长允许通信兵部队违反法律的规定来截获日本无线电电报时。30年代出现了与20年代截然相反的立场，亨利·史汀生下令关闭了密码局，军队当时也不再聘用间谍。二战期间，黑室成了一种麻烦，于是人们让它消失不见了；但冷战期间，它又重新出现了，当时这两方的分歧得到调和。只要获得一位政治界大人物——总统的同意，国家就会允许这种秘密行动，但它禁止暗杀外国领导人的行为。这种超越了情报道德伦理的冲突搅乱了美国政界，公众开始将视线投向赫伯特·雅德利的工作、写作以及他的离世。

雅德利的传记中反复出现 3 个问题：他是个酒鬼吗？他是个好色之徒吗？他是个叛国者吗？

雅德利酗酒。可能他喝了太多的酒，但没有证据表明喝酒影响了他的能力或判断力，所以不应该将他称作酒鬼。

他沉迷女色这一点似乎有可能。1918 年他在巴黎和杰奎琳交往，后来又和埃德娜·瑞姆赛尔交往，都发生在婚后，或许当时埃德娜也有家庭。他与朋友兼合作著书人克莱姆·考科尔的妻子出去喝酒，可能还有了婚外情。只不过没有确凿的证据可以证明这件事以及其他可能的私通。但他确实有很强的性欲，这一点从他在中国时就可以看出，无论是当着朋友的面还是西方的道德观念，都没能让他有所克制。他很迷人，他精力充沛、自信满满，他是老板，于是他抓住了一切机会。可能就是因为他善于抓住机会，所以才能与女性保持这种浪漫的关系。

雅德利是个叛国者吗？不是。他从未将消息卖给日本人或者其他人，他从未跟美国对着干。他的不忠在于——为自己工作却让政府掏钱养活自己。后来他的确成了一个枪手、一个机会主义者，他出版自己的书，践踏了国家对他的信任。这种行为是不光彩的，招致了很多人的严厉责骂。但我们不能将这归结为叛国。雅德利是一个无赖，但不是叛国者。

除了这些问题，他和弗里德曼的关系也很有趣。尽管弗里德曼知道自己是比雅德利更好的密码专家，尽管他计划得很好，但似乎是出于嫉妒心理，他使雅德利非凡的举动走向终结。没有资料可以证实这种结论，但我们可以从弗里德曼对《美国黑室》出版的过激反应中看出某些端倪，熟悉这两者的人们都能感觉出来。弗里德曼的自卑感似乎不是因为雅德利比自己年长、是自己的前辈，甚至最初还是自己的偶像，虽然这些因素都可能加重他的这种自卑心理；这种感觉来自他们本身的性格。弗里德曼似乎一直缺乏安全感。他总是打着领带，一直称自己为弗里德曼先生，做起事来一丝不苟、谨小慎微。雅德利似乎并不关心这些事情。他穿着泥靴子打猎，到了晚年甚至不再打领结，还会穿着内衣浇灌草坪。弗里德曼的嫉妒心可能来自这样一个事实，雅德利似乎赢得了很多女人的心，弗里德曼也想要这样。雅德利有自信，而弗里德曼没有。弗里德曼的伟大成就没有弥补这一点，而这永远扭曲了他对雅德利的态度。

雅德利的人生仕途是从组建军情八处开始，早在华盛顿裁军会议时就达到了顶峰，接着在20世纪20年代开始慢慢没落；他的形象随着《美国黑室》的惊艳出版被公众熟悉，却随着其他作品的出版、前往中国和加拿大工作而一路下滑，最终陷入不幸之中，抱憾终身。但这种不幸并没有让他的名声黯然失色，或者抹杀他曾经做的、别人从未做过的事情。

因为他的书，他名闻天下。《美国黑室》让密码学变得人性化。书中有很多逸闻趣事；各色人物穿插其间。此外，雅德利还加入了一些稍显枯燥无味的信件以及密码学图表。更重要的是，他展示了密码专家的本领，变知识为力量。他向人们展示密码专家可以是圣贤，也可以是巫师，可以预见未来发生的事情，帮助人们取得胜利。《美国黑室》使人们认识到密码学的重要性。

可是雅德利做的远比说的更重要。他为美国带来了密码破译方法，他为自己的国家提供了最好的情报，他让美国变得更加强大，这就是美国首位职业密码破译专家带给人类的不朽遗产。

参考文献

资料库

Academy of Motion Picture Arts and Sciences. Los Angeles, Calif.

Center for Motion Picture Study. Margaret Herrick Library. Special Collections.

Turner-MGM Collection. Scripts. *Rendezvous. The Black Chamber. The Blonde Countess.*

Motion Picture Association of America [Hays Office] files. *Rendezvous. The Great Impersonation.*

H. N. Swanson Collection. Yardley, (Major) Herbert O. and Files 67, 80, 80, 104.

Gladys Hall Collection. Folders 415 and 416. Rosalind Russell interviews.

Production Files. *Rendezvous.*

Biography Files. Rosalind Russell.

Archives Nationales. Paris.

F^{90} 11152, 13709, 13710.

Association des Réservistes du Chiffre et de la Sécurité d'Information. Fort de Kremlin-Bicêtre, Paris.

Archives. Georges Jean Painvin Papiers.

Cambridge University. Cambridge, Eng.

Churchill College. Archives.

W. F. Clarke Papers. CLKE 3.

A. G. Denniston Papers. DENN 1/2, 1/4.
W. R. Hall Papers. HALL 1/2, 1/3, 1/5, 2/2, 3/6.

City College of the City University of New York. New York, N.Y.

Morris Raphael Cohen Library. Division of Archives and Special Collections. Mendelsohn Files.

City of New York. Borough of Queens. Jamaica, N.Y.

Department of Finance. Office of the City Register. Deed-Liber Books and Land Block Books. Liber 2811: Page (actually deed registration number) 107641 (henceforth as 2811:107641), 2813:109014, 2960:115329, 3065:67469, -70, -71, -79, 3079:81877, 3080:83147, -48, 3103:105675, 3125:127536, -37, 3145:11937, 3256:117803, 3323:58645.

Columbia University. New York, N.Y.

Butler Library.
Rare Book and Manuscripts Division. Col U 391. George Bye and James Oliver Brown Collection. Boxes 391, 396, 408, 415.
Oral History Collection. Joseph O. Mauborgne.

Federal Bureau of Investigation, Washington, D.C.

File 62-27581. Herbert Osborne [*sic*] Yardley.
File 2423. Maria K. de Victorica.

Harvard University. Cambridge, Mass.

Archives. Files on Emmett K. Carver, Daniel Thomas Curtin, Aloysius J. McGrail, Ralph Van Deman, Yu Ching Wen.
Houghton Library. William R. Castle Diary.

Indiana Historical Society. Indianapolis.

Bobbs-Merrill file on Yardley.

David Kahn Collection. Great Neck, N.Y.

Miscellaneous papers of Herbert O. Yardley, received from his sister-in-law, Lillian Meyer. Includes manuscripts of published and unpublished writings; carbon copy of original typescript of "The American Black Chamber," containing material not in the printed book; his letters from China; letters from readers; his reports on Japanese ciphers in China. In folders marked with a red Y.
File of letters and photocopies on Carl W. Grabo, Yardley book collaborator.
Papers collected by Samuel Snyder for Edna Yardley's proposed biography.
Interview notes and correspondence about Yardley.
Photographs of Worthington High School football team, from Virgil Rogers, and of Worthington, from various sources.
Photographs of Yardley, family, and coworkers, from various sources.
Photocopies of numerous documents dealing with Yardley and his work.
Parker Hitt papers.
Typewritten extracts from Frederick Livesey memoirs.

George C. Marshall Library. Lexington, Va.

William F. Friedman Collection. File on Yardley, annotated *The American Black Chamber,* individual papers.

Ministry of Defence Naval Historical Branch Library. London.

[W(illiam) F. Clarke and F(rank). Birch.] "A Contribution to the History of German Naval Warfare, 1914–1918." Typescript [1919–1920]. Vol. 1, "The Fleet in Action." Vol. 2, "The Fleet in Being," includes ch. 18, "German Codes and Ciphers." Vol. 3, [secret; not released].

Museum of the City of New York. New York, N.Y.

Prints and Photographs Department. Wurts Collection. Boxes 108–113.

National Archives. College Park, Md.

Record Group 38. Department of the Navy.
- ComNavSecGru 5750/15A, /86, /87, /88.
- Entry CNSG Library. Boxes 14 and 104.

Record Group 43. International Conferences, Commissions, and Exhibitions.
- Records of the Washington Conference on the Limitation of Armaments. U.S. Delegation.
  - Entry 99. Informational Memorandums, 1921–22. Boxes 1, 2, 3, 4.
  - Entry 100. Records of A. H. Miles, secretary of the delegation, 1921–22. Boxes 1–8.

Record Group 46. Senate.
- 67th Congress. Papers Relating to Specific Bills and Resolutions. S. 505–590. Box 9. S. 535. An act to prevent the unauthorized landing of submaring cables in the United States.

Record Group 59. Department of State.
- Department of State Decimal File. 119.25/Official Secrets Act. 894.727.
- Name Index. Yardley.
- Source Cards. State Department Legal Advisor. 1 February–6 June 1933.
- Entry 349. Office of the Counselor. Leland Harrison's Classified Case Files.
- Entry 540. Office of the Counselor. Letters Received by Leland Harrison—Pro-German Activities. Boxes 1–5.
- Entry 541. Office of the Counselor. Leland Harrison's Correspondence with Edward Bell. Boxes 1 and 2.
- Entry 549. Office of the Counselor. Leland Harrison's General Correspondence. Boxes 1–8.

Record Group 165. War Department General and Special Staffs.
- Name Index File. M-1194.
- Military Intelligence Division.
  - Entry 65. Correspondence 1917–1941.
    - File 248-20-395.
    - Files 4131-1 to -562/1300.
    - File 7579-180.
    - Files 8061-69 to -90.
    - File 8532-20.

File 8536-107.
File 8930-120.
File 9793.
Files 10015-83 to -123.
Files 10020-1 to -169, -188 (1), -192, -195 (10).
Files 10039-91, -294, and -299.
File 10531.
Files 10560-103 to -152/231, -993.
Files 10994-3 to -28.
File 12458.
File 13623.
War College Division.
Entry 296. General Correspondence 1903–1919.
Files 639-93 to -150.
Record Group 226. Office of Strategic Services.
Entry 99. History Office. Boxes 19, 85, 90.
Entry 125. Field Station Files. Box 44.
Microfilm 1642. Rolls 38, 123.
Record Group 233. House of Representatives.
73d Congress. Minutes of the Committee on the Judiciary. Tray 12885.
Folder for H.R. 4220.
Record Group 242. Foreign Records Seized.
Microfilm T-77. Roll 1575. E-Berichte der Chiffrierstelle. OKW 2309–OKW 2312.
Record Group 457. National Security Agency.
Herbert O. Yardley Collection. Boxes 1, 2, 3, 19, 20, 21, 31, 53–56, 59, 97–99, 100.
Historical Cryptologic Collection. Boxes 23, 50, 153, 202, 279, 280, 745, 750, 775, 776, 777, 778, 793, 798, 949, 1019, 1029, 1124, 1125, 1129, 1430, 1432.
SRH-004. William F. Friedman. "Six Lectures on Cryptology/Cryptography."
SRH-030. "History of the Code and Cipher Section during the First World War."
SRH-038. A Selection of Papers Pertaining to Herbert O. Yardley.
SRH-050. Riverbank Laboratory Correspondence.
SRH-134. Expansion of the Signal Intelligence Service 1930–7 December 1941.

National Archives of Canada. Ottawa.

Record Group 24. Vols. 20306, 20307, 29163–29173.
Accession 1983-84/167 Box 189. File 1310-6.
Manuscript Group 30, B122. C. J. Mackenzie Diaries. 1 December 1940–31 March 1942.

National Security Agency. Fort Meade, Md.

The Yardley files were microfilmed onto fifteen reels of microfilm indexed as CAHA and numbered 00001–00010, 10011–10015. I have examined all of these. Another cache of Yardley documents, only in photocopy, was discovered late in 2002. I have examined these, which consist mainly of 1919 and early 1920s Mexican and Japanese intercepts. The microfilm and these photocopies are available at the library of the National Security Agency. In addition, the documents that were microfilmed have been given to the

National Archives and Records Administration, where they are catalogued in Record Group 457 as Entry 9031.

Center for Cryptologic History.

Papers on MI-8 or Yardley being prepared to go to the National Archives. Ciphers sent by Mauborgne to Yardley and Riverbank 1917; MI-8 Test Messages Submitted to MI-8; MI-8 Chess Problems to Transmit Ciphers; MI-8 Substitution Ciphers WWI; Radio Tractor Intercept; Routing Slip MI-8 and Swedish Traffic 1918; Secret Japanese Communications—Diplomatic Intercepts 1921–22; Various Cables from Censors and Cable Companies 1917–19; Miscellaneous German Ciphers 1917–1918; Material from Cable Censors 1917–19; Data re Chile by F. B. Luquiens; Miscellaneous Private Ciphers of WWI.

Oral History of Frank B. Rowlett, 1974, 1976.

Oral History of Edna Yardley.

New York Public Library. New York, N.Y.

Manuscript and Rare Books Division. Bacon Cipher Collection. Boxes 4, 15, 16.

Princeton University. Princeton, N.J.

Seeley G. Mudd Manuscript Library. John V. A. MacMurray Papers. Boxes 23, 44, 49.

Public Record Office, Kew, London.

HW 1/2, /6; 3/1, /3, /8, /12, /13, /14, /16, /32, /33, /37, /65, /77 /82, /176, /178, /181; 7/20; 12/28, /29, /30, /31, /32, /127–174; 14/1, /3, /23, /24, /25, /38, /39, /40, /45, /62; ADM 1/8637; FO 371/5620.

Turner Entertainment Company. Atlanta, Ga.

Files on Herbert O. Yardley.

U.S. Department of State.

Personnel Files. Leland Harrison, William Lee Hurley, Arthur Bliss Lane, Tracy Lay.

U.S. Federal Records Center. East Point, Ga.

Records of the Mixed Claims Commission. Volume 321. Exhibit 321. Transcript of Manly's testimony in Witzke court-martial.

U.S. Naval Institute. Annapolis, Md.

Oral History of Thomas H. Dyer.

Oral History of Joseph J. Rochefort.

University of Chicago Library.

Special Collections Research Center. John M. Manly Papers.

University of Pennsylvania. Philadelphia, Pa.

University Archives and Records Center. Mendelsohn Files.

Van Pelt Library. Mendelsohn Collection.

University of Southern California. Los Angeles, Calif.

Cinema-Television Library.

MGM Collection. Box 251. Folders 1 and 2. *Rendezvous.*

Archives of the Performing Arts and Warner Bros. Collection. *Stamboul Quest.*
Regional History Center. Information Services Division. *Los Angeles Examiner* files for Herbert O. Yardley.

University of Virginia Library. Charlottesville, Va.

Special Collections Department. J. Rives Childs Papers. Autobiography.

Yale University. New Haven, Conn.

Sterling Memorial Library. Manuscripts and Archives Division.
Frank L. Polk Papers. Ms. Group 656. Boxes 4, 10, 24, 28, 39.
Henry L. Stimson Diary.

The following depositories were searched for records on Yardley; none were found.

Archives du Ministère des Affaires Etrangères. Paris.

Intercepted telegrams.

Martin Luther King Jr. Library. Washington, D.C.

Washington Star Collection. YARD file.

National Archives and Records Administration. Northeast Regional Office, New York, N.Y.

Record Group 165.
Entry 122. Card Register [seeking seizure of "Japanese Diplomatic Secrets"].
Record Group 21.
Screened Bankruptcy Case Files. Eastern District and Southern District of New York.
Bankruptcy Dockets. Eastern District of New York. 1931–33.

State of New York. County of Queens. Jamaica, N.Y.

County Clerk. Records of Supreme Court, Civil Division. Docket of Judgments, 27 March 1919 to 31 December 1932, 1 January 1933 to 30 June 1934. Indexes for later 1930s are missing.

U.S. Army Military History Institute. Carlisle, Pa.

Ralph H. Van Deman Papers.
Dennis E. Nolan Papers.
G-2 [courses]. Lectures on Military Intelligence. 1919, 1926–27, 1927–28, 1928–29, 1929–30, 1932–33, 1933–34, 1934–35, 1935–36, 1936–37, 1937–38, 1938–39.

作者访谈

Interviews were in person, unless stated to have been by telephone.

Batts, Grover. Boarder with the Yardleys in 1950s. 20 October 2000.
Corderman, Mrs. Preston. Knew Mauborgne. 5 April 1998.
Coxeter, H. S. M. Investigated Yardley for Canada. 26 September 2001 (telephone).
Crowley, Maureen. Former daughter-in-law of John Meeth. 2 October 1995 (telephone).
Fordham, Frank and Layton. Lived in boardinghouse with Edna Yardley. 31 August 1995.

Grabo, Cynthia. Daughter of Carl W. Grabo. 28 March 2000.
Hahn, Emily. Knew Yardley in China. 1996.
Hannum, Dale. His aunt was Robert Yardley's second wife. 10 November 1996 and 3 January 1999 (telephone).
Hays, Mark. Knew Yardley in Worthington. 10 November 1995.
Herst, Herman. Knew Victor Weiskopf as fellow stamp dealer. 12 December 1995 (telephone).
Hoagland, Helen Hannum. Her aunt was Robert Yardley's second wife. 27 December 1996 (telephone).
Jedrzejewicz, Waclaw. Polish intelligence official who knew Kowalewski. 29 December 1979.
Jewell, Fred. Caddied for Yardley in Worthington. 25 June 1999 (telephone).
Mabie, Robert. Distant relative who hunted with Yardley. 3 November 2002.
McBride, Wilma Shouse. Worked with Yardley on secret ink. 11 November 1996, 9 December 1999 (telephone).
Means, Paul. Played poker with Yardley at the National Press Club. 5 February 1999 (telephone).
Meyer, Lillian. Edna Yardley's sister. 5 December 1995.
Owen, Gayle. Was visited by Yardley on family trip to California. 20 December 1996 (telephone).
Rogers, Virgil. Worthington resident and antiquarian. 7 March 1998 (telephone).
Ropp, Mary, and Wilma S. McBride. Long-time residents of Worthington who knew Yardley and Hazel. 1 November 1995. Joint interview.
Sinkov, Abraham. American link to Canadian cryptanalytic organizers. 13 September 1995 (telephone).
Smith, Gordon. Worked with Yardley at Public Housing Administration. 11 October 1997 (telephone) and 11 January 1999.
Smith, Harold J. Friend of Jack Yardley. 21 July 1997 (telephone).
Vandeventer, Anna C. Bought secret-ink business from Yardley. 6 December 1999 (telephone).
Vandeventer, Carol. Worthington librarian. 11 November 1996.
Voback, Arnold. Son-in-law of John Meeth. 1995 (telephone).
Yardley, Mrs. Jack (Barbara). Daughter-in-law of Herbert Yardley. 16 February 1999 (telephone).

专著

Asada, Sadao. "Japan and the United States, 1915–1925." Ph.D. diss., Yale University, 1962.
[Friedman, Elizebeth Smith]. Untitled autobiography, covering Riverbank to Prohibition. Typescript. 99 pp. Photocopy in David Kahn Collection.
Gempp, Fritz. "Geheimer Nachrichtendienst und Spionageabwehr des Heeres." In Record Group 242, Foreign Records Seized. Microfilm T-77. Rolls 1438–1440, 1442, 1507–1509.
Givierge, Marcel. "Au service du chiffre: 18 ans de souvenirs, 1907–1925." France: Bibliothèque nationale, département des manuscrits, don 18899. 998 pp.
——."Etude historique sur la Section du Chiffre." France: Bibliothèque nationale, département des manuscrits, nouvelle acquisition française 24353. 932 pp.

"Historical Background of the Signal Security Agency." Army Security Agency, Assistant Chief of Staff, G-2, 12 April 1946. Vol. 1, "Codes and Ciphers Prior to World War I." 118 pp. + index. Vol. 2, "World War I." 218 pp. + index. Vol. 3, "The Peace 1919–1929." 323 pp. + bibliography + index. Cumulative index of 184 pp. This is SRH-001.

"History of the Military Intelligence Division." 8 vols. In Record Group 319, Records of the Office of the Assistant Chief of Staff, G-2, Intelligence. Historical Studies and Related Records of G-2 Components 1918–1959. Military Intelligence Division. World War I. Boxes 21 and 22.

Hubatschke, Harald. "Ferdinand Prantner (Pseudonym Leo Wolfram), 1817–1871: Die Anfänge des politischen Romans sowie die Geschichte der Briefspionage und des geheimen Chiffredienstes in Österreich." Ph.D., University of Vienna, 1975. Parts dealing with cryptology.

Kyle, Katie Letcher. "Divine Fire: Elizebeth Smith Friedman, Cryptanalyst." Typescript draft. 222 pp. Photocopy in David Kahn Collection.

Overend, William. Memorandum to David Kahn on learning poker from Yardley's book. October 2000.

Paschke, Adolf. "Das Chiffrier- und Fermeldewesen im Auswärtigen Amt: Seine Entwicklung und Organisation." VS-6025. 158 pp. In Auswärtiges Amt: Politisches Archiv. Berlin.

Schauffler, Rudolf. "Erinnerungen eines Kryptologen." VS-6025. 24 pp. In Auswärtiges Amt: Politisches Archiv. Berlin.

Turchen, Lesta VanDerWert. "Herbert Osborne Yardley and American Cryptography." Master's thesis, University of South Dakota, 1969.

书籍和文章

Some works, cited only once in the notes, are not listed here.

Alvarez, A. *The Biggest Game in Town.* Boston: Houghton Mifflin, 1983.

Alvarez, David. "Diplomatic Solutions: German Foreign Office Cryptanalysis, 1919–1945." *International Journal of Intelligence and CounterIntelligence* 9 (summer 1996): 169–185.

——. "Left in the Dust: Italian Signals Intelligence, 1915–1943." *International Journal of Intelligence and CounterIntelligence* 14 (fall 2001): 388–408.

——. *Secret Messages: Codebreaking and American Diplomacy, 1930–1945.* Lawrence: University Press of Kansas, 2000. Solid and scholarly, like all Alvarez's work.

Andrew, Christopher. "Déchiffrement et diplomatie: Le cabinet noir sous la Troisième République." *Relations internationales* 5 (spring 1976): 37–64. Original and basic.

——. *For the President's Eyes Only: Secret Intelligence and the American Presidency from Washington to Bush.* New York: HarperCollins, 1995. A thorough overview.

Angevine, Robert G. "Gentlemen Do Read Each Other's Mail: American Intelligence in the Interwar Era." *Intelligence and National Security* 7 (April 1992): 1–29.

Arnold, Jonathan P. "Herbert O. Yardley, Gangbuster." *Cryptologia* 12 (January 1988): 62–64.

Asada, Sadao. "Japanese Admirals and the Politics of Naval Limitation: Kato Tomosaburo vs. Kato Kanji." In *Naval Warfare in the Twentieth Century: Essays in Honour of Arthur Marder,* ed. Gerald Jordan, 141–166. London: Crown Helm, 1977.

Bidwell, Bruce W. *History of the Military Intelligence Division, Department of the Army: General Staff, 1775–1941.* Frederick, Md.: University Publications of America, 1986. Thorough, accurate, essential.
Bryden, John. *Best-Kept Secret: Canadian Secret Intelligence in the Second World War.* Toronto: Lester Publishing, 1993.
Buckley, Thomas H. *The United States and the Washington Conference, 1921–1922.* Knoxville: University of Tennessee Press, 1970.
Burke, Colin. "Automating American Cryptanalysis, 1930–1945: Marvelous Machines, a Bit Too Late." *Intelligence and National Security* 14 (spring 1999): 18–39.
——. *Information and Secrecy: Vannevar Bush, Ultra, and the Other Memex.* Metuchen: Scarecrow Press, 1994. A pathbreaking study.
Chapman, J. W. M. "No Final Solution: A Survey of the Cryptanalytical Capabilities of German Military Intelligence Agencies, 1926–35." *Intelligence and National Security* 1 (January 1986): 13–47.
——. "The Polish Labyrinth and the Soviet Maze: Japan and the Floating World of Signals Intelligence, 1919–1939." *Intelligence Studies* (1982): 66–87.
Childs, J. Rives. *Foreign Service Farewell.* Charlottesville: University Press of Virginia, 1969.
——. *Let the Credit Go.* New York: Giniger, 1983.
——. "My Recollections of G.2 A.6." *Cryptologia* 2 (July 1978): 201–214.
Clark, Ronald. *The Man Who Broke Purple: The Life of Colonel William F. Friedman, Who Deciphered the Japanese Code in World War II.* Boston: Little, Brown, 1977.
Denniston, Robin. "The Government Code and Cypher School between the Wars." *Intelligence and National Security* 1 (January 1986): 48–70.
——. "Yardley on Yap." *Intelligence and National Security* 9 (January 1994): 112–122.
——. "Yardley's Diplomatic Secrets." *Cryptologia* 18 (April 1994): 81–127.
Dewerpe, Alain. *Espion: Une anthropologie historique du secret d'état contemporain.* Paris: Gallimard, 1994. The sociology, psychology, and ethics of espionage; a tour de force.
Doerries, Reinhard R. *Imperial Challenge: Ambassador Count Bernstorff and German-American Relations, 1908–1917.* Chapel Hill: University of North Carolina Press, 1989.
——. "Die Tätigkeit deutscher Agenten in den USA während des Ersten Weltkrieges und ihr Einfluß auf die diplomatischen Bezeihungen zwischen Washington und Berlin." In *Diplomaten und Agenten: Nachrichtendienste in der Geschichte der deutsch-amerikanischen Beziehungen*, ed. Reinhard R. Doerries, 11–52. Heidelberg: Universitätsverlag C. Winter, 2001. Very useful.
Dooley, Roger. *From Scarface to Scarlett: American Films in the 1930s.* New York: Harcourt Brace Jovanovich, 1973.
Elliot, S. R. *Scarlet to Green: A History of Intelligence in the Canadian Army, 1903–1963.* Toronto: Canadian Intelligence and Security Association, 1981.
Farago, Ladislas. *The Broken Seal: The Story of "Operation Magic" and the Pearl Harbor Disaster.* New York: Random House, 1967.
Ferris, John. "The Road to Bletchley Park." *Intelligence and National Security* 17 (spring 2002): 53–84. An important update.
——. "Whitehall's Black Chamber: British Cryptology and the Government Code and Cypher School, 1919–1929." *Intelligence and National Security* 2 (January 1987): 4–91. Fundamental.

Finnegan, John Patrick. *Military Intelligence.* Lineages compiled by Romana Danysh. Army Lineage Series. Center of Military History, United States Army. GPO, 1998.
Friedman, William F. "A Short History of the Signal Intelligence Service." *Cryptologia* 15 (July 1991): 262–272. This is SRH-049.
Goldstein, Erik, and John Maurer, eds. *The Washington Conference, 1921–22.* London: Frank Cass, 1994.
Hagerty, Alexander. "An Unpublished Yardley Manuscript." *Cryptologia* 23 (October 1999): 289–297. On Pearl Harbor. Manuscript is in HOYC, Box 3.
Hahn, Emily. *China to Me.* Garden City, N.Y.: Doubleday and Co., 1944.
Hannah, Theodore M. "The Many Lives of Herbert O. Yardley." *Spectrum* [of the National Security Agency] (fall 1981): 4–29.
Hanson, Patricia King, ed. *American Film Institute Catalog of Motion Pictures Produced in the United States: Feature Films, 1931–1940.* Berkeley: University of California Press, 1993.
Hanyok, Robert. "Before Enigma: Jan Kowalkewski and the Early Days of the Polish Cipher Bureau, 1919–1922." *Enigma Bulletin* 5 (June 2000): 25–32.
Harris, Charles H., III and Louis R. Sadler. "The Witzke Affair: German Intrigue on the Mexican Border, 1917–1918." *Military Review* 59 (February 1979): 36–50.
Hecht, Ben. *A Child of the Century.* New York: Simon and Schushter, 1954.
Hodgson, Godfrey. *The Colonel: The Life and Wars of Henry Stimson, 1867–1950.* New York: Knopf, 1990.
Hyde, Charles Cheney. "Charles Evans Hughes." In *The American Secretaries of State and Their Diplomacy,* ed. Samuel Flagg Bemis, 10: 221–401. New York: Knopf, 1928. Reprint, New York: Cooper Square, 1943.
Inaba, Chiharu. "Franco-Russian Intelligence Collaboration against Japan during the Russo-Japanese War, 1904–05." *Japanese Slavic and East European Studies* 19 (1998): 1–23.
Jeffreys-Jones, Rhodri. *American Espionage: From Secret Service to CIA.* New York: Free Press, 1977.
——. *Cloak and Dollar: A History of American Secret Intelligence.* New Haven: Yale University Press, 2002. All wrong in his chapter on Yardley.
Journal of the Telegraph. 1909–13.
Kahn, David. "The Annotated *The American Black Chamber.*" *Cryptologia* 9 (January 1985): 1–37. Comments by Friedman, McGrail, Livesey, and others in a copy of the book, plus names of persons whose titles only are given in the book's text.
——. *The Codebreakers: The Story of Secret Writing.* 2d ed. New York: Simon and Schuster, 1996.
——. "An Historical Theory of Intelligence." *Intelligence and National Security* 16 (autumn 2001): 79–92.
——. "A New Source for Historians: Yardley's Seized Manuscript." *Cryptologia* 6 (April 1982): 115–118.
——. ed. "Nuggets from the Archives: Yardley Tries Again." *Cryptologia* 2 (April 1978): 139–143.
Karatzas, Daniel. *Jackson Heights: A Garden in the City.* N.p., 1990.
Katz, Friedrich. *The Secret War with Mexico: Europe, the United States, and the Mexican Revolution.* Chicago: University of Chicago Press, 1981. A rich, rewarding book.

Komatsu, Keiichiro. *Origins of the Pacific War and the Importance of "Magic."* New York: St. Martin's Press, 1999.
Kopec, John W. *The Sabines at Riverbank: Their Role in the Science of Architectural Acoustics.* Woodbury, N.Y.: Acoustical Society of America, 1997.
Kruh, Louis. "Another Herbert O. Yardley Mystery." *Cryptologia* 22 (October 1998): 370–375.
——. "From the Archives: Riverbank Laboratory Correspondence (SRH-050)." *Cryptologia* 19 (July 1995): 236–246.
——. "Stimson, The Black Chamber, and the 'Gentlemen's Mail' Quote." *Cryptologia* 12 (April 1988): 65–89. An outstanding, scholarly, and original article of fundamental importance.
——. "Tales of Yardley: Some Sidelights to His Career." *Cryptologia* 13 (October 1989): 327–357. Solid, useful explorations.
——. "Who Wrote 'The American Black Chamber'?" *Cryptologia* 2 (April 1978): 130–133.
Mahnken, Thomas G. *Uncovering Ways of War: U.S. Intelligence and Foreign Military Innovation, 1918–1941.* Cornell Studies in Security Affairs. Ithaca: Cornell University Press, 2002.
Mamet, David. *Make-Believe Town.* Boston: Little, Brown, 1996.
Mendelsohn, Charles J. *Studies in German Diplomatic Codes Employed during the World War.* War Department, Office of the Chief Signal Officer. GPO, 1935.
Meryman, Richard. *Mank: The Wit, World, and Life of Herman Mankiewicz.* New York: William Morrow, 1978.
Miller, Edward S. *War Plan Orange: The U.S. Strategy to Defeat Japan, 1897–1945.* Annapolis: Naval Institute Press, 1991. A pathbreaking study.
Miller, Nathan. *Spying for America.* New York: Paragon House, 1989.
Morison, Elting. *Turmoil and Tradition: A Study of the Life and Times of Henry L. Stimson.* Boston: Houghton Mifflin, 1960.
Nelson, Otto L., Jr. *National Security and the General Staff.* Washington: Infantry Journal Press, 1946. Extremely useful.
Ollier, Alexandre. *La cryptographie militaire avant la guerre de 1914.* Paris: Lavauzelle, 2002.
Oppenheimer, George. *The View from the Sixties: Memories of a Spent Life.* New York: David McKay, 1966.
O'Toole, G[eorge]. J. A. *Honorable Treachery: A History of U.S. Intelligence, Espionage, and Covert Action from the American Revolution to the CIA.* New York: Atlantic Monthly Press, 1991.
Pearson, Lester B. *Mike: The Memoirs of the Right Honourable Lester B. Pearson.* 3 vols. New York: Quadrangle Books, 1972–75.
Pusey, Merlo J. *Charles Evans Hughes.* New York: Macmillan, 1951.
Quirk, Lawrence J. *The Complete Films of William Powell.* Secaucus: Citadel Press, 1986.
Richelson, Jeffrey. *A Century of Spies: Intelligence in the Twentieth Century.* New York: Oxford University Press, 1995.
Rowlett, Frank B. *The Story of Magic: Memoirs of an American Cryptologic Pioneer.* Laguna Hills, Calif.: Aegean Park Press, 1998.
Russell, Rosalind, and Chris Chase. *Life Is a Banquet.* New York: Random House, 1977.

Schragmüller, Elsbeth. "Aus dem deutschen Nachrichtendienst." In *Was Wir vom Welktrieg nicht wissen*, ed. Friedrich Felger, 138–155. Berlin: Wilhelm Andermann, [1930].
Stimson, Henry L., and McGeorge Bundy. *On Active Service in Peace and War.* New York: Harper and Brothers, 1948.
Takahashi, Hishashi. "A Case Study: Japanese Intelligence Estimates of China and the Chinese, 1931–1945." In *The Intelligence Revolution: A Historical Perspective*, ed. Walter T. Hitchcock, 203–222. Washington, D.C.: U.S. Air Force Academy, Office of Air Force History, United States Air Force, 1991.
Thistle, Mel, ed. *The Mackenzie-McNaughton Wartime Letters.* Toronto: University of Toronto Press, 1975.
U.S. Congress. House of Representatives. 65th Congress, 3d Session. Document 1432. *War Department Annual Reports, 1918.* Includes *Report of the Chief of Staff, 1918.* GPO, 1919.
——. 66th Congress, 2d Session. Document 426. *War Department Annual Reports, 1919.* Includes *Reports of the Secretary of War, the Chief of Staff, the Commander in Chief of American Expeditionary Forces, 1919.* GPO, 1919.
U.S. Department of Commerce, Bureau of Foreign and Domestic Commerce. *Statistical Abstract of the United States, 1930.* GPO, 1930.
U.S. Department of State. *Register.* GPO, 1910 to 1918.
——. *Foreign Relations of the United States: Diplomatic Papers.* GPO, various dates.
U.S. Statutes at Large.
Wark, Wesley. "Cryptographic Innocence: The Origins of Signals Intelligence in Canada in the Second World War." *Journal of Contemporary History* 22 (1987): 639–665.
Weber, Ralph E. *Masked Dispatches: Cryptograms and Cryptology in American History, 1775–1900.* United States Cryptologic History. Series 1: Pre–World War I. Vol. 1, Center for Cryptologic History. Fort George G. Meade: National Security Agency, 2002.
——. "State Department Cryptographic Security: Herbert O. Yardley and President Wilson's Secret Code." In *In the Name of Intelligence*, ed. Hayden Peake and Samuel Halpern, 543–596. Washington: NIBC Press, 1994.
——. *United States Diplomatic Codes and Ciphers, 1775–1938.* Chicago: Precedent Publishing, 1979.
Weber, Ralph E., ed. *The Final Memoranda: Major General Ralph H. Van Deman, USA Ret. 1895–1951, Father of U.S. Military Intelligence.* Wilmington, Del.: SR Books, 1988. Important.
Westerbarkey, Joachim. *Das Geheimnis: Die Faszination des Verborgenen.* Berlin: Aufbau Taschenbuch Verlag, 2000. An original study of secrecy in its many forms.
White, Theodore H. *Fire in the Ashes.* New York: William Sloane Associates, 1953.
——. *In Search of History: A Personal Adventure.* New York: Harper and Row, 1978.
Woodeman, Nathan X. "Yardley Revisited." *Studies in Intelligence* 27 (summer 1983): 41–60.
Yanni, Nicholas. *Rosalind Russell.* New York: Pyramid Publications, 1975.
Yu, Maochun. "Chinese Codebreakers, 1927–1945." *Intelligence and National Security* 14 (spring 1999): 201–213.
——. *OSS in China.* New Haven: Yale University Press, 1996.

雅德利作品

书籍

The American Black Chamber. Indianapolis: Bobbs-Merrill, 1931.
——. London: Faber and Faber, 1931 and 1937. 265 pp. Reprinted as *Secret Service in America*, 1940.
——. Laguna Hills, Calif.: Aegean Park Press, undated. Softcover, 8 ½ × 11 inch photographic reprint of the Bobbs-Merrill edition as no. 52 in A Cryptographic Series.
——. Espionage/Intelligence Library. With an introduction by David Kahn, xi–xvi. New York: Ballantine Books, 1981. Paperback. 250 pp.
——. Mattituck, N.Y.: Amereon House, n.d. 250 pp. Photographic reproduction of the Ballantine edition, with the byline of the author of the introduction deleted.
Amerikas Svarta Kammare. Trans. Johan O. Lilliehöök. Stockholm: Tidens Förlag, 1938. 280 pp.
Burakku Chienba: Beikoku wa ikanishite Gaiko Hiden o nusundanoka? Trans. Osaka Mainichi Shinbunsha. Tokyo: Osaka Mainichi Sinbunsha, 1931.
Burakku Chienba: Beikoku wa ikanishite Gaiko Ango o nusundaka? Trans. Hiratsuka Masao, ed. Kingendaishi Hensankai. Tokyo: Arachi Shuppansha, 1999.
Le cabinet noir américain. Trans. E. Rinon. Bibliothèque d'histoire politique, militaire et navale. Paris: Editions de la Nouvelle revue critique, 1935. 249 pp.
Ciphergrams. London: Hutchinson, 1932. 190 pp. British edition of *Yardleygrams*.
The Education of a Poker Player. New York: Simon and Schuster, 1957. Many reprints.
Universal Trade Code. New York: Code Compiling Co., 1921.
Yardleygrams. Indianapolis: Bobbs-Merrill, 1932. 190 pp.
[with Carl Grabo]. *The Blonde Countess*. New York: Longmans, Green, 1934. 314 pp.
[with Carl Grabo]. *Crows Are Black Everywhere*. New York: G. P. Putnam's Sons, 1945. 247 pp.
[with Carl Grabo]. *Red Sun of Nippon*. New York: Longmans, Green, 1934. 247 pp.

杂志文章

"Are We Giving Away Our State Secrets?" *Liberty*, 19 December 1931, 8–13.
"The Beautiful Secret Agent." *Liberty*, 30 December 1933, 30–35.
"Buraku chiemba: Beikoku wa ikani shite gaikohiden o nusunda ka?" *Osaka mainichi shimbun*, 1931.
"Ciphers." *Saturday Evening Post*, 9 May 1931, 35, 144–146, 148, 149.
"Codes." *Saturday Evening Post*, 18 April 1931, 16–17, 141, 142.
"Cryptograms and Their Solution." *Saturday Evening Post*, 21 November 1931, 21, 63–65.
"Double-Crossing America." *Liberty*, 10 October 1931, 38–42.
"From the Archives: The Achievements of the Cipher Bureau (MI-8) during the First World War." *Cryptologia* 8 (January 1984): 62–74.
"La guerre des chiffres: La chambre noire américaine." Trans. R. L. Claude of portions in *Les annales politiques et littéraires* 17, 184–189; 24 August 1934, 214–219; 31 August 1934, 241–248; 7 September 1934, 274–279; 21 September 1934, 330–335; 28 September, 1934, 360–363.
"H-27, the Blonde Woman from Antwerp." *Liberty*, 21 April 1934, 22–29.

"How They Captured the German Spy, Mme. Maria de Victorica, Told at Last." *Every Week Magazine,* 12 July 1931.
"Secret Inks." *Saturday Evening Post,* 4 April 1931, 3–5, 140–142, 145.
"Secrets of America's Black Chamber." *Every Week Magazine,* 26 July 1931.
"Spies inside Our Gates." *Sunday* [Washington] *Star Magazine,* 8 April 1934, 1–2, and *New York Herald Tribune Magazine,* 8 April 1934.
"Yardleygrams." These anecdotes with a puzzle cryptogram ran in *Liberty* from 26 December 1931 to 5 March 1932 on pages 43, 65, 65, 64, 64, and 67 of the respective issues, with answers from 2 January to 12 March 1921 on pages 25, 70, 50, 68, 58, and 58.
"Yardleygrams." This second series consisted of twelve squares of letters through which an unbroken line could be drawn to reveal a message. They ran weekly in *Liberty* from 27 May to 12 August 1933 on pages 28, 38, 26, 29, 27, 30, 26, 34, 28, 20, 18, and 22. The answers ran one week later, from 3 June to 19 August, on pages 46, 45, 32, 51, 52, 54, 52, 42, 17, 38, 46, and 55.

未发表作品

"On Pearl Harbor." 19 pp. NA, RG 457, HOYC, Box 3.
"Shadows in Washington: A Story of Intrigue." Typescript. 275 pp.
Stories of the Black Chamber. Bound volume of radio scripts. In collection of Louis Kruh. The first series ran from 21 January to 8 March, the second from 11 March to 29 April, the third from 1 May to 8 July, all 1935.
With Carl Grabo. "Dramatization of the American Black Chamber." Typescript. 108 pp.
With Charles E. Whittaker. "Eaters of Men." Whereabouts of manuscript unknown. Yardley refers to this work in a letter of 1 December 1934 to George Bye.

图片来源

文中插图

页码

021 Worthington grammar and high school: Virgil Rogers
023 Yardley's oath of office: National Archives and Records Administration
030 Card on Yardley: National Archives and Records Administration
043 Fabyan villa: Riverbank Laboratories
047 Fabyan letter: National Archives and Records Administration
061 Harrison letter: National Archives and Records Administration
063 Yardley solution: National Archives and Records Administration
065 Yardley and Van Deman cover letter: National Archives and Records Administration
071 Yardley receipt: National Archives and Records Administration
078 Certificate of conception: National Archives and Records Administration
081 Tanner's Council code: National Cryptologic Museum
085 Yardley reports solution: National Archives and Records Administration
096 Cipher Bureau reconstruction: National Archives and Records Administration
106 Cipher Bureau solution: National Archives and Records Administration
111 Distinguished Service Medal: U.S. Army list of medals
119 Chateau apartment house: Museum of the City of New York
121 Real estate index book: City of New York, Borough of Queens
124 Enigma machine patent: U.S. Patent Office
134 Stimson diary page: Yale University
145 Voucher for payment: Columbia University

文前图片

Yardley: University of Southern California, Doheny Library, Department of Special Collections, Regional History Collection
Football team: Courtesy of Virgil Rogers, Worthington
Pool hall: Courtesy of Virgil Rogers, Worthington
Yardley and Hazel: Courtesy of Mary Ropp, Worthington
Hazel Milam Yardley: Courtesy of Carnegie Library, Worthington
State-War-Navy building: National Archives and Records Administration
David Salmon: National Archives and Records Administration
George Fabyan: Courtesy of Riverbank Laboratories
Engledew Cottage: Courtesy of Riverbank Laboratories
Leland Harrison: National Archives and Records Administration
Joseph O. Mauborgne: National Archives and Records Administration, Signal Corps photo, 111-SC-101413
William and Elizebeth Friedman: Courtesy George C. Marshall Research Library
Army War College: National Archives and Records Administration, Signal Corps photo, 111-SC-331048
Ralph Van Deman and Allen Dulles: National Archives and Records Administration, Signal Corps photo, 111-SC-155490
Yardley as second lieutenant: National Archives and Records Administration
MI-8 officers: The University of Chicago Library
John Manly: The University of Chicago
Victor Weiskopf: Courtesy the American Philatelic Society
J. Rives Childs (left) and Yardley at desks: National Archives and Records Administration, Signal Corps photo, 111-SC-51371

Edna Ramsaier: Courtesy Lillian Meyer
Ruth Willson: Syracuse University Archives
John Meeth and Marguerite O'Connor: Courtesy the Vobach family
Office building at 52 Vanderbilt: Museum of the City of New York, The Byron Collection, 93.1.3.1569
Washington naval convefence: National Archives and Records Administration, Signal Corps photo, 111-SC-80631
Frederick Livesey: National Archives and Records Administration
Irvin H. Correll: Courtesy Archives of the Episcopal Church, Record Group 106, Photograph Collection
Yardley with Jack: David Kahn
Yardley and Hazel on toboggan: *Jackson Heights News*, 23 January 1925, 8
Jackson Heights: Museum of the City of New York, Wurts Collection, 80543
Yardley with Georges Jean Painvin: David Kahn
William F. Friedman: National Security Agency
Henry L. Stimson: National Archives and Records Administration
George T. Bye: Bettmann/Corbis
Marie Stuart Klooz: Courtesy of Sweet Briar College
Carl Grabo: Courtesy of Cynthia Grabo
Chiffrierstelle: Courtesy of Walther Seifert (second from left in front row)
Yardley and Rosalind Russell: Courtesy of Turner Broadcasting System
Yardley with Chinese codebreakers: David Kahn
Yardley in Chungking: Courtesy of Lillian Meyer
Yardley in Los Angeles: Courtesy of Los Angeles Public Library, Herald Examiner Collection
Canadian codebreakers: Courtesy of the Canadian Security Establishment
Yardley and Edna in Reno: Courtesy of Lillian Meyer
Group at Beverly Beach: Courtesy of Frank and Lillian Fordham
Yardley and Robert Mabie: Courtesy of Robert Mabie
Yardley with gun: Courtesy of Robert Mabie
The poker player: David Kahn

英汉词汇对照

Abwehr　阿勃韦尔（德国军事情报机构）
Adams, Franklin Pierce (FPA)　富兰克林·皮尔斯·亚当斯
aerial reconnaissance　空中侦察
Akin, Colonel Spencer B.　斯宾塞·埃金上校
Albright, Major Owen S.　欧文·奥尔布赖特少校
Alien and Sedition Acts of 1798　《1798 年外侨与煽动叛乱法》(美国)
All-America Cable Company　全美电报公司
Allen, Franklin W.　富兰克林·威廉·艾伦
Alvarez, Alfred　阿尔弗雷德·阿尔瓦雷茨
American Association of College Book Stores　美国大学书店协会
American Expeditionary Forces (AEF)　美国远征军
American Relief Administration　美国救济管理局
American Telephone and Telegraph Company　美国电话和电报公司
Anglo-Japanese Pact　《英日同盟条约》(1902 年)
Appel, Charles A.　查尔斯·阿佩尔
Appleton-Century　阿普尔顿世纪出版公司
Are We Giving Away Our State Secrets?　《我们丧失了国家机密吗？》(雅德利文章)
Army Signal School　（美国）陆军通信学校
Army War College　（美国）陆军战争学院
Arnold, Lieutenant Henry Harley　亨利·阿诺德中尉
Auerbach, George　乔治·奥尔巴赫

Bacon, Francis　弗朗西斯·培根
Baker, Newton Diehl　牛顿·迪尔·贝克
Balfour, Arthur　亚瑟·贝尔福
Ball, Walter William Rouse　沃尔特·威廉·罗斯·保尔
Barlow, William M.　威廉·巴洛
Barnes, Captain Howard R.　霍华德·巴恩斯上尉
Batts, Grover　格罗佛·巴茨
Bazeries, Etienne　艾蒂安·巴泽里埃斯
Beatty, Admiral David　戴维·贝蒂海军上将

Beautiful Secret Agent 《美女特工》(雅德利短篇小说)
Beeson, Charles H. 查尔斯·比森
Bell, Edward 爱德华·贝尔
Benét, Stephen Vincent 斯蒂芬·文森特·贝尼特
Bennett, Constance 康斯坦斯·贝内特
Berenson, Bernard 伯纳德·贝伦森
Bicknell, Lieutenant Colonel George W. 乔治·比克纳尔中校
Bielaski, A. Bruce 布鲁斯·比拉斯基
Biggers, Earl Derr 厄尔·德尔·比格斯
Black, Loring M., Jr. 小洛林·布莱克
Blackburn, W. G 布莱克本
Bletchley Park 布莱切利园
Blue Ribbon Books 蓝丝带图书公司
Bobbs-Merrill 鲍伯斯－梅里尔公司
Bogel, Claus 克劳斯·博格尔
Bone, Homer 霍默·布恩
Bonwit Teller 邦威特·特勒(美国百货商店)
Boston Post 《波士顿邮报》
Breen, Joseph 约瑟夫·布林
Brewer, Abe 亚伯·布鲁尔
Brewer, Lelia 莱利娅·布鲁尔
Britannic “布列坦尼”号
Brooklyn Eagle 《布鲁克林鹰报》
Broun, Heywood 海伍德·布龙
Bruck, Jonathan 乔纳森·勃拉克
Buck, John R. 约翰·巴克
Bureau of Indexes and Archives 索引档案局(美国)
Burleson Law 《伯利森法》
Burleson, Albert Sidney 阿尔伯特·西德尼·伯利森
Burt, Yeoman H. E. 约曼·巴特
Buschenhagen, Erich 埃里希·布申哈根
Bussard, Peter 彼得·布萨德
Bye, George T. 乔治·拜伊

Candela, Rosario 罗萨里奥·坎德拉
Carr, Wilbur J. 威尔伯·凯尔
Carranza, Venustiano 贝努斯蒂亚诺·卡兰萨
Cartier, General François 弗朗索瓦·卡地亚将军
Carver, Emmett K. 埃米特·卡佛
Castle, William R. 威廉·卡斯特尔
Celler, Emanuel 伊曼纽尔·塞勒
Center for Cryptologic History 密码学史中心
Chambers, David Laurance 戴维·劳伦斯·钱伯斯
Champollion, Jean-François 让－弗朗索瓦·商博良
Chan, Charlie 陈查理
Chiang Kai-Shek 蒋介石
Chicago Tribune 《芝加哥论坛报》
Chiffrierstelle 密码处(德国)
Childs, Lieutenant J. Rives 里夫斯·蔡尔兹中尉
Christian Science Monitor 《基督教科学箴言报》
Churchill, General Marlborough 马尔伯勒·丘吉尔将军
Churchill, Winston Churchill 温斯顿·丘吉尔
Cincinnati Enquirer 《辛辛那提问询报》
Cipher Bureau 密码局(美国)
Ciphergrams 《密码电文》(雅德利著作)
Citizen Kane 《公民凯恩》

Claude, R. L. 克劳德
Clausewitz, Carl Von 卡尔·冯·克劳塞维茨
Cold War 冷战
Collier's magazine 《科利尔》杂志
Collins, Stanley W. 斯坦利·柯林斯
Columbia Pictures 哥伦比亚电影公司
Communications Security Establishment (CSE) 通信安全局（加拿大）
Connally, Tom 汤姆·康纳利
Cornwallis, Charles 查尔斯·康沃利斯
Correll, Irvin H. 艾文·科雷尔
Cosmopolitan magazine 《时尚》杂志
Costain, Thomas Bertram 托马斯·伯特伦·科斯坦
Cotton, Joseph P. 约瑟夫·科顿
Coxeter, Harold Scott Macdonald 哈罗德·斯科特·麦克唐纳·考克斯特
Creasy, Edward 爱德华·克里西
Crofton, Morgan 摩根·克罗夫顿
Crossle, Alan 阿伦·库瑟勒
crossruff 交叉将吃
Crows Are Black Everywhere 《天下乌鸦一般黑》（雅德利与盖拉伯合著小说）
Culper ring 考伯间谍网
Curtin, Daniel Thomas 丹尼尔·托马斯·科廷
Curzon, Earl 柯曾伯爵

Dai Li 戴笠
Davis, Elmer 艾尔默·戴维斯
Davys, John 约翰·戴维斯
Deman, Major Ralph Van 拉尔夫·范·德曼少校
Denniston, Alastair 阿拉斯泰尔·丹尼斯顿
Dern, George Henry 乔治·亨利·德恩
Dewey, Thomas Edmund 托马斯·埃德蒙·杜威
Dillon, Alice 爱丽斯·迪伦
Disarmament Conference 裁军会议（1921 年）
Dishonored 《羞辱》（1931 年电影）
Distinguished Service Medal 杰出服务勋章
Double-Crossing America 《背叛美国》（雅德利文章）
Doubleday 双日出版社
Doyle, William T. S. 威廉·多伊尔
Dr. Taylor 泰勒博士
Drake, Captain E. N. 德雷克上尉
Dresden “德累斯顿”号（德国轻型巡洋舰）
Dreyfus Affair 德雷福斯事件
Drum, Brigadier General R. C. 德拉蒙准将
Dupont, E. A. 杜邦
Dvorak, August 奥古斯特·德沃夏克
Dyck, Sir Anthony van 安东尼·范·戴克爵士
Dyer, Captain Thomas Henry 托马斯·亨利·戴尔海军上校
Dyer, Wilson 威尔森·戴尔

Eckardt, Heinrich J. F. von 海因里希·冯·埃卡尔德
Editions de la Nouvelle Revue Critique 新批评出版社
Education of a Poker Player: Including Where and How One Learns 《扑克玩家教程：从哪里学以及怎样学》（雅德利著作）
Elements of Cryptanalysis 《密码分析元素》（弗里德曼著作）
Eleven o'Clock 《十一点钟》（雅德利所著剧本）

Espionage Act of 1917 《1917 年间谍法》
Etymologiae 《词源》
Evelyn Prentice 《涉世未深》(1934 年电影)
Ewing, Sir Alfred 阿尔弗雷德·尤因爵士
Examination Unit 审查机构(加拿大)

Faber and Faber 费伯－费伯出版公司
Fabyan, George 乔治·费边
Falk, Esther 艾斯特·福尔克
Federal Bureau of Investigation (FBI) 联邦调查局
Fess, Simeon D. 西米恩·费斯
Fessier, Michael 迈克尔·费舍尔
Field Service Regulations 《野战勤务教范》
Fifteen Decisive Battles of the World: From Marathon to Waterloo 《15 场世界经典战役：从马拉松之战到滑铁卢战役》
Figl, Major Andreas 安德烈亚斯·费格尔少校
First Folio 《第一对开本》
Fisher, Admiral Lord John 约翰·费希尔海军上将
Fitzgerald, Francis Scott 弗朗西斯·斯科特·菲茨杰拉德
Flicke, Wilhelm 威廉·弗利克
Ford, Colonel Stanley Hampton 斯坦利·汉普顿·福特上校
Ford, Corey 科瑞·福特
Fordham, Frank 弗兰克·福特汉姆
Fordham, Layton 莱顿·福特汉姆
Fräulein Doktor (Elsbeth Schragmüller) 博士小姐(艾尔斯贝特·斯格穆勒)
Friedman (Smith), Elizebeth 伊丽莎白·弗里德曼(史密斯)
Friedman, William Frederick 威廉·弗雷德里克·弗里德曼
Furthman, Jules 朱尔斯·福瑟曼

Gannett, Lewis 刘易斯·甘尼特
Garbo, Greta 葛丽泰·嘉宝
Gasconier "盖斯康尼尔"号(美国轮船)
Gettysburg Address 葛底斯堡演说
Givierge, General Marcel 马塞尔·吉威尔格将军
Government Code and Cypher School 政府编码和密码学校(英国)
Grabo, Carl Henry 卡尔·亨利·盖拉伯
Great White Fleet 大白舰队
Greene, Nathanael 纳萨尼尔·葛林
Grew, Joseph Clark 约瑟夫·克拉克·格鲁
Gyldén, Yves 伊夫斯·盖尔登

H-27, the Blonde Woman from Antwerp 《H-27——来自安特卫普的金发美人》(雅德利著短篇小说)
Hackworth, Green H. 格林·哈克沃斯
Hahn, Emily 艾米丽·哈恩(中文名项美丽)
Hale, Nathan 内森·黑尔
Hall, Captain (Admiral) Reginald 雷金纳德·霍尔海军上校(海军上将)
Hanson, Harry 哈利·汉森
Harding, Warren Gamaliel 沃伦·盖玛利尔·哈定
Hardy, Andy 安迪·哈迪
Harris, Townsend 汤森德·哈里斯
Harrison, Leland 利兰·哈里森

Hastings, Captain Edward　爱德华·哈斯汀海军上校
Haswell, John H.　约翰·哈斯韦尔
Hatch, David　戴维·哈奇
Hathaway, Joel　乔尔·哈撒韦
Hays, Will H.　威尔·海斯
Hebern, Edward Hugh　爱德华·休斯·赫本
Herndon, Hugh　休斯·赫恩顿
Herold, Don　唐·赫罗尔德
Higgins, John C.　约翰·希金斯
Hirohito　裕仁天皇
Hitchings, Captain O. T.　希钦斯上尉
Hitler, Adolf　阿道夫·希特勒
Hitt, Captain (Colonel) Parker　帕克·希特上尉（上校）
Hoffe, Monckton　蒙克顿·霍夫
Hollywood Reporter　《好莱坞报道》
Holstein, Captain Otto　奥托·荷尔斯泰因上尉
Hooper, Stanford Caldwell　斯坦福·卡德维尔·胡珀
Hoover, Herbert　赫伯特·胡佛
Hoover, John Edgar　约翰·埃德加·胡佛
Hornbeck, Stanley K.　斯坦利·霍恩贝克
House, Colonel Edward　爱德华·豪斯上校
Housing and Home Finance Agency (HHFA)　房屋和住宅金融机构
Howard, William K.　威廉·霍华德
Hoy, Hugh Cleland　休·克莱兰·霍伊
Hsin Ju Pu Hsiao, Major　肖勃少校
Hughes, Charles Evans　查尔斯·埃文斯·休斯
Hull, Cordell　科德尔·赫尔
Hundred Days of the New Deal　百日新政
Hunter, Edward　爱德华·亨特
Hurley, William Lee　威廉·李·赫尔利
Hyman, Bernie　伯尼·海曼

I'm Alone　“孤单一人”号
Interstate Commerce Commission (ICC)　州际商务委员会（美国）

James, Henry　亨利·詹姆斯
Japanese American　《日裔美国人》
Japanese Diplomatic Secrets　《日本外交秘密》（雅德利著作）
Japanese Military Codes and Ciphers in Occupied China: Period 1938–1940　《日本占领中国时期的军事编码和密码：1938—1940 年》（雅德利报告）
Johnson, Hiram　海勒姆·约翰逊
Jones, Bobby　鲍比·琼斯
Justice Department, U.S.　美国司法部

Kahn, Susanne　苏珊娜·卡恩
Kato, Admiral Tomosaburo　加藤友三郎海军上将
Kaufman, George Simon　乔治·西门·考夫曼
Keenleyside, Hugh Llewellyn　休·卢埃林·金利赛德
Kellogg, Frank B.　弗兰克·凯洛格
Kellogg-Briand Pact　《凯洛格－白里安公约》（1928 年）
Keynes, John Maynard　约翰·梅纳德·凯恩斯
Kirk, Alexander　亚历山大·柯克
Klooz, Marie Stuart　玛丽·斯图亚特·库

鲁斯
Klüber, Johan Ludwig　乔安·路德维格·克鲁勃
Knott, Thomas A.　托马斯·诺特
Koukol, Beatrice　比阿特丽斯·考科尔
Koukol, Clem　克莱姆·考科尔
Kowalewski, Captain Jan　简·柯瓦勒斯基上尉
Kruh, Louis　路易斯·库让
Kurtz, Jacob Banks　雅各布·班克斯·库尔茨

La Presse　《新闻报》（蒙特利尔）
Lanchester, Frederick　弗雷德里克·兰彻斯特
Lanchester's Equation　兰彻斯特方程
Lane, Arthur Bliss　亚瑟·比利斯·莱恩
Lange, André　安德烈·兰格
Langie, André　安德烈·兰芝
Lanham Act　《兰哈姆法》
Laning, Serena B.　塞丽娜·拉宁
Lansing, Robert　罗伯特·兰辛
Lay, Tracy　特雷西·莱恩
Le Canada　《加拿大法语日报》
League of Nations　国际联盟
Leigh Lecture Bureau　利莱演讲公司（美国）
Leigh, William Colston　威廉·科斯顿·利莱
Les Annales politiques et littéraires　《法国政治和文学年鉴》
Lew, Elizabeth Van　伊丽莎白·范·卢
Liberty magazine　《自由》杂志
Library of Congress　国会图书馆
Lilliehöök, Johan O.　约翰·利勒赫克
Lincoln, Abraham　亚伯拉罕·林肯
Lindbergh, Charles Augustus　查尔斯·奥古斯都·林德伯格
Little, Lieutenant Commander C. Herbert　赫伯特·利特尔海军少校
Livesey, Frederick　弗雷德里克·利夫西
Lloyd George, David　戴维·劳埃德·乔治
Locarno Treaties　《洛迦诺公约》（1925 年）
London Naval Conference　伦敦海军会议（1930 年）
Los Angeles Times　《洛杉矶时报》
Lovell, James　詹姆斯·洛弗尔
Loy, Myrna　玛娜·洛伊
Ludendorff, Erich　埃里希·鲁登道夫
Luquiens, Frederick Bliss　弗雷德里克·比利斯·拉昆思
Lusitania　“路西塔尼亚”号（客轮）

Mabie, Robert　罗伯特·梅彼
MacArthur, General Douglas　道格拉斯·麦克阿瑟将军
Mackay Radio　麦凯无线电电报公司
Mackenzie, Chalmers Jack　查默斯·杰克·麦肯齐
Macmillan　麦克米兰（出版）公司
Mamet, David　戴维·马梅
Mankiewicz, Herman Jacob　赫尔曼·雅各布·曼切维兹
Manly, John M.　约翰·曼利
Mann-Elkins Act　《曼－埃尔金斯法》
Mannon, Jessica　杰西卡·曼侬
Manual for the Solution of Military Ciphers　《军事密码解决方案手册》（希特著作）
March, Peyton Conway　佩顿·康韦·马奇

Marshall, General George Catlett　乔治·卡特莱特·马歇尔将军
Marvin, Robert B.　罗伯特·马文
Mata Hari　《玛塔·哈莉》(1931 年电影)
Mathematical Recreations and Essays　《趣味数学》(保尔著作)
Mauborgne, Lieutenant (Major General) Joseph Oswald　约瑟夫·奥斯瓦尔德·莫博涅中尉(陆军少将)
Mayer, Louis Burt　路易斯·伯特·梅耶
McCann-Erickson　麦肯－爱里克森广告公司
McCoy, Horace　贺瑞斯·麦考伊
McFadden, Louis Thomas　路易斯·托马斯·麦克法登
McGrail, Aloysius J.　阿洛伊修斯·麦克格拉尔
McGuinness, J. W.　麦克吉尼斯
McKenna, James E.　詹姆斯·麦肯纳
Meeth (O'Connor), Marguerite　玛格丽特·米斯(奥康纳)
Meeth, John C.　约翰·米斯
Mendelsohn, Charles Jastrow　查尔斯·贾斯特罗·门德尔松
Metro-Goldwyn-Mayer Pictures(MGM)　米高梅电影公司
Milam, Abraham Lincoln　亚伯拉罕·林肯·米拉姆
Military Intelligence, Section 8 (MI-8)　军情八处
Miller, Edward S.(Buddy)　爱德华·米勒
Miller, Joyce Trepel　乔伊斯·崔伯·米勒
Modern Mechanix magazine　《现代机械》杂志
Monroe Doctrine　门罗主义
Monroe, James　詹姆斯·门罗
Moorman, Frank　弗兰克·穆尔曼
Morley, Christopher　克里斯托弗·莫利
Mott, James Wheaton　詹姆斯·惠顿·莫特
Mussolini, Benito　贝尼托·墨索里尼

National Archives and Records Administration (NARA)　(美国)国家档案和记录管理局
National Archives　国家档案馆
National Broadcasting Company (NBC)　(美国)全国广播公司
National Cryptologic Museum　国家密码博物馆
National Research council　国家研究委员会(加拿大)
National Security Agency (NSA)　(美国)国家安全局
Nebel, Lieutenant Fritz　弗里茨·内伯尔上尉
Neff, Ezra　以斯拉·内夫
Neville, Helen J.　海伦·内维尔
New York Evening Post　《纽约晚邮报》
New York Herald Tribune　《纽约先驱论坛报》
New York Herald Tribune Magazine　《纽约先驱论坛杂志》
New York Public Library　纽约公共图书馆
New York Times Book Review　《纽约时报书评》
New York Times　《纽约时报》
New York World-Telegram　《纽约世界电讯报》
Newsweek　《新闻周刊》
New Yorker　《纽约客》
Nolan, Major General Dennis E.　丹尼斯·诺兰少将
Nolder Distilleries, Inc.　诺德酿酒厂公司

Norris, George　乔治・诺里斯
Noyes, Rear Admiral Leigh　雷・诺伊斯海军少将

Office of Price Administration (OPA)　物价管理局（美国）
Office of War Information (OMI)　战争信息办公室（美国）
Olmstead, Major General Dawson　道森・奥姆斯特德少将
Open Door Policy　门户开放政策
Oppenheimer, George　乔治・奥本海默
Orlando Sentinel　《奥兰多前哨报》
Orsatti, Frank　弗兰克・奥萨蒂
Osaka mainichi shimbun　《大阪每日新闻》
Osborn Sales Company　奥斯本销售公司（雅德利所开公司）
Overend, William　威廉・奥弗伦
Owen, John　约翰・欧文

Painvin, Captain Georges Jean　乔治斯・潘万上尉
Palmer Raids　帕尔默大搜捕（1919 年）
Pan American World Airways　泛美世界航空公司
Pangborn, Clyde　克莱德・潘伯恩
Pearl Buckz　赛珍珠
Pearson, Lester　莱斯特・皮尔逊
Pershing, General John Joseph　约翰・约瑟夫・潘兴将军
Phillips, William　威廉・菲利普斯
Pinkerton, Allan　艾伦・平克顿
Pittman, Key　凯伊・皮特曼
Plett, J. St. Vincent　圣文森特・普利特
Pocket Books　口袋书出版公司
Poe, Edgar Allan　埃德加・爱伦・坡
Polk, Frank L.　弗兰克・波尔克
Postal Cable Company　邮政电报公司
Powell, William　威廉・鲍威尔
Presnell, Robert　罗伯特・普雷斯内尔
Prince, Altus E.　阿尔特斯・普林斯
Production Code　《海斯法典》
Public Housing Administration　公共住房管理局（美国）
Public Ledger　《公众纪录报》（费城）
Puritanism　清教主义
Putnam　普特纳姆出版社

Radio City　无线电城
Ramsaier, Edna (Hackenberg, Yardley)　埃德娜・瑞姆赛尔
Red Star over China　《西行漫记》（斯诺著作）
Red Sun of Nippon　《日本的红太阳》（雅德利与盖拉伯合著小说）
Rejewski, Marian　马里安・雷耶夫斯基
Rendezvous　《约会》（1935 年电影）
restricted community　受限社区
Richards, Theodore W.　西奥多・理查兹
Rickert, Edith　伊迪丝・里克尔特
Rideau　里多（雅德利所开餐馆）
Rinon, Emmanuel　伊曼纽尔・尼农
Riverbank Laboratories　河岸实验室
RKO Pathé　雷电华－百代电影公司
Robinson, Arthur R.　亚瑟・罗宾逊
Robinson, Gilbert deBeauregard　吉尔伯特・德波尔格・罗宾逊

Rochefort, Captain Joseph John 约瑟夫·约翰·罗切福特海军上校
Rogers, Howard Emmet 霍华德·埃米特·罗杰斯
Romero, Cesar 塞萨尔·罗梅罗
Room 40 40号房间（英国）
Rooney, Mickey 米基·鲁尼
Roosevelt, Eleanor 埃莉诺·罗斯福
Roosevelt, Franklin Delano 富兰克林·德兰诺·罗斯福
Roosevelt, Theodore 西奥多·罗斯福
Root, Elihu 伊莱休·鲁特
Rose, Stuart 斯图尔特·罗斯
Rossignol, Antoine 安托万·罗西尼奥尔
Rowan, Lieutenant Andrew W. 安德鲁·罗文中尉
Rowlett, Frank Byron 弗兰克·拜伦·罗烈
Ruffin, James 詹姆斯·拉非
Russell, Bertrand 伯特兰·罗素
Russell, Rosalind 罗莎琳德·拉塞尔
Ryan, Mark 马克·瑞安
Ryerson, Florence 弗洛伦斯·瑞尔森

Sadtler, Colonel Otis 奥提斯·萨特勒上校
Safford, Lieutenant Laurance F. 劳伦斯·萨福德上尉
Salmon, David Aden 戴维·亚丁·萨蒙
Saturday Evening Post 《星期六晚邮报》
Saturday Review of Literature 《星期六文学评论》
Sawada, Setsuzo 泽田节藏
Schauffler, Rudolf 鲁道夫·肖夫勒
Scientific Crime Detection Laboratory 科学犯罪侦查实验室
secret (invisible) inks 隐显墨水
Selective Service Act 《义务兵役法》(1917年)
Senate Foreign Relations Committee 参议院外交关系委员会（美国）
Shadows in Washington 《华盛顿的黑影》（雅德利手稿）
Shakespeare, William 威廉·莎士比亚
Shelley, Percy Bysshe 珀西·比希·雪莱
Sherman, Joe 乔·谢尔曼
Shih, Yen 施颜
Shippey, Lee 利·希比
Shively, George 乔治·夏夫利
Shouse, Wilma 威尔玛·肖斯
Simon and Schuster 西蒙与舒斯特出版社
Sinkov, Abraham 亚伯拉罕·辛科夫
Smith, Gordon 戈登·史密斯
Snow, Edgar 埃德加·斯诺
Solution of American Diplomatic Codes 《美国外交编码解决方案》（雅德利作品）
Soudart, E.-A. 萨乌达特
Spewack, Bella 贝拉·斯派沃克
Spewack, Samuel 萨谬尔·斯派沃克
Spies inside Our Gates 《我们内部的间谍》（雅德利文章）
Spirit of Locarno 洛迦诺精神
Stabler, Jordan H. 乔丹·斯特布勒
Stalin, Joseph 约瑟夫·斯大林
Stamboul Quest 《来自斯坦布尔的请求》（1934年电影）
Starling, Lynn 林恩·斯达林
State Department 国务院（美国）
State's Far Eastern Division 国务院远东司

（美国）

State-War-Navy Building　国务院—战争部—海军部大楼

Stevens, Captain David H.　戴维・史蒂文斯上尉

Stimson, Henry Lewis　亨利・刘易斯・史汀生

Stone, Charles　查尔斯・斯通

Stone, Thomas (Tommy)　托马斯（汤米）・斯通

Stories of the Black Chamber　《黑室的故事》（雅德利电台节目）

Strachey, Lytton　利顿・斯特拉奇

Strachey, Oliver　奥立弗・斯特拉奇

Sturtevant, Edgar H.　埃德加・斯特蒂文特

Sullivan, C. Gardner　加德纳・苏利文

Sumners, Hatton　哈顿・桑诺斯

Swanson, H. N.　斯旺森

Systeme des Chiffrierens　《加密系统》（费格尔著作）

Tamm, Edward A.　爱德华・塔姆

Tanis, Dick　迪克・塔尼斯

Tarkington, Booth　布思・塔金顿

Tehaan, Frederick A.　弗雷德里克・泰哈恩

The American Black Chamber　《美国黑室》（雅德利著作）

The Atlanta Journal　《亚特兰大日报》

The Blonde Countess　《金发伯爵夫人》（雅德利与盖拉伯合著小说）

The Federal Duck Stamp　美国鸭票

The Index of Coincidence and Its Applications in Cryptography　《重合指数及其在密码学中的应用》（弗里德曼著作）

The Gold-Bug　《金甲虫》（爱伦・坡著作）

The Great Impersonation　《以假乱真》（1935年电影）

The Making of the President　《美国总统的诞生》（白修德著作）

Thomson, Basil　巴兹尔・汤姆森

Times magazine　《时代》周刊

Tracy, Stanley J.　斯坦利・特雷西

Two-power Standard　两强标准（英国）

Universal Trade Code　《通用商业编码》（雅德利与门德尔松合编）

U.S. Commission for Relief in Belgium　美国驻比利时救济委员会

USS Panay　美国海军“帕奈”号（炮舰）

Vandeventer, Virgil　维吉尔・范德文特

Vernam, Gilbert Sandford　吉尔伯特・桑福德・弗纳姆

Versailles Treaty　《凡尔赛条约》

Victorica, Madame Maria de　玛丽亚・德・维多利卡夫人

Vigenère, Blaise de　布莱斯・德・维吉尼亚

Viking Press　维京出版社

Villa, Pancho　庞丘・维拉

Vogel, Edward J.　爱德华・沃格尔

Voit, Captain Ludwig　路德维格・沃特上尉

Vom Kriege　《战争论》（克劳塞维茨著作）

von Bülow, Bernhard　伯恩哈德・冯・比洛

Waberski, Pablo (Lothar Witzke)　巴勃罗・瓦贝斯基（本名洛塔尔・维思柯）

Wagner, Colonel Arthur Lockwood　阿瑟・洛克伍德・瓦格纳（陆军上校）

War Department　战争部（美国）
War Industries Board　战争工业委员会
War Plan Orange　《橘色战争计划》（米勒著作）
Washington Naval Conference　华盛顿会议
Washington Post　《华盛顿邮报》
Washington, George　乔治・华盛顿
Weeks, John　约翰・威克斯
Wei Daming　魏大铭
Weingarten, Lawrence　劳伦斯・韦加腾
Weiskopf, Victor　维克多・韦斯科普夫
Wen Yu Ching　温毓庆
Wessels, Herman　赫尔曼・韦塞尔斯
Western Union　西联国际汇款公司
Western Union Telegraph Company　西联电报公司
Wheatstone, Sir Charles　查尔斯・惠斯通爵士
White, Theodore Harold　西奥多・哈罗德・怀特（中文名白修德）
White, William Allen　威廉・艾伦・怀特
Whittaker, Charles Evans　查尔斯・艾凡斯・威特克
Willis, R. B.　威利斯
Wilson, Howard L.　霍华德・威尔逊
Wilson (Willson), Ruth　露丝・威尔逊
Willson, Woodrow　伍德罗・威尔逊
Winslow, L. Lanier　拉尼尔・温斯洛
Wodehouse, Pelham Grenville　佩勒姆・格伦维尔・伍德豪斯
Wood, Sam　山姆・伍德
Woodfin, Paul B.　保罗・伍德芬
Worthington Times　《沃辛顿时报》
Wright, Frank Lloyd　弗兰克・劳埃德・赖特

Yardley (Milam), Hazel　黑兹尔・雅德利（米拉姆，雅德利首位妻子）
Yardley, Dick　迪克・雅德利（赫伯特的弟弟）
Yardley, Herbert Osborn　赫伯特・奥斯本・雅德利
Yardley, Jack　杰克・雅德利（赫伯特的儿子）
Yardley, Mary　玛丽・雅德利（赫伯特的母亲）
Yardley, Robert Kirkbride　罗伯特・柯克布赖德・雅德利（赫伯特的父亲）
Yomiuri shimbun　《读卖新闻》（东京）

Zhou En-lai　周恩来
Zimmermann, Arthur　阿瑟・齐默尔曼

密码术语表

ADFGVX cipher　ADFGVX 密码

Bazeries cylinder　巴泽里埃斯圆柱密码

Beaufort cipher　博福特密码

blue code　蓝色编码

chamber analysis　密室分析

cipher machine　密码机

cipher　密码

ciphertext　密文

code　编码

codebreaking　密码破译

cryptanalysis　密码分析

cryptogram　密电

cryptographer　密码学家

cryptography　密码术

cryptology　密码学

decipherer　解码器

deciphering　解码 / 解密法

decoding / decrypt　解密

encipher / encrypt　加密

encipherer　编码器

encode　编码

Enigma cipher machine　恩尼格玛密码机（德国）

Gabelsberger　加贝尔斯贝格（德语速记法）

Gregg　格雷格（英语速记法）

grille cipher　格栅密码

Hebern cipher machine　赫本密码机

Hollerith tabulating machine　霍尔瑞斯制表机

keyword　关键词

Martí　马蒂（西班牙语速记法）

monoalphabetic　单一字母替换法 / 单码代替

Morse code　摩尔斯电码

one-part code　“一部本”密码

one-time cipher　一次一密密码

on-line cipher machine　联机密码机

Pitman　皮特曼（英语速记法）

plaintext　明文

Playfair cipher　普莱费尔密码

polyalphabetic　多字母替换法
PURPLE machine　紫机（日本）
rator cipher machine　转轮密码机
recover　还原
running key　滚动密钥
SIGABA cipher machine　SIGABA 密码机（美国）
Stolze-Schrey　斯陶兹－施睿（德语速记法）
substitution　替换
superencipherment　超级加密
transposition cipher　移位密码
trench code　战壕编码
two-part codes　“两部本”密码
TYPEX cipher machine　TYPEX 密码机（英国）
Vatican ciphers　梵蒂冈密码
Vernam-Mauborgne cipher machine　弗纳姆－莫博涅密码机
Vigenère cipher　维吉尼亚密码
Waberski cipher　瓦贝斯基密码

间谍 特工 密码 书籍延伸阅读

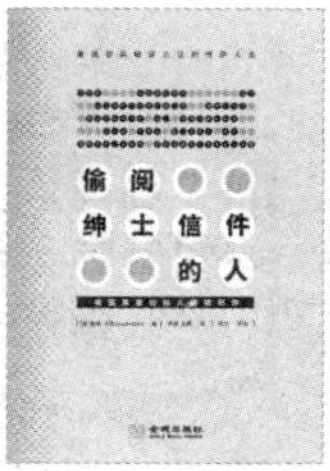

《偷阅绅士信件的人：美国黑室创始人雅德利传》 [美] 戴维·卡恩 / 著

简介：本书是一部关于美国黑室创始人、密码破译之父赫伯特·雅德利（Herbert O. Yardley, 1889—1958）的传记，详细讲述了其人生成长和事业发展的过程，生动刻画了美国密码破译事业诞生的奋斗历程。我们既可从雅德利跌宕起伏的命运中获得启迪，还能近距离了解人类波澜壮阔的一段密码破译史。

《间谍图文史：世界情报战 5000 年》 [美] 欧内斯特·弗克曼 / 著

简介：本书叙述了从古埃及到“互联网 +”时代的间谍活动的历史，包括重大谍报事件的经过，间谍机构的演变，间谍技术的发展过程等，文笔生动，详略得当，语言通俗，适合大众阅读。

《大西洋密码战：“捕获”恩尼格玛》 [美] 戴维·卡恩 / 著

简介：二战中，德国为同英、美争夺大西洋控制权，截断其海上交通运输线，进行了战争史上时间最长、最复杂的持久海战。本书解密了这场战争中，盟军如何面对种种挑战，甚至使出奇招，在海上追捕德国舰船，获取秘密文件，终于破解德军的“恩尼格玛”密码，并击败其潜艇部队的真实故事。

《诺曼底间谍战：改变二战历史的最大军事骗局》 [英] 本·麦金泰尔 / 著

简介：作为二战中最重要的转折点，诺曼底登陆战的伤亡比例却最低！而这一切都归功于战前的大规模欺骗计划。通过对大量机密档案的独家研究，作者揭开了这一切背后惊心动魄的内幕。本书获得《华盛顿邮报》《纽约时报》BBC 等大力推荐，高居亚马逊网站畅销书榜首。

《间谍》 [美] 詹姆斯·库珀 / 著

简介：美国独立战争后期，机智坚忍的货郎哈维·伯奇演绎了一场传奇的间谍故事。他日后甚至成为美国爱国精神的代名词。全书情节生动曲折，结构精致复杂，充满惊险气氛，又富有浪漫色彩，读来十分引人入胜。

《秘密特工》 [英] 约瑟夫·康拉德 / 著

简介：1886 年的伦敦，无政府主义暗潮涌动。主人公维罗克是受雇于一家外国大使馆的秘密特工。新到任上司命令他炸掉格林尼治天文台。为了保住工作，维罗克买来炸药，安排史蒂夫和自己一起执行任务，不料半路突遭意外……任务失败，维罗克的间谍生涯将何去何从？

《沙岸之谜》 [爱] 厄斯金·柴德斯 / 著

简介：英国外交官卡拉瑟斯收到一封来自老熟人戴维斯的来信，邀请他一起到波罗的海德国沿岸航海。后者告诉前者，一个疑似间谍的德国人想要谋害他。二人打算一探究竟，于是开始明察暗访……面对战争阴谋，情势危急，二人能否安全逃离，将情报带回英国？